2025

EBS 교육방송교재

유통관리사

Since 2006
유통물류분야
19년 전통

2급 기출문제집

기출을 보면 합격이 보인다!

2024~2022 3개년 기출문제 수록

시험안내
유통관리사 국가자격

1 유통관리사

유통관리사는 대한상공회의소에서 시행하는 국가공인 유통관리사 자격시험에 합격하여 소비자와 생산자 간의 커뮤니케이션, 소비자 동향 파악 등 판매 현장에서 활약하는 전문가로 백화점이나 대형할인점, 대형전문점 등에서 유통실무와 유통관리, 경영지도, 판매관리, 판매계획의 수립 및 경영분석 등의 업무를 담당한다.

2 검정기준

자격명칭		검정기준
유통 관리사	1급	유통업 경영에 관한 전문적인 지식을 터득하고 경영계획의 입안과 종합적인 관리업무를 수행할 수 있는 자 및 중소유통업의 경영지도능력을 갖춘 자
	2급	유통에 관한 전문적인 지식을 터득하고 관리업무 및 중소유통업 경영지도의 보조업무 능력을 갖춘 자
	3급	유통실무에 관한 기본적인 지식과 기술을 터득하고 판매업무를 직접 수행할 수 있는 능력을 갖춘 자

3 주요업무

소비자와 생산자 간의 커뮤니케이션과 소비자의 동향을 파악한다.

유통관리사 1급	유통업체의 경영자, 지점장급으로 경영 담당
유통관리사 2급	유통업체의 매장 주임이나 감독자, 실장, 과장급으로 일선관리업무 담당
유통관리사 3급	고객을 직접 상대하는 일반판매원으로 고객응대업무 담당

4 시험정보

- **주관** : 산업통상자원부
- **시행처** : 대한상공회의소
- **응시자격** : 제한 없음(2 · 3급)
- **시험일정** : 2급은 연 3회 실시

5 2025년도 시험일정

회차	구분	등급	인터넷 접수	시험일자	합격발표일
1회	필기	2 · 3급	4. 10~4. 16	5. 3	6. 3
2회	필기	1 · 2 · 3급	8. 7~8. 13	8. 30	9. 30
3회	필기	2 · 3급	10. 30~11. 5	11. 22	12. 23

※ 시험 일정은 변경될 수 있으므로 대한상공회의소 자격시험평가단 해당 시험 공고를 확인하시기 바랍니다.

6 시험과목 및 합격기준

등급	시험방법	시험과목	출제형태	시험시간	합격기준
1급	필기시험	유통경영 물류경영 상권분석 유통마케팅 유통정보	객관식 100문항 (5지선다형)	100분	매 과목 100점 만점에 과목당 40점 이상, 평균 60점 이상
2급	필기시험	유통 · 물류일반관리 상권분석 유통마케팅 유통정보	객관식 90문항 (5지선다형)	100분	
3급	필기시험	유통상식 판매 및 고객관리	객관식 45문항 (5지선다형)	45분	

7 가점혜택(2급)

유통산업분야에서 3년 이상 근무한 자로서 산업통상자원부가 지정한 연수기관에서 40시간 이상 수료 후 2년 이내 2급 시험에 응시한 자에 대해 10점 가산

시험안내

유통관리사 국가자격

8 과목별 출제항목(2급)

구분	주요항목	세부항목		문항수
〈1과목〉 유통 · 물류 일반관리	유통의 이해	• 유통의 이해 • 유통경제	• 유통경로 및 구조 • 유통산업의 이해 및 환경	25
	유통경영전략	• 유통경영환경분석 • 유통경영전략의 평가 및 통제	• 유통경영전략의 수립과 실행	
	유통경영관리	• 조직관리 • 재무관리	• 인적자원관리 • 구매 및 조달관리	
	물류경영관리	• 도소매물류의 이해	• 도소매물류관리	
	유통기업의 윤리와 법규	• 기업윤리의 기본개념	• 유통관련 법규	
〈2과목〉 상권분석	유통 상권조사	• 상권의 개요 • 상권설정 및 분석	• 상권분석에서의 정보기술 활용	20
	입지분석	• 입지의 개요 • 입지선정 및 분석	• 입지별 유형	
	개점전략	• 개점계획	• 개점과 폐점	
〈3과목〉 유통마케팅	유통마케팅 전략기획	• 유통마케팅 전략 • 상품관리 및 머천다이징 전략 • 가격관리전략	• 유통경쟁전략 • 촉진관리전략	25
	디지털 마케팅 전략	• 소매점의 디지털 마케팅 전략 • 웹사이트 및 온라인 쇼핑몰 구축 • 소셜미디어 마케팅 • 데이터분석과 성과측정		
	점포관리	• 점포구성 • 매장환경관리	• 매장 레이아웃 및 디스플레이	
	상품판매와 고객관리	• 상품판매 • CRM전략 및 구현방안	• 고객관리	
	유통마케팅 조사와 평가	• 유통마케팅 조사	• 유통마케팅 성과 평가	
〈4과목〉 유통정보	유통정보의 이해	• 정보의 개념과 정보화 사회 • 정보와 유통혁명 • 정보와 의사결정 • 유통정보시스템		20
	주요 유통정보화기술 및 시스템	• 바코드, POS EDI, QR 시스템 구축 및 효과		
	유통정보의 관리와 활용	• 데이터관리 • 고객충성도프로그램	• 개인정보보호와 프라이버시	
	전자상거래	• 전자상거래 운영		
	유통혁신을 위한 정보자원관리	• ERP 시스템 • SCM 시스템	• CRM 시스템	
	신융합기술의 유통 분야에서의 응용	• 신융합기술 • 신융합기술의 개념 및 활용		

기출분석(2024년)

1 제1과목 유통 · 물류일반관리

구분	1회	2회	3회	합계	비율(%)
유통의 이해	9	9	6	24	32%
유통경영전략	2	2	4	8	10.7%
유통경영관리	5	6	6	17	22.7%
물류경영관리	7	6	8	21	28%
기업윤리와 법규	2	2	1	5	6.7%
총계(문항수)	25	25	25	75	100%

2 제2과목 상권분석

구분	1회	2회	3회	합계	비율(%)
유통상권조사	11	9	7	27	45%
입지분석	6	6	9	20	33.3%
개점전략	5	5	4	13	21.7%
총계(문항수)	20	20	20	60	100%

기출분석

3 제3과목 유통마케팅

구분	1회	2회	3회	합계	비율(%)
유통마케팅 전략기획	12	8	12	32	42.7%
디지털 마케팅 전략	5	6	4	15	20%
점포관리	3	3	3	9	12%
상품판매와 고객관리	3	5	4	12	16%
마케팅조사와 평가	2	3	2	7	9.3%
총계(문항수)	25	25	25	75	100%

4 제4과목 유통정보

주용역역/구분	1회	2회	3회	합계	비율(%)
유통정보의 이해	2	1	2	5	8.3%
주요 유통정보화기술 및 시스템	4	5	4	13	21.7%
유통정보관리와 활용	2	1	2	5	8.3%
전자상거래	1	2	1	4	6.7%
유통혁신을 위한 정보자원관리	5	5	6	16	26.7%
신융합기술의 유통분야에서의 응용	6	6	5	17	28.3%
총계(문항수)	20	20	20	60	100%

차례

유통관리사

2급 기출문제집

유통관리사 2급

2024년

기출문제

유통관리사 기출문제집

유통관리사 2급 기출문제

제 1 과목 **유통 · 물류일반관리(01~25)**

01 **도매상에 대한 설명으로 가장 옳은 것은?**

① 소매상을 대신해서 고객에게 제품 설치, 제품 교환 등의 기술지원서비스를 제공한다.

② 소매상에 비해 좁은 상권을 관리하기에 거래 규모가 작다.

③ 제조업체를 대신해서 재고를 보유해 주는 기능을 한다.

④ 제조업체를 위해 신용 및 금융기능을 제공한다.

⑤ 소매상을 위해 시장 확대 기능을 수행한다.

> **해설** ① 제품 설치, 제품 교환 등의 기술지원서비스 제공은 소매상의 고객에 대한 기능에 해당한다.
> ② 소매상에 비해 넓은 상권을 관리하기에 거래 규모가 크다.
> ④ 소매상을 위해 신용 및 금융기능을 제공한다.
> ⑤ 제조업자를 위해 시장 확대 기능을 수행한다.

02 **유통경로(distribution channel)의 일반적 특성 설명으로 옳지 않은 것은?**

① 유통경로는 생산물이 최초의 생산자로부터 최종 소비자에게 이동되는 과정에 참여하는 개인 및 조직의 집합체를 의미한다.

② 유통경로에는 제조업체, 도·소매상 등과 같은 많은 조직이 참여하고 있으며 이들은 상호 의존 관계에 있다.

③ 유통경로는 제품이나 서비스를 고객이 사용 또는 소비하기 위해 필요한 것이다.

④ 유통경로는 구매자의 수요를 충족시키기 위해 판매자가 보유한 제품과 서비스를 공급하는 과정에서 필요한 하나의 연결고리로 이해할 수 있다.

⑤ 유통경로는 개별 기업이 자사의 상품을 시장에 공급하기 위해 사용하는 경로라는 점에서 모든 기업이 이용할 수 있는 각각의 판매경로의 종합체라 할 수 있으며 사회적으로 상품을 유통시키는 유통기관과 동일시된다.

> **정답** 01 ③ 02 ⑤

> **해설** 유통경로는 제품이나 서비스가 생산자에서 소비자에 이르기까지 거치게 되는 통로 또는 단계를 의미하며, 사회적으로 상품을 유통시키는 유통기관과 동일시되는 것은 아니다.

03 소매업태의 유형에 대한 설명으로 옳지 않은 것은?

① 복합쇼핑몰은 쇼핑을 하면서 여가도 즐길 수 있게 구성된 대규모 상업시설이다.
② 팩토리 아울렛은 제조업체가 직영체제로 운영하는 상설할인매장이다.
③ 편의점은 고객의 접근성이 높은 지역에 위치하며 고마진, 저회전율을 특징으로 한다.
④ 창고형 할인점은 고객서비스 수준은 최소로 제공하지만 넓은 매장에서 저렴한 가격으로 상품을 제공한다.
⑤ 전문할인점은 특정상품계열에 대해 깊이 있는 상품구색을 갖추고 있다.

> **해설** 편의점은 고객의 접근성이 높은 지역에 위치하며 고마진, 고회전율을 특징으로 한다. 고마진, 저회전율은 백화점, 전문점 등에 해당한다.

04 경로성과를 측정하는 차원 중 투입 대비 산출의 비율로 측정되며, 일정한 산출을 얻기 위해 얼마나 많은 비용이 투입되었는가를 말해줄 수 있는 척도로 옳은 것은?

① 효과성   ② 형평성
③ 잠재수요자극   ④ 유동성
⑤ 효율성

> **해설** 투입 대비 산출의 비율로 측정되며, 일정한 산출을 얻기 위해 얼마나 많은 비용이 투입되었는가는 효율성(efficiency)에 대한 설명이며, 효과성(effectiveness)은 목표의 달성 여부를 나타내는 용어에 해당한다.

05 기업이 소비자에게 제품을 직접 판매하는 직접유통이 발생하게 된 이유로 가장 옳지 않은 것은?

① 도매상이 부당한 이윤을 얻고 있다는 생산자의 불만 때문이다.
② 유통 관련 시설이 발달하여 제조업자와 구매자가 쉽게 만날 수 있기 때문이다.
③ 대형할인점처럼 자본력이 크고 보관시설도 충분히 갖춘 파워 리테일러의 성장 때문이다.
④ 시간과 장소의 제약을 극복할 수 있는 온라인 쇼핑이 증가했기 때문이다.
⑤ 유통기관의 비용은 제조업과 달리 고정비가 크고 변동비율이 높기 때문이다.

> **해설** 일반적으로 제조업체와 달리 유통기관은 제조설비가 불필요하기 때문에 변동비 비중이 큰 부분은 중간상이 필요한 이유에 해당할 뿐 제조기업이 직접유통하는 현상과는 거리가 멀다.

정답 03 ③ 04 ⑤ 05 ⑤

06 우리나라 유통업체의 영향력과 역할 변화에 대한 설명으로 옳지 않은 것은?

① 유통업체 영향력 증가의 가장 중요한 요인 중 하나는 유통업계의 대형화와 집중화 현상을 들 수 있다.

② 소비자 행동이 대형매장을 찾아 원스톱 쇼핑(one-stop shopping)을 추구하는 것처럼 우리나라 유통업체의 영향력과 역할 변화는 대형 유통업체에 유리한 방향으로 발전해 왔다.

③ 유통채널의 전통적 구조가 무너지면서 제조업체, 도매업체, 소매업체들은 원래 그들이 가지고 있던 고유 기능만 수행하고 있다.

④ 정보처리기술의 발달은 유통업체들의 정보수집 능력도 키워 주었고 유통업체의 영향력 증대에도 한몫을 하고 있다.

⑤ 유통업체들은 자신들이 지닌 막강한 소비자 데이터를 기반으로 공급업체 및 소비자들과의 관계를 구축해 나감으로써 제조업체에 비해 유리한 고지를 점할 수 있게 되었다.

> **해설** 전통적으로 제조업체, 도매업체, 소매업체들은 비용우위가 있거나 핵심역량에 해당하던 고유 기능만 수행하였으나, 최근 유통환경의 변화로 인하여 유통기관들은 고객서비스 만족 측면에서 다양한 기능들을 수행하고 있다.

07 아래 글상자의 유통경영환경 내용 중 거시환경에 속하는 것만을 모두 나열한 것은?

　　　　㉠ 정부의 규제 및 지원　　　　㉡ 정보기술의 발전
　　　　㉢ 브랜드 인지도　　　　　　　㉣ 국민소득 증가
　　　　㉤ 우수한 직원

① ㉠, ㉡

② ㉠, ㉡, ㉣

③ ㉠, ㉡, ㉤

④ ㉠, ㉣, ㉤

⑤ ㉠, ㉡, ㉢, ㉣, ㉤

> **해설** 유통경영환경 내용 중 거시환경(macro environment)은 STEP이라 불리는 사회·문화적 환경(S), 기술적 환경(T), 경제적 환경(E), 정치적·법률적·행정적 환경(P)들로 통제할 수 없는 환경을 말한다.
> ㉠은 정치적·법률적 환경(P), ㉡은 기술적 환경(T), ㉣은 경제적 환경(E)에 해당한다.

정답 06 ③ 07 ②

08 물류채산분석에 대한 설명으로 가장 옳은 것은?

① 물류활동의 업적 평가를 위해 실시한다.
② 물류업무의 전반을 계산 대상으로 한다.
③ 항상 일정한 계산방식을 사용한다.
④ 각 예산시기별로 실시한다.
⑤ 임시적으로 계산하며 할인계산을 한다.

> **해설** 물류채산분석은 물류활동에 대한 의사결정을 지원하기 위한 분석으로 상황에 따른 개선안을 제시하는 임시적 활동에 해당한다.

물류원가계산과 물류채산분석의 비교

구분	물류원가계산	물류채산분석
목적	물류활동의 업적 평가	물류활동에 관한 의사결정
대상	물류업무의 전반	특정의 개선안, 대체안
산정방식	항상 일정	상황에 따라 상이
계속성	반복적	임시적
사용원가	실제원가만 대상	특수원가도 대상

09 SWOT분석의 전략적 활용에 대한 일반적인 설명으로 옳지 않은 것은?

① 전사적 차원에서 활용할 수도 있고 사업단위 차원에서도 활용할 수 있다.
② SO전략의 경우, 기업 내부강점을 이용하여 외부로 확장하는 전략을 활용한다.
③ ST전략의 경우, 기업 내부강점을 활용하되 외부위협은 회피하는 안정성장전략을 활용한다.
④ WO전략의 경우, 기업 내부약점을 보완하고 외부기회를 활용하는 사업축소전략을 활용한다.
⑤ WT전략의 경우, 기업의 내부약점과 외부위협이 공존하기에 사업철수전략을 고려한다.

> **해설** WO전략의 경우, 기업 내부약점을 보완하고 외부기회를 활용하는 전략으로 핵심역량 강화 또는 전략적 제휴를 고려한다. 한편 사업축소전략은 WT 상황 시 활용하는 기법에 해당한다.

정답 08 ⑤ 09 ④

SO 상황	• 시장의 기회를 활용하기 위해 강점을 적극 활용하는 전략 • 시장기회 선점전략, 시장·제품 다각화 전략
ST 상황	• 시장의 위협을 회피하거나 극복하기 위해 강점을 활용하는 전략 • 시장침투전략, 제품확장전략
WO 상황	• 약점을 극복하거나 제거함으로써 시장의 기회를 활용하는 전략 • 핵심역량 강화, 전략적 제휴 등의 전략
WT 상황	• 시장의 위협을 회피하고 약점을 최소화하거나 없애는 전략 • 철수, 핵심역량 개발, 전략적 제휴, 벤치마킹 등의 전략

10 기업형 수직적 유통경로시스템에 대한 설명으로 옳지 않은 것은?

① 생산에서 판매에 이르는 시간을 단축시켜 시장환경에 신속하게 대응할 수 있다.
② 내부직원이 아웃소싱업체에 비해 경쟁의식이 떨어질 경우 실적이 저조할 수 있다.
③ 외부업체에게 돌아갈 마진을 내부화함으로써 수익성을 제고시킬 수 있다.
④ 수요가 줄어들거나 경쟁에서 뒤처질 경우 유연하게 대응할 수 있다.
⑤ 회사의 정책이나 전략을 일사불란하게 수행할 수 있다.

> **해설** 기업형 수직적 유통경로시스템은 유통경로상의 전후방 통합을 통해 유통경로 전체의 지배력을 강화하는 것으로, 환경변화에 대하여 유연하게 대응할 수 없다는 단점이 한계에 해당한다.

11 아래 글상자의 괄호 안에 알맞은 용어로 가장 옳은 것은?

> 기업 내에서 업무가 표준화되어 있는 정도를 나타내는 지표로 업무수행 절차나 방식 등이 매뉴얼이나 지침서 등으로 얼마나 명료하게 나타나 있는지에 따라 (   )의 정도가 정해진다.

① 중앙집권화   ② 부문화
③ 지휘계통   ④ 공식화
⑤ 업무특화

> **해설** 조직설계의 기본변수로 복잡성, 공식화, 집권화를 말한다. 이 중 '공식화'는 조직의 규칙이나 규정 등의 수를 뜻하는 것으로, 조직 내의 직무가 표준화되어 있는 정도를 의미한다. 공식화가 높은 조직일수록 조직의 규칙이나 규정, 직무 등이 표준화되어 있어 이를 수행하기는 용이하나 자율성이 낮아진다는 문제가 있다. 한편 복잡성은 조직의 수직적 또는 수평적 분화의 정도를 뜻하는 것으로 과업을 분할하고 통합시키는 것을 말하며, 집권화는 조직의 의사결정방식이 집중되어 있는지 여부를 의미한다.

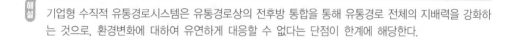

정답 10 ④ 11 ④

12 유통시장 개방에 따른 국내 유통시장의 긍정적 영향에 대한 설명으로 옳지 않은 것은?

① 선진유통기법 도입의 촉진　　　　② 소비자의 선택폭 확대

③ 경쟁촉진에 따른 유통효율성의 제고　　④ 영세유통업자의 시장점유율 확대

⑤ 고객서비스 수준의 향상

> **해설** 유통시장 개방에 따라 글로벌 경쟁상황이 실현되기 때문에, 국내의 차별화우위를 점하지 못하는 영세유통업자의 시장점유율은 점차로 축소가 된다.

13 조달물류를 효율적으로 달성하기 위한 방안 설명으로 옳지 않은 것은?

① 포장의 표준화 추진

② 수송루트의 적정화 도출

③ 협력업체와의 공동화 추진

④ 팔레트 및 용기 등의 규격화 추진

⑤ 공차율 증대 추진과 차량회전율 감소 추진

> **해설** 조달물류(procurement logistics)는 원료 또는 부품 공급자로부터 물자의 조달 또는 구매 과정에서 발생하는 운송, 보관, 하역 등의 물류활동으로 조달물류상 비용절감과 서비스개선을 그 목표로 한다. 조달물류를 효율화하기 위해서는 공차율(적재함이 비어 있는 비율) 감소방안 추진과 차량회전율 증가를 추진해야 한다.

14 기능별 물류비에 대한 설명으로 가장 옳지 않은 것은?

① 운송비는 필요에 따라서 수송비와 배송비로 분류된다.

② 영업소나 지점에서 일어나는 부품의 조립과 관련된 비용은 유통가공비다.

③ 주문처리비 중 수주에 있어서 영업이나 판매상의 계약과정에서 발생하는 비용은 제외한다.

④ 포장비의 경우 물류포장활동에 사용된 비용으로 일반적으로 생산과정에서 발생한 제품의 포장비를 포함한다.

⑤ 하역비를 별도로 구분하지 않을 경우, 물류센터에 부설된 하역설비를 이용한 상·하차비는 보관 및 재고관리비에 포함한다.

> **해설** 기업물류비 산정지침 제7조 제2항에 따르면 '포장비는 물자 이동과 보관을 용이하게 하기 위하여 실시하는 상자, 골판지, 파렛트 등의 물류포장(최종소비자를 위한 판매포장은 제외)활동에 따른 물류비를 말한다.'라고 규정되어 있다. 일반적으로 생산과정에서 발생한 제품의 포장비는 제품제조원가에 포함된다.

정답 12 ④　13 ⑤　14 ④

15 리더십 상황이론에 대한 설명으로 옳지 않은 것은?

① 대표적인 연구자는 피들러(Fiedler)이다.
② 리더와 구성원 간의 관계가 협력적 또는 지원적인지의 정도로 측정한다.
③ 과업의 구조화 정도가 높고 낮은 정도로 측정한다.
④ 생산에 대한 관심의 높고 낮은 정도로 측정한다.
⑤ 직위가 갖는 권한의 크기로 측정한다.

> **해설** ④ 생산에 대한 관심의 높고 낮은 정도로 측정한 이론은 관리격자이론에 대한 설명에 해당한다.
> F. E. 피들러의 리더십 상황이론은 ㉠ 집단의 리더─구성원 관계(LMR : leader─member relationship), ㉡ 과업에 대한 목표, 절차, 구체적인 지침을 명확히 하고 있는 정도인 과업구조화의 정도, ㉢ 부하의 상벌에 대해 리더에게 부여하고 있는 권한의 정도인 직위권력(PP : position power), 이 세 가지의 상황변수를 고려한 이론이다.

16 조직문화에 대한 다양한 분류체계 중 로버트 퀸(Robert Quinn)의 경쟁가치모형에 포함되지 않는 것은?

① 관계지향문화
② 개인지향문화
③ 위계지향문화
④ 혁신지향문화
⑤ 과업/시장지향문화

> **해설** 퀸(Robert Quinn)의 경쟁가치모형은 조직문화의 연구에서 모순적이고 배타적인 다양한 조직문화의 가치요소들을 포괄적으로 분석할 수 있는 틀을 제시한 바 있다. 이에 따르면 조직문화는 공동체형 조직문화(관계형), 혁신지향적 조직문화, 위계형 조직문화, 시장지향형 조직문화로 구분할 수 있다.

17 인사고과와 관련된 설명으로 가장 옳지 않은 것은?

① 인사고과에는 업무수행능력, 근무성적, 자격, 태도 등이 포함된다.

② 근대적 고과방법으로는 평가법, 기록법, 서열법 등이 있다.

③ 서열법은 종업원의 능력과 업적에 대해 순위를 매기는 것이다.

④ 중요사건서술법은 기업의 목표달성에 영향을 주는 중요 사건을 중심으로 고과대상자를 평가하는 것이다.

⑤ 인사고과는 주관적인 판단이나 혈연, 지연, 학연과 같은 요소를 배제해야 한다.

> **해설** 근대적 고과방법(=전통적 인사평가방법)에는 서열법, 강제할당법, 쌍대비교법 등이 있으며, MBO(목표기준법), 기록법(중요사건기록법), 평가척도법, 행위기준평가법(BARS) 등은 현대적 인사고과방법에 해당한다.

18 기업의 사회적 책임이 요구되는 이유로 가장 옳지 않은 것은?

① 시장실패를 가져오는 원인 중 하나인 시장의 완전경쟁성

② 기업의 경제활동으로 인해 발생하는 외부불경제효과

③ 정보통신기술과 산업고도화 등과 같은 환경요인 간의 상호작용

④ 규모의 경제를 추구하려 대형화되는 과정에서 발생하는 기업의 영향력 증대

⑤ 기업의 종업원부터 넓게는 지역사회나 정부에까지 미치는 영향력에 상응한 책임

> **해설** 기업의 사회적 책임(CSR)은 기업이 성장뿐만 아니라 환경적, 사회적, 윤리적 문제에 대해 균형을 갖지 못하면 결코 영속성(지속가능경영)을 갖출 수 없다는 것을 의미한다. 한편, 시장의 불완전경쟁성은 시장실패(market failure)를 가져오는 이유에 해당한다.

19 아래 글상자의 재고관리비용 중 재고유지비용에 해당되는 것만을 나열한 것으로 옳은 것은?

㉠ 기회비용	㉡ 서류작성비
㉢ 통관비	㉣ 창고사용료
㉤ 이자비용	㉥ 재고감손비용

① ㉠, ㉡

② ㉠, ㉢, ㉤

③ ㉡, ㉢, ㉥

④ ㉢, ㉣, ㉤

⑤ ㉣, ㉤, ㉥

정답 17 ② 18 ① 19 ⑤

재고관리비용에는 주문비용, 재고유지비용, 기회비용으로 구분할 수 있다. 이 중 재고유지비용은 재고의 유지관리를 위해 발생하는 창고사용료, 이자비용, 재고감손비용, 감가상각비 등이 있다. 글상자 중 ⓒ 서류작성비, ⓒ 통관비는 주문비용에 해당한다.

20 아래 글상자에서 유통경로상 여러 경로기관의 유통흐름 유형에 대한 설명으로 옳은 것을 모두 고르면?

> ㉠ 물적 흐름 : 생산자로부터 최종소비자에 이르기까지의 제품의 이동
> ㉡ 소유권 흐름 : 유통기관으로부터 다른 기관으로의 소유권의 이전
> ㉢ 지급 흐름 : 고객이 대금을 지급하거나, 판매점이 생산자에게 송금
> ㉣ 정보 흐름 : 유통기관 사이의 정보의 흐름
> ㉤ 촉진 흐름 : 광고, 판촉원 등 판매촉진활동의 흐름

① ㉠

② ㉠, ㉡

③ ㉠, ㉡, ㉢

④ ㉠, ㉡, ㉢, ㉣

⑤ ㉠, ㉡, ㉢, ㉣, ㉤

 ㉠은 물적 흐름(물류)에 대한 설명이고, ㉡은 소유권의 흐름, 즉 상적 유통(상류)에 대한 설명이다. ㉢은 현금의 지불 흐름, ㉣은 정보 흐름, ㉤은 촉진 흐름을 나타낸다.

21 해상운송 방식 중 부정기선 운송의 특징과 관련된 설명으로 옳지 않은 것은?

① 수요와 공급에 따라 운임이 결정된다.

② 항로 선택이 용이하다.

③ 컨테이너선을 이용하며 제한적으로 여객도 운송한다.

④ 선복의 공급이 물동량 변화에 탄력적이다.

⑤ 용선계약서를 사용한다.

부정기선(tramper) 운송은 정기적인 노선과 주기를 지니는 컨테이너 정기선(liner)과 달리, 선박의 수요가 있으면 운송수요가 발생하는 것으로 주로 철광석, 석탄 등 분립체 벌크(bulk)화물을 대상으로 한다.

정답 20 ⑤ 21 ③

22 물류공동화 추진을 어렵게 하는 요인으로 가장 옳지 않은 것은?

① 기업의 영업기밀 유지문제
② 표준적인 서비스 제공으로 인한 자사 고객서비스 우선의 어려움
③ 상품 특성에 따른 특수 서비스 제공 필요성 문제
④ 긴급한 상황에서의 대처능력 문제
⑤ 물류업체 측면에서 본 차량과 기사의 비효율문제

> **해설** ⑤ 물류공동화를 추진하면 물류업체 측면에서는 차량배차와 기사 활용의 효율성을 극대화할 수 있다는 장점이 있다.

23 기업의 재무성과 분석을 나타내는 여러 가지 비율에 대한 설명으로 옳지 않은 것은?

① 유동성비율은 단기채무의 지급능력을 측정한다.
② 레버리지비율은 기업의 타인자본 의존도를 나타낸다.
③ 안정성비율은 자산의 물리적인 이용도를 나타낸다.
④ 기업이 생산활동에 사용하고 있는 각종 자원의 능률 및 업적을 평가하는 것은 생산성 비율이다.
⑤ 시장가치비율은 증권시장에서 주식가치를 나타낸다.

> **해설** 자산의 물리적인 이용도를 나타내는 재무지표는 활동성비율(activity ratio)을 뜻하는 것으로 재고회전율, 자산회전율 등으로 나타낸다. 한편 안정성비율은 기업의 안정성을 측정하는 지표로 레버리지비율(부채비율, 이자보상비율), 유동비율 등이 있다.

24 소비자기본법(법률 제19511호, 2023.6.20., 일부개정)에서 제시하고 있는 국가 및 지방자치단체가 소비자 능력 향상을 위해 실행하는 내용으로 옳지 않은 것은?

① 소비자의 능력을 향상시키기 위해 방송법에 따른 방송사업을 한다.
② 경제 및 사회의 발전에 따라 소비자의 능력 향상을 위한 프로그램을 개발한다.
③ 소비자교육과 학교교육・평생교육을 연계하여 교육적 효과를 높이기 위한 시책을 수립・시행한다.
④ 소비자가 자신의 선택에 책임을 지는 소비생활을 할 수 있도록 교육한다.
⑤ 소비자교육의 방법 등에 관하여 필요한 사항을 산업통상자원부령으로 정한다.

> **정답** 22 ⑤ 23 ③ 24 ⑤

소비자기본법 제14조(소비자의 능력 향상)
① 국가 및 지방자치단체는 소비자의 올바른 권리행사를 이끌고, 물품등과 관련된 판단능력을 높이며, 소비자가 자신의 선택에 책임을 지는 소비생활을 할 수 있도록 필요한 교육을 하여야 한다.
② 국가 및 지방자치단체는 경제 및 사회의 발전에 따라 소비자의 능력 향상을 위한 프로그램을 개발하여야 한다.
③ 국가 및 지방자치단체는 소비자교육과 학교교육·평생교육을 연계하여 교육적 효과를 높이기 위한 시책을 수립·시행하여야 한다.
④ 국가 및 지방자치단체는 소비자의 능력을 효과적으로 향상시키기 위한 방법으로 「방송법」에 따른 방송사업을 할 수 있다.
⑤ 제1항의 규정에 따른 소비자교육의 방법 등에 관하여 필요한 사항은 <u>대통령령으로 정한다.</u>

25 아래 글상자 내용은 공공창고 3가지 유형에 대한 설명이다. 옳은 것을 모두 고르면?

㉠ 공립창고 : 창고 부족 문제를 해결하기 위해 정부와 지방자치단체가 항만지역 등에 설립하여 민간에게 그 운영을 위탁한 창고이다.
㉡ 관설상옥(官設上屋) : 정부나 지방자치단체가 부두 등에 설치하고 민간업자나 일반에 제공하는 창고이다.
㉢ 관설보세창고 : 관세법에 따라서 세관장의 허가를 받아 세관의 감독하에 수출입세를 미납한 상태의 화물을 보관하는 창고이다.

① ㉠   ② ㉠, ㉡
③ ㉠, ㉡, ㉢   ④ ㉠, ㉢
⑤ ㉡, ㉢

 공공창고는 창고 유형의 하나로 관공서 또는 공공단체가 공익을 목적으로 소유·운영하는 창고로 공립창고, 관설(官設)상옥, 관설보세창고가 있다.
• **공립창고** : 정부 및 지방자치단체가 항만지대에 건설하고 민간에게 운용을 위탁
• **관설상옥** : 정부 및 지방자치단체가 해, 육 연결 화물판매용도로서 부두 또는 안벽에 상층을 설치하고 민간업체 또는 일반에 제공
• **관설보세창고** : 「관세법」에 의거 창고업자가 세관장의 허가를 받아 세관의 감독하에 관세 미납 화물을 보관하는 창고

정답 25 ③

제2과목 상권분석(26~45)

26 점포를 중심으로 거리에 따라 상권을 구분하면 일반적으로 점포와의 거리가 증가할수록 점포의 영향력이 약화된다. 다음 중 소비자 흡인율이 가장 낮은 지역인 한계상권(fringe trading area)으로 가장 옳은 것은?

① 1차상권
② 2차상권
③ 3차상권
④ 최소수요충족거리
⑤ 상권 분기점

> **해설** 3차상권은 고객흡인율에 따른 분류 중 하나로 한계상권이라고도 한다. 2차상권 외곽을 둘러싼 지역 범위로 1차, 2차 상권에 포함되지 않은 나머지 고객들을 흡인하는 지역으로 소비자 흡인율이 가장 낮은 지역에 해당한다.

27 Huff모델을 통해 소비자의 점포선택확률을 계산하고자 할 때 소비자가 선택을 고려하는 점포에 대한 정보들을 활용한다. 다음 중 그 내용에 해당되지 않는 것은?

① 점포의 크기
② 점포의 크기에 대한 민감도 계수
③ 점포까지의 이동거리 또는 시간
④ 점포들 간의 이동거리 또는 시간
⑤ 점포까지의 이동거리에 대한 민감도 계수

> **해설** 허프(Huff) 모형은 소비자의 특정 점포에 대한 효용은 <u>점포의 크기</u>와 <u>점포까지의 거리(또는 시간)</u>에 좌우 됨을 가정한 모형으로, 소비자의 점포에 대한 효용은 점포의 매장이 크면 클수록 증가하고, 점포까지의 거리는 멀수록(또는 시간이 많이 걸릴수록) 감소한다. 또한 개별 점포의 확률을 구하기 위해서는 점포의 크기에 대한 민감도 계수와 점포까지의 이동거리에 대한 민감도 계수를 고려해야 한다.

정답 26 ③ 27 ④

28 입지와 상권의 개념을 구분하여 인식할 때 아래 글상자 내용 중 입지의 개념과 평가에 해당되는 것은?

> ㉠ 일정한 위치를 나타내는 주소나 좌표를 가지는 점(point)으로 표시
> ㉡ 점포를 경영하기 위해 선택한 장소 또는 그 장소의 부지나 점포 주변의 위치적 조건
> ㉢ 일정한 공간적 범위(boundary)로 표현
> ㉣ 평가항목 – 점포의 면적, 형태, 층수, 층고, 주차장, 도로와 교통망, 임대조건 등
> ㉤ 평가항목 – 주변 거주인구, 유동인구의 양과 질, 경쟁점포의 수, 소비자의 분포 범위 등

① ㉠, ㉡, ㉣
② ㉠, ㉡, ㉤
③ ㉠, ㉢, ㉤
④ ㉡, ㉢, ㉣
⑤ ㉡, ㉢, ㉤

해설 입지(location)는 특정 부지를 뜻하는 것으로, 일정한 위치를 나타내는 주소나 좌표를 가지는 점(point)으로 표시된다. 한편 ㉢, ㉤은 상권(trade-area)에 대한 설명으로 상권은 한 점포 또는 점포집단이 고객을 흡인할 수 있는 지리적인 범위(range)를 말한다.

29 상권의 개념이나 일반적 특성에 대한 설명으로서 가장 옳지 않은 것은?

① 현재 기존점포를 이용하는 소비자들이 거주하는 지역인 현재상권과 신규점포를 개설할 경우 그 점포를 이용할 가능성이 있는 소비자들의 분포 지역인 잠재상권으로 구분할 수 있다.
② 점포의 소비자들이 거주하는 지역인 거주상권과 점포를 이용하는 점포 주변 직장인과 학생 등 비거주 소비자의 생활공간 분포 범위인 생활상권으로 구분할 수 있다.
③ 상권의 공간적 범위는 일정하지 않고, 요일이나 계절과 같은 시간의 흐름, 교통상황, 경제상황 등 다양한 변수의 영향을 받아 유동적으로 변화한다.
④ 소비자가 점포를 선택할 때 행정구역은 중요한 고려요소가 아니기 때문에 점포의 상권 범위와 행정구역이 일치하지 않는 경우가 많다.
⑤ 현실에서 특정 점포의 상권은 그 점포를 중심으로 일정한 거리를 한계로 하는 동심원의 형태로 형성되는 것이 일반적이다.

해설 이론상 일반화를 위해서 상권의 모양은 동심원의 형태로 설정하는 것이 다수이나 현실의 상권의 모양은 부정형 또는 아메바형이 대부분을 차지한다.

정답 28 ① 29 ⑤

30 상권의 계층적 구조 형성에 대한 설명으로 가장 옳지 않은 것은?

① 지역상권 내의 동일업종들 간에는 고객 흡인을 위해 서로 경쟁하게 된다.

② 신규점포 입지 후보지를 선정하려면 우선 지역상권의 특성을 파악해야 한다.

③ 한 점포의 상권은 지역상권, 지구상권, 개별 점포상권을 포함하는데, 각 상권은 해당 점포로부터의 거리적 범위에 따라 명확하게 구분된다.

④ 점포상권은 1차상권, 2차상권, 3차상권으로 구분하는 것이 일반적이다.

⑤ 하나의 지역상권 내에는 여러 지구상권들이 포함된다.

> **해설** 한 점포의 상권은 지역상권과 지구상권, 그리고 개별 점포상권으로 구분할 수 있다. 이는 거리가 아닌 '상권의 계층적 구조'에 따른 분류로, 거리적 범위에 따라 명확하게 구분할 수 있는 것은 아니다.

31 CST(customer spotting technique) map을 통해 알 수 있는 정보로 가장 옳지 않은 것은?

① 점포별 상권의 중복상태를 파악하여 점포들 간의 경쟁정도를 측정할 수 있다.

② 상권의 규모를 파악하여 1차상권, 2차상권 및 3차상권을 파악할 수 있다.

③ 신규점포가 기존점포 고객을 어느 정도 잠식할 것인지를 파악하여 점포 확장계획을 수립할 수 있다.

④ 상권 내 소비자의 점포선택확률을 계산할 수 있고 각 점포의 예상매출액과 적절한 점포규모를 제공한다.

⑤ 개별 고객을 나타내는 각 점(spot)에 인구통계적 특성을 속성정보로 부여하여 추가적인 분석을 할 수 있다.

> **해설** 상권 내 소비자의 점포선택확률을 계산할 수 있고 이에 따라 각 점포의 예상매출액을 산정할 수 있는 방법은 허프(D. Huff)의 확률모형에 해당한다.

32 소매점포 상권의 크기를 결정하는 요인으로서 가장 옳지 않은 것은?

① 상권 내 점포 밀집도　　　　② 상권 내 점포들의 업종 연관성

③ 상권 배후지의 인구밀도　　　④ 점포의 소유 형태

⑤ 점포의 주력 판매상품

> **해설** 상권의 크기를 결정하는 요인은 상권 내 점포 밀집도, 상권 내 점포들의 업종 연관성, 상권 배후지의 인구밀도, 점포의 주력 판매상품 등 고객의 흡인가능성과 관련성이 깊다.

정답 30 ③ 31 ④ 32 ④

33 아래 글상자에서 설명하는 입지대안을 평가하기 위한 원칙으로 가장 옳은 것은?

> 고객이 특정 지역에서 다른 지역으로 이동할 때에 고객으로 하여금 자연스럽게 어떤 점포를 방문하도록 하는 입지적 특성과 관련된 원칙으로서, 이동경로에 상업지역, 쇼핑센터 등이 있을 때 적용된다.

① 동반유인원칙(principle of cumulative attraction)
② 접근가능성의 원칙(principle of accessibility)
③ 고객차단원칙(principle of interception)
④ 보충가능성의 원칙(principle of compatibility)
⑤ 점포밀집의 원칙(principle of store congestion)

> **해설** 넬슨의 입지 8원칙 중 ③ 고객차단원칙(principle of interception) 또는 중간저지성에 대한 설명에 해당한다.

34 신규점포를 개설할 때 시행하는 점포의 입지조건 평가와 관련한 내용들로 가장 옳지 않은 것은?

① 중앙분리대가 있는 경우 건너편 소비자의 접근성이 떨어지므로 불리하다.
② 점포의 면적이 같다면 일반적으로 정사각형의 점포보다 도로의 접면의 길이가 깊이보다 긴 장방형 형태의 점포가 유리하다.
③ 차량이 운행하는 도로가 직선이 아니고 굽은 곡선형 도로에서는 커브 안쪽보다는 커브 바깥쪽 입지가 불리하다.
④ 간선도로와 주거지를 연결하는 도로에서 출퇴근 동선이 다른 경우 퇴근 방향의 동선에 인접하는 입지가 유리하다.
⑤ 부지가 접하는 도로의 폭, 보도와 차도의 구별, 일방통행 여부 등 도로의 특성과 구조를 검토해야 한다.

> **해설** 점포입지에 있어 굽은 곡선형 도로에서는 가시성과 접근성 측면에서 커브 안쪽보다는 바깥쪽이 유리한 입지라 할 수 있다.

정답 33 ③ 34 ③

35 폐업 시 반드시 지켜야 할 절차로 옳지 않은 것은?

① 직원 4대보험 상실 신고

② 폐업 후 부가가치세 신고

③ 지급명세서 제출

④ 폐업 후 소득세 신고

⑤ 점포임대차계약 종료증명서 제출

> 해설 점포임대차계약 종료는 임대인과 임차인 당사자 간의 계약서에 따른 것으로 폐업 시 종료증명서를 관련 행정기관에 제출하는 절차는 불필요하다.

36 지역시장의 매력도를 평가하기 위해 활용하는 소매포화지수(RSI : retail saturation index)와 시장성장잠재력지수(MEP : market expansion potential)에 대한 설명으로 옳은 것은?

① 시장성장잠재력지수에는 소매포화지수의 내용이 어느 정도 내포되어 있다.

② 소매포화지수에 시장성장잠재력이 어느 정도는 반영되어 있다고 볼 수 있다.

③ 소매포화지수와 시장성장잠재력지수가 모두 높은 경우에는 좋은 신규 출점후보지로 볼 수 없다.

④ 시장성장잠재력지수는 특정 지역시장 거주자들이 지역시장 이외의 타지역에서 구매하는 지출액을 추정하여 계산한다.

⑤ 소매포화지수는 낮은데 시장성장잠재력지수가 높은 경우가 가장 이상적인 소매입지이다.

> 해설 ①, ② 소매포화지수는 현재 시점 상권의 매력도를 나타내는 반면 시장성장잠재력지수는 미래상황을 반영하는 지표로 다른 지표의 내용이 반영되는 것은 아니며 상호보완적인 관계에 있다고 할 수 있다.
> ③, ⑤ 소매포화지수와 시장성장잠재력지수가 모두 높은 경우에는 가장 이상적이고 좋은 신규 출점후보지로 볼 수 있다.

정답 35 ⑤ 36 ④

37 상권분석에 관한 주요 이론들에 대한 설명으로 가장 옳지 않은 것은?

① 라일리(Reilly)의 소매인력이론은 두 대도시 사이에 위치한 한 도시의 수요가 두 도시 각각에 유출되는 정도는 두 대도시의 상대적 규모에 비례하고 두 대도시까지의 상대적 거리의 제곱에 반비례한다고 설명한다.

② 컨버스(Converse)는 라일리(Reilly)의 소매인력이론을 수정하여 두 도시 간의 상권분기점을 설명한다.

③ 허프(Huff)의 소매인력이론은 도시 간의 상권경계를 확률적으로 분석한다.

④ 루스(Luce)의 확률적 점포선택모델은 특정 점포에 대한 소비자의 접근가능성과 매력성 평가라는 소비자행동 요소를 포함하여 점포선택 행동을 설명한다.

⑤ 크리스탈러(Christaller)의 중심지이론은 소비자들이 유사점포들 가운데 가장 가까운 점포를 선택한다고 가정한다.

해설 허프(Huff)의 소매인력이론(확률모형)은 소비자들의 점포 선택과 신규 소매상권의 범위를 예측하고 개별 점포들에서의 구매확률 및 예상매출액을 산정하는 데 활용된다. 한편 두 도시 간 상권의 경계를 설정하는 모형은 라일리(Reilly)의 소매인력법칙에 해당한다.

38 소상공인시장진흥공단은 소상공인 및 소규모 창업자를 위하여 빅데이터를 활용한 상권정보시스템을 광범위하게 운영하고 있다. 이 상권정보시스템을 통하여 제공되는 정보로 옳지 않은 것은?

① 지역 내 소득 및 소비 분석

② 유동인구 및 경쟁상황

③ 지역 내 부동산 정보

④ 지역 내 소비자의 라이프스타일 및 브랜드 선호도 분석

⑤ 매출 분석

해설 소상공인시장진흥공단의 상권정보시스템에서는 현재 영업 중인 전국 상가업소 데이터(상호명, 업종코드, 업종명, 지번주소, 도로명주소, 경도, 위도 등)를 제공하고 있으며, 지역현황과 업종을 선택하면 지역별 총인구수, 경쟁자 수 및 상권분석, 수익분석 등의 데이터를 활용할 수 있다. 그러나 ④ 지역 내 소비자의 라이프스타일 및 브랜드 선호도 분석과 같은 정성적인 자료는 활용이 어렵다.

정답 37 ③ 38 ④

39 공간균배에 의해 입지유형을 분류할 때 은행이나 가구점처럼 동일업종의 점포들이 모여 있으면 집적효과 또는 시너지효과를 거두는 입지유형으로서 가장 옳은 것은?

① 목적성입지　　　　　　　　　② 국지적 집중성입지
③ 집심성입지　　　　　　　　　④ 집재성입지
⑤ 산재성입지

> **해설** 페터(Fetter)의 공간균배의 원리에 따르면 집재성점포는 동일 또는 유사한 업종이 서로 한곳에 모여 있어야 유리한 유형의 점포로 가구점, 중고 서점, 전자제품, 기계점, 관공서 등이 그 사례에 해당한다.

40 현재 시점까지 영업을 지속하고 있는 기존점포의 상권범위를 파악하기 위해 고객이나 거주자들로부터 자료를 수집하여 분석하는 조사기법으로 가장 옳지 않은 것은?

① 점두조사　　　　　　　　　　② gCRM분석
③ 내점객조사　　　　　　　　　④ 체크리스트법
⑤ 지역표본추출조사

> **해설** 체크리스트법은 신규점포의 상권의 범위를 측정하기 위한 서술적 기법 중의 하나로, 상권의 규모에 영향을 미치는 요인들을 수집하여 이들에 대한 평가를 수행하는 질적인 방법에 해당한다.

41 상권범위 내 소비자들이 특정 점포를 선택할 확률을 근거로 예상매출액을 추정할 수 있는 상권분석 기법들로 가장 옳은 것은?

① 유사점포법, Huff모델
② 체크리스트법, 유사점포법
③ 회귀분석법, 체크리스트법
④ Huff모델, MNL모델
⑤ MNL모델, 회귀분석법

> **해설** 문제는 신규점포의 상권분석 기법 중 확률적 모형을 묻는 것으로 확률적 모형에는 Huff의 확률모형, Luce의 선택공리모형, MNL모형, MCI모형 등이 있다.

정답 39 ④ 40 ④ 41 ④

42 소매점포의 상권분석이나 입지결정에 활용하는 통계분석 중 하나인 회귀분석에 대한 설명으로 가장 옳지 않은 것은?

① 다중회귀분석을 통해 상권과 관련된 많은 영향변수들을 반영하는 정교한 분석이 가능하다.

② 시간의 흐름에 따라 보다 정교하고 정확한 예측이 가능하도록 모델을 개선해 나갈 수 없다.

③ 분석대상과 유사한 상권특성을 가진 점포들의 표본을 충분히 확보하기 어렵다.

④ 매출액과 같은 소매점포의 성과에 대한 다양한 변수들의 상대적인 영향을 분석할 수 있다.

⑤ 독립변수들이 상호관련성이 없다는 가정은 현실성이 없는 경우가 많다.

> **해설** 회귀분석에서 데이터는 하나 이상의 독립변수(원인변수)와 종속변수(결과)로 구성되며 시간의 흐름은 반영되지 않는다. 반면, 시계열분석(time series analysis)에서는 일정한 간격으로 시간에 따라 데이터를 수집·분석하게 된다.

43 상가건물 임대차보호법(법률 제18675호, 2022.1.4., 일부개정)과 동법 시행령에서는 법의 보호를 받을 수 있는 보증금액의 수준을 규정하고 있다. 이러한 환산보증금을 구하는 계산식으로 옳은 것은?

① 보증금+(월임차료×10) ② 보증금+(월임차료×24)

③ 보증금+(월임차료×60) ④ 보증금+(월임차료×100)

⑤ 보증금+(월임차료×120)

> **해설** 환산보증금이란 보증금과 월차임을 더한 금액으로, 월차임을 보증금으로 환산할 때 월 단위의 차임에 100을 곱하여 계산된다. 이를 수식으로 표현하면 {보증금 + (월차임 × 100) = 환산보증금}이 된다.

44 점포개점 시 검토해야 할 점포규모와 관련된 내용으로 옳지 않은 것은?

① 상가주택의 점포는 등기부상에 전용면적만 기록된다.

② 아파트나 점포는 등기부상에 전용면적만 기록된다.

③ 업종과 업태를 결정한 다음에 점포규모를 검토한다.

④ 건축물관리대장에는 전용면적만 기록된다.

⑤ 생활정보지 등에 소개되는 점포면적은 대개 공용면적을 포함한 것이다.

정답 42 ② 43 ④ 44 ④

> **해설** 건축물관리대장에는 전용면적만 기록되는 것이 아니라 지번, 건축물의 명칭 및 번호, 대지면적, 건축면적, 연면적, 건폐율, 용적률 등이 기록되어 있다.

45 단일점포일 때와는 달리 소매점포가 체인화되는 과정에서는 점포망 전체 차원에서 점포를 추가로 개점하거나 기존 점포를 폐점하는 등 점포망 구성이 중요한 과제가 된다. 이러한 경우 사용할 점포망 분석기법으로 가장 옳은 것은?

① 유사점포법
② 입지할당모델
③ 근접구역법
④ 체크리스트법
⑤ 점포공간매출액비율법

> **해설** 입지할당모형은 입지배정모형이라도 하며, 최적입지(location)와 관련된 분석모형이다. 이는 2개 이상의 점포를 체인 형태로 운영하는 경우 소매점포 네트워크의 설계, 신규점포 개설 시 기존 네트워크에 대한 영향분석, 기존점포의 재입지 또는 폐점 의사결정 등에 활용되는 모형이다.

제3과목 유통마케팅(46~70)

46 가격설정 정책 중 관습가격(customary price)정책에 대한 설명으로 옳은 것은?

① 1,000원보다 약간 모자라게 990원으로 가격을 결정하는 것처럼 고객에게 상품의 가격이 최대한 인하된 가격이라는 인상을 주어 판매량을 증가시키는 것을 말한다.
② 가격이 높을수록 품질의 우수성이나 높은 지위를 상징하는 경우에 사용되는 가격설정 정책을 말한다.
③ 특정 제품군에 대해 오랫동안 같은 가격을 지속적으로 유지함으로써 소비자가 그 가격을 당연한 것으로 받아들이는 것을 말한다.
④ 단일 제품이 아닌 몇 개의 제품을 품질에 따라 1만원, 3만원, 5만원 등과 같이 가격을 설정하는 것을 말한다.
⑤ 고객을 모으기 위해서 특정 제품을 아주 저렴한 가격으로 판매하는 방법을 말한다.

> **해설** ①은 단수가격(odd pricing), ②는 명성가격전략(prestige pricing), ④는 가격대(price linning), ⑤는 손실유도가격(loss leader pricing)에 대한 설명에 해당한다.

정답 45 ② 46 ③

47 아래 글상자에서 설명하는 POP(point-of-purchase)진열 방식으로 가장 옳은 것은?

소매업자는 계절이나 특별한 이벤트에 따라서 제품을 다르게 진열한다. 발렌타인데이나 크리스마스 혹은 여름의 바캉스 시즌에 특별한 매장을 진열하는 것이 이에 해당한다.

① 구색 진열(assortment display)

② 테마별 진열(theme-setting display)

③ 패키지 진열(ensemble display)

④ 옷걸이 진열(rack display)

⑤ 케이스 진열(case display)

> **해설** 글상자는 테마별 진열(Theme-Setting Display)에 대한 설명으로 다음과 같은 특징을 갖는다.
> ㉠ 제품을 테마별로 특별한 분위기에 맞추어 진열하는 방식
> ㉡ 계절(바캉스, 스키 시즌 등)이나 특별한 이벤트(예 발렌타인데이, 크리스마스)에 따라 제품을 진열
> ㉢ 판매를 촉진하고 쇼핑을 더욱 즐겁게 함

48 효과적인 시장세분화에 대한 설명으로 옳지 않은 것은?

① 세분화된 각각의 시장은 규모와 구매력 등을 측정할 수 있어야 한다.

② 세분화된 각각의 시장은 수익이 발생할 만큼 충분한 규모를 가져야 한다.

③ 세분화된 시장은 기업이 개발한 마케팅 프로그램을 실행할 수 있는 대상으로 구성되어야 한다.

④ 세분화된 시장은 같은 고객 집단 내에서는 차별적이지만, 서로 다른 고객 집단 간에는 동질적인 특성이 존재해야 한다.

⑤ 세분화된 시장은 기업이 효과적으로 접근할 수 있는 대상으로 구성되어야 한다.

> **해설** 세분화된 시장은 같은 고객 집단 내에서는 동질적이지만, 서로 다른 고객 집단 간에는 이질적인 특성이 존재해야만 한다.

정답 47 ② 48 ④

49 수평적 마케팅 시스템(horizontal marketing system)에 대한 설명으로 옳지 않은 것은?

① 동일한 경로단계에 있는 둘 이상의 개별 기업들이 함께 협력하는 것이다.
② 효과적인 마케팅 활동을 수행하는 데 필요한 자본, 노하우, 마케팅자원 등을 결합한다.
③ 경쟁관계에 있는 기업들로 인해 발생하는 경로 갈등의 문제점을 비경쟁관계에 있는 기업들과의 협력을 통해 해결하기 위한 것이다.
④ 통합을 통해 시너지효과를 얻으려 하기 때문에 공생적 마케팅(symbiotic marketing)이라고도 한다.
⑤ 글로벌 시장에 캔커피와 캔홍차음료의 판매를 위해 코카콜라와 네슬레가 제휴한 경우가 대표적 사례이다.

> **해설** 수평적 마케팅 시스템(horizontal marketing system)은 동일한 유통경로상에 있는 2개 이상의 기관들이 각기 독자성을 유지하면서 기업이 가지고 있는 자본, 노하우, 마케팅, 유통망 등의 자원 등을 결합하여 시너지효과를 얻기 위해 통합 또는 협력하는 시스템을 말한다.

50 커뮤니케이션 믹스 전략에 대한 설명으로 옳지 않은 것은?

① 광고는 신문, TV, 인터넷과 같은 비인적 대중매체를 통해 무료로 소비자들과 커뮤니케이션하는 형태이다.
② 판매촉진은 상품의 판매를 촉진시키기 위해 단기적으로 수행되는 방법을 말하며 일반적으로 광고와 인적 판매를 보완하는 역할을 한다.
③ 점포분위기는 점포의 물리적 특성들의 조합이라고 할 수 있다.
④ 홍보는 고객과의 관계에서 소매업체의 이미지를 높이는 등 장기적인 효과를 발생시키는 역할을 한다.
⑤ 구전은 고객들 사이에서 주고받는 소매점포의 상품이나 고객서비스 등에 대한 고객의 경험과 평가로 소매점포성과에 영향을 미친다.

> **해설** 광고는 신문, TV, 인터넷과 같은 비인적 대중매체를 통해 유료로 이루어지므로 과대 · 과장광고 및 신뢰성의 문제점이 지적되는 커뮤니케이션 형태이다.

정답 49 ③ 50 ①

51 디지털 마케팅에서 기업 웹사이트나 모바일 앱 등 다양한 고객과의 접점에서 직접적 상호 작용을 통해 자체적으로 수집한 자사 데이터를 지칭하는 용어로 옳은 것은?

① 개인식별정보(personally identifiable information)
② 사용자 특성 정보(demographic information)
③ 고객 프로파일링(customer profiling)
④ 서비스 로그 데이터(service log data)
⑤ 제1자 데이터(first party data)

 제1자 데이터(1st Party Data)는 보통 광고주가 직접 수집한 사용자(user) 및 오디언스 정보를 의미한다. 온라인 광고의 관점에서 제1자 데이터는 보통 쿠키 기반 데이터가 많으며, 웹사이트분석 플랫폼에 의해 수집된 정보, 비즈니스 분석도구에 의한 수집 데이터 또한 모두 제1자 데이터에 해당한다.

참고
• **제2자 데이터** : 다른 기업이 보유한 데이터로서, 직접적인 경쟁관계가 아닌 경우 파트너십을 통해 고객 데이터를 공유하는 경우를 뜻한다.
• **제3자 데이터** : 고객 데이터를 수집 및 가공하여 대중에게 공개적으로 판매하는 데이터를 말하며, 제3자 데이터의 장점은 제1자, 제2자 데이터에 비해 압도적으로 큰 규모의 고객 데이터에 접근할 수 있다는 것이다.

52 소매점의 성장전략 중 시장침투전략에 대한 설명으로 옳지 않은 것은?

① 표적시장의 고객에게 더 어필하기 위해 다른 소매믹스를 가진 새로운 소매업태를 선보이는 전략이다.
② 표적고객에 해당하는 고객 중에서 자사의 점포에서 쇼핑하지 않는 고객을 유인하기 위한 전략이다.
③ 기존 고객들이 더욱 자주 점포를 방문하여 더 많은 상품을 구매하도록 유도하는 전략이다.
④ 표적시장에 더 많은 점포를 개설하거나 기존 점포의 영업시간을 보다 늘림으로써 표적고객에 해당하는 범위 내에서 신규 고객을 유인하는 전략이다.
⑤ 충동구매를 유도하는 상품을 진열하여 다른 상품을 끼워팔거나 상품 간 교차판매가 이루어지도록 하는 전략이다.

 | Ansoff의 제품 – 시장확장그리드에 따르면 시장침투전략은 기존 제품(또는 기존 업태)을 가지고 기존 시장의 고객들에게 어필하는 전략을 말한다. 문제에서처럼 새로운 소매업태를 선보이는 경우 이를 업태 개발이라고 한다.

정답 51 ⑤ 52 ①

53 아래 글상자에서 설명하는 소매업태의 변천과정 이론으로 가장 옳은 것은?

> 제품구색의 변화에 초점을 맞춘 소매이론으로 소매상은 제품구색이 넓은 소매업태에서 전문화된 좁은 소매업태로 변화되었다가 다시 넓은 제품구색의 소매업태로 변화되어 간다.

① 소매업의 수레바퀴가설　　　　② 소매수명주기이론
③ 소매아코디언이론　　　　　　④ 중심지이론
⑤ 소매중력법칙

> **해설** 소매아코디언이론은 소매점 업태의 진화 과정을 소매점에서 취급하는 상품계열의 수로 설명하는 이론으로, 소매점 업태는 다양한 상품구색을 갖춘 점포로 시작하여 시간이 경과함에 따라 점차 전문화되고 한정된 상품계열을 취급하는 소매점 형태로 변화하고, 이는 다시 다양하고 전문적인 제품계열을 취급하는 소매점으로 진화해 가는 것을 가정한다.

54 소매점 머천다이징의 매입계획에 포함되는 내용으로 가장 옳지 않은 것은?

① 매입자금의 확보　　　　　　② 공급업체의 선정
③ 매입조건의 검토　　　　　　④ 영업수행방식의 준비
⑤ 판매가격의 결정

> **해설** 소매점 머천다이징의 매입계획에 해당하지 않는 것에 대한 문제로 매입조건 또는 매입금액과 관련된 내용이 중요하다. 판매가격의 결정은 매입 이후 판매시점에서 고려할 사항에 해당한다.

55 아래 글상자에서 설명하는 용어로 옳은 것은?

> 경쟁제품과 비교하여 소비자들의 마음속에서 차지하고 있는 자사 제품의 기존 위치를 변화시키는 것을 의미한다.

① 시장세분화　　　　　　　　② 목표시장선정
③ 포지셔닝　　　　　　　　　④ 리포지셔닝
⑤ 지각도

> 정답 53 ③　54 ⑤　55 ④

리포지셔닝(repositioning) 또는 재포지셔닝이란 마케팅환경의 변화로 제품의 포지션이 소비자의 욕구와 경쟁제품에 비추어 보아 적절하지 않은 경우, 자사 제품의 목표 포지션을 재설정하고 적절한 포지션으로 이동시키는 것을 말한다.

56 다음 중 온라인 프로모션의 유형으로 가장 옳지 않은 것은?

① 디스플레이 광고(display advertising)

② 검색관련 광고(search-related advertising)

③ 트레이드인 광고(trade-in advertising)

④ 콘텐츠 스폰서십(content sponsorship)

⑤ 직접 반응 광고(direct-response advertising)

 온라인 프로모션(촉진방법)에는 이메일 마케팅, 소셜 미디어 마케팅, SEO(검색엔진 최적화), 디스플레이 광고, 콘텐츠 마케팅, 제휴 마케팅 등 다양한 방법이 활용되고 있다. 한편, 트레이드인(Trade-In)은 중고제품 보상프로그램과 관련된 개념으로 행사 모델 제품을 구매한 경우 기존 제품 반납 시 추가 보상혜택을 제공하는 것을 말한다.

57 소매업체 대상 판촉프로그램에 대한 설명으로 옳지 않은 것은?

① 리베이트 : 진열위치, 판촉행사, 매출실적 등 소매상의 협력 정도에 따라 판매금액의 일정률에 해당하는 금액을 반환해 주는 것을 말한다.

② 가격할인 : 일정 기간의 구매량에 대해 가격을 할인해 주는 방법을 말한다.

③ 할증판촉 : 일정량 구매 시 동일제품을 무료로 더 제공하는 것을 말한다.

④ 진열장비의 지원 : 육가공·냉장음료 등의 보관에 필요한 쇼케이스나 진열보조용구 등을 지원하는 것을 말한다.

⑤ 판촉물지원 : 신제품 출시 시 많이 사용하는 방법으로 소비자 홍보를 통한 제품구매를 유도하기 위하여 점포 내의 시식행사나 샘플배포비용을 지원하는 것을 말한다.

 신제품 출시 시 많이 사용하는 방법으로 소비자 홍보를 통한 제품구매를 유도하기 위하여 점포 내의 시식행사나 샘플배포비용을 지원하는 것은 판매촉진(sales promotion)에 해당한다. 반면, 판촉물지원은 제품구매를 독려하기 위해 제조업체에서 판촉물을 제작하여 이를 소매상에게 지원하는 것을 말한다.

58 온라인상의 마케팅 퍼널 모델(funnel model)에 대한 설명으로 옳지 않은 것은?

① 온라인상의 마케팅 퍼널 모델은 고객이 웹이나 앱 서비스에 접속한 후 상품을 구매하기까지의 일련의 경로를 단계별로 나누어 시각화한 모델이다.

② 온라인상의 마케팅 퍼널이라는 용어는 상품을 인지하고 구매까지 나아가는 과정에서 단계별로 좁아지는 깔때기 같은 모양에서 비롯되었다.

③ 온라인상의 마케팅 퍼널 모델은 소비자 정보처리 이론을 바탕으로 형성되었다.

④ 온라인상의 마케팅 퍼널은 기존 소비자의 구매 여정을 새롭게 설계하여, 이탈고객을 대상으로 기업이 설계한 방향대로 구매 여정을 최적화하는 프로세스이다.

⑤ 온라인상에서 설계된 퍼널을 통해 기업은 각 단계마다 고객의 전환 및 이탈을 확인할 수 있기 때문에 해당 단계에 적합한 전략들을 수립하는 것이 가능하다.

해설 ④ 온라인상의 마케팅 퍼널은 기존 소비자의 구매 여정을 새롭게 설계하는 것이 아니라 신규 고객의 유입 시점부터 구매, 재구매까지의 고객행동을 단계별로 세분화함으로써 어느 단계에서 이탈자가 많은지 파악하고, 그에 대한 개선방안을 피드백함에 있다.

참고 퍼널(Funnel) : '깔때기'를 뜻하며, 상품을 인지하고 구매까지 나아가는 과정에서 유입자의 수가 줄어드는 것이 깔때기 모양을 닮은 데서 기인한 용어이다. 1898년, Elmo Lewis라는 사람이 처음으로 마케팅 퍼널에 대한 개념을 제시했으며, 퍼널 분석은 상품 발견부터 구매, 재구매까지의 고객행동을 세분화해서 파악함으로써 어느 단계에서 이탈자가 많은지 파악하고, 그에 대한 개선방안을 피드백함에 있다.

마케팅 퍼널 모델(TOFU-MOFU-BOFU 전략)

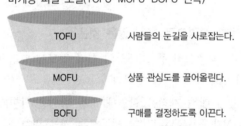

TOFU	사람들의 눈길을 사로잡는다.
MOFU	상품 관심도를 끌어올린다.
BOFU	구매를 결정하도록 이끈다.

㉠ TOFU(Top of the funnel) : 퍼널 상단, 브랜드를 발견하는 단계
어떤 마케팅 채널(인스타, 유튜브 등)에서, 어떤 광고 소재에 대해 고객들이 열광하는지, 잠재고객한 명을 유입하는 비용이 효율적인지 등 고려하는 단계
•관련 지표 : 일간/월간 방문자 수, 광고조회수 대비 클릭률(CTR), 인플루언서 마케팅 비용 대비 유입 수 등

㉡ MOFU(Middle of the funnel) : 방문자가 구매자가 되기 직전까지의 단계
우리 브랜드에 방문한 고객이 어디에 관심있어 하는지, 어떤 것을 필요로 하는지 귀담아듣고 질문하는 것이 중요
•관련 지표 : 프로모션 진행 시 전환율, 실험별 전환율 개선도 등

㉢ BOFU(Bottom of the funnel) : 구매자가 충성 고객이 되는 단계
이 단계의 주요 목표는 구매를 완료하는 것, 브랜드 충성도를 끌어올리는 것으로, 자사 브랜드를 구매하고, 더 나아가 재구매 및 지인 추천을 하는 정도까지 나아가는 것이 중요
•관련 지표 : 상세페이지에서 구매 단계까지의 전환율, 마케팅 비용 대비 매출(ROAS) 등

정답 58 ④

59 고객관리를 위한 고객분석의 내용으로 옳지 않은 것은?

① 고객세분화 분석을 통한 구매자와 사용자, 잠재고객 파악

② 고객의 구매동기를 분석하여 제품의 특성과 추구목적 이해

③ 고객 구매동기의 변화 가능성과 잠재적 욕구의 파악

④ 미충족된 고객욕구를 파악하여 문제점 및 제품만족도 개선 사항 파악

⑤ 고객서비스 및 접객 방식의 개선 효과 분석을 통해 고객응대에 활용

> **해설** 고객관리는 고객의 구매와 관련된 니즈 파악 및, 구매동기 분석 등을 통해 고객의 만족도를 높여 장기적 관계를 구축하는 것이므로, 고객서비스 및 접객 방식의 개선 효과 분석을 통한 고객응대에 활용하는 것과는 거리가 가장 멀다.

60 유통마케팅 조사의 절차 중 조사설계에 해당하는 활동으로 가장 옳지 않은 것은?

① 조사의 성격 규정　　　　② 데이터 수집방법 결정

③ 데이터 수집도구 결정　　④ 표본 설정

⑤ 데이터 검증

> **해설** 마케팅조사설계는 마케팅조사의 목적을 달성하기 위한 정보 자료를 수집하고 분석하는 데 있어서의 기본지침으로, 조사 계획 설정 단계에서는 조사문제의 성격을 규명하고 해결을 위하여 수집되어야 할 자료의 종류, 수집방법 및 분석방법, 표본 설정 및 표본추출에 관한 계획이 수립되어야 한다.

61 소매점포의 레이아웃 중 아래 글상자의 괄호 안에 들어갈 용어로 가장 옳은 것은?

> • (㉠) – 고객들의 주 통로와 여러 점포들의 입구가 연결되어 있는 형태의 레이아웃
> • (㉡) – 일정한 규칙 없이 상품이나 점포를 배치함으로써 고객들이 자유롭게 쇼핑할 수 있도록 만들어진 레이아웃

① ㉠ 경주형 레이아웃, ㉡ 자유형 레이아웃

② ㉠ 격자형 레이아웃, ㉡ 자유형 레이아웃

③ ㉠ 격자형 레이아웃, ㉡ 경주형 레이아웃

④ ㉠ 자유형 레이아웃, ㉡ 격자형 레이아웃

⑤ ㉠ 경수형 레이아웃, ㉡ 격자형 레이아웃

정답 59 ⑤　60 ⑤　61 ①

경주로형(Racetrack형, Loop형)은 주된 통로를 중심으로 여러 매장 입구가 연결되어 있어 고객들이 여러 매장들을 손쉽게 둘러볼 수 있도록 배치된 형태의 레이아웃이며, 자유형은 원형, 타원형, U자형 등으로 비품과 통로를 비대칭으로 배치하여 흥미롭고도 자유로운 쇼핑 분위기 속에서 고객의 시선을 끌어 충동구매를 유도하는 배치 형태에 해당한다.

62 다음 촉진 예산 결정 방법 중 상향식 접근방법으로 옳은 것은?

① 가용 예산법(affordable method)
② 매출액 비율법(percentage-of-sales method)
③ 단위당 고정 비용법(fixed-sum-per-unit method)
④ 경쟁자 기준법(competitive parity method)
⑤ 목표 및 과업기준법(objective and task method)

 목표 및 과업기준법(objective and task method)은 커뮤니케이션 목표를 달성하기 위해 특별한 업무 수행에 요구되는 예산을 결정짓는 상향식 접근방식으로 가장 합리적인 촉진 예산 결정 방법에 해당한다.

63 상품 로스(loss)의 발생원인에 대한 설명으로 옳지 않은 것은?

① 상품 로스가 발생하는 원인은 다양하지만 크게 상품 운영상의 문제, 로스 관리상의 문제, 장비 및 시설 문제로 분류할 수 있다.
② 과일과 채소 같은 신선식품의 경우 품질 관리를 위한 유통 과정에서의 폐기로 인해 일반적인 상품보다 로스가 발생할 가능성이 높다.
③ 로스 다빈도 상품에 대한 방지대책 미흡은 로스 관리상의 문제에 속한다.
④ 매입 및 반품에 대한 오류는 상품 운영상의 문제에 속한다.
⑤ 고객 및 직원으로부터 발생하는 도난 사고는 장비 및 시설 문제에 속한다.

 고객 및 직원으로부터 발생하는 도난 사고는 로스 관리상의 문제와 관련되며, 가치관 정립 미흡에 따른 인간성 로스에 해당한다.

정답 62 ⑤ 63 ⑤

64 소매점의 정량적 성과분석을 위한 관리지수로서 옳지 않은 것은?

① 전월, 전년, 또는 전분기 대비 당월, 금년, 현분기의 실적 증감을 관리하는 신장률 관리
② 매장의 단위면적(평)당 매출액 및 수익 등을 관리하는 평효율 관리
③ 상품에 투자된 자금을 신속하게 회수하여 재고 과다로 인한 자금손실을 방지하는 재고 회전율 관리
④ 입점 고객에 대한 신속한 니즈 파악 및 빠른 판매 마무리를 관리하는 노동생산성 관리
⑤ 입점 고객 대비 구매 고객 수 및 고객 1인당 평균 매입액을 관리하기 위한 구매율 객단가 관리

> **해설** 정량적 성과분석을 위한 관리지수는 정량적으로 나타나며, ④ 입점 고객에 대한 신속한 니즈 파악 및 빠른 판매 마무리를 관리하는 노동생산성 관리는 정성적인 성과분석에 해당한다.

65 플랫폼 비즈니스전략을 수립할 때 고려해야 할 사항으로 가장 옳지 않은 것은?

① 새로운 비즈니스 모델 및 양질의 콘텐츠가 성공의 핵심 요인이다.
② 규모의 경제로 인해 선두주자는 반드시 성공한다.
③ 초기에 충분한 사용자를 확보하기 위해 빠른 시간 내에 네트워크 효과가 나타나게 해야 한다.
④ 제공 서비스 및 콘텐츠의 품질은 지속적으로 유지되어야 한다.
⑤ 독점적 지위를 이용하여 사용자에게 과다한 부담을 강요하는 것은 장기적으로 해가 될 수 있다.

> **해설** 플랫폼 비즈니스전략을 수립 시 규모의 경제로 인한 비용절감 부분도 중요요소이지만 이것만으로 반드시 시장에서 성공하는 것은 아니며, 다른 기업과 차별화 정도가 가장 중요한 경쟁우위 요인이 될 수 있다.

66 서비스의 소멸성(perishability)을 극복하기 위한 서비스마케팅으로 가장 옳지 않은 것은?

① 예약 시스템을 활용한 예약제도
② 비수기 할인 등 시즌별 가격 차등화
③ 조조할인 등 시간대별 가격 차등화
④ 고객 후기 및 추천을 활용한 서비스 표준화
⑤ 피크타임 동안 가용능력의 효율성 극대화

정답 64 ④ 65 ② 66 ④

소멸성(perishability)은 서비스 제공과 동시에 소멸한다는 것으로 서비스의 비저장성을 의미한다.
④ 고객 후기 및 추천을 활용한 서비스 표준화는 서비스의 비표준성에 해당하는 '이질성'을 극복하기 위한 내용에 해당한다.

67 상품구매와 관련하여 고관여 상황에서 제품들 사이에 차이가 거의 없다고 판단할 경우 주로 나타나는 고객 구매행동으로 옳은 것은?

① 맥락적 구매행동   ② 다양성 추구 구매행동
③ 습관적 구매행동   ④ 인지부조화 감소 구매행동
⑤ 체계적 구매행동

구분	고관여 수준	저관여 수준
제품 간 큰 차이가 있는 경우	복잡한 구매행동	다양성 추구 구매행동
제품 간 큰 차이가 별로 없는 경우	부조화 감소 구매행동	습관적 구매행동

68 아래 글상자에서 설명하는 매장 혼잡성 관리 전략으로 옳은 것은?

> A백화점에서는 에스컬레이터 앞에 패션쇼를 보여주는 비디오를 설치하여 고객들의 관심을 끌고 있다.

① 시설의 재배치   ② 최대용량 조절
③ 고객 수 통제   ④ 직원 수 조절
⑤ 고객의 인식관리

 대기 관리를 위한 '고객 인식관리'에 대한 내용이다. 서비스 혼잡장소나 대기시간이 있는 곳에 고객이 무료하게 기다리는 경우 더 길게 느껴지므로 이를 관리하기 위한 프로그램이 '고객 인식관리'라 할 수 있다.

정답 67 ④ 68 ⑤

69 CRM 채널관리 이슈 및 기대효과에 관한 내용으로 가장 옳지 않은 것은?

① 기존 고객들만을 대상으로 마케팅을 수행하여 지속적인 경쟁우위를 창출할 수 있다.

② 고객 니즈에 맞는 최적의 채널을 제공하고, 거래비용을 최소화할 수 있는 채널로 고객을 유도할 수 있다.

③ 채널의 정보교환 기능을 활성화하여 고객의 개별 니즈에 부합하는 가치를 창조해야 한다.

④ 채널을 차별화함으로써 발생할 수 있는 채널 간 갈등을 해소해야 한다.

⑤ 고객 행위에 대한 깊은 이해를 바탕으로 고객만족 및 고객애호도를 증대시킬 수 있다.

해설 CRM은 기본적으로 기존 고객의 이탈을 방지하는 프로그램이지만 기존 고객을 창출하기 위해서는 신규 고객에 대한 투자가 병행되어야 한다. 따라서 기존 고객들만을 대상으로 마케팅을 수행하여서는 지속적인 경쟁우위를 창출할 수 없다.

70 경쟁점포와는 차별적으로 자사 점포가 대상으로 하는 고객이 가장 원하는 품종에 중점을 두거나, 가격에 대응하는 상품이나 품질을 차별화하는 방향으로 전개하는 머천다이징으로 옳은 것은?

① 혼합식 머천다이징(scrambled merchandising)

② 세그먼트 머천다이징(segment merchandising)

③ 선별적 머천다이징(selective merchandising)

④ 계획적 머천다이징(programmed merchandising)

⑤ 상징적 머천다이징(symbolic merchandising)

해설 세그먼트 머천다이징은 동일한 고객층을 대상으로 하되 경쟁점포와는 다르게 그들 고객이 가장 원하는 제품과 서비스에 중점을 두거나, 고객에게 제시되는 가격대에 대응하는 상품이나 품질을 차별화하는 방향을 전개하는 머천다이징을 말한다.

정답 69 ① 70 ②

71 지리적, 공간적 제약을 극복하고 어디서 누구와도 연결이 가능하도록 해주는 광역컴퓨팅 기술과 관련 있는 기술로 가장 옳지 않은 것은?

① 인터넷 기술
② 미들웨어 기술
③ 분산처리 기술
④ 네트워크컴퓨팅 기술
⑤ 데이터 압축복원 기술

> **해설** 지리적, 공간적 제약을 극복하고 어디서 누구와도 연결이 가능하도록 해주는 광역컴퓨팅을 위해서는 인 터넷 기반 기술과 데이터를 주고받을 수 있도록 중간에서 매개 역할을 하는 미들웨어 및 네트워크컴퓨 팅, 분산처리 기술 등이 필요하다.

72 유통업체가 수행하는 마케팅 활동 중 소비자가 특정 유형의 개인정보 처리에 대해 구체적 이고, 명시적이며, 사전적 동의를 표시하는 별도의 조치를 취한 경우에만 개인정보를 수집 해서 활용하는 유형을 의미하는 용어로 가장 옳은 것은?

① 옵트 아웃(opt out)
② 옵트 인(opt in)
③ 옵트 오버(opt over)
④ 옵트 오프(opt off)
⑤ 옵트 온(opt on)

> **해설** 옵트 인(opt in)은 소비자가 개인정보 수집을 동의하기 전까지는 데이터 수집을 금지하는 것을 말하며, 반대로 옵트 아웃(opt out)은 전자상거래 이용고객이 기업에서 발송하는 광고성 메일에 대해 수신 거부 의사를 전달하는 경우 더 이상 광고성 메일을 받지 않을 수 있는 것을 뜻한다.

73 유통업체에서 ERP 시스템을 도입할 때, 구축 비용에 영향을 미치는 요인으로 옳지 않은 것은?

① ERP 시스템 구축 범위
② 도입하려는 ERP 모듈 수
③ ERP 시스템 이용자 수
④ ERP 시스템 구축 프로젝트 추진 기간
⑤ ERP 데모데이 참여 기업 수

정답 71 ⑤ 72 ② 73 ⑤

데모(demo)는 특정 프로그램이나 하드웨어의 성능을 보여주기 위한 '시범'이라는 의미이며, 데모데이 (Demo-day)는 기업들이 자사에서 개발한 데모 제품을 대중에게 공개하는 행사를 뜻한다. 따라서 ERP 데모데이 참여 기업 수는 행사 수준에 머무르므로 ERP 시스템 도입 시 구축 비용과는 거리가 멀다.

74 유통정보시스템을 구축하려 한다. 구축 단계별 설명으로 가장 옳지 않은 것은?

① 분석 – 최종사용자의 비즈니스 요구사항 분석을 수행한다.
② 설계 – 시스템을 지원하기 위해 필요한 기술적 아키텍처와 서비스 모델을 설계한다.
③ 개발 – 기술적 아키텍처, 데이터베이스, 서비스를 구현한다.
④ 테스팅 – 테스트조건을 구성하고 서비스와 시스템에 대한 테스트를 수행한다.
⑤ 구현 – 시스템 사용자를 지원하기 위한 상담창구를 개설한다.

기술적 구현단계는 유통정보시스템이 추구하는 목표와 제시된 시스템 설계를 컴퓨터 시스템으로 실현하는 단계로, 데이터베이스 구축, 소프트웨어와 하드웨어 수요의 결정, 연계 네트워크의 결정, 시스템통제수단의 결정, 사용자 환경의 구현, 시범서비스의 개발, 시스템 구축 등이 순차적으로 수행된다.

75 고객 충성도를 강화하기 위한 우수고객우대 프로그램에 대한 설명으로 가장 옳지 않은 것은?

① 유통업체의 우수고객우대 프로그램은 금전적 혜택과 비금전적 혜택을 제공하는데, 최근에는 금전적 혜택을 강화하는 방향으로 진화하고 있다.
② 유통업체의 우수고객우대 프로그램은 자사에서 제공하는 혜택이 자사 상품과 직접적인 관련성을 갖도록 함으로써 자사 상품의 가치를 증진시키는 것이 바람직하다.
③ 유통업체의 우수고객우대 프로그램은 고객의 거래 실적이 많을수록 더 많은 혜택을 제공하는 등 고객 등급에 따라 혜택을 차등 제공하는 방식을 채택한다.
④ 유통업체에서 우수고객우대 프로그램을 도입하는 이유는 우수고객의 수익창출 기여도가 매우 높기 때문이다.
⑤ 유통업체의 우수고객우대 프로그램은 우수고객의 유지 및 활성화뿐만 아니라 비우수고객을 우수고객으로 전환시키는 유력한 수단으로 활용된다.

유통업체의 우수고객우대 프로그램은 종전의 마일리지, 포인트 서비스 중심의 금전적 보상에서 최근 소비자들에게 필요한 개인맞춤형 정보를 제공하고, 즐거움을 주는 등의 방법인 비금전적 혜택을 강화하는 방향으로 이동하고 있다.

정답 74 ⑤ 75 ①

76 오늘날 유통업체에서는 블록체인 기술을 활용해 정보시스템을 구현하고 있다. 블록체인에 대한 설명으로 가장 옳지 않은 것은?

① 퍼블릭 블록체인은 누구나 참여할 수 있고 모든 참여자의 상호검증을 거치기 때문에 상대적으로 신뢰도가 높은 반면 처리속도가 느리다.

② 프라이빗 블록체인은 서비스 제공자의 승인을 받아야만 참여할 수 있도록 구축되는 형태이다.

③ 한 번 연결된 블록은 수정하거나 삭제하기 어려워 불변성을 가진다.

④ 새로운 블록은 생성되는 동시에 모든 참여자에게 전송되어 공유되므로 참여자들 누구나 볼 수 있어 투명성을 가진다.

⑤ 블록체인은 기존의 분권화된 방식을 탈피한 중앙집중식 방식으로 데이터를 보다 빠르게 처리할 수 있다.

> **해설** 블록체인은 공공거래장부 또는 분산원장으로 불리는 데이터 분산처리 기술로, 네트워크에 참여하는 모든 사용자가 모든 거래 내역 등의 데이터를 분산·저장하는 기술을 지칭한다. 이는 신용 기반이 아니라 시스템으로 네트워크를 구성하며, 중앙시스템이 존재하지 않는 탈중앙시스템에 해당한다.
>
> **참고** 블록체인의 종류
> ㉠ 프라이빗 블록체인(private blockchain) : 미리 정해진 조직이나 개인들만 참여할 수 있는 폐쇄형 블록체인 네트워크
> ㉡ 퍼블릭 블록체인(public blockchain) : 누구든지 자유롭게 참여할 수 있는 개방형 블록체인 네트워크
> ㉢ 컨소시엄 블록체인(consortium blockchain) : 허가받은 사용자만 접근이 가능한 블록체인 네트워크

77 고객관계관리(CRM)를 통해 수집된 자료를 분석하는 마이닝 기법과 그 설명이 가장 옳지 않은 것은?

① 텍스트 마이닝의 주요 분석 기법들로는 주제어 분석, 동시 출현 단어 분석, 토픽 모델링, 감성분석 등이 있다.

② 오피니언 마이닝은 문서에 나타난 의견의 극성을 분석하는 감성분석이 중요하다.

③ 감성분석의 대표적 예로는 영화 리뷰 분석, 온라인 쇼핑몰의 제품에 대한 구매후기 분석 등이 있다.

④ 웹콘텐츠 마이닝은 웹상에서 사용자가 찾고자 했던 것을 기록하고 있는 웹 서버 로그에서 유용한 정보를 추출하는 과정이다.

⑤ 웹구조 마이닝은 웹사이트의 노드와 연결 구조를 분석하기 위해 그래프 이론을 사용하는 과정이다.

정답 76 ⑤ 77 ④

웹콘텐츠 마이닝은 웹사이트를 구성하는 페이지 내용 중 유용한 정보를 추출하기 위한 기법을 말한다. 한편 액세스 로그(access log)는 방문자가 웹상 특정 사이트에 접속할 때부터 나갈 때까지 사용자의 아이디, 웹사이트 방문 경로 및 방문 시간, 웹사이트에서 수행한 작업 내용 등 모든 행적을 기록하고 있는 것을 말한다.

78 EDI(electronic data interchange)와 관련된 설명으로 가장 옳지 않은 것은?

① EDI는 합의된 표준화를 기반으로 통신망을 통해 정보를 교환하는 기술이다.

② EDI는 서류의 내용을 수동으로 옮겨 작성하는 데 있어 발생할 수 있는 오류를 최소화 시켜 준다.

③ EDI 구성요소의 하나인 네트워크 소프트웨어는 거래기업 간 상호 데이터의 인식이 가능하도록 변환해 주는 기능을 수행한다.

④ EDI 시스템 구축은 종이 없는 업무환경이 가능하도록 지원해 준다.

⑤ 애플리케이션 소프트웨어는 각각의 컴퓨터 간 데이터의 전송을 가능하게 해주는 기능을 제공한다.

 EDI 구성요소는 EDI 표준(Standards), EDI 사용자 시스템(하드웨어/소프트웨어), 통신네트워크(communication network), EDI 거래 약정(I/A)로 이루어진다. 이 중 EDI 사용자 시스템 소프트웨어는 통상적으로 EDI 표준에 의해 전달되는 문서를 읽거나 수정 및 저장할 수 있는 문서의 포맷기능을 수행한다.

79 데이터의 전략적 활용을 위해 사용하는 비즈니스 애널리틱스(business analytics)에 대한 설명으로 가장 옳지 않은 것은?

① 비즈니스 애널리틱스는 조직에서 기존의 데이터를 기초로 최적 또는 현실적 의사결정을 위한 모델링을 이용하도록 지원해 준다.

② 비즈니스 애널리틱스는 질의 및 보고와 같은 기본적인 분석 기술과 예측 모델링처럼 수학적으로 정교한 수준의 분석을 지원한다.

③ 비즈니스 애널리틱스는 리포트, 쿼리, 알림, 대시보드, 스코어 카드뿐만 아니라, 데이터 마이닝 등의 예측 모델링과 같은 진보된 형태의 분석기능도 제공한다.

④ 비즈니스 애널리틱스는 미래 예측을 지원해 주는 데이터 패턴 분석과 예측 모델을 위한 데이터 마이닝을 통해 고차원 분석기능을 포함하고 있다.

⑤ 비즈니스 애널리틱스는 정보자원을 의사결정에 유용한 지식으로 변환하는 것을 뜻하는바, 이의 핵심은 발생된 사건에 대해 내부 데이터, 구조화된 데이터, 히스토리컬 데이터만을 단순하게 분석하는 것이다.

정답 78 ③ 79 ⑤

⑤ 발생된 사건에 대해 내부 데이터, 구조화된 데이터, 히스토리컬 데이터(역사적 자료)만을 단순하게 분석하는 것은 비즈니스 인텔리전스에 가까운 설명이다. 반면 비즈니스 애널리틱스(business analytics)는 경영활동의 효율성을 높이기 위하여 지원하는 솔루션으로, 과거 데이터 분석 위주의 비즈니스 인텔리전스(BI)에 통계 기반의 '예측, 진단, 처방기능'을 부가한 솔루션으로 비즈니스 문제를 더욱 빠르고 정확하게 해결하도록 지원하고 있다.

80 유통업체에서 업무에 활용하고 있는 데이터시각화에 대한 설명으로 가장 옳은 것은?

① 정보 시각화는 데이터를 활용하여 객관적인 사실을 통계표, 그래프, 이미지 등을 통해 요약적으로 표현하여 주어 직관적 통찰력을 높여준다.

② 인포그래픽은 과학적 현상의 시각화로 컴퓨터 과학의 한 부분인 컴퓨터 그래픽의 하위 집합으로 간주한다.

③ 과학적 시각화는 다량의 정보를 차트, 지도 다이어그램, 로고, 일러스트레이션 등을 활용하여 정적으로 만들어 한눈에 파악할 수 있게 해준다.

④ 인포그래픽은 공학, 통계학, 수학 등을 이용해 데이터 분석기능을 제공하는 통계 분석도구이다.

⑤ 도수분포를 그래프로 나타낸 것은 산포도이다.

② 과학적 시각화는 과학적 현상의 시각화로 컴퓨터 과학의 한 부분인 컴퓨터 그래픽의 하위 집합으로 간주한다.

③ 인포그래픽은 다량의 정보를 차트, 지도 다이어그램, 로고, 일러스트레이션 등을 활용하여 정적으로 만들어 한눈에 파악할 수 있게 해준다.

④ 인포그래픽은 공학, 통계학, 수학 등을 이용해 데이터 분석기능을 제공하는 통계 분석도구에 해당하지 않는다.

⑤ 도수분포를 그래프로 나타낸 것은 히스토그램이다.

정답 80 ①

81 유통업체에서 활용하는 간편결제 방식에 대한 설명으로 가장 옳은 것은?

① 온라인과 오프라인 상거래에서 빠르고 간편하게 결제하는 전자결제 서비스이다.

② 스마트워치 기기에 저장된 생체정보, 신용카드 정보 등을 이용하여 결제되는 경우 반드시 2차 인증 수단을 추가로 인증해야 사용할 수 있다.

③ 우리나라는 간편결제 서비스에 활용되는 QR코드 발급 시 개인·신용정보를 포함할 수 있도록 규정하고 위변조 방지 기술을 반드시 적용하도록 하고 있다.

④ 다른 방식의 결제 서비스에 비해 상대적으로 접속 속도가 느리고 복잡하지만 높은 보안성을 확보하고 있다.

⑤ 간편결제 편의성과 안전성을 높이기 위해서 모바일결제 시 QR코드 방식은 지원하지 않는다.

> **해설** 유통업체에서 활용하는 간편결제 방식은 간편결제 애플리케이션이 신용카드사로부터 결제 토큰을 제공받아 NFC, QR, MST 등의 방법으로 신용카드 가맹점에서 결제하는 방식으로 지문, 홍채 등 생체정보를 이용한 결제, 근접무선통신(NFC) 방식, QR코드 방식 등이 이용된다. 아직 보안성 측면에서 취약점이 있으나 온라인과 오프라인 상거래에서 빠르고 간편하게 결제하는 수단으로 활용되고 있다.

82 우리나라의 바코드(EAN-13) 인쇄에 대한 내용으로 가장 옳지 않은 것은?

① 바코드는 백색 바탕에 흑색 바코드를 권장하는 등 주로 밝은색 바탕에 어두운색 바를 사용할 것을 권장한다.

② 일반적인 경우 상품 뒷면 오른쪽 아래 사분면에 인쇄하도록 하며 어떠한 판독 방해물도 없도록 한다.

③ 묶음 상품인 경우 개별 상품의 바코드가 반드시 보이도록 하고, 별도의 바코드를 부착한다.

④ 구석, 접지면, 주름진 곳은 피하고, 가능한 매끄러운 면에 인쇄한다.

⑤ 형태가 원통형인 경우 제품을 똑바로 세웠을 때 측면에 인쇄하되 바코드 막대가 지면과 수평이 되도록 인쇄한다.

> **해설** ③ 하나의 포장지에 각기 다른 GTIN을 입력한 2개의 바코드를 부착해서는 안 되며, 묶음 상품은 개별 상품의 바코드가 보이지 않게 하고 별도의 바코드를 부착해야 한다.

정답 81 ① 82 ③

83 아래 글상자의 괄호 안에 들어갈 용어로 가장 옳은 것은?

> • (㉠)은(는) SCM의 생산스케줄링의 핵심 엔진 중 하나로 활용된다. 제약경영을 통해 공급체인 전체의 최적화를 추구하는 기법이다. SCM을 통한 기업의 비용절감, 시스템 최적화의 목표를 달성하도록 한다.
> • (㉡)은(는) 제품의 생산 및 재고에 관한 의사결정을 고객이 아니라 공급자가 수행하도록 하는 방식으로 수요 예측의 변동성을 감소시켜 주는 효과가 있다.

① ㉠ 제약조건이론(TOC)
　㉡ APS(advanced planning and scheduling)
② ㉠ 제약조건이론(TOC)
　㉡ VMI(vendor managed inventory)
③ ㉠ SCC(supply chain coordinator)
　㉡ APS(advanced planning and scheduling)
④ ㉠ SCC(supply chain coordinator)
　㉡ VMI(vendor managed inventory)
⑤ ㉠ ECR(efficient consumer response)
　㉡ VMI(vendor managed inventory)

해설 TOC(Theory Of Constraints), 즉 제약이론은 SCM의 핵심 엔진으로 평가되며 골드랫(Eliyahu M. Goldratt)이 개발한 생산 공정 개선에서 시작되었다. 또한 VMI(Vendor Managed Inventory)는 제품 공급자인 생산자 주도하에 소매업자와 상호 협의하여 소매업자의 재고를 관리하는 SCM기법 중 하나에 해당한다.

84 유통정보혁명 시대에 있어서 유통업체에 요구되는 발전전략으로 가장 옳지 않은 것은?

① 특화된 고객전략에서 불특정 다수를 위한 고객전략으로의 전환
② 비용 중심의 운영전략에서 시간 중심의 운영전략으로의 전환
③ 개별 기업 중심의 경영체제에서 통합 공급체인 경영체제로의 전환
④ 유통업의 기본개념을 제품유통 위주에서 정보유통 위주의 전략으로의 전환
⑤ 기술우위의 기본개념을 신제품 개발 위주에서 정보시스템 및 네트워크 위주의 전략으로의 전환

해설 유통물류기술의 발전으로 불특정 다수를 위한 표준적 서비스전략에서 개별고객화(customization)된 1 : 1 고객전략으로, 최근에는 mass customization(대량고객화) 전략으로 발전하고 있다.

정답 83 ② 84 ①

85 아래 글상자의 괄호 안에 들어갈 용어로 가장 옳은 것은?

- 온·오프라인에 관계없이 소비자가 이용 가능한 모든 채널을 쇼핑의 창구로 유기적으로 연결하여 쇼핑에 불편이 없도록 채널을 통합하는 것을 (㉠), 상거래 형태를 온-오프 연계형이라고 한다.
- 1인 가구 증가 등 개성 있는 소비자들의 다양한 요구에 맞춤형으로 서비스를 제공하는 (㉡) 서비스 수요가 증가하고 있다.

① ㉠ e-마켓플레이스, ㉡ 옴니채널
② ㉠ 오픈마켓, ㉡ 초연결화
③ ㉠ e-온디맨드, ㉡ 옴니채널
④ ㉠ 옴니채널, ㉡ 온디맨드
⑤ ㉠ 오픈마켓, ㉡ 온디맨드

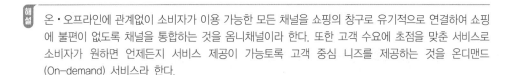

해설 온·오프라인에 관계없이 소비자가 이용 가능한 모든 채널을 쇼핑의 창구로 유기적으로 연결하여 쇼핑에 불편이 없도록 채널을 통합하는 것을 옴니채널이라 한다. 또한 고객 수요에 초점을 맞춘 서비스로 소비자가 원하면 언제든지 서비스 제공이 가능토록 고객 중심 니즈를 제공하는 것을 온디맨드(On-demand) 서비스라 한다.

86 QR(quick response) 코드에 대한 설명으로 옳지 않은 것은?

① QR 코드는 삼차원 바코드로, 사진, 영상 등 다양한 정보를 저장할 수 있다.
② QR 코드는 바코드와 비교할 때, 많은 용량의 정보를 저장할 수 있다.
③ QR 코드는 오류 복원 기능이 있어서 코드 일부가 손상되어도 데이터를 복원할 수 있다.
④ QR 코드는 360° 어느 방향에서든지 판독이 가능하다.
⑤ QR 코드는 1994년에 일본의 도요타 자동차의 자회사인 덴소 웨이브가 개발하였다.

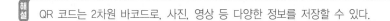

해설 QR 코드는 2차원 바코드로, 사진, 영상 등 다양한 정보를 저장할 수 있다.

정답 85 ④ 86 ①

87 아래 글상자에서 설명하는 용어로 가장 옳은 것은?

> 데이터값 삭제, 총계 처리, 데이터 마스킹 등을 통해 개인정보의 일부 또는 전부를 삭제
> 하거나 대체함으로써 다른 정보와 쉽게 결합하여도 특정 개인을 식별할 수 없도록 하는
> 조치를 일컫는다.

① 데이터 라벨링   ② 비식별화
③ 데이터 범주화   ④ 실명처리
⑤ 데이터 통합

 비식별화(De-identification)란 데이터를 일부 삭제, 대체, 범주화 등을 함으로써 특정 개인을 유추할 수
없도록 처리하는 것을 뜻하며, 이는 다른 정보와 결합했을 때 개인을 쉽게 특정할 수 있는지를 검사하는
'비식별 조치 적정성 평가'를 함께 진행하여야 한다.

88 아래 글상자에서 설명하는 용어로 가장 옳은 것은?

> 디지털 관련 모든 것(all things about digital)으로 인해 발생하는 다양한 변화를 동인으
> 로 기업의 비즈니스모델, 전략, 프로세스, 시스템, 조직, 문화 등을 근본적으로 변화시키
> 는 디지털 기반 경영전략 및 경영활동이다.

① 디지털 전환
② 4차 산업혁명
③ BPI(business process innovation)
④ IoT(internet of things)
⑤ IoE(internet of everything)

 디지털 전환(digital transformation)은 기업이 디지털 기술과 도구를 활용하여 비즈니스 모델과 프로세
스를 혁신하는 과정으로, 기업은 디지털 전환을 통해 기존 업무방식을 자동화하고, 데이터 분석과 인공
지능 그리고 클라우드컴퓨팅 등과 같은 기술을 활용하는 효율적 경영활동을 뜻한다.

정답 87 ② 88 ①

89 유통업체에서 많이 활용되고 있는 정보기술에 대한 설명으로 가장 옳지 않은 것은?

① HS(harmonized system)코드는 GS1(global standard #1), GTIN(global trade item number) 표준과 함께 국내 또는 국외로 유통되는 상품을 식별하기 위해 사용되는 유통표준코드이다.

② POS(point of sales)시스템을 이용하면 품목별 판매실적과 단품별 판매동향을 파악할 수 있다.

③ RFID(radio frequency identification) 기술은 무선통신을 활용하는 기술이다.

④ RFID(radio frequency identification) 기술은 바코드 기술과 비교해 볼 때, 초기 구축 비용이 많이 발생하는 단점이 있다.

⑤ RFID(radio frequency identification) 기술은 데이터 변환 및 저장이 용이하다.

> **해설** HS코드는 유통표준코드가 아니라 국제무역 상품을 분류하기 위해 이름 및 숫자로 표기하는 국제표준으로, 국제통일 상품분류체계에 따라 대외 무역거래 상품을 총괄적으로 분류한 품목 분류 코드를 말한다.

90 유통업체에서 마케팅을 위해 활용하고 있는 증강현실(Augmented Reality) 기술에 대한 설명으로 가장 옳지 않은 것은?

① 증강현실 기술은 실제로 존재하는 물리적인 장면에 컴퓨터에 의하여 생성된 가상 장면을 겹쳐 보이게 하는 기술이다.

② 증강현실 기술은 사용자가 현실 세계를 인식하도록 지원하며, 가상 요소와 현실 요소 사이에서의 실시간 상호작용을 가능하게 해준다.

③ 증강현실 기술은 현실 세계의 기반 위에 가상의 사물을 합성하는 방식이기 때문에 사용자가 여전히 현실 세계를 인식할 수 있다.

④ 증강현실 기술은 현실에는 존재하지 않는 속성을 가상현실 기술을 통해 현실 세계에 내재시킴으로써 현실 세계에서는 얻기 어려운 부가적인 정보를 보강하여 제공할 수 있다.

⑤ 증강현실 기술은 이용자의 특정한 요구에 따라 새로운 콘텐츠와 아이디어를 결과로 생성해 내는 인공지능 기술을 지칭한다.

> **해설** 증강현실(Augmented Reality)은 현실 세계에 3차원 가상물체를 겹쳐 보여주는 기술로, 사용자가 눈으로 보는 현실 세계에 가상의 물체를 겹쳐 보여주는 기술이다. 이는 현실 세계에 실시간으로 부가정부를 갖는 가상 세계를 합쳐 하나의 영상으로 보여주므로 혼합현실(MR : Mixed Reality)이라고도 한다.

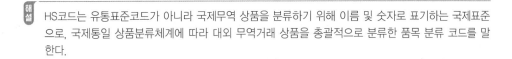

정답 89 ① 90 ⑤

유통관리사 2급 기출문제

제 1 과목 | 유통 · 물류일반관리(01~25)

01 아래 글상자 괄호 안에 알맞은 유통기관이 창출하는 가치를 순서대로 바르게 나열한 것은?

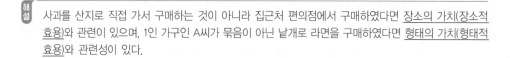

- 사과를 산지로 직접 가서 구매하는 것이 아니라 집근처 편의점에서 구매하였다면 (㉠) 와 관련이 있다.
- 1인 가구인 A씨가 묶음이 아닌 낱개로 라면을 구매하였다면 (㉡)와 관련이 있다.

① ㉠ 탐색의 가치, ㉡ 거래횟수의 감소
② ㉠ 형태의 가치, ㉡ 탐색의 가치
③ ㉠ 장소의 가치, ㉡ 형태의 가치
④ ㉠ 형태의 가치, ㉡ 거래횟수의 감소
⑤ ㉠ 장소의 가치, ㉡ 탐색의 가치

해설 사과를 산지로 직접 가서 구매하는 것이 아니라 집근처 편의점에서 구매하였다면 <u>장소의 가치</u>(장소적 효용)와 관련이 있으며, 1인 가구인 A씨가 묶음이 아닌 낱개로 라면을 구매하였다면 <u>형태의 가치</u>(형태적 효용)와 관련성이 있다.

정답 01 ③

02 아래 글상자의 괄호 안에 들어갈 유통의 기능으로 가장 옳은 것은?

( )은 유통경로상에서 수행되는 유통의 기능 중 거래 및 물적 유통이 원활히 이루어지
도록 보조하는 것으로 상품을 품질수준에 따라 분류하거나 규격화함으로써 거래 및 물류
가 원활히 되도록 하는 기능이다.

① 운송기능   ② 보관기능
③ 표준화기능   ④ 정보제공기능
⑤ 위험부담기능

> **해설** 유통의 기능 중 상품을 품질수준에 따라 분류하거나 규격화함으로써 거래 및 물류가 원활히 되도록 하
> 는 것은 표준화와 관련된 기능이다.

03 아래 글상자에서 제조업자를 위한 도매상의 기능 설명으로 옳은 것을 모두 고르면?

㉠ 시장확대기능 : 제조업자는 합리적인 비용으로 필요한 시장의 커버리지를 유지하기
위해 도매상에게 의존한다.
㉡ 재고유지기능 : 도매상들은 제조업자의 재무부담과 막대한 재고보유에 따른 위험을
감소시켜 준다.
㉢ 주문처리기능 : 다수의 제조업자들의 제품을 구비한 도매상들이 많은 소매상들의 소
량주문을 보다 효율적으로 처리한다.
㉣ 시장정보 제공기능 : 고객들의 제품이나 서비스에 대한 욕구를 쉽게 파악하여 제조업
자에게 정보를 제공한다.
㉤ 고객서비스 대행기능 : 제조업자를 대신해 소매상들에게 제품의 교환, 반환, 설치, 보
수, 기술적 조언 등의 제공을 통해 생산성을 향상시킨다.

① ㉠   ② ㉠, ㉡
③ ㉠, ㉡, ㉢   ④ ㉠, ㉢
⑤ ㉡, ㉢

> **해설** 도매상은 다른 상인에게 재화와 용역을 판매하는 상인으로, 시장확대기능, 재고유지기능, 주문처리기능,
> 시장정보기능, 고객서비스 대행기능 등은 도매상의 제조업자에 대한 기능으로 볼 수 있다.

정답 02 ③   03 ⑤

04 아래 글상자 괄호 안에 알맞은 상품군별 유통기구를 순서대로 바르게 나열한 것은?

- (㉠)은 대규모 생산과 소규모 소비를 하는 일반적인 소비용품인 공산품에 적합한 상품군별 유통기구이다.
- (㉡)은 최종소비용 농산물 및 수산물과 같은 소규모 생산과 소규모 소비에 적합한 유통기구이다.

① ㉠ 분산형, ㉡ 수집·중개·분산형
② ㉠ 수집·중개·분산형, ㉡ 중개형
③ ㉠ 중개형, ㉡ 수집형
④ ㉠ 수집형, ㉡ 분산형
⑤ ㉠ 분산형, ㉡ 수집형

- 분산형은 대규모 생산(생산자 소수)과 소규모 소비(수요자 다수)를 하는 일반적인 소비용품인 공산품에 적합한 상품군별 유통기구이다.
- 수집·중개·분산형은 최종소비용 농산물 및 수산물과 같은 소규모 생산(생산자 다수)과 소규모 소비(수요자 다수)에 적합한 유통기구이다.

05 유통업이 산업 전반에 가져오는 경제적 역할에 대한 설명으로 옳지 않은 것은?

① 다양한 소비자의 욕구를 충족시켜 줄 수 있는 소비문화를 발전시킨다.
② 유통구조의 효율화를 통한 가격안정에 기여한다.
③ 다양한 유통업을 통해 고용창출 효과를 가져온다.
④ 생산자와 소비자를 연결시켜 주는 역할을 한다.
⑤ 제조업 전체의 경쟁력을 제고시키는 산업발전을 도모한다.

유통업이 산업 전반에 가져오는 경제적 역할에는 가격안정화, 고용창출, 생산자와 소비자 간 매개역할, 제조업 발전 도모 등이 해당한다. ① 다양한 소비자의 욕구를 충족시켜 줄 수 있는 소비문화 발전은 산업 전반이 아니라 소비자에 국한된 표현에 해당한다.

06 유통업태의 발전에 관한 이론으로 옳은 것은?

① 아코디언이론이 초점을 두고 있는 부분은 가격과 마진이다.

② 소매차륜이론은 상품믹스에만 초점을 맞추어 설명하는 한계가 있다.

③ 소매수명주기이론은 한 소매기관이 등장해서 사라지는 과정을 진입단계, 발전단계, 쇠퇴단계로 설명한다.

④ 진공지대이론은 소비자는 점포가 제공하는 서비스의 수준과 상품의 가격에 영향을 받는다고 설명한다.

⑤ 변증법적 이론은 장점을 가진 새로운 경쟁자가 출현하는 경우 기존의 소매업태는 완전히 모방하는 전략을 취한다고 설명한다.

해설
① 아코디언이론이 초점을 두고 있는 부분은 상품계열의 수가 증감함에 있다.
② 소매차륜이론은 가격, 비용, 마진, 서비스 등을 고려한 모형이다.
③ 소매수명주기이론은 한 소매기관이 등장해서 사라지는 과정을 도입기, 성장기, 성숙기, 쇠퇴기로 설명한다.
⑤ 변증법적 이론은 정-반-합의 논리에 따라 소매기관의 변화를 설명하는 모형이다.

07 아래 글상자 내용 중 변혁적 리더십과 관련된 내용으로만 나열한 것을 모두 고르면?

㉠ 비전 제시, 자존감 고취
㉡ 안정지향적
㉢ 규정·법규를 강조하고 일탈 행위를 감시
㉣ 개인에 대한 관심과 조언을 제공
㉤ 리더와 멤버는 공동의 목표를 추구

① ㉠, ㉡, ㉢
② ㉠, ㉢, ㉣
③ ㉠, ㉣, ㉤
④ ㉡, ㉢, ㉣
⑤ ㉡, ㉢, ㉣, ㉤

해설 변혁적 리더십은 카리스마, 종업원에게 비전 제시 및 자존감을 고취시키고, 개인에 대한 관심과 조언을 제공한다. 또한 리더와 멤버는 공동의 목표를 추구한다는 특징을 지닌다. 안정지향적, 규정·법규를 강조하고 일탈 행위 감시 등은 전통적 리더십에 가깝다.

정답 06 ④ 07 ③

08 풀(Pull) 요인 관련 유통기업들이 글로벌 신규시장으로 진입할 때의 위협요인으로 옳지 않은 것은?

① 통화의 차이가 발생한다.
② 해외정부의 제약조건이 있다.
③ 문화적 차이는 존재하지 않는다.
④ 후진국 진출 시 유통시스템과 기술이 부재하다.
⑤ 경영방식의 차이로 위협요인이 해외에서 수용이 어려울 수도 있다.

> **해설** "문화적 차이가 존재하지 않는다."는 조건은 유통기업들이 글로벌 신규시장으로 진입할 때의 위협요인보다는 기회요인에 해당한다.

09 유통산업 구조변화 요인 중 하나인 유통정보시스템 설명으로 옳지 않은 것은?

① 협의의 POS 시스템은 판매시점에서 어떤 상품이 얼마나 판매되었는지 판매정보를 파악 및 관리하는 시스템을 말한다.
② 광의의 POS 시스템은 판매정보뿐만 아니라 발주, 재고, 배송, 매입 등 소매점포 안에서 발생하는 모든 정보를 관리하는 시스템을 말한다.
③ 전자데이터교환은 기업 간에 주문을 하거나 대금청구 또는 결재 등의 다양한 업무를 처리할 때 컴퓨터로 처리할 수 있도록 구조화되어 있다.
④ 데이터 마이닝은 데이터베이스나 데이터 웨어하우스로부터 고객의 연관성, 구매패턴, 성향 등 유용한 정보들을 추출하는 역할을 한다.
⑤ ERP는 표준화된 양식으로 전자문서교환을 통해 서로 간 처리할 데이터를 교환하는 시스템을 말한다.

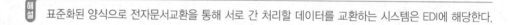

> **해설** 표준화된 양식으로 전자문서교환을 통해 서로 간 처리할 데이터를 교환하는 시스템은 EDI에 해당한다.

정답 08 ③ 09 ⑤

10 유통산업 구조변화 요인과 관련된 소비자 욕구 및 행태적 변화 설명으로 옳지 않은 것은?

① 소비자의 생활수준이 올라감에 따라 소비자의 구매 패턴이 삶의 질을 중요시하고 우선시하는 방향으로 변화되었다.
② 소비자의 욕구에도 점차 다양성과 개성이 나타나게 되었다.
③ 외환위기를 거치게 되면서 낮은 가격이면서 질 좋은 제품을 추구하는 합리적인 가치중심 소비행태가 확산되었다.
④ 합리적인 가치중심 소비형태가 확산되면서 가격이 상대적으로 저렴한 인터넷쇼핑이 각광을 받게 되었다.
⑤ 소비자가 고가의 제품을 구매하는 경향이 나타나면서 고급 소비시장이 만들어졌지만 소비시장의 양극화 현상은 발생되지 않았다.

> **해설** 소비자가 고가의 제품을 구매하는 경향이 나타나면서 고급 소비시장이 형성되었고, 소비시장의 양극화 현상이 발생하고 있다.

11 조직의 집권화와 분권화를 결정하는 요소 중 분권화가 유리하게 되기 위한 조건으로 옳지 않은 것은?

① 의사결정의 중요성이 낮은 경우 분권화가 유리하다.
② 업무의 특성이 정적이고, 유동성의 정도가 낮은 경우 분권화가 유리하다.
③ 조직의 규모가 클 경우 분권화가 유리하다.
④ 소유와 경영이 분리된 기업일 경우 분권화가 유리하다.
⑤ 일관성의 필요가 낮은 경우 분권화가 유리하다.

> **해설** 업무의 특성이 정적이고, 유동성의 정도가 낮은 경우 집권화가 유리하다. 반면 업무의 특성이 다이나믹하고 유동성이 큰 경우 분권화 조직이 적합하다.

12 아래 글상자에서 설명하는 내용으로 옳은 것은?

> 인터넷, 모바일, 오프라인 매장 등 여러 채널의 결합을 통해 고객의 편의와 기업의 실적을 극대화시키는 유통방식을 말한다.

① POS
② EDI
③ RFID
④ Omni Channel
⑤ SSU

정답 10 ⑤ 11 ② 12 ④

Omni Channel은 인터넷, 모바일, 오프라인 매장 등 여러 채널의 결합을 통해 고객의 편의와 기업의 실적을 극대화시키는 유통방식으로 O2O 시스템을 활용한다.

13 아래 글상자에서 거래비용이론상 거래비용이 높아지는 경우만을 모두 고른 것은?

㉠ 거래자의 수가 적은 경우
㉡ 거래당사자 간 정보대칭성이 높은 경우
㉢ 거래환경의 불확실성이 높은 경우
㉣ 거래특유자산이 많고 수요변동이 큰 경우
㉤ 수직적 계열화가 일어난 경우

① ㉡, ㉣
② ㉣, ㉤
③ ㉠, ㉢, ㉣
④ ㉡, ㉢, ㉣
⑤ ㉠, ㉡, ㉢, ㉣, ㉤

 ㉠ 거래자의 수가 많아 거래빈도가 높은 경우, ㉡ 거래당사자 간 정보대칭성이 높은 경우, ㉤ 수직적 계열화가 일어난 경우는 거래비용이론상 거래비용을 감소시키는 경우에 해당한다.

참고 Williamson
자산의 전속성(비표준화된 자산)이 높을수록, 불확실성이 클수록, 그리고 거래의 빈도가 낮을수록 시장에서의 거래비용이 증가하므로, 수직적 통합을 통해 조직으로 내부화시키는 것이 거래비용을 감소시키는 데 효과적이다.

14 아래 글상자에서 공통적으로 설명하는 용어로 가장 옳은 것은?

• 조직 내 개인성과의 타당성을 평가할 수 있는 일정한 양식의 관리시스템이다.
• 승진, 추가훈련, 해고 등의 다양한 인사결정의 기준이 된다.
• 고용결정의 정당성 및 인사결정의 법률적 당위성을 제공한다.

① 성과평가
② 직원보상
③ 교육훈련
④ 고용테스트
⑤ 연공서열

 성과평가(인사평가)는 조직 내 개인성과의 타당성을 평가할 수 있는 일정한 양식의 관리시스템으로 이를 통해 구성원들의 승진, 임금 등의 보상기준이 된다.

정답 13 ③ 14 ①

15 전통적 품질관리와 대조되는 식스시그마의 특징으로 가장 옳지 않은 것은?

① 고객만족을 목표로 한다.
② 측정지표로 불량률을 사용한다.
③ 전사적 업무프로세스의 전체 최적화를 적용범위로 삼는다.
④ 외부로 표출된 문제뿐만 아니라 잠재적 문제까지 중요시한다.
⑤ DMAIC의 실행절차를 활용한다.

> **해설**
> 6-시그마는 정규분포에서 표준편차(시그마)를 측정지표로 하며, 6 표준편차에 해당하는 불량이 일어날 수 있는 원인을 근본적으로 제거하는 혁신기법이다. 이는 비용과 시간을 줄이고 고객에게 항시 변함없는 품질을 제공할 수 있는 기반을 마련한다는 획기적인 의미를 지닌다.

구분	기존 품질운동(QC)	6시그마
측정지표	%(불량률)	시그마
목표	제조공정	고객만족
품질 수준	현상의 품질	경영의 질
개선 기법	임기응변적 대처	경영 process 총체적 design
추진 방법	bottom-up	top-down
적용범위 (개선대상)	제조공정(miss, error의 발생 장소)	전사적 업무 Process (구매, marketing, service 등 전 부문)
추진자	제조현장 담당자 중심	사내 전문가 중심
기본적 관점	기업 측의 관점	고객만족도

16 재무통제를 유효하게 하기 위한 필요조건으로 옳지 않은 것은?

① 책임의 소재가 명확할 것
② 시정조치를 유효하게 행할 것
③ 업적의 측정이 정확하게 행해질 것
④ 업적평가에는 적절한 기준을 선택할 것
⑤ 계획목표가 관련자 일부에 의해 지지되고 있을 것

> **해설**
> 계획목표는 상위 관리자층에서 설정되어 기업 구성원들에게 전사적으로 전달되는바, 관련자 일부에 의해 지지되는 경우 재무통제의 유효성이 떨어진다.

정답 15 ② 16 ⑤

17 아래 글상자에서 제 원가 요소를 부과하거나 배부해서 산출하는 원가가산기준법(cost plus basis method)의 계산구조 설명으로 옳은 것을 모두 고르면?

> ㉠ 직접재료비 + 직접노무비 + 직접경비 = 직접원가
> ㉡ 직접원가 + 제조간접비 = 제조원가
> ㉢ 제조원가 + 판매간접비 및 일반관리비 = 총원가
> ㉣ 총원가 + 희망(예정)이익 = 판매가격

① ㉠   ② ㉠, ㉡
③ ㉡, ㉢   ④ ㉠, ㉡, ㉢
⑤ ㉠, ㉡, ㉢, ㉣

 원가가산기준법(cost plus basis method)의 계산구조는 다음과 같다.
① 제품가격 = 총원가(②) + 희망(예정)이익
② 총원가 = 제품제조원가(③) + 판매비 및 일반관리비(판관비)
③ 제품제조원가 = 직접원가(④) + 제조간접원가
④ 직접원가 = 직접재료비 + 직접노무비 + 직접경비

18 물류합리화를 위한 표준화의 대상에 대한 설명으로 옳지 않은 것은?

① 트럭이나 컨테이너, 철도 같은 운송표준화
② 창고나 랙, 파렛트 같은 보관표준화
③ 하역설비인 컨베이어, 지게차 같은 관리표준화
④ 포장 치수와 같은 포장표준화
⑤ EDI, POS와 같은 정보표준화

 하역설비인 컨베이어, 지게차 : 하역의 표준화

19 아래 글상자의 사례에 해당되는 물류활동으로 가장 옳은 것은?

> A사는 배송 시 사용했던 포장재나 포장용기를 재활용하기 위해서 수거한다. 즉, 과거에는 배송 후 공차(空車)로 복귀했다면 지금은 포장재, 포장용기를 채워서 복귀한다.

① 폐기물류   ② 회수물류
③ 사내물류   ④ 판매물류
⑤ 반품물류

정답 17 ⑤ 18 ③ 19 ②

회수물류는 역물류(reverse logistics)의 하나로, 상품의 판매물류에 부수적으로 발생하는 파렛트, 컨테이너 등과 같은 빈 물류용기(device)와 판매와 관련하여 발생되는 빈 판매용기의 회수 및 재사용, 재활용을 위한 물류활동을 말한다.

20 아래 글상자의 기업윤리와 관련된 내용 중에서 CEO가 사원에 대해 주의해야 하는 것만을 바르게 나열한 것은?

> ㉠ 사원 차별대우 ㉡ 위험한 노동의 강요
> ㉢ 부당한 인재 스카우트 ㉣ 기술 노하우 절도
> ㉤ 자금횡령 ㉥ 부당한 배당

① ㉠, ㉡ ② ㉢, ㉣
③ ㉤, ㉥ ④ ㉠, ㉡, ㉢
⑤ ㉠, ㉡, ㉢, ㉤, ㉥

 • 경쟁사에 대한 기업윤리 : ㉢ 부당한 인재 스카우트, ㉣ 기술 노하우 절도
• 주주에 대한 윤리 : ㉤ 자금횡령, ㉥ 부당한 배당

21 적정한 수준의 재고관리를 위해 아래 글상자의 자료를 토대로 발주시점 수량을 계산한 것으로 옳은 것은?

> • 과거 1개월(30일 기준)의 판매량 : 600개
> • 리드타임 : 1주
> • 발주주기 : 7일
> • 안전재고 : 10개

① 100 ② 190
③ 200 ④ 290
⑤ 300

 재주문점(ROP) = 일일수요량 × (리드타임 + 발주주기) + 안전재고
$$= \frac{600개}{30일} \times (7일 + 7일) + 10개 = 290개$$

정답 **20** ① **21** ④

22 자가창고와 영업창고의 상대적 비교 설명으로 가장 옳은 것은?

구분		자가창고	영업창고
㉠	세금혜택	특정 지역 세금 혜택	감가상각 허용
㉡	위험	기술적 진부화에 따른 위험 낮음	기술적 진부화에 따른 위험 높음
㉢	통제	종업원 및 절차에 대한 직접 책임 통제가 유리	종업원 및 절차에 대해 직접 책임
㉣	초기투자	설비, 창업, 장비, 교육에 대한 투자 없음	설비, 창업, 장비, 교육에 투자
㉤	영업비용	충분한 물량이면 저렴	고비용

① ㉠   ② ㉡

③ ㉢   ④ ㉣

⑤ ㉤

• **자가창고** : 기업의 자산으로 매년 감가상각 통해 비용처리, 창고의 기술적 진부화에 따른 리스크 부담, 종업원/절차에 창고 소유기업이 직접 책임, 설비·장비 등에 직접 투자 필요하다.
• **영업창고** : 세금혜택, 기술적 진부화 리스크 낮음, 기업의 직접적 책임이나 투자비용 낮다.

23 물류채산분석에 대한 설명으로 가장 옳지 않은 것은?

① 비용상충분석은 이율배반적인 관계가 발생하는 경우 수익을 중심으로 비교하여 선택하는 방법이다.
② 일률적인 계산방식보다 상황에 맞는 계산방식을 활용한다.
③ 물류의 원가로는 미래원가, 실제원가를 사용한다.
④ 총비용접근분석법은 각 비용의 부분적인 절감이 아닌 총액의 관점에서 비용절감에 대해 분석하는 방법이다.
⑤ 개선이나 투자가 필요한 부분을 대상으로 실시한다.

물류채산분석은 현재 실시하고 있는 물류업무에 대한 타당성 분석이나 신규 물류시설에 대한 경제성 분석, 물류개선안에 대한 의사결정 분석기법에 해당한다.

정답 22 ⑤   23 ①

1. 물류채산분석과 물류원가분석 비교

구분	물류채산분석	물류원가분석
계산목적	물류활동의 의사결정	물류활동의 업적평가
계산대상	특정의 개선안, 투자안	물류업무의 전반
계산기간	개선안의 전(특정) 기간	예산기간(월, 분기, 연도별)
계산시기	의사결정 시 실시	각 예산기별로 실시
계산방식	상황에 따라 상이	항상 일정
계산의 계속성	임시적으로 계산	반복적으로 계산
물류원가의 종류	미래원가, 실제원가	표준원가, 실제원가
할인계산의 유무	할인계산함	할인계산 안 함

2. 물류채산분석을 위한 접근방법
   • **비용상충분석**(cost trade-off analysis) : 물류업무를 추진할 때 이율배반적인 관계가 발생하는 경우 원가의 비교를 중심으로 하여 채산성을 분석하는 방법(부분적 관점)
   • **총비용접근분**(total cost approach) : 물류 개선에 관해서 요구되는 모든 비용 중에서 각 비용의 부분적인 절감이 아닌 비용총액의 관점에서 어떻게 비용을 절감할 것인가에 대한 종합적 분석방법(전체적 관점)

24 제품에 적합한 운송방식을 선택할 때 고려해야 할 요인들 중 직접적인 특징에 해당되는 것이 아닌 것은?

① 제품의 경제적 진부화
② 제품의 가격
③ 중량, 용적비
④ 고객의 규모
⑤ 제품의 수명

 제품에 적합한 운송방식을 선택할 때는 제품의 경제적 진부화, 제품의 가격, 중량, 용적비, 제품의 수명 등을 고려해야 한다. 반면 제품의 운송방식과 고객의 규모와는 거리가 멀다.

정답 24 ④

25 유통산업발전법(시행 2023.6.28., 법률 제19117호, 2022.12.27., 타법개정)상 상점가진흥조합에 대한 지원 내용으로 옳지 않은 것은?

① 점포시설의 표준화 및 현대화
② 상품의 매매·보관·수송·검사 등을 위한 공동시설의 설치
③ 주차장·휴게소 등 공공시설의 설치
④ 판매원의 판매촉진을 위한 공동사업
⑤ 가격표시 등 상거래질서의 확립

> **해설** 유통산업발전법 제19조(상점가진흥조합에 대한 지원) : 지방자치단체의 장은 상점가진흥조합이 다음의 사업을 하는 경우에는 예산의 범위에서 필요한 자금을 지원할 수 있다.
>
> 1. 점포시설의 표준화 및 현대화
> 2. 상품의 매매·보관·수송·검사 등을 위한 공동시설의 설치
> 3. 주차장·휴게소 등 공공시설의 설치
> 4. 조합원의 판매촉진을 위한 공동사업
> 5. 가격표시 등 상거래질서의 확립
> 6. 조합원과 그 종사자의 자질향상을 위한 연수사업 및 정보제공
> 7. 그 밖에 지방자치단체의 장이 상점가 진흥을 위하여 필요하다고 인정하는 사업

제2과목 상권분석(26~45)

26 넬슨의 입지선정 8원칙에 해당하지 않는 것은?

① 상권의 잠재력
② 입지의 성장가능성
③ 누진적 흡인력
④ 점포업종 간의 배타성
⑤ 부지의 경제성

> **해설** 넬슨(R. E. Nelson)은 점포의 경영주체가 최대의 이익을 얻을 수 있는 매출액을 확보하기 위하여 어떤 점을 고려할 것인가에 대해 상권의 잠재력, 접근가능성, 성장가능성, 중간 저지성, 누적적 흡인력, 양립성, 경쟁 회피성, 용지 경제성 등 8가지를 제시하였다. 이 중 넬슨은 양립성(compatibility)을 가장 중시하였다.

정답 25 ④ 26 ④

27 기존 점포 간의 경쟁이 치열하지 않지만 기존 거주자들의 타 지역에서의 쇼핑 정도가 높아 시장확장 잠재력이 커지는 상황에 대해 가장 옳게 설명하고 있는 것은?

① 소매포화지수(IRS)와 시장성장잠재력지수(MEP)가 모두 높은 경우
② 소매포화지수(IRS)와 시장성장잠재력지수(MEP)가 모두 낮은 경우
③ 소매포화지수(IRS)는 높지만 시장성장잠재력지수(MEP)가 낮은 경우
④ 소매포화지수(IRS)는 낮지만 시장성장잠재력지수(MEP)가 높은 경우
⑤ 소매포화지수(IRS)와 시장성장잠재력지수(MEP)는 신규점포 진출의 시장후보를 결정하는데 중요한 지표가 아님

> **해설** 기존 거주자들의 타 지역에서의 쇼핑 정도가 높아 시장확장 잠재력이 커지는 상황은 소매포화지수(IRS)와 시장성장잠재력지수(MEP)가 모두 높은 경우로 현재의 상권의 매력도가 크고 향후 미래의 시장확장 잠재력이 큰 경우에 해당한다.

28 신규점포에 대한 입지후보지 상권을 분석하고자 할 때, 그 상권에 대한 상권범위를 추정하는 데 사용할 수 있는 기법이 아닌 것은?

① 회귀분석(regression analysis)
② 체크리스트법(check-list method)
③ 유사점포법(analog method)
④ 허프(Huff)모델
⑤ 고객분포기법(CST; Customer Spotting Technique)

> **해설** 상권에 대한 상권범위를 추정한다는 것은 해당 상권의 향후 예상매출액을 산출한다는 것으로 회귀분석법, 유사점포법(유추법), 허프모형, CST Map 등 정량적인 방법들이 활용된다. 한편 체크리스트법은 정성적인 모형으로 구체적인 매출액을 추정하는 방법은 아니다.

29 프랜차이즈를 통한 출점이 가맹점(franchisee)인 소매점에게 제공하는 이점으로서 가장 옳은 것은?

① 무임승차　　　　　　② 규모의 경제
③ 로열티(royalty) 수입　④ 사업 확장의 용이성
⑤ 개점·운영의 용이성

> **해설** 프랜차이즈계약에 있어서 가맹점이 얻게 되는 장점 중 하나는 본사에서 영업노하우 제공, 광고 등을 담당해줌에 따라 처음 영업을 하는 경우에도 실패가능성이 낮고, 개점·운영의 용이성이 있다는 점이다.

정답 27 ① 28 ② 29 ⑤

30 아래 글상자의 괄호 안에 들어갈 내용으로 가장 옳은 것은?

> 유추법(analog method)은 (㉠)을 측정하는 기법으로 (㉡)을 활용하여 (㉢)을 조사할 수 있으며, (㉣)을 수립하는 데 이용할 수 있고 (㉤)을 파악하는 데 용이하다.

① ㉠ 상권에 영향을 미치는 요인들
② ㉡ CST(Customer Spotting Technique) map
③ ㉢ 유사점포의 임대료 수준
④ ㉣ 점포 레이아웃 계획
⑤ ㉤ 소비자들의 점포선택확률

해설 유추법(analog method)은 상권의 예상매출액을 측정하는 기법으로 CST(Customer Spotting Technique) map을 활용하여 상권범위/상권규모 등을 조사할 수 있으며, 광고 및 촉진전략을 수립하는 데 이용할 수 있고 고객특성을 파악하는 데 용이하다.

31 상권의 특성은 상권의 유형에 따라 서로 다르게 나타난다. 주변 환경을 중심으로 상권을 분류할 때 상권의 유형과 일반적인 상권 특징에 대한 설명으로 옳지 않은 것은?

① 역세권상권 – 역세권상권의 범위는 역을 중심으로 일정한 거리나 이동시간으로 정해져 있지 않으며 역의 규모, 시설 및 기능, 주변 개발상황, 다른 교통수단과의 연계성 등에 따라 다르게 설정될 수 있다.
② 아파트상권 – 점포 공급의 적정성을 판단하기 위해 세대당 상가 면적을 검토해야 한다. 다른 단지나 인근 주택가와의 연계성이 높지 않은 경우가 많아 일반적으로 단지규모가 클수록 좋은 입지조건으로 판단한다.
③ 주택가상권 – 단독주택, 다가구 또는 다세대주택 등의 주거형태로 이루어진다. 유동인구보다는 인근 거주자를 중심으로 소비자가 한정되는 경우가 많고, 아파트상권과 달리 근린상업지역에 해당된다.
④ 사무실상권 – 사무실밀집지역에 형성된 상권을 의미하며 지역 내 거주인구가 적고 주로 직장인을 상대하므로 구매 패턴이 일정하고 매출이 점심시간이나 퇴근시간의 짧은 시간에 집중되는데 주말이나 공휴일에 매출이 급감하기도 한다.
⑤ 대학가상권 – 대학교를 중심으로 형성되는 상권으로 대학생을 비롯한 청소년층이 주요 소비자가 되기도 한다. 대학의 학생 수나 기숙사의 유무, 교통연계성 등에 따라 상권의 매력도가 달라지며 주중과 주말의 매출차가 큰 경우도 있다.

정답 30 ② 31 ③

주택가상권은 단독주택, 다가구 또는 다세대주택 등의 주거형태로 이루어진다. 유동인구보다는 인근 거주자를 중심으로 소비자가 한정되는 경우가 많고, 아파트상권과 마찬가지로 <u>주거지역</u> 내 상권에 해당된다.

32 상권 설정에 비교적 간편하게 응용할 수 있는 상권구획 모형인 티센다각형(Thiessen Polygon)에 대한 설명 중 옳지 않은 것은?

① 티센다각형의 크기는 경쟁수준과 비례한다.
② 시설 간 경쟁 정도를 쉽게 파악할 수 있다.
③ 각 매장이 차별성이 없는 상품을 판매하는 것을 가정한다.
④ 최근접상가 선택가설에 근거하여 상권을 설정한다.
⑤ 하나의 상권을 하나의 매장에만 독점적으로 할당하는 방법이다.

 티센다각형의 크기는 경쟁수준과 반비례한다.

> **참고** 티센의 다각형모형(Thiessen Polygon)
>
> 1. 상권분석 시 근접구역법에서 점포 간 경쟁의 정도를 판단하는 데 활용하는 기법으로, 근접구역법에 기반하여 소비자들이 유사점포 중에서 선택을 할 때 자신들에게 가장 가까운 점포를 선택한다는 가정을 토대로 소매점포의 매출액을 추정하는 기법이다.
> 2. 티센다각형을 통해 근접구역 경계를 결정하게 되는데, 경쟁수준이 높으면 티센의 다각형이 작아지는 경향을 보이게 된다.

33 공간계획 측면에서 여러 층으로 구성된 백화점의 매장별 위치에 관한 설명으로 가장 옳은 것은?

① 대부분의 고객들이 왼쪽으로 돌기 때문에, 각 층 출입구의 왼편이 좋은 입지이다.
② 고객을 매장으로 유인하기 위해 충동구매 상품을 매장 안 깊숙한 곳에 배치한다.
③ 일반적으로 층수가 높아질수록 매장공간의 가치가 올라간다.
④ 출입구, 중심 통로, 에스컬레이터, 엘리베이터 등에서 가까울수록 유리한 위치이다.
⑤ 백화점 매장 내 입지들의 공간적 가치는 층별 매장구성 변경의 영향은 받지 않는다.

 ① 대부분의 고객들이 오른쪽으로 돌기 때문에, 각 층 출입구의 오른편이 좋은 입지이다.
② 고객을 매장으로 유인하기 위해 충동구매 상품을 매장 전면부에 배치한다.
③ 일반적으로 층수가 높아질수록 층별 효용비가 낮아져 매장공간의 가치는 떨어진다.
⑤ 백화점 매장 내 입지들의 공간적 가치는 층별 매장구성 변경의 영향을 받는다.

정답 32 ① 33 ④

34 신규점포에 대한 상권분석에서 전통적인 규범적 모형인 중심지이론과 관련된 내용으로 가장 옳지 않은 것은?

① 크리스탈러(W. Christaller)가 처음으로 제시하였다.

② 상업중심지의 정상이윤 확보에 필요한 최소한의 수요를 발생시키는 상권범위를 최소수요 충족거리(threshold)라고 한다.

③ 가장 이상적인 배후상권의 모형은 정육각형이다.

④ 중심지가 수행하는 유통서비스기능이 지역거주자들에게 제공될 수 있는 최대거리를 중심지기능의 최대도달거리(range)라고 한다.

⑤ 한 상권 내에서 특정 점포가 끌어들일 수 있는 소비자점유율은 점포까지의 방문거리에 반비례하고, 해당 점포의 매력에 비례한다는 가정에서 시작한다.

> **해설** 한 상권 내에서 특정 점포가 끌어들일 수 있는 소비자점유율은 점포까지의 방문거리에 반비례하고, 해당 점포의 매력에 비례한다는 가정에서 시작한다는 것은 확률모형에 해당한다.

35 상권분석 과정에서 발견할 수 있는 소매점의 상권범위나 상권형태 등과 같은 일반적 상권 특성에 대한 설명으로 가장 옳지 않은 것은?

① 점포 주변의 도로, 경쟁점포, 하천, 지하철역 등의 영향으로 상권의 범위는 확대, 축소, 단절되기도 한다.

② 점포의 규모가 비슷하더라도 업종이나 업태에 따라 점포들의 상권범위는 차이를 보인다.

③ 특정 지역 경쟁점포들 간의 입지조건에 변화가 없어도 상권의 범위는 다양한 영향요인에 의해 유동적으로 변화하기 마련이다.

④ 기존 점포들의 상품구색이 유사해도 판촉활동이나 광고활동의 차이에 따라 점포들 간의 상권범위가 일시적으로 변화한다.

⑤ 점포를 둘러싼 상권의 형태는 대부분 점포를 중심으로 일정 거리 이내를 포함하는 동심원의 형태로 나타난다.

> **해설** 점포를 둘러싼 상권의 형태는 대부분 점포를 중심으로 일정 거리 이내를 포함하는 동심원의 형태보다는 부정형 또는 아메바형으로 나타난다.

정답 34 ⑤ 35 ⑤

36 상점을 신축할 때는 용적률(容積率, Floor Area Ratio) 기준을 고려해야 한다. 용적률 산정에서 제외되는 면적이 아닌 것은?

① 지하층 면적
② 그 건물의 부속용도인 지상층 주차 면적
③ 경사지붕 아래에 설치하는 대피공간 면적
④ 초고층 및 준초고층 건축물의 피난안전구역 면적
⑤ 하나의 대지에 건축물이 둘 이상 있는 경우 별도 건물의 면적

> **해설** 건축법 시행령 제119조 제1항 제4호
>
> 용적률을 산정할 때에는 다음 각 목에 해당하는 면적은 제외한다.
> • 지하층의 면적
> • 지상층의 주차용(해당 건축물의 부속용도인 경우만 해당)으로 쓰는 면적
> • 초고층 건축물과 준초고층 건축물에 설치하는 피난안전구역의 면적
> • 건축물의 경사 지붕 아래에 설치하는 대피공간의 면적

37 소매점을 운영하려면 영업개시 전에 운영 업종에 대한 인허가를 취득해야 한다. 편의점, 의류매장, 문구점 등 완제품을 판매하는 일반도소매점이 취득해야 하는 인허가에 대한 설명으로서 가장 옳은 것은?

① 영업신고가 필요하다.
② 영업등록이 필요하다.
③ 영업허가가 필요하다.
④ 영업 신고와 등록이 모두 필요하다.
⑤ 사업자등록이 필요하다.

> **해설** 편의점, 의류매장, 문구점 등 완제품을 판매하는 일반 도소매점이 영업을 하기 위해서는 영업개시 전에 사업자등록이 필요하다.

정답 36 ⑤ 37 ⑤

38 구체적인 입지조건을 평가하는 과정을 통해 점포의 입지결정이 이루어진다. 점포의 입지조건에 대한 일반적 평가로 그 내용이 가장 옳은 것은?

① 점포 출입구 부근에 단차가 없으면 사람과 물품의 출입이 불편해진다.
② 건축선 후퇴(setback)는 직접적으로 가시성에 부정적인 영향을 미친다.
③ 점포의 형태는 점포의 정면너비에 비해 깊이가 더 크면 바람직하다.
④ 점포면적이 커지면 매출도 증가하는 경향이 있어 규모가 클수록 좋다.
⑤ 점포의 형태는 데드 스페이스(dead space) 발생가능성이 큰 직사각형이 좋다.

> **해설**
> ① 점포 출입구 부근에 단차(평지와의 높낮이 차이)가 있는 경우 사람과 물품의 출입이 불편해진다.
> ③ 점포의 형태는 점포의 정면 너비가 넓은 것이 바람직하다.
> ④ 점포면적은 업종/업태별로 적정면적이 다를 수 있다.
> ⑤ 점포의 형태는 데드 스페이스(dead space) 발생가능성이 적은 장방형이 좋다.

39 공간균배의 원리에서 제안하는 집심성 점포의 입지로서 가장 옳은 것은?

① 노면 독립입지
② 도시 중심 상업지역
③ 지구 중심 상업지역
④ 근린 중심 상업지역
⑤ 역세권 중심 상업지역

> **해설**
> 집심성 점포는 중심상업지역(CBD) 입지가 유리한 점포의 유형으로, 도매상, 백화점, 고급음식점, 보석상, 귀금속점, 미술품점, 장식품, 서점, 영화관 등이 주로 입지하게 된다.

40 예상매출액을 추정하거나 소매상권의 범위를 파악하기 위해 활용할 수 있는 허프(D. L. Huff) 모형의 개념과 특징에 대한 설명으로 가장 옳지 않은 것은?

① 소비자가 느끼는 특정 점포의 효용은 점포크기와 점포까지의 거리 두 가지 변수만으로 결정된다고 가정한다.
② 점포면적에 대한 민감도와 점포까지의 거리에 대한 민감도는 상권에 따라 달라질 수 있다.
③ 개별 점포의 효용을 추정할 때 소비자와 점포의 물리적 거리를 시간거리로 대체하여 계산할 수 없다.
④ 특정 점포의 효용이 경쟁점포보다 클수록 그 점포가 선택될 가능성이 높아진다고 가정한다.
⑤ 루스(Luce)의 선택공리를 바탕으로 하며, 많은 상권분석 기법들 중에서 대표적인 확률적 모형이다.

정답 38 ② 39 ② 40 ③

해설 허프(D. L. Huff) 모형에 있어 개별 점포의 효용을 추정할 때 소비자와 점포의 물리적 거리를 시간거리로 대체하여 계산할 수 있다.

41 아래 글상자에서 설명하는 입지유형으로 가장 옳은 것은?

> • 도시 중심부보다 임대료가 저렴하고 가시성이 크다.
> • 고객 스스로 찾아올 수 있도록 서비스와 시설규모가 갖춰진 업종이 적합하다.
> • 점포확장이 용이하며 고객의 편의를 제공하는 넓은 주차공간을 확보할 수 있다.

① 편의형 쇼핑센터　　　　　　　② 산재성 점포입지
③ 도심입지　　　　　　　　　　④ 노면독립입지
⑤ 복합용도개발지역

해설 노면독립입지(freestanding sites)는 상권의 입지형태 중에서 다른 소매업태들과 도심지에서 지리적으로 멀리 떨어져서 독립적으로 존재하는 입지를 의미한다.
노면독립입지의 장·단점

장점	• 가시성이 높고 임대료가 쌈 • 고객을 위한 편의성이 높고, 직접 경쟁업체가 없음 • 확장이 용이하고 주차공간이 넓음 • 영업시간, 제품, 간판에 대한 규제가 완화되므로 그에 알맞은 경영자의 경영전략 수립이 필요
단점	• 다른 점포와의 시너지 효과를 기대할 수 없음 • 고객들은 오직 그 점포만을 생각하고 방문하기 때문에 고객을 유인하기 위한 상품, 가격, 판촉, 서비스 등에 차별화를 기해야 함 • 이러한 차별화로 인해 마케팅 비용이 많이 소요됨

42 아래 글상자에서 제시하고 있는 최근 이사한 소비자 C의 사례에 허프(D. L. Huff)의 수정모형을 적용하였을 때, 이사 전에서 후의 소비자 C의 소매지출에 대한 소매단지 A의 점유율 변화로 가장 옳은 것은?

> • A와 B 오직 2개인 동일한 규모의 소매단지만을 이용하며, 1회 소매지출은 일정하다.
> • 이사 전에는 C의 거주지와 B 사이 거리가 C의 거주지와 A 사이 거리의 2배였다.
> • 이사 후에는 C의 거주지와 A 사이 거리가 C의 거주지와 B 사이 거리의 2배가 되었다.

① 5분의 1로 감소한다.　　　　　② 4분의 1로 감소한다.
③ 4배 증가한다.　　　　　　　　④ 5배 증가한다.
⑤ 변화 없다.

정답 41 ④　42 ②

해설 수정 허프모형을 이용하므로 거리에 대한 모수는 제곱으로 고정된다는 점, 그리고 매장면적은 A와 B가 같다는 점을 인지하고 풀이하면 된다.

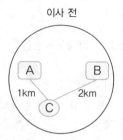
이사 전

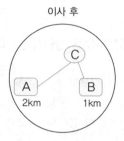
이사 후

1. 이사 전 A점포의 점유율

구분	매장면적(동일)	거리(모수 2)	효용	점유율
A	$100m^2$ 가정	1km	$100/1^2 = 100$	$100/125 = 0.8$
B	$100m^2$ 가정	2km	$100/2^2 = 25$	$25/125 = 0.2$
합계			125	1

2. 이사 후 A점포의 점유율

구분	매장면적(동일)	거리(모수 2)	효용	점유율
A	$100m^2$ 가정	2km	$100/2^2 = 25$	$25/125 = 0.2$
B	$100m^2$ 가정	1km	$100/1^2 = 100$	$100/125 = 0.8$
합계			125	1

3. 이사 전후 A점포의 점유율 변화 : 이사 전 80% 점유율에서 이사 후 20% 점유율(1/4 수준)로 감소하였다.

43 점포개점을 위해 예상매출을 추정하는 방식으로 가장 옳지 않은 것은?

① 인근 경쟁점 또는 유사지역 점포의 평당 매출을 적용하여 추정할 수 있다.

② 자사 점포 및 경쟁점의 객단가를 기초로 한 예상고객 수를 감안하여 매출을 추정할 수 있다.

③ 소비자 면접이나 실사를 통해 유사점포 상권범위를 추정한 결과를 이용하여 신규점포의 예상매출을 추정할 수 있다.

④ 유사점포의 상권구역별 매출액을 적용하여 신규점포의 매출액을 추정한다.

⑤ 유사점포의 기간별 매출실적 추이는 시계열분석을 실시하고, 체크리스트를 활용하여 예상 매출액을 추정할 수 있다.

해설 유사점포의 기간별 매출실적 추이는 유추법(analog method) 및 시계열분석을 활용한다. 한편 체크리스트법은 대표적인 정성적 방법으로 매출액 추정과 같은 정량적인 기법에는 적용이 어렵고, 정량적인 기법과 병행하는 경우 추정의 신뢰성을 높이는 데 유용할 수 있다.

정답 43 ⑤

44 가맹사업거래의 공정화에 관한 법률(약칭 : 가맹사업법) (법률 제20239호, 2024.2.6., 타법개정) 및 그 시행령에서는 상권과 관련하여 '가맹본부가 가맹계약 갱신과정에서 상권의 급격한 변화 등 대통령령으로 정하는 사유가 발생하여 기존 영업지역을 변경하기 위해서는 가맹점 사업자와 합의하여야 한다.'고 규정하고 있다. 이때 상권의 급격한 변화 등 대통령령으로 정하는 사유가 발생하는 경우에 해당하지 않는 경우는 어느 것인가?

① 재건축, 재개발 등으로 인하여 상권의 급격한 변화가 발생하는 경우
② 신도시 건설 등으로 인하여 상권의 급격한 변화가 발생하는 경우
③ 해당 상권의 거주인구가 현저히 변동되는 경우
④ 해당 상권의 유동인구가 현저히 변동되는 경우
⑤ 가맹본부의 전략변화로 인하여 해당 상품·용역에 대한 수요가 현저히 변동되는 경우

> **해설** 가맹사업법 시행령 제13조의4(영업지역 변경사유) : 상권의 급격한 변화 등 대통령령으로 정하는 사유가 발생하는 경우란 다음의 어느 하나에 해당하는 경우를 말한다.
>
> > 1. 재건축, 재개발 또는 신도시 건설 등으로 인하여 상권의 급격한 변화가 발생하는 경우
> > 2. 해당 상권의 거주인구 또는 유동인구가 현저히 변동되는 경우
> > 3. 소비자의 기호변화 등으로 인하여 해당 상품·용역에 대한 수요가 현저히 변동되는 경우
> > 4. 제1호부터 제3호까지의 규정에 준하는 경우로서 기존 영업지역을 그대로 유지하는 것이 현저히 불합리하다고 인정되는 경우

45 쇼핑몰의 소매입지로서의 상대적 장점으로 가장 옳지 않은 것은?

① 계획에 의한 입점점포 구성의 강력한 통제
② 입점점포 간 영업시간 등 영업방침의 동질성
③ 강력한 핵점포의 입점이 유발하는 높은 고객흡인력
④ 구색과 기능의 다양성이 창출하는 높은 고객흡인력
⑤ 관리를 통해 유지되는 입점점포들 사이의 낮은 경쟁

> **해설** 쇼핑몰은 의류점, 가구점, 푸드코트 등과 같은 집재성 점포들뿐만 아니라 일반적으로 적정 수의 경쟁자가 입점해야 고객흡인력이 커지는 성향을 가지므로 입점점포들 사이의 적정 경쟁수준을 관리하는 것이 중요하다.

제3과목 유통마케팅(46~70)

46 아래 글상자에서 설명하는 시장표적화 전략으로 가장 옳은 것은?

> 이 전략을 사용하는 기업은 여러 세분시장을 표적시장으로 공략하기를 결정하고, 각 세 그먼트별로 서로 다른 제품들을 설계한다. 실제로 P사는 6개의 다른 세탁세제 브랜드를 판매하여 슈퍼마켓 매대에서 서로 경쟁하고 있다.

① 대량마케팅(mass-marketing)
② 차별적 마케팅(differentiated marketing)
③ 집중적 마케팅(concentrated marketing)
④ 미시마케팅(micro marketing)
⑤ 지역마케팅(local marketing)

해설 차별적 마케팅(differentiated marketing)은 전체 시장 중에서 여러 개의 표적시장을 선정하고 각각의 표적시장에 적합하고 차별화된 제품 및 마케팅믹스를 개발하는 형태의 마케팅전략이다.

정답 46 ②

47 시장세분화를 위한 주요 세분화 변수 중 심리묘사적 변수로 가장 옳은 것은?

① 생활양식   ② 사용상황

③ 사용률   ④ 충성도 수준

⑤ 추구혜택

 ②~⑤는 모두 구매행동변수에 해당하며, 시장세분화를 위한 4가지 변수는 다음과 같다.

시장세분화 기준

기준	구체적인 예	비고
지리적 변수	지역, 인구밀도, 기후, 시·도 규모 등	지역 특성에 맞는 현지화 전략이 필요할 때 사용
인구통계학적 변수	연령, 성별, 소득, 직업, 교육 수준, 가족 규모, 가족생활주기, 종교, 세대, 사회계층 등	측정이 용이하므로 가장 많이 사용
심리분석적 변수	생활양식(life style), 개성 등	AIO 분석 활용
구매행동적 변수	• 구매동기 • 구매를 통한 혜택 • 사용빈도(사용률과 사용량)에 의한 분류 • 상표 애호도 • 비·잠재·신규 사용자(사용자 지위)에 의한 분류 • 제품에 대한 태도	실제 제품이나 제품 속성에 대해 구매자가 가지는 지식, 태도 등에 따른 분류이므로 논리적으로 가장 타당

48 소매업체의 경쟁우위를 창출하는 요소로 가장 옳지 않은 것은?

① 소매업체의 규모로 인한 비용우위

② 소매업체의 높은 브랜드 인지도에 기반한 공급업체와의 교섭력

③ 높은 고정비 지출에 기반한 신규투자 촉진

④ 독특한 점포 콘셉트에 기반한 높은 고객충성도

⑤ 상권 내에서의 좋은 입지의 선점

 높은 고정비 지출에 기반한 신규투자 촉진은 단기적으로 기업의 재무상태에 영향을 미쳐 오히려 경쟁력이 저하될 수 있다.

정답 47 ①   48 ③

49 소셜커머스의 한 유형으로서 관심 지역의 서비스 혹은 온라인상의 상품 및 서비스를 일정 인원 이상이 구입하면 상품가격 할인폭이 높아지는 형태의 비즈니스 모델로 옳은 것은?

① 플래시 세일(flash sale)

② 위치기반 소셜 앱(LBS social apps)

③ 공동구매(group buy)

④ 구매 공유(purchase sharing)

⑤ 소셜 큐레이션(social curation)

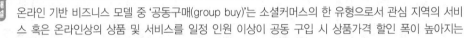

해설 온라인 기반 비즈니스 모델 중 '공동구매(group buy)'는 소셜커머스의 한 유형으로서 관심 지역의 서비스 혹은 온라인상의 상품 및 서비스를 일정 인원 이상이 공동 구입 시 상품가격 할인 폭이 높아지는 형태의 모델이라 할 수 있다. 한편 '플래시 세일(flash sale)'은 한정된 수량을 일정 시간 동안만 선착순 할인 판매하는 것으로 항상 세일을 하되 입고된 상품이 소진되면 자동적으로 세일이 종료되는 비즈니스 모델이다.

50 지역경제통합의 유형 중 자유무역지역에 대한 설명으로 가장 옳은 것은?

① 해당 지역 내에 있는 모든 국가 간에 각종 무역장벽을 없애는 반면, 비회원국에 대해서는 각 국가마다 독자적인 무역규제를 하는 통합유형이다.

② 회원국 간에 무역장벽을 없애는 동시에 비회원국에 대해서도 동일한 관세정책을 취하는 통합유형이다.

③ 회원국 간에 재화뿐만 아니라 생산요소까지 자유로운 이동을 보장하는 통합유형이다.

④ 공통의 통화를 가지고 구성 국가 간의 세율도 동일하게 적용하는 통합유형이다.

⑤ 구성 국가 간에 경제적인 면에서 통합할 뿐만 아니라 나아가 정치적인 측면도 통합하는 통합유형이다.

해설 ② 회원국 간에 무역장벽을 없애는 동시에 비회원국에 대해서는 독자적인 관세정책을 취하는 통합유형이다.

③ 경제통합은 '자유무역지역 → 관세동맹 → 공동시장 → 경제동맹 → 경제통합'의 5단계를 거치는데 회원국 간에 재화뿐만 아니라 생산요소까지 자유로운 이동을 보장하는 통합유형은 네 번째 단계인 '경제동맹'에 해당한다.

④, ⑤ 공통의 통화 및 재정 · 사회 · 경기안정 정책의 통합을 전제로 한 통합유형은 '경제통합'으로, 이는 구성 국가 간에 경제적인 면에서 통합할 뿐만 아니라 나아가 정책적인 측면도 통합하는 통합유형에 해당한다.

정답 49 ③ 50 ①

51 단 하나의 제품만을 출시하기보다는 여러 개의 제품들로 상품라인을 구성하는 전략의 타당성으로서 가장 옳지 않은 것은?

① 고객들의 욕구 이질성
② 고객들의 가격민감도 차이
③ 경쟁자의 시장진입 저지
④ 자기잠식 관리
⑤ 고객들의 다양성 추구 성향

 상품계열 확장전략(라인확장)은 단 하나의 제품만을 출시하기보다는 여러 개의 제품들로 상품라인을 구성하는 전략이다. 이는 고객들의 다양한 욕구충족, 경쟁자의 시장진입 저지 등의 장점을 지니고 있으나, 확장된 신제품이 해당 기업의 기존 제품의 점유율을 빼앗아오는 현상인 자기잠식현상이 발생할 우려가 있다.

52 상품기획 과정에서 상품구색을 계획할 때 직접적으로 고려해야 할 요인으로 가장 옳지 않은 것은?

① GMROI에 대한 상품구색의 영향
② 카테고리 간의 상호 보완성
③ 고객의 구매행동에 대한 상품구색의 영향
④ 점포의 물리적 특징
⑤ 기술적 인프라의 수준

 상품기획 과정에서 상품구색(assortment)을 계획할 때 기술적 인프라의 수준은 직접적인 고려요인에 해당하지 않는다.

53 아래 글상자의 괄호 안에 들어갈 용어로 가장 옳은 것은?

- (㉠) – 구매자가 특정 상품에 관하여 지불할 용의가 있는 최고 가격
- (㉡) – 구매자들이 품질을 의심하지 않고 구매할 수 있는 가장 낮은 가격

① ㉠ 준거가격, ㉡ 유보가격
② ㉠ 유보가격, ㉡ 최저수용가격
③ ㉠ 최저수용가격, ㉡ 유보가격
④ ㉠ 준거가격, ㉡ 최저수용가격
⑤ ㉠ 유보가격, ㉡ 준거가격

정답 51 ④ 52 ⑤ 53 ②

• 유보가격 : 구매자가 어떤 상품에 대하여 지불할 용의가 있는 최고가격을 의미
• 준거가격 : 구매자가 가격이 저가인지 고가인지를 판단하는 데 기준으로 삼는 가격
• 최저수용가격 : 구매자들이 품질을 의심하지 않고 구매할 수 있는 최저가격

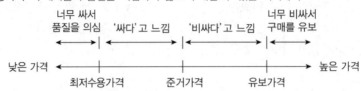

54 소셜미디어에서 광고가 1,000회 노출되는 데 소요되는 광고비용을 지칭하는 용어로 가장 옳은 것은?

① CTR(Click-Through Rate) ② CVR(Conversion Rate)
③ CPC(Cost Per Click) ④ CPM(Cost Per Mille)
⑤ CPA(Cost Per Action)

 • CPC(Cost Per Conversion) : 전환 건수당 비용으로, 총지급가격을 전환 수로 나눈 값
• CPM(Cost Per Mille) : 1,000건당 노출비용으로, 광고를 1,000번 표시하기 위해 지급하는 가격을 말함
• CTR(Click Through Ratio) : 클릭률, 광고가 발생한 클릭 수를 광고가 게재된 횟수로 나눈 값
• CPA(Cost Per Action) : 행동당 비용을 말하며, 사용자가 광고를 클릭한 후 특정 행동(구매, 회원가입 등)을 완료할 때 광고주가 지불하는 비용
• 전환율(Conversion Rate) : 웹사이트 방문자 중에서 원하는 목표를 달성한 비율
  − 측정방법 : (전환 수 / 방문자 수) × 100

55 시장에 도입되는 초기에 제품가격을 낮게 설정하고 점진적으로 가격을 인상하는 방식의 가격설정 전략으로 옳은 것은?

① 종속가격 전략(captive pricing strategy)
② 스키밍 전략(skimming pricing strategy)
③ 침투가격 전략(penetration pricing strategy)
④ 고저가격 전략(high-low pricing strategy)
⑤ 상시저가 전략(everyday low price strategy)

시장에 도입되는 초기에 제품가격을 낮게 설정하고 점진적으로 가격을 인상하는 방식의 가격설정 전략은 시장침투가격이며, 반대로 도입 초기에 가격을 높게 설정하여 이익을 극대화하는 방식을 스키밍 가격전략이라 한다.

정답 54 ④ 55 ③

56 아래 글상자의 설명을 모두 포함하는 고객데이터로 가장 옳은 것은?

> 고객관계관리를 위한 이상적인 고객 데이터베이스를 구성하기 위해 웹사이트 방문, 매장 내 키오스크를 통한 조사, SNS 페이지에 달린 코멘트, 업체 콜센터와의 통화 등 소매업체와 연결된 모든 상호작용의 기록이 필요하다.

① 거래 정보
② 고객접점 정보
③ 고객선호 정보
④ 인구통계적 정보
⑤ 심리적 정보

 고객데이터 중 고객접점 정보는 고객관계관리(CRM)를 위한 이상적인 고객 데이터베이스를 구성하기 위해 웹사이트 방문, 매장 내 키오스크를 통한 조사, SNS 페이지에 달린 코멘트, 업체 콜센터와의 통화 등 소매업체와 연결된 모든 상호작용을 기록한 정보라 할 수 있다.

57 검색엔진 최적화를 위한 키워드 조사에 대한 설명으로 가장 옳지 않은 것은?

① 검색엔진 최적화는 소비자가 어떤 키워드로 검색하는지를 알아내는 것이 중요하다.
② 판매하려는 제품이나 서비스와 관련하여 검색하는 유관 키워드 또한 파악해야 한다.
③ 검색한 소비자가 궁극적으로 얻고자 하는게 무엇인지 고민해야 한다.
④ 키워드는 온라인마케팅 전반에 활용되므로 불특정 다수를 중심으로 조사해야 한다.
⑤ 경쟁기업이 어떤 메시지와 키워드를 사용하는지 경쟁사 키워드 조사도 필요하다.

 검색엔진 최적화(SEO: Search Engine Optimization)는 검색엔진을 사용자 편의성에 맞추어 최적화하여 검색엔진 상단에 자사의 사이트를 노출시키는 것을 의미하며, 이를 통해 마케팅 효과 및 매출액 제고를 꾀할 수 있다는 장점이 있다. SEO는 특정 키워드 검색에 대한 필요성을 느끼는 사용자들이 대상이 된다는 점에서 불특정 다수를 대상으로 하는 일반 검색과는 차이점이 있다.

정답 56 ② 57 ④

58 유통표준코드에 대한 설명으로 가장 옳지 않은 것은?

① 일반적으로 많이 사용되는 코드는 바코드로, 공통적으로 상품의 코드를 관리하기 위한 국제적으로 표준화된 숫자기호이다.

② 바코드는 유럽상품코드와 마찬가지로 13개의 숫자로 구성되는데, 첫 3자리는 국가코드에 해당된다.

③ 제조업체코드 6자리와 상품코드 3자리는 대한상공회의소 유통물류진흥원(GS1 Korea)에서 고유번호를 부여한다.

④ 상품코드는 제조업체에서 취급하는 상품에 부여하는 코드로, 편의품, 선매품, 전문품에 따라 다른 번호가 부여된다.

⑤ 마지막 한 자리는 체크숫자로 판독오류 방지를 위해 만들어진 코드이다.

> **해설**
> • **국가코드(3자리)** : GS1 본부에서 각 국가에 부여, 대한민국은 880임
> • **업체코드(6자리)** : 대한상공회의소 유통물류진흥원에서 유통표준코드 회원으로 가입한 업체에게 부여함. 업체에서 코드부여 시 편의품, 선매품 등에 따라 다른 번호를 부여하는 것이 아니라 아니라 개별 제품별로 000부터 001, 002 등 번호를 순차적으로 매긴다.
>
> > **참고**
> > **의약품코드(4자리)** : 의약품을 제조하거나 판매하는 업체에게 부여
> > **의료기기코드(5자리)** : 의료기기를 제조하거나 판매하는 업체에게 부여
> • **상품코드(3자리)** : 일반적으로 업체코드를 소유한 기업이 자사의 상품에 부여

59 아래 글상자에서 공통적으로 설명하는 촉진수단으로 가장 옳은 것은?

> • 촉진의 총비용이 상대적으로 저렴한 촉진수단에 속한다.
> • 다른 촉진 믹스들보다 상대적으로 신뢰성이 높다.
> • 메시지에 대한 통제력이 거의 없다.

① 광고   ② 인적 판매
③ 판매촉진   ④ 홍보
⑤ 직접마케팅

> **해설**
> 촉진의 총비용이 상대적으로 저렴한 촉진수단에 속하며, 다른 촉진 믹스들보다 상대적으로 신뢰성이 높고, 메시지에 대한 통제력이 거의 없다는 특징을 지닌 촉진수단은 홍보 또는 PR(Public Relation)에 해당한다. 반면 반대적 특징을 갖는 촉진수단은 광고라 할 수 있다.

정답 58 ③, ④   59 ④

60 아래 글상자에서 설명하는 로그 분석을 위한 측정단위로 가장 옳은 것은?

> 사이트 내에서 일정 시간 동안 있었던 지속적인 움직임을 하나의 단위로 정해 그 수를 측정한 것이다. 예를 들어, 이것은 사람들이 해당 사이트에 얼마나 자주, 그리고 얼마나 오래 머물렀는지를 나타내는 지표이다.

① 순방문자(unique user) 　② 히트(hit)
③ 페이지 뷰(page view) 　④ 방문자(visitor)
⑤ 세션(session)

해설 웹사이트 로그 분석에 있어서 사이트 내에서 일정 시간 동안 있었던 지속적인 움직임을 하나의 단위로 정해 그 수를 측정한 것을 세션(session)이라 한다.
② 히트(hit)는 웹서버로부터 어느 한 파일이 요청된 상태를 말하며, 예를 들어 메인 페이지 히트 수가 1,000번이라는 것은 방문자들이 메인 페이지에 접속함으로써 웹서버로부터 파일들이 1,000번 요청되었음을 나타낸다.
③ 페이지 뷰(page view)는 방문자(visitor)가 조회한 페이지의 수를 말한다.

61 매장 환경 구성 및 관리에 대한 설명으로 가장 옳지 않은 것은?

① 잠재고객이 무리한 노력을 기울이지 않더라도 상품을 쉽게 찾을 수 있도록 구성해야 한다.
② 누구를 위한 매장이며 무엇을 판매하고 있는지 명확하게 표현하여야 한다.
③ 다층점포의 경우 수직 이동시설과 인접한 공간을 고객 편의공간으로 구성하여 고객편의성을 강화해야 한다.
④ 사고에 대한 사전 예방 시설을 갖추고 사고 조치나 대책이 포함된 작업환경을 마련해야 한다.
⑤ 후방시설의 창고는 판매영역과 구분하여 구역화하고 상품 정리 시 낱개 상품이 보관되지 않도록 한다.

해설 다층점포의 경우 수직 이동시설과 인접한 공간은 접근성으로 인하여 많은 고객의 진출입이 빈번하므로 고객 편의공간으로 적합한 장소라 할 수 없다. 고객 편의시설은 쾌적성이 높은 곳에 배치하는 것이 좋다.

정답 60 ⑤ 61 ③

62 인적 판매에 대한 설명으로 가장 옳지 않은 것은?

① 인적 판매는 고객과 직접적인 커뮤니케이션을 통해 상품을 판매하고 고객과의 관계를 구축하는 일련의 활동이다.

② 인적 판매는 광고, 홍보, 판매촉진에 비해 개별적이고 심도 있는 쌍방향 커뮤니케이션이 가능하다.

③ 인적 판매는 회사의 궁극적인 목적인 수익창출을 실제로 구현하는 역할을 수행한다.

④ 인적 판매는 고객과 직접적인 접점을 형성한다.

⑤ 제조업자가 풀(Pull) 정책을 쓸 경우 가장 적극적으로 활용하는 촉진수단이다.

해설 제조업자가 풀(Pull) 정책을 쓸 경우 가장 적극적으로 활용하는 촉진수단은 광고라 할 수 있으며, 인적 판매는 Push 방식의 대표수단이라 할 수 있다.

63 아래 글상자에서 설명하는 기법으로 가장 옳은 것은?

> 마케터는 특정 소비자 세분시장에 초점을 맞춰 해당 고객들을 잘 이해할 수 있는 강력한 도구가 필요한데, 이를 위해 제품 디자인과 커뮤니케이션 의사결정에 영감을 주는 핵심 고객의 가상 프로필을 만드는 것이 효과적이다.

① 포지셔닝 매트릭스　　　　　② 가치 제안 캔버스

③ 포커스 그룹 인터뷰　　　　　④ 구매자 페르소나

⑤ 고객 여정 맵

해설 구매자 페르소나(persona)는 일반적으로 자사 또는 타사 고객 인사이트를 기반으로 가장 이상적인 고객 집단을 가상적으로 표현한 것이다. 페르소나는 고객 및 잠재고객을 더 잘 이해하고 각각의 그룹별 특정 요구사항, 반응 및 관심사에 맞게 콘텐츠를 보다 쉽게 작성할 수 있도록 도움을 준다. 구매자 페르소나가 이상적인 고객을 대표하는 반면, 부정적인 페르소나(negative persona)는 고객으로서는 원하지 않는 사람을 나타내며, 제품이나 서비스가 너무 앞서 있는 전문가, 연구·지식 확보를 위해 콘텐츠에만 참여하는 학생, 또는 재구매의 가능성이 별로 없는 고객이 포함될 수 있다.

정답 62 ⑤　63 ④

64 아래 글상자에서 설명하는 용어로 가장 옳은 것은?

> 기업이 보유하고 있는 고객데이터를 체계적으로 수집·통합·가공·분석하여, 고객만족
> 도를 높이고, 고객충성도를 증진시키며, 궁극적으로는 기업의 매출과 수익성 향상을 목
> 적으로 하는 일련의 과정을 의미한다.

① SCM(Supply Chain Management)
② ERP(Enterprise Resource Planning)
③ KMS(Knowledge Management System)
④ BPM(Business Process Management)
⑤ CRM(Customer Relationship Management)

 CRM(Customer Relationship Management)은 고객데이터를 기반으로 고객과의 장기적인 관계를 구축
하기 위한 일련의 활동을 말한다. 한편 SCM은 공급사슬관리, ERP는 전사적 자원관리, KMS는 지식관리
시스템, BPM은 비즈니스 프로세스 관리라 하며 비즈니스 전략 및 프로세스를 발견, 모델링, 분석, 측정,
개선 및 최적화하는 기법을 뜻한다.

65 유통마케팅 조사방법 중 표적집단면접법(FGI)에 대한 설명으로 가장 옳지 않은 것은?

① 소수의 응답자를 대상으로 하나의 장소에서 진행한다.
② 특정 기준에 따라 주제에 관심이 있거나 관련 경험이 있는 소수의 참가자를 선정한다.
③ 응답자들끼리 편하게 대화를 진행하게 한다.
④ 대화가 주제를 벗어나는 경우만 사회자가 최소한 개입한다.
⑤ 조사자와 응답자가 자유롭고 심도 있는 질의응답을 진행한다.

 조사자와 응답자가 자유롭고 심도 있는 질의응답을 진행하는 것은 심층면접법(depth interview)에 해당
한다.

정답 64 ⑤ 65 ⑤

66 마케팅 조사에 대한 설명으로 가장 옳지 않은 것은?

① 기술 조사(descriptive research)는 표적모집단이나 시장의 특성에 관한 자료를 수집·분석하고 결과를 기술하는 조사이다.

② 2차 자료(secondary data)는 당면한 조사목적이 아닌 다른 목적을 위해 과거에 수집되어 이미 존재하는 자료이다.

③ 1차 자료(primary data)는 당면한 조사목적을 달성하기 위하여 조사자가 직접 수집한 자료이다.

④ 모든 마케팅 조사에는 2차 자료(secondary data)가 필수적으로 제시되어야 한다.

⑤ 탐험 조사(exploratory research)는 조사문제가 불명확할 때 기본적인 통찰과 아이디어를 얻기 위해 실시되는 조사이다.

> **해설** 마케팅 조사에서 2차 자료(secondary data)는 간접적이고 예비적인 조사로, 반드시 실시되고 필수적으로 제시되어야 하는 것은 아니다.

67 유통경로의 성과평가를 위한 항목 중 유통경로의 효과성에 대한 평가항목으로 가장 옳지 않은 것은?

① 고객의 전반적인 만족도　　② 신시장 개척 건수 및 비율
③ 중간상의 거래전환 건수　　④ 단위당 총물류비용
⑤ 클레임(claim) 건수

> **해설** 유통경로의 '목적 달성' 여부를 측정하는 효과성(effectiveness)에 대한 평가항목은 정성적 측면에서 고객만족도가 가장 중요하고, 정량적인 측면에서는 클레임(claim) 건수, 신시장 개척 건수 및 비율, 중간상의 거래전환 건수 등이 중요한 지표에 해당한다. ④ 단위당 총물류비용은 효율성 또는 경제성 측면의 평가항목에 해당한다.

68 격자형(grid) 레이아웃에 대한 설명으로 옳지 않은 것은?

① 고객들의 주 통로와 직각을 이루고 있는 여러 단으로 구성된 선반들이 평행으로 늘어서 있는 형태의 레이아웃을 의미한다.

② 고객들의 주 통로와 여러 점포들의 입구가 연결되어 있는 형태의 레이아웃을 의미한다.

③ 대형마트, 편의점, 전문점 등 다양한 소매업태에서 주로 활용되고 있다.

④ 상품을 쉽게 찾을 수 있고, 고객들의 질서 있는 이동을 촉진시켜 공간을 효율적으로 사용할 수 있는 장점이 있다.

⑤ 딱딱하고 사무적인 분위기를 연출하는 단점이 있다.

> **정답** 66 ④　67 ④　68 ②

> **[해설]** 고객들의 주 통로와 여러 점포들의 입구가 연결되어 있는 형태의 레이아웃은 경주로형에 해당한다.

69 상품에 표기되는 유통기한에 대한 설명으로 옳지 않은 것은?

① 일반적으로 유통기한은 'ㅇㅇㅇㅇ년, ㅇㅇ월, ㅇㅇ일까지'로 표시된다.

② 매장에서 판매하는 삼각김밥이나 도시락류 같은 식품은 년, 월, 일, 시까지 표시해야 한다.

③ 유통기한이 서로 다른 제품을 함께 포장했을 때는 그중 가장 짧은 유통기한을 적용하여 표시해야 한다.

④ 가공소금이나 설탕, 아이스크림 같은 빙과류는 유통기한 생략이 가능하다.

⑤ 소매점에서 소분 및 처리해 재포장한 생선, 고기류는 재포장 후 일주일까지를 유통기한으로 표시한다.

> **[해설]** 소매점에서 소분 및 처리해 재포장한 생선, 고기류는 최대한 빨리 판매하는 것이 중요하며, 유통기한을 일주일까지로 표시하는 규정 또한 존재하지 않는다.

70 점포 구성요소에 관한 내용으로 가장 옳지 않은 것은?

① 점포 입지와 매장 배치의 편리성

② 점포 외관 이미지와 점포 내부 인테리어

③ 목표 소비자의 이미지와 분위기

④ 목표 고객에게 소구하는 상품 구성과 적합한 가격대

⑤ 점포의 기본 설비와 시설, 진열집기 및 디스플레이

> **[해설]** 점포의 입지, 매장 배치, 내부 인테리어 등은 점포의 구성요소에 해당되지만, 목표 소비자의 이미지와 분위기는 외부적 요인에 더 가깝다.

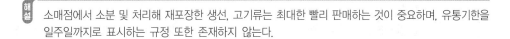

정답 **69** 모두 정답 **70** ③

71 대표적인 반정형데이터로, 웹과 컴퓨터 프로그램에서 용량이 적은 데이터를 교환하기 위해 데이터 객체를 속성(attribute)과 값(value)의 쌍 형태로 나열해서 표현하는 형식을 지칭하는 용어로 가장 옳은 것은?

① JSON   ② XML

③ API   ④ FILES

⑤ LOG

 반정형데이터란 형태(schema, meta data)가 있으며, 연산이 불가능한 데이터를 말하며, XML, HTML, JSON, LOG 형태 등이 있다. 이 중 JSON(Java Script Object Notation)은 데이터를 저장하거나 전송할 때 많이 사용되는 경량의 DATA 교환 형식으로, JSON 표현식은 사람과 기계 모두 이해하기 쉬우며 용량이 작아 최근 JSON이 XML을 대체해서 데이터 전송 등에 많이 사용한다.

참고
- **정형데이터**(structured data) : 데이터를 다루는 사람이라면 흔하게 보게 되는 형식의 데이터로 구조화된 관계형 데이터베이스(RDB), 스프레드시트, CSV 등이 이에 해당한다.
- **비정형데이터**(unstructured data) : 형태가 없으며, 연산도 불가능한 데이터를 말하며, 소셜데이터(트위터, 페이스북), 영상, 이미지, 음성, 텍스트(word, PDF) 등이 이에 해당한다.

72 아래 글상자의 괄호 안에 들어갈 정보기술로 가장 옳은 것은?

> - 유통업체 K사는 자체 개발한 데이터 수집・분석시스템 '데멍이'(데이터를 물어다 주는 멍멍이)를 통해 선발주 기술을 최적화해 상품 폐기율을 1% 미만으로 유지하고 있다. '데멍이'는 기존 주문과 일별 상품판매량, 매출, 고객 행동 데이터, 구매이력, 성향, 날씨, 요일, 프로모션 등 일평균 수천만 건의 데이터를 기반으로 주문이 지역별로 얼마나 발생할지 예측하는 (　) 시스템이다.
> - (　)(은)는 인간이 정의한 목표의 주어진 집합에 대해 실제 또는 가상 환경에 영향을 미치는 예측, 권장 또는 결정을 내릴 수 있는 기술이다.

① 블록체인   ② 무인로봇

③ 인공지능   ④ 모빌리티

⑤ 메타버스

정답 71 ①   72 ③

해설 인공지능(AI; Artificial Intelligence)은 컴퓨터시스템이 인간의 언어나 지능을 모델링해 주는 기술을 의미하며, 인간과 유사하게 사고하는 컴퓨터 지능을 일컫는 포괄적 개념에 해당한다. 2000년대 알파고(AlphaGo), 왓슨(Watson) 등이 등장하였고 최근에는 오픈 AI에서 개발한 Chat GPT가 이슈화되고 있다. 최근 유통산업과 관련하여 주문과 일별 상품판매량, 매출, 고객 행동 데이터, 구매이력, 성향, 날씨, 요일, 프로모션 등 일평균 수천만 건의 데이터를 기반으로 주문이 지역별로 얼마나 발생할지 예측하는 데도 활용되고 있다.

73 지식발견 접근방법을 기능에 따라 분류(Classification), 연합(Association), 배열(Sequence), 클러스터(Cluster)로 나눌 경우 아래 글상자의 내용 중에서 배열에 대한 설명을 모두 나열한 것으로 옳은 것은?

⊙ 시간적으로 사건들을 관련짓는 데 사용됨
ⓒ 여러 객체를 그들 사이의 유사성 또는 근접성을 기준으로 그룹을 나눔
ⓒ 미래에 대한 예측을 나타내는 다양한 감춰진 추세를 발견함
ⓔ 한 항목이나 사건이 특정 부류나 집합에 속하는지를 정하는 규칙을 찾음
ⓜ 한 집합의 사건이나 항목을 다른 집합의 사건이나 항목과 연관 짓는 규칙을 찾음

① ⊙, ⓒ
② ⊙, ⓒ
③ ⊙, ⓔ
④ ⓒ, ⓒ, ⓔ
⑤ ⓒ, ⓒ, ⓜ

해설 ⊙ 시간적으로 사건들을 관련짓는 데 사용됨 : 배열
ⓒ 여러 객체를 그들 사이의 유사성 또는 근접성을 기준으로 그룹을 나눔 : 클러스터
ⓒ 미래에 대한 예측을 나타내는 다양한 감춰진 추세를 발견함 : 배열
ⓔ 한 항목이나 사건이 특정 부류나 집합에 속하는지를 정하는 규칙을 찾음 : 분류
ⓜ 한 집합의 사건이나 항목을 다른 집합의 사건이나 항목과 연관 짓는 규칙을 찾음 : 연합(연관성)

참고 지식발견 접근방법을 위한 데이터 마이닝의 기능

지식발견 접근방법을 위한 데이터 마이닝의 기능은 분류(classification), 예측(prediction), 연관성(혹은 연합, association), 순차패턴(혹은 배열, sequence pattern), 클러스터(혹은 군집, cluster)로 나눌 수 있다. 이 중 ① 분류는 가장 많이 활용되는 데이터 마이닝 작업기능으로 새로운 대상의 특징들을 조사하고 이를 미리 정해진 class 중 하나로 지정하는 것을 말하며 의사결정트리, 신경망분석, 회귀분석 등을 통해 구현된다. ② 예측은 분류, 순차패턴과 유사하나 주로 어떤 흐름을 분석하고 이를 토대로 향후의 변화를 예측하는 데 이용된다. ③ 순차패턴은 다양한 사건들 중 어떤 규칙성을 가지고 시차적으로 일어나는 사건의 패턴을 발견하는 것으로, 한 상품이 판매 후 이어서 판매될 가능성이 높은 상품을 판별하는 데 활용된다. ④ 연관성은 일반적으로 교차판매를 위해 사용되며, 다양한 사건들 중 2가지 이상의 사건이 동시에 일어날 가능성 및 연관성 있는 패턴을 발견하는 것이다. ⑤ 클러스터(군집)는 여러 가지 다른 특성을 가지는 전체 데이터를 동질성을 가진 몇 개의 하위 군집/세그먼트로 나누는 것으로 군집분석과 신경망을 통해 구현된다.

정답 73 ②

74 신규고객을 획득하기 위해 CRM 시스템의 고객정보를 활용한 분석을 수행하고자 한다. 고객의 전화나 인터넷 게시판을 통한 문의, 영업소 방문 등의 내용을 바탕으로 하는 분석을 지칭하는 용어로 가장 옳은 것은?

① 고객 프로필 분석
② 하우스-홀딩 분석
③ 현재 고객 구성원 분석
④ 인바운드 고객 분석
⑤ 외부 데이터 분석

 인바운드(in-bound) 고객 분석이란 원래 텔레마케팅 기법 중 하나로 고객으로부터 걸려온 전화를 콜센터에서 받아 처리하는 것을 뜻한다. 이를 CRM에 적용하여 고객의 전화나 인터넷 게시판을 통한 문의, 영업소 방문 등의 내용을 바탕으로 하는 분석을 지칭한다.

75 유통업체에서의 CRM 시스템 활용에 대한 설명으로 옳지 않은 것은?

① 유통업체에서는 CRM 시스템을 활용해서 신규고객 창출, 기존고객 유지, 충성고객 개발에 활용하고 있다.
② 유통업체에서 CRM 시스템은 장기적인 측면보다는 철저하게 단기적인 측면에서 매출 증대를 위해 활용되고 있다.
③ CRM 시스템은 고객 데이터에 대한 다양한 분석을 통해 고객에 대한 이해도를 높여준다.
④ CRM 시스템은 유통업체의 경쟁우위 창출에 도움을 제공한다.
⑤ CRM 시스템은 유통업체의 판매, 서비스, 영업 업무 수행에 도움을 제공한다.

 유통업체에서 CRM 시스템은 고객과의 장기적인 관계를 구축하는 것으로, 단기적인 측면보다는 철저하게 장기적인 측면에서 매출 증대를 위해 활용되고 있다.

76 판매시점관리시스템에 대한 설명으로 가장 옳지 않은 것은?

① 판매시점의 정보를 실시간으로 취합해서 관리할 수 있도록 지원하는 시스템이다.
② 유통업체의 경우 인기제품, 비인기제품의 신속한 파악이 가능하고, 실시간으로 재고 파악이 가능하다.
③ 판매시점에 시스템을 통한 정보 입력으로 처리속도 증진, 오타 및 오류 방지 등의 효과를 얻을 수 있다.
④ 품목별 판매실적, 판매실적 구성비 등 판매시점관리시스템에 누적된 판매정보로 다양한 분석이 가능하다.
⑤ 상품 판매 정보만 관리하기 때문에 고객분석에는 활용되지 않는다.

정답 74 ④ 75 ② 76 ⑤

POS 시스템은 치열해지고 소비자의 구조적 변화에 의한 상품서비스의 다양화 등 시장환경의 변화에 따라 소비자 동향에 대한 신속·정확한 파악의 필요성(상품관리·고객관리)으로 소스마킹(source marking)의 보급과 함께 도입되었다. 즉, 판매시점관리시스템(POS)은 상품 판매 정보뿐만 아니라 고객 분석에도 활용된다.

77 GS1 국제표준기구의 3대 사상의 하나인 공유표준 중에서 아래 글상자에서 설명하는 용어로 가장 옳은 것은?

> 바코드에 입력된 상품 식별코드를 숫자들의 배열 형태가 아닌 웹 주소 형식으로 표시하여 소비자들이 온라인으로 상품정보를 확인할 수 있도록 한다.

① GS1 Digital Link
② GS1 Web Vocabulary
③ GDM(Global Data Model)
④ GS1 Mobile Ready Hero Images
⑤ GDSN(Global Data Synchronization Network)

바코드에 입력된 상품 식별코드를 숫자들의 배열 형태가 아닌 웹 주소 형식으로 표시하여 소비자들이 온라인으로 상품정보를 확인할 수 있도록 한 공유표준은 GS1 Digital Link이다.

78 아래 글상자의 신규고객 창출과정을 순서대로 제시한 것으로 가장 옳은 것은?

> ㉠ 잠재고객   ㉡ 선별고객
> ㉢ 가능고객   ㉣ 최상가능고객
> ㉤ 신규고객

① ㉠ - ㉡ - ㉢ - ㉣ - ㉤
② ㉠ - ㉡ - ㉣ - ㉤ - ㉢
③ ㉠ - ㉢ - ㉡ - ㉣ - ㉤
④ ㉡ - ㉢ - ㉤ - ㉣ - ㉠
⑤ ㉤ - ㉡ - ㉢ - ㉠ - ㉣

 신규고객의 창출과정
㉠ 잠재고객 → ㉡ 선별고객 → ㉢ 가능고객 → ㉣ 최상가능고객 → ㉤ 신규고객

정답 77 ① 78 ①

79 QR 코드에 대한 설명으로 가장 옳지 않은 것은?

① QR 코드는 일본 도요타 자동차의 자회사 덴소 웨이브가 표준화한 기술이다.

② Micro QR 코드의 가장 큰 특징은 위치 찾기 심벌이 하나인 것이며, QR 코드보다 더 작은 공간에 인쇄할 수 있다.

③ iQR 코드는 종래의 QR 코드보다 더 많은 정보량을 저장할 수 있다.

④ QR 코드는 오류복원기능을 가지고 있어서 일부 코드가 손상되더라도 데이터를 복원할 수 있다.

⑤ 데이터의 양이 증가해도 QR 코드를 구성하는 셀(cell)은 정해져 있기 때문에 QR 코드의 크기는 일정하다.

> 해설 QR 코드의 최소 크기는 0.17mm × 21셀로 3.57mm 정도이며, 이는 해당 버전과 저장하려는 데이터의 양에 따라 결정되므로 크기가 일정하다는 문장은 틀린 표현이다. 한편 최대 크기에 대해서는, 셀 크기를 크게 하면 할수록 크게 인쇄할 수 있기 때문에 특별히 제한은 없다.

80 EDI 도입에 따른 효과에 대한 내용으로 가장 옳지 않은 것은?

① 업무처리 비용 절감

② 표준화와 암호화로 조직 내 또는 조직 간 연결성 낮춤

③ 고객관계의 증진

④ 문서거래시간의 단축

⑤ 업무처리 오류 감소

> 해설 EDI(전자문서교환)는 기업 간 교환되는 서식이나 기업과 행정관청 사이에서 교환되는 행정서식을 일정한 형태를 가진 전자메시지로 변환처리하여 상호 간에 합의한 통신표준에 따라 컴퓨터와 컴퓨터 간에 교환되는 전자문서교환시스템이다. 이는 표준화와 암호화로 조직 내 또는 조직 간 연결성을 높이고 오류를 감소시키는 역할을 담당한다.

정답 79 ⑤ 80 ②

81 전자상거래에서의 프라이버시 보호행동에 대한 설명으로 가장 옳지 않은 것은?

① 일반적으로 전자상거래 고객들은 프라이버시에 대한 염려가 발생하면, 프라이버시를 보호하려는 행동을 한다. 전자상거래 고객들의 프라이버시 보호에 대한 반응은 정보제공 활동, 개인 활동, 공개 활동으로 구분할 수 있다.

② 전자상거래 고객의 프라이버시 보호에 대한 방어적인 태도는 마케팅 담당자가 감수해야 할 비용을 감소시키고, 기업의 고객관계관리 활동을 보다 효과적으로 촉진되도록 도움을 제공한다.

③ 전자상거래 고객들이 프라이버시에 대한 염려를 회피하기 위한 대표적인 정보제공 활동으로는 개인정보 제공을 거부하는 행동이다.

④ 전자상거래 고객들이 프라이버시에 대한 염려를 회피하기 위한 대표적인 개인 활동으로는 개인정보 제공이 위험하다고 이야기하는 행동이다.

⑤ 전자상거래 고객들이 프라이버시에 대한 염려를 회피하기 위한 대표적인 공개 활동으로는 기업에 직접적으로 불평하는 행동이다.

> **해설** 전자상거래 고객의 프라이버시 보호에 대한 방어적인 태도는 마케팅 담당자가 감수해야 할 비용을 증가시키고, 기업의 고객관계관리 활동에 장애요인이 된다.

82 ERP 시스템 구축을 위한 라이프사이클을 계획 → 패키지 선정 → 구현 → 유지보수로 구분할 경우 패키지 선정 단계에서 이루어지는 활동으로 가장 옳지 않은 것은?

① 시장조사
② 현업 요구사항 분석
③ 레퍼런스 사이트 방문
④ 소프트웨어 데모 및 차이 분석
⑤ 컨피규레이션(configuration) 결정

> **해설** ERP 시스템 구축을 위한 라이프사이클에 있어 패키지 선정 단계는 시스템 구축을 요청하는 측의 요구사항을 반영하기 위한 시장조사, 현업 요구사항 분석, 참고 사이트 방문, 소프트웨어 데모 개발 등이 포함된다. 컨피규레이션(configuration) 결정은 ERP 시스템에 내장된 다양한 기능 중 사용자가 원하는 특정 기능을 선택하여 시스템이 어떻게 작동할지를 결정하는 것으로, 구현 단계에 해당한다.

정답 81 ② 82 ⑤

83 u커머스(ubiquitous commerce)의 특징 중에서 아래 글상자의 내용에 부합하는 특성으로 가장 옳은 것은?

> 상호 호환성이 보장되어 일반적인 기기로 언제, 어디서나 네트워크에 연결이 가능하다. 즉, 이기종의 모바일 네트워크와 서로 다른 모바일 장치가 융합되어 호환이 된다.

① 보편성　　　　　　　　② 접근성
③ 조화성　　　　　　　　④ 차별성
⑤ 편재성

 일반적으로 u커머스(ubiquitous commerce)의 특징에는 이동성, 보편성, 즉시성, 개인성, 접근성, 신속성 등이 있다. 이 중 보편성(universal)은 상호 호환성이 보장되어 일반적인 기기로 언제, 어디서나 네트워크에 연결이 가능하여 이기종의 모바일 네트워크와 서로 다른 모바일 장치가 융합되어 호환이 되는 성질을 말한다.

84 고객이 주문한 상품이 목적지에 도착하기까지의 과정에서 고객만족도 증대를 위해 유통업체가 활용하는 배송 품질 차별화 전략으로 가장 옳은 것은?

① 푸시 전략
② 퍼스트 마일 배송 전략
③ 스마트 로지스틱 전략
④ 라스트 마일 배송 전략
⑤ 공급망 동기화 전략

 퍼스트 마일(first mile)은 제조기업이 풀필먼트센터까지 제품을 인도하는 단계를 의미하며, 라스트 마일(last mile)은 풀필먼트센터 등에서 최종 고객에게 제품이 인도되는 단계를 뜻한다. 최근 전자상거래 확산으로 신속성과 고객만족도 증대 측면에서 라스트 마일이 중요시되고 있다.

정답 83 ① 84 ④

85 아래 글상자 설명은 유통업체의 정보시스템 구현과 관련된 설명이다. 괄호 안에 들어갈 개념으로 가장 옳은 것은?

> • (   )은(는) 물리적인 하드웨어의 한계를 넘어, 가상 하드웨어 인프라스트럭처를 구축하는 소프트웨어 시스템 운영에 대한 기술이다.
> • (   )은(는) 한 대의 컴퓨팅 자원을 여러 대의 컴퓨터처럼 운영하거나 또는 여러 대의 컴퓨팅 자원을 한 대의 컴퓨터처럼 운영하는 기술이다.

① 서비스 수준관리   ② 엣지 컴퓨팅
③ 블록체인   ④ 분산 처리
⑤ 가상화 기술

해설 유통업체의 정보시스템 구현과 관련하여 가상화 기술(virtualization technology)은 물리적인 하드웨어의 한계를 넘어, 가상 하드웨어 인프라스트럭처를 구축하는 소프트웨어 시스템 운영에 대한 기술을 뜻한다.

참고 가상화(virtualization)
하나의 실물 컴퓨팅 자원을 마치 여러 개인 것처럼 가상으로 쪼개서 사용하거나, 여러 개의 실물 컴퓨팅 자원들을 묶어서 하나의 자원인 것처럼 사용하는 것으로, 이때 컴퓨팅 자원(리소스)이란, CPU, 메모리, 스토리지, 네트워크 등 컴퓨터를 구성하는 요소들을 말한다.

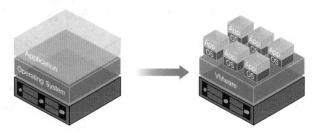

정답 85 ⑤

86 오늘날 유통업체에서는 마케팅을 위해서 메타버스를 활용하고 있다. 메타버스에 대한 설명으로 적절하지 않은 것은?

① 가속연구재단(ASF; Acceleration Studies Foundation)은 메타버스 서비스를 정보표현 형태(외부 환경정보와 개인/개체 중심정보)와 공간활용 특성(현실공간과 가상공간)에 따라 4가지로 구분하였다.

② 가상현실은 현실세계에 가상의 정보를 증강하여 서비스를 제공하는 메타버스 유형이다.

③ 라이프로깅은 개인 및 개체들에 대한 현실생활의 정보를 가상세계에 증강하여 정보를 통합 제공하는 메타버스 유형이다.

④ 거울세계는 가상세계에서 외부의 환경정보를 통합하여 서비스를 제공하는 메타버스 유형으로 실제세계의 디지털화라 할 수 있다.

⑤ 가상세계는 가상공간에서 다양한 개인 및 개체들의 정보를 제공하는 메타버스 유형이다.

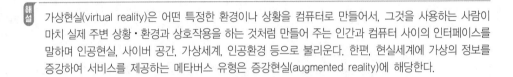

> **해설** 가상현실(virtual reality)은 어떤 특정한 환경이나 상황을 컴퓨터로 만들어서, 그것을 사용하는 사람이 마치 실제 주변 상황·환경과 상호작용을 하는 것처럼 만들어 주는 인간과 컴퓨터 사이의 인터페이스를 말하며 인공현실, 사이버 공간, 가상세계, 인공환경 등으로 불리운다. 한편, 현실세계에 가상의 정보를 증강하여 서비스를 제공하는 메타버스 유형은 증강현실(augmented reality)에 해당한다.

87 인공지능이 비즈니스에서 필요한 이유로 가장 옳지 않은 것은?

① 인공지능은 인간 전문가가 가지는 시간적·공간적 한계를 뛰어넘을 수 있도록 전문지식을 저장하여 상황에 적절한 의사결정을 내리도록 도움을 준다.

② 생성형 AI를 활용한 프롬프트 형태의 서비스는 문제해결에 도움이 되는 정보를 짧은 시간에 얻을 수 있어 업무효율을 높여주는 효과를 얻을 수 있다.

③ 강한 인공지능을 활용한 사례인 알파고, 닥터와슨 등은 인간을 뛰어넘는 결정을 지원하기 때문이다.

④ 약한 인공지능 기술은 특정 분야에 인간의 지능을 흉내 내어 신속하게 문제를 해결할 수 있는 방안을 제시해 준다.

⑤ 복잡한 상황에서 빠른 판단과 결정에 도움이 되는 결과를 받을 수 있어 의사결정에 활용할 수 있다.

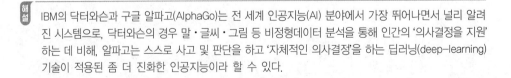

> **해설** IBM의 닥터와슨과 구글 알파고(AlphaGo)는 전 세계 인공지능(AI) 분야에서 가장 뛰어나면서 널리 알려진 시스템으로, 닥터와슨의 경우 말·글씨·그림 등 비정형데이터 분석을 통해 인간의 '의사결정을 지원'하는 데 비해, 알파고는 스스로 사고 및 판단을 하고 '자체적인 의사결정'을 하는 딥러닝(deep-learning) 기술이 적용된 좀 더 진화한 인공지능이라 할 수 있다.

정답 86 ② 87 ③

88 오늘날 유통업체에서는 클라우드 컴퓨팅 이용이 증가하고 있다. 클라우드 컴퓨팅에서 제 공하는 서비스 중에서 사용자가 소프트웨어를 개발할 수 있는 토대를 제공해주는 서비스 모델로 가장 옳은 것은?

① DaaS   ② IaaS

③ NaaS   ④ PaaS

⑤ SaaS

 클라우드 서비스에는 SaaS, PaaS, IaaS의 3가지 유형이 있으며, 이들의 공통점은 클라우드 컴퓨팅을 기반으로 서비스를 제공한다는 것이다. 기업들은 비즈니스 전략에 따라 이들 중 가장 적합한 클라우드 서비스를 선택해 효율적인 기업운영을 도모할 수 있다.
- SaaS(Software as a Service) : 서비스 이용자가 인터넷 연결만으로 언제 어디서나 접근 및 사용이 쉬운 소프트웨어 응용프로그램에 대한 액세스를 제공, 대표적인 SaaS는 고객관계관리(CRM) 서비스 이다.
- PaaS(Platform as a Service) : 사용자가 신속하게 애플리케이션을 개발하고 테스트, 배포하기 위한 플랫폼(환경)을 제공하는 클라우드로, 파이썬, 자바 등과 같은 다양한 프로그래밍언어를 지원한다.
- IaaS(Infra-structure as a Service) : 사용자 입장에서 가장 유연한 서비스로 서버, 스토리지 및 네트 워킹을 포함한 가상화된 물적 인프라(Infra)를 제공하는 클라우드로 SaaS, PaaS보다 더 넓은 확장성과 자율성을 지닌다.

89 기업들이 소셜미디어 플랫폼에서 이루어지는 브랜드, 제품, 산업, 또는 특정 주제와 관련 된 온라인 대화, 토론, 언급에 관심을 가지고 데이터 수집·분석을 통해 고객의 니즈를 파악하고 통찰력을 얻는 활동을 수행하고 있다. 이러한 활동을 가리키는 용어로 가장 옳은 것은?

① SNPS(Social Net Promoter Score)   ② FGI(Focus Group Interview)

③ 소셜리스닝(Social Listening)   ④ 워크숍(Workshop)

⑤ SOV(Share of Voice)

 기업들이 소셜미디어 플랫폼에서 이루어지는 브랜드, 제품, 산업, 또는 특정 주제와 관련된 온라인 대화, 토론, 언급에 관심을 가지고 데이터 수집·분석을 통해 고객의 니즈를 파악하고 통찰력을 얻는 활동을 소셜리스닝(Social Listening)이라고 한다.
① SNPS(Social Net Promoter Score) : 사회적 순고객 추천지수라 하며, 고객 경험 프로그램에 사용되 는 기준 지표로써 고객의 기업충성도를 측정한다.
② FGI(Focus Group Interview) : 표적집단면접법으로 6~12명 정도의 면접대상자들을 한자리에 모이 도록 하고 주제에 숙련된 진행자를 중심으로 그 주제와 관련된 토론을 하도록 함으로써 자료를 수집 하는 마케팅조사방법이다.
⑤ SOV(Share of Voice) : '공유의 목소리'라는 의미로, 특정 브랜드가 해당 산업 내에서 가지고 있는 광고의 시장점유율을 의미한다.

정답 88 ④ 89 ③

90 고객충성도 프로그램 유형의 하나로 아래 글상자에서 설명하는 서비스 제도의 종류로 가장 옳은 것은?

> 상품에 보조적인 서비스, 예를 들면, 반지 구입 시 이름을 새겨주는 서비스 등을 부가시키는 방법으로, 상품 자체에 고객의 기호에 맞는 부가가치를 첨부시키는 서비스 제도이다.

① 공동(cooperate)
② 머천다이징(merchandising)
③ 메인터넌스(maintenance)
④ 컨비니언스(convenience)
⑤ 프라이비트(private)

해설 머천다이징은 고객의 수요 혹은 기호에 적응시키고자 하는 소매상의 활동을 말하며, 이를 상품화 계획이라고 한다. 이는 구매자 주도 시장하에서 소매상이 적극 개입하여 소비자의 니즈에 부응하여 상품의 구색을 맞추는 과정이라고 할 수 있다.

정답 90 ②

2024.11.16. 시행

유통관리사 2급 기출문제

제1과목 유통 · 물류일반관리(01~25)

01 중간상이 필요한 이유 중 집중준비의 원리에 대한 설명으로 가장 옳은 것은?

① 제조업자는 생산, 유통업자는 유통을 전문화함으로써 보다 효율적이고 경제적일 수 있다.

② 유통경로상에 가능하면 많은 수의 도매상을 개입시켜서 경로구성원에 의해 보관되는 제품의 총량을 감소시킬 수 있다.

③ 중간상에게 유통기능을 분담시키는 것이 비용면에서 훨씬 유리할 수 있다.

④ 중간상이 참여하면 생산자와 소비자 간의 거래빈도 수를 감소시켜 거래비용을 절감할 수 있다.

⑤ 소비자가 원하는 상품을 항상 준비하여 24시간 구매할 수 있는 편의점처럼 시간 효용을 제공한다.

> **해설** 집중저장의 원칙은 중간상이 존재함으로써 사회 전체가 원활한 소비를 위해 저장해야 할 제품의 총량을 줄일 수 있다는 것(소매상의 필요품목을 도매상이 대량으로 저장 → 소매상이 저장해야 할 양을 줄여줌)으로, 집중저장의 원칙은 도매상의 존재이유를 설명하는 원리에 해당한다.

02 유통경로상에서 수행되는 유통의 기능 중 거래 및 물적 유통이 원활하게 이루어지도록 보조하는 조성기능에 해당되지 않는 것은?

① 소비자 또는 생산자에게 자금을 대부함으로써 거래를 원활하게 하는 기능

② 재고유지 및 상품의 진부화를 포함한 여러 가지 위험을 부담하는 기능

③ 예상판매량, 가격정보, 소비자정보 등을 생산자에게 제공하는 기능

④ 생산시점과 소비시점의 차이를 연결함으로써 장소 효용을 창조하는 기능

⑤ 상품을 품질 수준에 따라 분류하거나 규격화하는 기능

> **해설** 유통의 기능은 상적 유통기능, 물적 유통기능, 유통조성기능으로 구분되며, 유통조성기능은 표준화 및 등급화기능, 금융기능, 위험부담기능, 시장정보기능, 교환주선기능 등을 포함한다.
> ④ 생산시점과 소비시점의 차이를 연결하여 장소적 효용을 창조하는 기능은 물적 유통에 해당하는 운송을 통해 창출되는 효용에 해당한다.

정답 01 ② 02 ④

03 소매업 발전이론 중 아래 글상자의 괄호 안에 들어갈 이론을 순서대로 나열한 것으로 옳은 것은?

> • (㉠)은 비용적인 요인들을 강조하여 설명하기에 초기에 고이윤, 고가격을 추구하는 새로운 소매상에 대해 설명하지 못한다.
> • (㉡)은 저관여상품 소매업태와 고관여상품 소매업태의 발전과정을 구분하지 못한다.

① ㉠ 변증법적 이론, ㉡ 진공지대이론
② ㉠ 소매상 적응행동이론, ㉡ 진공지대이론
③ ㉠ 소매상 수레바퀴이론, ㉡ 변증법적 이론
④ ㉠ 소매상 수레바퀴이론, ㉡ 소매점 아코디언이론
⑤ ㉠ 소매점 아코디언이론, ㉡ 소매상 적응행동이론

> **해설** 소매 수레바퀴이론(차륜이론)은 신규 소매업태가 최초 시장진입 시 저가격, 저마진, 저서비스로 진입 → 동일한 유형의 소매상이 시장에 또 진입하면서 기존 업체의 고가격, 차별적 서비스 제공 → 다시 새로운 유형의 소매점이 저가격, 저마진, 저서비스로 시장에 진입한다는 이론이다. 한편, 소매 아코디언이론은 다양한 제품을 취급하는 점포 유형에서 소수의 전문제품에 집중하는 전문업체 유형으로 변했다가 다시 다양한 제품을 취급하는 종합점포로 전환(확대 → 수축 → 확대)한다는 이론이다. 문제의 글상자에는 두 이론의 한계점이 기술되어 있다.

04 구매의 전략적 중요성과 시장의 복잡성을 기준으로 공급업체를 세분화하는 기법으로 옳은 것은?

① 공급업체 세분화 풍차
② Same Page 프레임워크
③ 균형성과표
④ 크랄직 매트릭스(Kraljic Matrix)
⑤ SWOT 분석표

> **해설** Kraljic portfolio (purchasing) model은 공급망 관리의 핵심 부분을 공급업체 기반을 기초로 세분화하는 모형이다. 조직은 공급업체 관리전략을 공급업체의 Map과 일치시킬 수 있으며, Kraljic의 matrix는 정확한 공급업체 세분화를 제공하는 가장 효과적인 방법 중 하나이다.

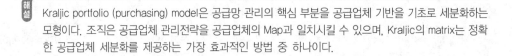

정답 03 ④ 04 ④

05 아래 글상자에서 유통구성원의 기능 중 쌍방 흐름으로만 바르게 나열한 것은?

㉠ 물리적 보유   ㉡ 촉진
㉢ 주문   ㉣ 금융
㉤ 위험부담   ㉥ 협상
㉦ 대금지급

① ㉢, ㉣, ㉤   ② ㉣, ㉤, ㉥
③ ㉡, ㉢, ㉣, ㉤   ④ ㉡, ㉤, ㉥, ㉦
⑤ ㉠, ㉡, ㉢, ㉣, ㉤, ㉥, ㉦

해설
- 쌍방향 흐름 : 금융, 위험부담, 협상
- 상향 흐름 : 주문, 대금지급
- 후방 흐름 : 물리적 보유, 촉진

06 디지털기술의 발전으로 인한 유통산업의 환경변화에 대한 설명으로 가장 옳지 않은 것은?

① 소매기술을 통해 온라인과 오프라인을 결합한 쇼핑 경험을 제공할 수 있다.
② 온라인과 오프라인의 경계 구분이 무의미할 정도로 온·오프 융합시대로 접어들고 있다.
③ 경쟁도구로서 첨단기술의 중요성이 증가하고 있다.
④ 플랫폼 기반의 유통비즈니스가 주목받고 있다.
⑤ 옴니채널의 등장으로 업태 간 경쟁은 해소되었지만 업태 내 경쟁은 격화되었다.

해설
디지털기술의 발전으로 인한 유통산업의 환경변화 중 옴니채널의 등장은 업태 간 경쟁뿐만 아니라 동일 업태 내 경쟁 또한 격화시키고 있다.

07 환경분석을 통해 소매업체가 추구할 수 있는 다양한 성장전략에 관한 설명으로 가장 옳지 않은 것은?

① 시장침투를 증가시키기 위해서는 표적시장에 보다 많은 점포를 개설하거나 기존 점포의 영업시간을 늘리기도 한다.

② 고객에게 드레스를 판매한 후 그에 어울릴 스카프를 판매하는 교차판매는 시장다각화 전략의 예이다.

③ 관련다각화는 현재의 표적시장과 새로운 사업기회가 공통점이 있는 경우로 동일한 물류시스템을 활용하기도 한다.

④ PB를 기획하던 소매업체가 생산 공장을 소유하는 것은 일종의 수직적 통합이다.

⑤ 소매업태 개발기회는 동일한 표적시장의 고객에게 다른 소매믹스를 가진 새로운 소매업태를 제공하는 방식이다.

> **해설** 교차판매전략은 한 기업이 여러 제품을 생산하는 경우, 고객의 데이터베이스를 이용하여 기업이 제공하는 다른 제품의 구매를 유도하는 것으로, 시장다각화가 아니라 고객관계관리(CRM)의 한 전략에 해당한다.

08 물류의 중요성이 강조되는 이유에 대한 설명으로 옳지 않은 것은?

① 물류서비스를 개선하고 물류비 절감을 통하여 기업은 고객에 대한 서비스 수준을 높일 수 있으며 이는 높은 수요를 창출할 수 있기 때문이다.

② 소비자의 제품에 대한 다양한 요구는 재고 저장단위 수의 증대를 필요로 하며 재고불균형 등의 문제를 발생시키기 때문이다.

③ 소비자의 상품에 대한 저가 압력은 능률적이며 간접적인 분배경로의 등장을 강요하게 되었기 때문이다.

④ 가격결정에 있어 신축성을 부여하기 위해서는 개별시장까지 운송에 소요되는 실제 분배비용을 산출하기보다 전국적인 평균비용에 의존하게 되었기 때문이다.

⑤ 재고비용 절감을 위해 주문 횟수를 증가시킬 경우, 증가된 주문 횟수를 처리할 새로운 시스템의 도입이 필요하기 때문이다.

> **해설** 물류가 최근 중요시되고 있는 가장 큰 이유는 비용절감과 서비스개선 간의 조화를 통해 물류효율성을 높이는 것이 국가 경쟁전략에 있어 중요 요소가 되고 있기 때문이다. ④에서처럼 운송비용이 전국적인 평균에 의존하게 되었기 때문은 아니다.

정답 07 ② 08 ④

09 유통업체가 해외로 진출하기 위한 진입방식에 대한 설명으로 가장 옳지 않은 것은?

① 직접투자는 높은 수준의 투자를 요구하지만 높은 통제권을 가진다.

② 프랜차이즈의 경우 진입업체의 위험은 낮지만 통제력이 제한적일 수 있다.

③ 직접투자를 통해 진입하지 않고 전략적 제휴를 통해 현지업체의 물류와 창고 보관활동을 이용하기도 한다.

④ 합작투자는 진입업체의 위험은 높지만 현지파트너에게 시장에 대한 정보를 제공받을 수 있다.

⑤ 해외에 프랜차이즈 회사를 설립하는 경우 가맹계약 해지, 간판 교체 등과 같이 잠재적 경쟁자가 생기게 될 위험이 있다.

> **[해설]** 합작투자(joint venture)는 해외투자기업의 위험(risk)을 완화시키기 위한 해외투자기법으로, 이를 통해 위험부담의 축소, 규모의 경제 및 합리화 달성, 상호 보완적인 기술 및 특허 활용, 경쟁의 완화 등의 전략적 이점이 발생한다.

10 아웃소싱과 관련된 설명으로 가장 옳지 않은 것은?

① 해외아웃소싱의 경우 국가에 따라 부정적인 원산지 효과를 얻기도 한다.

② 투자비용이 증가하기에 재무적 위험이 늘어나지만 전체 수익관점에서는 이익이 증가한다.

③ 다른 채널 파트너의 규모의 경제로부터 이익을 얻을 수 있다.

④ 분업의 원리에 의해 파트너가 특정 기능을 더 효율적으로 실행하면 그만큼의 이익을 얻을 수 있다.

⑤ 핵심기능까지 과감하게 아웃소싱하는 기업들이 등장하고 있는 추세이다.

> **[해설]** 아웃소싱을 통해 위탁기업은 핵심역량에 집중하게 되고, 비핵심역량 부분은 아웃소싱을 통해 투자비용 절감 및 효율성을 높이는 효과를 얻게 된다.

정답 09 ④ 10 ②

11 경로목표를 달성하기 위해 경로전략에서 다루는 사항들에 대한 설명으로 옳지 않은 것은?

① 특정 지역 범위 내에 얼마나 많은 중간상을 둘 것인가에 관한 고객커버리지정책을 다룬다.
② 유통경로를 통한 가격과 가격수준 결정을 위한 가격결정정책을 다룬다.
③ 전속거래, 상품 묶음과 같은 상품계열정책을 다룬다.
④ 경로구성원의 능력평가 등과 같은 경로구성원의 선별과 결정정책을 다룬다.
⑤ 경로기능을 경로구성원 간 배분하는 과정을 다룬 경로소유권정책이 있다.

> **해설** 유통경로전략은 경로목표 달성을 위한 시장커버리지를 결정하는 것으로, 특정 지역 내 중간상의 업무를 수행할 점포(소매상)의 수를 결정함을 의미한다. 즉, 가능한 한 많은 소매점에서 제품이 취급되게 하는 개방적 유통을 취할 것인지, 일정 기준 이상 달성한 소매점에 유통시키는 선택적 유통을 취할 것인지, 특정 지역 내 하나의 소매점에서만 제품이 취급되게 하는 전속적 유통을 취할 것인지의 문제인 경로커버리지정책을 다루게 된다.

12 전자문서 및 전자거래 기본법(법률 제18478호, 2021. 10. 19., 일부개정)에서 명시하고 있는 전자거래사업자의 일반적 준수사항으로 옳지 않은 것은?

① 소비자가 쉽게 접근·인지할 수 있도록 약관의 제공 및 보존
② 소비자가 자신의 주문을 취소 또는 변경할 수 있는 절차의 마련
③ 소비자의 불만과 요구사항을 신속하고 공정하게 처리하기 위한 절차의 마련
④ 거래의 증명 등에 필요한 거래기록의 일정 기간 보존
⑤ 정부나 기업이 소비자를 위해 마련한 각종 제도를 홍보할 수 있는 절차의 마련

> **해설** 전자문서 및 전자거래 기본법 제17조(전자거래사업자의 일반적 준수사항) : 전자거래사업자는 전자거래와 관련되는 소비자를 보호하고 전자거래의 안전성과 신뢰성을 확보하기 위하여 다음의 사항을 준수하여야 한다.
>
> 1. 상호(법인인 경우에는 대표자의 성명을 포함)와 그 밖에 자신에 관한 정보와 재화, 용역, 계약조건 등에 관한 정확한 정보의 제공
> 2. 소비자가 쉽게 접근·인지할 수 있도록 약관의 제공 및 보존
> 3. 소비자가 자신의 주문을 취소 또는 변경할 수 있는 절차의 마련
> 4. 청약의 철회, 계약의 해제 또는 해지, 교환, 반품 및 대금환급 등을 쉽게 할 수 있는 절차의 마련
> 5. 소비자의 불만과 요구사항을 신속하고 공정하게 처리하기 위한 절차의 마련
> 6. 거래의 증명 등에 필요한 거래기록의 일정 기간 보존

> **정답 11 ① 12 ⑤**

13 아래 글상자의 내용 중 국제기업 조직 관련 국제사업부의 장점 설명으로 옳은 것을 모두 고르면?

> ⊙ 국제경영활동과 관련된 업무들이 국제사업부에 집중되기 때문에 신속한 의사결정이 가능하다.
> ⓛ 국제경영활동에 대한 책임과 권한이 분명해진다.
> ⓒ 국제사업부와 국제사업주 간에 상충적인 목표 설정으로 인한 시너지효과가 나타날 수 있다.
> ⓔ 국제사업부 내에 있는 지역별 조직을 통하여 해당 국가 또는 지역의 시장정보를 효과적으로 습득할 수 있다.

① ⊙, ⓒ
② ⊙, ⓔ
③ ⓛ, ⓒ
④ ⊙, ⓛ, ⓒ
⑤ ⊙, ⓛ, ⓔ

해설 상충적인 목표(trade-off goal)는 상호 당사자 간 상반된 목표설정 또는 이율배반인 관계를 뜻하는 것으로 시너지 효과가 나타나기 어렵다.

14 프로젝트 조직에 대한 내용으로 가장 옳지 않은 것은?

① 과제 진행에 따라 인력 구성의 탄력성이 존재한다.
② 목적달성을 지향하는 조직이므로 구성원들의 과제해결을 위한 사기를 높일 수 있다.
③ 기업 전체의 목적보다는 사업부만의 목적달성에 더 관심을 기울이게 된다.
④ 해당 조직에 파견된 사람은 선택된 사람이라는 우월감이 조직 단결을 저해하기도 한다.
⑤ 전문가로 구성된 일시적인 조직이므로 그 조직 관리자의 지휘능력이 중요하다.

해설 프로젝트 조직은 급변하는 기업환경에 대응하기 위한 임시적, 동태적, 목표지향적인 조직형태로 기업 전체의 목표를 효율적으로 달성하기 위해 존재한다.

정답 13 ⑤ 14 ③

15 아래 글상자의 주요 재무지표들 중 기업의 수익성을 측정할 수 있는 비율들만으로 나열된 것은?

> ㉠ 순이익증가율   ㉡ 주가수익비율
> ㉢ 매출액순이익률   ㉣ 총자산순이익률
> ㉤ 총자산영업이익률   ㉥ 유동비율

① ㉡, ㉢   ② ㉠, ㉤, ㉥

③ ㉢, ㉣, ㉤   ④ ㉣, ㉤, ㉥

⑤ ㉠, ㉡, ㉢, ㉣, ㉤

 순이익증가율은 성장성비율에 해당하고, 주가수익비율(PER)은 주가 및 배당비율에 해당한다. 또한 유동비율은 유동자산을 유동부채로 나눈 값으로 안정성비율에 해당한다.

16 아래 글상자의 괄호 안에 들어갈 용어로 옳은 것은?

> 중간상이 여러 생산자로부터 자유롭게 제품을 구매하여 다양한 상표를 소비자에게 판매하는 방식과 달리 중간상이 특정 제조업체의 제품만을 대행해서 판매하는 형태를 (   )라고 한다.

① 사입제도   ② 위탁제도

③ 위탁판매제도   ④ 전속대리점제도

⑤ MWC업태

 중간상이 특정 제조업체의 제품만을 대행해서 판매하는 형태를 전속대리점제도라 한다. 예를 들면 삼성전자 스토어, LG베스트샵 등이 이에 해당한다.

17 인사관리 패러다임의 변화로 가장 옳지 않은 것은?

① 연공중심에서 능력중심으로 변화하고 있다.
② 표준형 인재관에서 이질적 인재관으로 변화하고 있다.
③ 내부노동시장에서 외부노동시장으로 변화하고 있다.
④ 반응적 인사에서 대응적 인사로 변화하고 있다.
⑤ 인건비에 대해 수익관점에서 비용관점으로 변화하고 있다.

 인사관리 패러다임의 변화 중 인건비 관련해서는 종전 비용관점에서 수익관점으로 변화하고 있다.

18 피터 드러커(Peter Drucker)의 최고경영자 자질론에 대한 내용으로 가장 옳지 않은 것은?

① 경영목표설정과 목표관리를 성공적으로 수행할 줄 알아야 한다.
② 공통의 목표를 수행하는 데 통합된 팀워크를 조직하고 활용할 줄 알아야 한다.
③ 전략적 의사결정을 수행할 능력과 목표에 대한 성공적인 확신과 전략을 가지고 있어야 한다.
④ 기업 내·외부 환경변화에 대한 대책은 실무자 단위에서 수립해야 하므로, 최고경영자는 이보다 환경변화에 대응하는 각종 위험부담을 신속히 파악하는 데 집중해야 한다.
⑤ 경영관리를 미시적 관리와 거시적 관리로 구분하여 수행할 줄 알아야 하는데, 미시적 관리는 기업경영, 거시적 관리는 정부정책적 관리로서 이 둘을 통합하여 조화를 이룰 줄 알아야 한다.

해설 기업 내·외부 환경변화에 대한 대책은 기업의 거시적 환경에 대한 문제를 포함하는 전략적인 의사결정 사항으로 기업의 CEO에 의해 수립되는 것이 타당하다.

정답 17 ⑤ 18 ④

19 아래 글상자의 괄호 안에 들어갈 보관의 원칙을 순서대로 바르게 나열한 것은?

> • (㉠)에 따르면 출입구가 동일한 창고의 경우 입출하 빈도가 높은 경우에는 출입구에
>   가까운 장소에 보관하고, 낮은 경우에는 출입구에서 먼 장소에 보관한다.
> • (㉡)은 식품과 같이 제품의 부패 및 노후화를 회피하기 위해 적용한다.

① ㉠ 통로대면보관의 원칙, ㉡ 선입선출의 원칙
② ㉠ 통로대면보관의 원칙, ㉡ 형상특성의 원칙
③ ㉠ 동일성, 유사성의 원칙, ㉡ 중량특성의 원칙
④ ㉠ 회전대응보관의 원칙, ㉡ 선입선출의 원칙
⑤ ㉠ 네트워크보관의 원칙, ㉡ 명료성의 원칙

> **해설** 회전대응보관의 원칙은 보관할 물품의 장소를 입·출하 빈도의 정도에 따라 보관장소를 결정하는 보관
> 원칙을 뜻하며, 선입선출의 원칙은 먼저 입고된 제품을 먼저 출고한다는 보관원칙으로, 재고회전율이
> 낮은 경우와 제품의 수명주기가 짧은 경우에 주로 적용된다.
>
> **참고**
> 통로대면보관의 원칙은 통로를 마주 보게 보관함으로써 창고 내의 흐름을 원활하게 하는 것을 말한다.

20 도소매업체의 물류관리를 위해 필요한 의사결정 내용으로 가장 옳지 않은 것은?

① 상품을 어디에 보관해야 하는가?
② 주문을 어떻게 처리해야 하는가?
③ 가격을 어떻게 설정해야 하는가?
④ 어느 정도의 물량을 보관해야 하는가?
⑤ 상품을 어떻게 보관해야 하는가?

> **해설** 물류관리는 재화가 공급자로부터 조달, 생산되어 소비자에게 전달되거나 소비자로부터 회수되어 폐기
> 될 때까지 이루어지는 운송·보관·하역 등과 이에 부가되어 가치를 창출하는 가공·조립·분류·수리·
> 포장·상표부착·판매·정보통신 등을 말한다. 따라서 운송, 보관, 하역 및 이에 따른 주문활동이 가장
> 중요한 물류활동에 해당하므로 ③의 가격설정은 이에 해당하지 않는다.

정답 19 ④ 20 ③

21 복합물류단지의 여러 가지 기능 중 물류기능에 해당되지 않는 것은?

① 지역 간 화물의 수송 및 하역 거점 기능을 수행하는 환적기능

② 판매할 상품의 디자인과 기능을 잠재수요자에게 직접 보여줌으로써 구매욕구를 증진시키는 전시기능

③ 생산자가 일괄생산한 반제품을 수요자의 요구에 따라 조립 또는 가공하는 기능

④ 불특정 화주의 화물을 컨테이너에 혼재하거나 컨테이너로부터 분류하는 컨테이너 처리기능

⑤ 수출입화물의 통관업무를 수행하는 통관기능

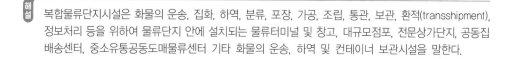

복합물류단지시설은 화물의 운송, 집화, 하역, 분류, 포장, 가공, 조립, 통관, 보관, 환적(transshipment), 정보처리 등을 위하여 물류단지 안에 설치되는 물류터미널 및 창고, 대규모점포, 전문상가단지, 공동집배송센터, 중소유통공동도매물류센터 기타 화물의 운송, 하역 및 컨테이너 보관시설을 말한다.

22 풀필먼트센터에 대한 설명으로 가장 옳지 않은 것은?

① 복잡한 유출수송(outbound) 경로 관리를 위해 최신 기술을 활용한 시스템을 구축한다.

② UPC라벨이나 RFID를 통해 상품 수령과 검수가 이루어진다.

③ 유행에 민감한 패션상품이나 부패가능성이 높은 경우는 저장보다 크로스도킹을 이용한다.

④ 플로어 레디(floor-ready) 상품은 바로 판매될 수 있는 상태로 배송하는 것을 말한다.

⑤ 티케팅(ticketing)과 마킹(marking)은 시간과 장소를 많이 필요로 하므로 점포에서 수행하는 것이 효과적이다.

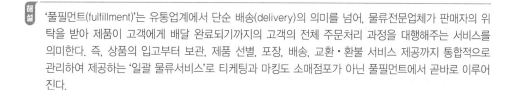

'풀필먼트(fulfillment)'는 유통업계에서 단순 배송(delivery)의 의미를 넘어, 물류전문업체가 판매자의 위탁을 받아 제품이 고객에게 배달 완료되기까지의 고객의 전체 주문처리 과정을 대행해주는 서비스를 의미한다. 즉, 상품의 입고부터 보관, 제품 선별, 포장, 배송, 교환·환불 서비스 제공까지 통합적으로 관리하여 제공하는 '일괄 물류서비스'로 티케팅과 마킹도 소매점포가 아닌 풀필먼트에서 곧바로 이루어진다.

정답 21 ② 22 ⑤

23 경로성과의 측정을 위한 각종 차원에 대한 설명으로 옳지 않은 것은?

① 효율성은 투입 대 산출의 비율로 정의되며 서비스 성과 제공, 잠재수요 자극으로 나누어 파악한다.

② 형평성은 해당 유통경로가 제공하는 혜택이 세분시장에 얼마나 고르게 배분되었는가를 말한다.

③ 효과성은 목표지향적인 성과측정치를 나타내는 평가척도에 해당된다.

④ 생산성은 자원의 투입에 의해 생산되는 서비스 성과의 양을 말한다.

⑤ 수익성은 재무적 효율성을 나타내는 지표를 말한다.

해설 서비스 성과 제공, 잠재수요 자극 등은 투입 대비 산출의 개념보다는 설정된 목표에 대한 달성 여부와 관련되므로 효과성(effectiveness)에 가깝다.

24 경제적 주문량과 관련한 설명으로 가장 옳지 않은 것은?

① 재고의 보유비용과 주문비용을 최소화하는 주문량이다.

② 주문비용은 주문을 처리하는 비용으로 주문량에 비례한다.

③ 품절이 발생하지 않는 것으로 가정한다.

④ 수요는 변동이 없고 예측 가능하다고 가정한다.

⑤ 수량할인은 없는 것으로 가정한다.

해설 주문비용(발주비용)이란 적정재고를 보충하기 위해 주문할 경우 발생하는 비용으로서 하역비, 수송비, 검사비용 등에 따른 제 비용 등을 의미한다.

25 다양한 물류 활동을 기능에 의해 분류할 경우 기본 활동에 포함되는 것들만 바르게 나열한 것은?

① 운송기능, 유통가공기능, 관리기능　　② 포장기능, 하역기능, 보관기능

③ 정보기능, 관리기능, 운송기능　　　　④ 포장기능, 관리기능, 정보기능

⑤ 유통가공기능, 하역기능, 정보기능

해설 영역별 물류는 순물류에 해당하는 조달, 사내, 판매물류 등과 역물류를 뜻한다. 한편 기능별 물류는 운송, 보관, 하역, 포장, 물류정보활동 등을 의미한다.

정답 23 ① 24 ② 25 ②

제2과목 상권분석(26~45)

26 대표적 복합상업시설인 쇼핑센터에서는 다양한 업종과 서비스를 조합하는 테넌트 믹스 (tenant mix)전략이 중요하다. 여기서 말하는 '테넌트(tenant)'의 의미로서 가장 옳은 것은?

① 앵커스토어
② 임차점포
③ 자석점포
④ 부동산 개발업자
⑤ 상품 공급업자

> 해설 테넌트(tenant)는 복합상업시설인 쇼핑센터의 일정한 공간을 임차하는 계약을 체결하고 해당 상업시설에 입점하여 영업을 하는 임차인을 뜻한다. 한편 앵커스토어(anchor store)는 복합상업시설에서 고객을 흡인하는 역할을 하는 핵점포를 의미한다.

27 상권은 유형에 따라 서로 다른 특성을 갖는다. 상권유형별 일반적 특성을 비교하여 설명한 내용 중에서 가장 옳지 않은 것은?

① 도심상권은 중심업무지구(CBD)를 포함하는데 부도심 또는 근린상권보다 상대적으로 상권의 범위가 넓고 소비자들의 체류시간이 길다.
② 부도심상권은 도시 내 주요 간선도로의 결절점이나 역세권을 중심으로 형성되는 경우가 많으며 도시 전체의 소비자를 유인하지는 못한다.
③ 근린상권은 점포인근 거주자들을 주요 소비자로 볼 수 있으며, 생활필수품을 취급하는 업종의 점포들이 입지하는 경향이 있다.
④ 역세권상권은 지하철역이나 철도역을 중심으로 형성되며 지상의 도로 교통망과 연결되어 지상과 지하의 입체적 상권으로 고밀도 개발이 이루어지는 경우가 많다.
⑤ 아파트상권은 단지 내 거주하는 고정고객 비중이 높아 안정적인 수요확보가 가능하고 보통 외부고객 유치가 쉬워서 상대적으로 상권확대 가능성이 높다.

> 해설 아파트상권은 일반적으로 외부고객 유치가 어려워서 상권확대가 도심상권, 근린상권 등보다는 어렵다는 단점이 있다.

정답 26 ② 27 ⑤

28 지리정보시스템(GIS)을 활용하여 보다 깊이 있는 상권분석이 가능해졌다. 지리정보시스템의 대표적 기능 중 아래의 글상자 내용에 해당하는 것은?

> 어떤 지도형상, 즉 점이나 선 혹은 면으로부터 특정한 거리 이내에 포함되는 영역을 의미하며, 면의 형태로 나타나 상권 혹은 영향권을 표현하는 데 사용할 수 있다.

① 위상(topology) ② 중첩(overlay)
③ 버퍼(buffer) ④ 주제도 작성
⑤ 데이터 및 공간조회

해설 일반적으로 버퍼(buffer)는 지도에서 특정 개체로부터 주변의 거리를 나타내는 구역으로, 근접분석에서 유용하다. 버퍼는 지도에서 관심대상을 지정한 범위만큼 경계짓는 것으로, 면으로 표시된다. 반면 지도 레이어(map layer)는 어떤 지도 형상, 즉 점이나 선 혹은 면으로부터 특정한 거리 이내에 포함되는 개별 지도 형상으로 주제도를 표현할 수 있다.

29 일정한 지리적 공간 안에서 경쟁점포들이 분산해서 입지하는 이유를 설명하는 이론으로 가장 옳은 것은?

① 허프(D. L. Huff)의 상권분석모형
② 허프(D. L. Huff)의 수정 상권분석모형
③ 크리스탈러(W. Christaller)의 중심지이론
④ 레일리(W. Reilly)의 소매인력법칙
⑤ 컨버스(P. D. Converse)의 분기점모형

해설 크리스탈러(W. Christaller)의 중심지이론은 한 지역 내의 생활 거주지(취락)의 입지 및 수적 분포, 취락들 간의 거리관계와 같은 공간구조를 중심지 개념에 의해 설명하는 이론이다.

정답 28 ③ 29 ③

30 아래 글상자의 괄호 안에 들어갈 항목으로 가장 옳은 것은?

$$\text{소매포화지수} = \frac{\text{지역시장의 총가구 수} \times \text{가구당 특정 업태에 대한 지출}}{(\qquad)}$$

① 특정 업태의 총매출액
② 특정 업태의 총매장면적
③ 특정 업태의 고객 수
④ 특정 업태의 총영업이익
⑤ 특정 업태의 점포 수

> **해설** 소매포화지수(IRS)는 특정 지역시장의 잠재수요를 총체적으로 측정할 수 있는 지표로 많이 이용되고 있으며, 한 시장지역 내의 특정 소매업태(또는 집적 소매시설)의 단위매장면적당 잠재수요를 표시하는 것으로 공식은 다음과 같다.
>
> $$IRS = \frac{\text{잠재수요}}{\text{특정 업태의 총매장면적}}$$
>
> $$= \frac{\text{지역시장의 총가구 수} \times \text{가구당 특정 업태에 대한 지출액}}{\text{특정 업태의 총매장면적}}$$

31 점포 입지 후보지에 대한 매력도 분석과 관련한 내용으로 가장 옳지 않은 것은?

① 소매포화지수(IRS; Index of Retail Saturation)는 지역시장 소매점들의 공급대비 수요잠재력을 측정할 수 있는 지표이다.
② 시장성장잠재력(MEP; Market Expansion Potential)은 지역시장이 미래에 신규수요를 창출할 수 있는 잠재력을 반영하는 지표이다.
③ 소매포화지수(IRS)는 특정 지역시장의 현재 상태를 나타내지만, 시장성장잠재력(MEP)을 반영하지 못하는 단점이 있다.
④ 시장성장잠재력(MEP)이 높을수록 소매포화지수(IRS)도 높게 나타난다.
⑤ 신규점포가 입지할 지역시장의 매력도를 평가할 때 기존 점포들에 의한 시장포화 정도뿐만 아니라 시장성장잠재력(MEP)을 함께 고려해야 한다.

> **해설** 시장성장잠재력(MEP)이 높다고 해서 반드시 현재의 시장의 매력도를 나타내는 지표인 소매포화지수(IRS)가 높은 것은 아니다. 다만, MEP를 활용하면 IRS의 한계성을 보완할 수 있으므로 이 두 가지 지표를 보완적으로 사용하는 경우 입지평가의 신뢰도를 높일 수 있다.

정답 30 ② 31 ④

32 아래 글상자의 내용 가운데 보편적으로 좋은 점포입지만을 나열한 것으로 가장 옳은 것은?

> ㉠ 반경 2km 내에 대규모 아파트단지나 주택단지가 위치한 입지
> ㉡ 분양광고가 많고 특수목적을 가진 빌딩 내 상가
> ㉢ 지하철역으로부터 300m 이내에 위치한 입지
> ㉣ 권리금이나 임대료가 일정하게 유지되는 입지
> ㉤ 경쟁업종의 대규모점포가 입점한 입지

① ㉠, ㉡, ㉢
② ㉠, ㉡, ㉤
③ ㉠, ㉢, ㉣
④ ㉡, ㉢, ㉤
⑤ ㉢, ㉣, ㉤

> ㉡ 특수 목적을 가진 빌딩 내 상가보다는 범용적인 목적의 건물이 더 좋은 입지를 가진 점포라 할 수 있다.
> ㉤ 양립가능성이 아닌 경쟁업종의 대규모점포가 입지한 경우 상호 간 치열한 경쟁이 불가피한바, 좋은 입지라 할 수 없다.

33 점포선택모형의 하나인 Huff 모형을 이용하여 각 점포에 대한 소비자의 선택확률 또는 매출액을 추정할 수 있다. 이 과정을 구성하기 위한 정보 수집으로 가장 옳지 않은 것은?

① 점포의 매장면적에 대한 소비자의 민감도계수 추정
② 개별 소비자 또는 세분지역(zone)과 각 점포 사이의 거리 측정
③ 소비자가 방문할 가능성이 있는 각 점포의 매장면적 자료 확보
④ 상권 내 소비자들이 고려하는 점포들(분석대상 점포)의 파악
⑤ 거리에 대한 소비자의 민감도계수의 점포별 추정

> 허프(D. Huff) 모형은 소매상권이 연속적이고 중복적인 공간이라는 관점에서 고객이 특정 점포를 선택할 확률은 점포 크기에 비례하고 점포까지의 거리에 반비례한다는 것으로, 개별 점포의 구매확률을 구하기 위해서는 점포별 매장크기와 소비자가 점포까지 가는 데 걸리는 시간(또는 거리), 점포의 매장면적에 대한 소비자의 민감도계수 추정이 필요하다.

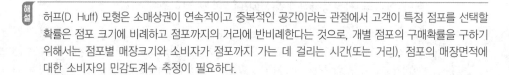
정답 32 ③ 33 ⑤

34 다음 글상자에서 설명하고 있는 출점전략으로 가장 옳은 것은?

> 일정 지역에 다수의 점포를 동시에 출점시켜 경쟁자의 진입을 억제하는 다점포 전략으로서, 물류비 절감 및 매장 구성 표준화를 통해 경쟁력을 유지하는 전략

① 인지도 확대전략
② 시장력 우선전략
③ 시장력 흡수전략
④ 지역 집중전략
⑤ 임대차계약 조건부 출점전략

① **인지도 확대전략** : 지역에서 인지도를 확대시키고 신규고객 유치를 위해 상품이나 체인을 인지시키는 광고와 점포 브랜드를 인지시킬 수 있도록 고객과 접촉횟수를 늘리려는 전략을 말한다. 가장 관건이 되는 것이 자사 경합으로, 출점 시 가장 유의해야 한다.

② **시장력 우선전략** : 출점전략의 기본으로 시장력이 높은 지역부터 출점하도록 하는 전략을 말한다. 시장력이 크다면 경합의 영향도는 작고 반대로 시장력이 작으면 경합의 영향도는 크며, 인지도 확대전략과의 연계가 중요하다.

③ **시장력 흡수전략** : 시장의 규모와 형태에 맞는 출점을 통해 그 시장이 갖는 잠재력을 충분히 흡수하기 위한 전략에 해당한다.

④ **지역 집중전략** : 일정 지역에 다수점을 동시에 출점하여 특정 지역을 선점함으로써, 경쟁사의 출점을 억제하는 다점포 전략으로, 도미넌트(dominant strategy)전략이라 한다.

35 국토의 계획 및 이용에 관한 법률(법률 제20234호, 2024.2.6., 일부개정)이 정한 '자연녹지지역' 안에 건축할 수 있는 유통산업발전법(법률 제19117호, 2022.12.27., 타법개정)상의 '대규모점포'로 가장 옳은 것은?

① 대규모점포는 자연녹지지역 내에 건축할 수 없다.
② 백화점
③ 전문점
④ 쇼핑센터
⑤ 복합쇼핑몰

국토의 계획법 시행령 [별표 17] : 자연녹지지역에서 건축 가능한 건축물의 종류
산업통상자원부장관이 관계중앙행정기관의 장과 협의하여 고시하는 <u>대형할인점</u> 및 중소기업공동판매시설. 이때, '대형할인점'이라 함은 「상법」상 회사가 개설한 판매시설로 「<u>유통산업발전법</u>」 규정에 의한 대규모점포 중 대형마트와 전문점으로서 자연녹지지역 안의 판매시설을 말한다.

정답 34 ④ 35 ③

36 넬슨(R. L. Nelson)의 소매입지 선정원리 중에서 아래 글상자의 괄호 안에 들어갈 내용을 순서대로 나열한 것으로 가장 옳은 것은?

> • (㉠)은 동일한 점포 또는 유사업종의 점포가 집중적으로 몰려 있어 집객효과를 높일 수 있는 가능성을 말하며, 집재성 점포의 경우에 유리하다.
> • (㉡)은 상이한 업종의 점포들이 인접해 있으면서 보완관계를 통해 상호 매출을 상승시키는 효과를 발휘하는 것을 의미한다.

① ㉠ 양립성, ㉡ 누적적 흡인력 ② ㉠ 양립성, ㉡ 경합의 최소성
③ ㉠ 누적적 흡인력, ㉡ 양립성 ④ ㉠ 상권의 잠재력, ㉡ 경합의 최소성
⑤ ㉠ 누적적 흡인력, ㉡ 경합의 최소성

해설 누적적 흡인력(cumulative attraction)은 동반유인의 원리라고도 하며, 동일한 점포 또는 유사업종의 점포가 집중적으로 몰려 있어 집객효과를 높일 수 있는 가능성을 말하며, 집재성 점포의 경우에 유리하다. 한편, 양립성(compatubility)은 상이한 업종의 점포들이 인접해 있으면서 보완관계를 통해 상호 매출을 상승시키는 효과를 발휘하는 것을 의미한다.

37 대규모 쇼핑센터에는 다양한 공간 구성요소들이 존재한다. 아래의 글상자에서 설명하는 요소들의 순서로 가장 옳은 것은?

> ㉠ 방향을 제시하여 소비자들이 길찾기에 참고하는 물리적 대상
> ㉡ 파사드(facade), 난간(parapet), 벽면, 담장 등의 경계선
> ㉢ 교차하는 통로를 연결하며, 원형의 광장이나 전시공간 또는 이벤트 장소로 사용됨

① ㉠ 통로(path), ㉡ 구역(district), ㉢ 결절점(node)
② ㉠ 에지(edge), ㉡ 지표(landmark), ㉢ 구역(district)
③ ㉠ 지표(landmark), ㉡ 에지(edge), ㉢ 결절점(node)
④ ㉠ 결절점(node), ㉡ 구역(district), ㉢ 통로(path)
⑤ ㉠ 지표(landmark), ㉡ 구역(district), ㉢ 결절점(node)

해설 ㉠ **지표**(landmark) : 길찾기를 위한 방향성을 제공하여 소비자들이 길찾기에 참고하는 물리적 대상
㉡ **에지**(edge) : 경계선이며 건물에서 꺾이는 부분에 해당, 파사드(facade), 난간(parapet), 벽면, 담장 등의 경계선
㉢ **결절점**(node) : 교차하는 통로의 접합점으로, 통로를 연결하며 원형의 광장, 전시공간, 이벤트 장소가 되는 곳

정답 36 ③ 37 ③

38 입지영향인자의 하나인 라이프스타일을 파악할 수 있는 소비자 특성은 AIO 분석을 통해 파악해 볼 수 있다. 이 중 AIO 분석과 관련된 항목으로 가장 옳지 않은 것은?

① 활동(activities)　　　　　　　② 나이(age)
③ 관심사(interests)　　　　　　④ 의견(opinions)
⑤ 심리도식적 특성(psychographics)

 라이프스타일은 시장세분화 기준 중 심리적(psychographics) 기준에 해당하며, 소비자의 라이프스타일은 AIO 분석을 통해 파악해 볼 수 있다. A(Activities)는 소비자의 활동유형, I(Interest)는 소비자의 관심사, O(Opinions)는 의견을 뜻한다.

39 기존 점포를 임차하여 점포개점을 계획할 때 고려해야 할 사항으로 가장 옳지 않은 것은?

① 임차 계약기간　　　　　　　② 점포소유자의 전문성
③ 점포의 전용면적과 형태　　　④ 점포의 인계 사유
⑤ 점포 임차 시 소요되는 비용

 기존 점포를 임차하여(빌려서) 점포개점을 계획할 때는 임대차 기간, 임대차 비용, 물리적인 면적과 형태, 행정상 규제사항 등을 고려해야 한다. 점포소유자(임대인)의 전문성은 임대차를 통해 점포개점 시 고려사항에 해당하지 않는다.

40 다양한 내·외적 환경변화에 의해 어려운 경영상황에 직면하면 소매점은 적절한 개선책을 마련하거나 폐업을 고려하는 등의 대책을 세울 수 있다. 다음 중 상황에 맞는 대책으로서 가장 옳지 않은 것은?

① 지역상권의 수명주기가 쇠퇴기에 접어든 경우 – 새로운 아이템 발굴로 업종 변경
② 업종이 상권에 적합하지 않게 된 경우 – 업종전환 또는 점포 매각
③ 경쟁점포가 신규로 출현한 경우 – 판촉활동 등 마케팅 활동 강화
④ 상권 내 유사점포와 비교했을 때 경쟁력이 떨어지는 경우 – 상권분석 및 벤치마킹을 통한 경쟁력 제고
⑤ 재료비 및 인건비 등 상승으로 인한 자금관리 위기 – 원가절감으로 손익분기점 낮추기

 새로운 아이템 발굴로 업종 변경을 고려하는 경우는 업종이 상권에 적합하지 않게 된 경우의 대책에 해당한다. 지역상권 자체의 수명주기가 쇠퇴기에 접어든 경우에는 상권의 재개발, 재마케팅 등의 개선책이 요구된다.

정답 38 ② 39 ② 40 ①

41 상업지의 입지조건과 관련된 설명으로 가장 옳지 않은 것은?

① 획지는 건축용으로 구획정리를 할 때 단위가 되는 땅으로 인위적, 자연적, 행정적 조건에 의해 다른 토지와 구별되는 토지를 말한다.

② 지하철역과 관련해서는 승차객수보다 하차객수가 중요하며, 일반적으로 출근동선보다는 퇴근동선일 경우가 더 좋은 상업지로 평가된다.

③ 상점가의 점포는 가시성이 중요하므로 도로와의 접면 넓이가 큰 편이 유리하다고 볼 수 있다.

④ 유동인구의 이동경로상 보행경로가 분기되는 지점은 교통 통행량의 감소를 보이지만 합류하는 지점은 상업지로 유리하다.

⑤ 2개 이상의 가로각(街路角)에 접하는 토지인 획지의 형상에는 직각형, 정형, 부정형 등이 있으며 일조와 통풍이 양호하다.

> **해설** 2개 이상의 가로각(街路角)에 접하는 토지인 획지의 형상을 '각지'라고 하며, 접하는 도로 수에 따라 2면 각지, 3면 각지 등으로 구분할 수 있다.
>
> 예 2면 각지

42 동선과 관련한 소비자의 심리를 나타내는 대표적 원리로 가장 옳지 않은 것은?

① 최단거리실현의 법칙 : 최단거리로 목적지에 가려는 심리

② 보증실현의 법칙 : 먼저 이익을 얻는 쪽을 선택하려는 심리

③ 고차선호의 법칙 : 넓고 깨끗한 곳으로 가려는 심리

④ 집합의 법칙 : 군중심리에 의해 사람이 모여 있는 곳에 가려는 심리

⑤ 안전중시의 법칙 : 위험하거나 모르는 길은 가려고 하지 않는 심리

> **해설** 동선의 원리
> - **안전중시의 법칙** : 인간은 본능적으로 신체의 안전을 지키기 위해 위험하거나 모르는 길, 다른 사람이 잘 가지 않는 장소는 가려고 하지 않음을 의미한다.
> - **최단거리실현의 법칙** : 인간은 최단거리로 목적지에 가려는 심리가 있음을 의미한다.
> - **보증실현의 법칙** : 인간은 먼저 득을 얻는 쪽을 택하는바, 길을 건널 때에도 최초로 만나는 횡단보도를 이용하려는 성향이 있다.
> - **집합의 법칙** : 대부분의 사람들은 군중심리에 의해 사람이 모여 있는 곳에 모이는 성향이 있어 이를 상권의 입지분석에 이용한다.

정답 41 ⑤ 42 ③

43 현재 영업 중인 점포의 상권범위를 파악하기 위해 점포를 이용하는 소비자나 점포 주변 거주자들로부터 자료를 수집하는 조사기법으로 가장 옳지 않은 것은?

① 점두조사

② 내점객조사

③ 지역표본추출조사

④ 체크리스트법

⑤ CST(Customer Spotting Techniques)

> **해설** 체크리스트법은 신규상권의 분석방법으로, 특정 상권의 특성들을 여러 항목으로 구분하여 조사하고, 이를 바탕으로 신규점포의 개설가능성 여부를 평가하는 방법에 해당한다.

44 아래 글상자의 괄호 안에 들어갈 내용으로 가장 옳은 것은?

> 소비자의 이용목적에 따라 입지 유형을 구분할 수 있는데, 고정고객보다 유동고객에 의해 영업이 좌우되는 패스트푸드점의 경우 (   )가 적합하다.

① 적응형 입지

② 생활형 입지

③ 목적형 입지

④ 집재성 입지

⑤ 산재성 입지

> **해설** 적응형 입지는 해당 위치를 통행하는 유동인구에 의해 영업이 좌우되는 입지를 의미하며, 도보자의 접근성이 우선시되어야 하므로 대중교통시설과의 연계성, 가시성 등의 요소가 중요하다. 비목적형 입지라고도 하며, 역세권과 같이 사전에 구매의사를 정하지 않고 우연한 구매가 일어나는 상권, 유동인구 수에 따라 점포의 성패가 결정된다. 한편, 목적형 입지는 고객이 특정한 목적을 가지고 이용하는 입지로서, 주도로에서 해당 점포로의 접근성이 좋아야 하므로 이용의 편의상 점포 전면에 넓은 주차장이 위치하면 유용한 입지에 해당한다.

45 상권분석 및 입지선정과 직접적인 관련이 있는 정보기술로서 가장 옳지 않은 것은?

① 빅데이터(big data)

② 딥러닝(deep learning)

③ 인공지능(AI)

④ 가상현실(VR)

⑤ 지리정보시스템(GIS)

> **해설** 가상현실(virtual reality)은 어떤 특정한 환경이나 상황을 컴퓨터로 만들어서, 그것을 사용하는 사람이 마치 실제 주변 상황·환경과 상호작용을 하고 있는 것처럼 만들어 주는 인간-컴퓨터 사이의 인터페이스를 말하며, 최근 유통정보 분야에서 활발하게 활용되고 있다.

정답 43 ④   44 ①   45 ④

제3과목 유통마케팅(46~70)

46 아래 글상자에서 효과적인 시장세분화 조건으로 옳은 것만을 모두 나열한 것은?

> ㉠ 측정가능성   ㉡ 충분한 시장 규모
> ㉢ 접근가능성   ㉣ 세분시장 내 동질성과 세분시장 간 이질성

① ㉠, ㉡   ② ㉡, ㉢
③ ㉠, ㉡, ㉢   ④ ㉡, ㉢, ㉣
⑤ ㉠, ㉡, ㉢, ㉣

> **해설** 효과적인 시장세분화 요건에는 측정가능성(measurability), 충분한 규모의 시장(size), 접근가능성 (accessibility), 세분시장 간 차별화 가능성(외부적 이질적, 내부적 동질적), 실행가능성(feasibility), 기타 신뢰성 및 유효타당성 등이 있다.

47 다음 중 상품관리에 대한 설명으로 가장 옳지 않은 것은?

① 상품믹스(product mix)란 소매상들이 고객들에게 제공하고자 하는 모든 상품 및 서비스의 구성을 의미한다.
② 상품믹스(product mix)의 결정이란 상품의 다양성(variety), 상품의 구색(assortment), 상품의 지원(support) 등 구성요인을 결정하는 것을 의미한다.
③ 상품계열(product line)이란 상품의 품목(item) 수를 의미한다.
④ 상품믹스의 폭(width)은 서로 다른 상품계열(product line)의 수를 의미한다.
⑤ 상품지원(support)은 특정 상품 품목의 매출을 위해 소매점이 보유해야 하는 상품재고 단위의 수를 의미한다.

> **해설** **상품계열**(=상품라인) : 기업이 생산하는 상품(제품) 중 동일한 소비자에게 판매되거나 동일한 유통경로를 이용하는 아주 비슷한 용도의 상품들의 집단으로, 서로 밀접하게 관련된 제품들의 집합을 말한다. 즉, 물리적 특성, 용도, 구매집단, 가격범위, 유통경로 등이 유사한 상품들로, 마케팅의 기술적인 이유로 일련의 제품들을 그룹으로 묶는 것을 말한다.
>
> 참고
> • 넓이(폭, width) : 기업이 생산하는 총 제품계열의 수
> • 깊이(depth) : 특정 제품계열 내에 있는 각 제품의 다양한 품목(item)의 수
> • 길이(length) : 제품믹스 내에 있는 모든 제품의 수

정답 46 ⑤ 47 ③

48 아래 글상자에서 설명하는 용어로 옳은 것은?

> 새로운 세분시장에 진입할 때 주의해야 할 점으로 자사의 신제품이나 새로운 유통점이 기존에 그 기업에서 판매하고 있던 다른 제품이나 기존 유통점들로부터 매출과 고객을 빼앗아 불필요한 경쟁을 유발하는 현상을 의미한다.

① 차별화포지셔닝　　　　　　　② 조직시너지
③ 직접경쟁포지셔닝　　　　　　　④ 자기잠식
⑤ 리포지셔닝

 마케팅에서 자기잠식현상(cannibalization)이란 한 기업의 신제품 또는 제품라인이 기존 주력제품(또는 라인)의 시장을 잠식하는 현상을 가리키는 용어로, 우리나라 말로는 자기잠식이나 제살깎기라고 표현한다.

49 아래 글상자에서 설명하는 서비스 품질 접근법으로 옳은 것은?

> 양질의 서비스 품질은 소비자가 수용 가능한 만족스러운 가격에 적합한 수준의 서비스를 제공하는 것이라 할 수 있다.

① 선험적 접근　　　　　　　　　② 상품 중심적 접근
③ 사용자 중심적 접근　　　　　　④ 제조 중심적 접근
⑤ 가치 중심적 접근

 ① 선험적 접근 : 품질은 정신도 물질도 아닌 제3의 독립된 실체로 명확하게 정의할 수는 없으나 사람들은 이미 이것이 무엇인지 아는 상태
② 상품 중심적 접근 : 품질은 측정 가능한 요소로 제품이 포함하고 있는 내용물이나 바람직한 속성의 총합이 큰 경우 양품으로 인정
③ 사용자 중심적 접근 : 품질은 소비자의 욕구를 충족할 수 있는 제품이나 서비스의 정도로 측정
④ 제조 중심적 접근 : 제조 요구사항(규격, 디자인)에 대한 적합성의 정도로, 품질은 일정 기준을 중심으로 한 편차의 정도로 가정

정답 48 ④　49 ⑤

50 마이클 포터의 다섯 가지 경쟁요인 모형(5 forces model)을 통한 시장매력도 평가에 관한 내용으로 가장 옳지 않은 것은?

① 새로운 경쟁자들이 쉽게 들어올 수 있는 시장은 시장매력도가 낮다.

② 공급자의 교섭력이 높아질수록 그 시장의 매력도는 낮아진다.

③ 경쟁자들과의 차별화가 낮아질수록 그 시장의 매력도는 높아진다.

④ 산업 구조분석에서 다루는 시장매력도는 산업 전체의 잠재적 평균 수익을 의미한다.

⑤ 5 forces model은 누가 경쟁자이고, 누가 공급자이며, 누가 구매자인지가 분명히 구분된다는 것을 가정하고 있다.

> **해설** 마이클 포터에 따르면 경쟁자들과의 차별화가 낮아질수록 그 시장의 매력도는 낮아진다.

51 촉진 믹스 전략에 대한 내용으로 가장 옳지 않은 것은?

① 푸시 전략은 제조업자가 유통업자들을 대상으로 주로 판매촉진과 인적 판매수단을 동원하여 촉진활동을 하는 것이다.

② 푸시 전략은 최종 구매자들의 브랜드 애호도가 낮을 때 적합하다.

③ 풀 전략은 최종구매자를 대상으로 제품에 대한 정보를 제공하고 촉진활동을 하는 것이다.

④ 홍보는 매체비용을 지불하지 않고 회사의 활동이나 상품에 대한 정보를 언론의 기사나 뉴스 형태로 내보내는 풀 전략 활동이다.

⑤ 광고는 기업과 직·간접적으로 관련이 있는 여러 집단들과 좋은 관계를 구축하고 유지함으로써 기업이미지를 높이고 구매를 촉진하기 위해 수행하는 푸시 전략 활동이다.

> **해설** 광고는 기업과 직·간접적으로 관련이 있는 여러 집단들과 좋은 관계를 구축하고 유지함으로써 기업이미지를 높이고 구매를 촉진하기 위해 수행하는 대표적인 풀(Pull) 전략에 해당한다.

정답 50 ③ 51 ⑤

52 제품수명주기(PLC) 단계 중 쇠퇴기의 특징 또는 상품 관리 전략으로 옳지 않은 것은?

① 소비자가 제품정보를 가지고 있지 않기 때문에 상품을 널리 인지시켜 판매를 늘리는 것이 목표가 된다.

② 매출이 감소하고 이익이 매우 적어지게 되므로 가능한 한 비용을 줄이고 매출을 유지하여 수익을 극대화하여야 한다.

③ 경쟁제품들이 시장에서 철수하게 되어 경쟁사의 수는 감소한다.

④ 취약한 중간상을 제거하고 우량 중간상만 유지하며, 최소한의 이익을 유지하는 저가격 정책을 사용하게 된다.

⑤ 매출액이 적은 품목은 제거하고 기여도가 높은 품목만 남기며, 과잉설비를 제거하고 하청을 늘리게 된다.

> **해설** 소비자가 제품정보를 가지고 있지 않기 때문에 상품을 널리 인지시켜 판매를 늘리는 것이 목표가 되는 단계는 '도입기'에 해당한다.

53 인터넷을 활용한 소매점 이벤트 프로모션의 유형 중 정보제공형 이벤트 프로모션에 대한 설명으로 옳지 않은 것은?

① 설문, 아이디어 공모전, 정보사냥 등 의견참여 기회를 제공하는 인터넷 이벤트 프로모션이다.

② 정보제공형 이벤트 프로모션을 진행하기 위해서는 표적시장을 명확히 정하는 것이 중요하다.

③ 다른 인터넷 이벤트 프로모션의 유형에 비해 적극적인 고객참여를 유도할 수 있어 메시지 전달력이 높다.

④ 이벤트 주최자는 해당 인터넷 이벤트 프로모션을 통해 원하는 정보를 더욱 정확하게 얻을 수 있다.

⑤ 고객의 참여기회가 많으며 이벤트 응모율이 높다.

> **해설** 고객의 참여기회가 많으며 이벤트 응모율이 높다는 표현은 불특정 다수를 대상으로 하는 프로모션 기법으로, 특정 정보를 제공하여 제품의 판매촉진을 자극하는 이벤트 프로모션과는 거리가 멀다.

정답 52 ① 53 ⑤

54 기업에 대해 고객이 창출해주는 모든 미래의 경제적 가치를 현재가치로 할인한 것으로 고객에 대한 장기간의 경제적 가치를 설명하는 개념의 약어로 옳은 것은?

① RFM
② CLV
③ CE
④ NPS
⑤ RLC

 CLV(Customer Lifetime Value, 고객생애가치)는 고객관계관리(CRM)에서 등장하는 개념으로, 한 고객이 한 기업의 고객으로 존재하는 전체 기간 동안 기업에게 제공할 것으로 추정되는 미래 현금흐름의 현재가치 또는 재무적인 공헌도의 총합계를 의미한다.

55 다음 중 온라인 판매 채널을 추가함으로써 얻을 수 있는 혜택으로 가장 옳지 않은 것은?

① 지역상권에 제한되지 않고 시장을 확장할 수 있다.
② 더 깊고 넓은 상품구색을 제공할 수 있다.
③ 소비자의 구매결정에 도움이 되는 더 많은 양의 정보를 제공할 수 있다.
④ 채널 간 갈등을 낮춰 고객에게 통합된 경험을 제공할 수 있다.
⑤ 소비자 구매에 대한 정보를 수집하여 개인 맞춤형 제품을 제공할 수 있다.

 유통기업에서 온라인 판매 채널을 추가하는 경우 고객에게 다양한 경험을 제공할 수 있는 장점이 있는 반면, 채널 간 갈등을 높이는 이유가 되기도 한다.

56 검색엔진 최적화(SEO; Search Engine Optimization)의 성과지표 중 하나로, 검색엔진을 통해 웹사이트에 유입된 방문자 수치를 의미하는 것으로 옳은 것은?

① 이탈률(bounce rate)
② 오가닉 트래픽(organic traffic)
③ 페이드 트래픽(paid traffic)
④ 평균 세션 시간(average session duration)
⑤ 페이지 로드 시간(page load time)

 ① 이탈률(BR; Bounce Rate) : 웹사이트에서 고객이 웹사이트 방문 시 한 페이지만 보고 웹사이트를 이탈하는 비율
③ 페이드 트래픽(paid traffic) : 검색결과의 가장 상단이나 하단에 노출되는 Google 검색 광고나 Facebook의 스폰서 포스트를 통해 웹사이트로 들어온 방문자를 말한다.
④ 평균 세션 시간(average session duration) : 웹사이트 방문자들이 사이트에서 보내는 평균적인 시간을 의미하며, 이는 웹사이트의 성과를 평가하는 데 중요한 지표이다.
⑤ 페이지 로드 시간(page load time) : 페이지를 로드하는 데 걸리는 시간으로, 탐색 시작부터 로드 이벤트 시작까지 측정한다.

정답 54 ② 55 ④ 56 ②

57 다음 중 마케팅을 위한 소셜미디어의 장점에 대한 설명으로 가장 옳지 않은 것은?

① 소셜미디어는 표적화되고 개별화되어 있다는 장점이 있다.

② 소셜미디어는 상호작용적이어서 소비자의 의견 및 피드백을 얻는 데 이상적인 도구이다.

③ 소셜미디어는 브랜드의 근황 및 활동에 관한 마케팅 콘텐츠를 시의적절하게 제공할 수 있다.

④ 소셜미디어를 활용한 마케팅은 비용이 무료라는 장점이 있다.

⑤ 소셜미디어는 고객의 경험을 형성하고 공유하는 데 적합하다.

> **해설** 소셜미디어 마케팅(SNS 마케팅)은 인스타그램, 유튜브, 페이스북과 같은 다양한 플랫폼에서 스폰서 게시물, 디스플레이광고, 캐러셀광고 등 유료 소셜광고를 제공하며, 광고주는 유기적인 콘텐츠를 강화하여 지속적으로 새로운 캠페인을 만들 필요 없이 도달 범위를 확장할 수 있는 장점이 있다.

58 아래 글상자의 설명에 해당하는 용어로 옳은 것은?

> 일반적으로 빅데이터로부터 정보를 추출하는 방법을 의미한다. 빅데이터와 같은 거대한 자료로부터 특정한 규칙을 발견해 내는 컴퓨터 처리작업이라고 정의할 수 있다.

① 메모리 컴퓨팅   ② 데이터 시각화

③ 데이터 마이닝   ④ 텍스트 시각화

⑤ 연관성 분석

> **해설** 데이터 마이닝은 빅데이터로부터 정보를 추출하는 방법으로, 빅데이터와 같은 거대한 자료로부터 특정한 규칙을 발견해 내는 컴퓨터 처리작업을 뜻한다.
>
> **참고** 데이터 시각화(data visualization)
> 데이터 분석 결과를 쉽게 이해할 수 있도록 시각적으로 표현하고 전달되는 과정을 말한다. 데이터 시각화의 목적은 그래프나 도표를 통해 정보를 명확하고 효과적으로 전달하는 것이다.

59 상품을 구매할 때, 자신이 고려하는 모든 속성들이 정해 놓은 최소한의 기준치를 충족시키는지 여부를 한꺼번에 평가하여 대안을 선택하는 고객 의사결정모형으로 옳은 것은?

① 사전찾기식 모형   ② 순차적 제거식 모형

③ 결합식 모형   ④ 분리식 모형

⑤ 다속성 선호도 모형

정답 57 ④   58 ③   59 ③

소비자의 구매의사결정 과정 중 '대안의 선택'과 관련된 내용으로, 결합식 모형은 상품을 구매할 때, 자신이 고려하는 모든 속성들이 정해 놓은 최소한의 기준치를 충족시키는지 여부를 한꺼번에 평가하여 대안을 선택하는 모형에 해당한다.

60 다음 중 탐색적 조사에 관한 설명으로 옳은 것은?

① 특정 이슈나 대상에 대한 사전 정보가 적을 때 전반적인 시장환경 및 문제점을 파악하기 위해 수행한다.

② 관심이 있는 특정 상황이나 응답자의 특정 행동에 대한 실태를 파악하고 예측하기 위한 조사이다.

③ 조사대상으로부터 수집한 자료를 분석하여 특정 대상 및 현상을 요약하고 묘사함으로써 드러나지 않은 특성을 구체화할 수 있다.

④ 예측하고자 하는 효과에 대한 가설을 세우고 검증하는 조사로 다양한 가설을 검증해 볼 수 있다.

⑤ 대부분 직접 자료를 수집하여 정량적 인과관계를 분석하기 때문에 상대적으로 시간과 비용을 단축할 수 있다.

 탐색조사는 조사하는 문제가 별로 알려지지 않은 경우, 조사자가 통찰과 아이디어를 얻거나 마케팅 의사결정과 관련된 가설설정을 위해 사용된다. 특정 조사설계를 확정하기 전에 예비적으로 수행되는 경향이 많으므로 탄력성이 있어야 하며, 문헌조사, 전문가 의견조사, 케이스스터디 등을 활용한다.

61 다음 중 가격경쟁을 최소화할 수 있다는 장점과 고객 측면을 전혀 고려하지 않는다는 단점을 동시에 가지고 있는 가격결정 방법으로 가장 옳은 것은?

① 원가기준법   ② 목표수익률기준법

③ 경쟁기준법   ④ 지각된 가치기준법

⑤ 수요기준법

 경쟁자 기준 가격결정은 원가와 상관없이 경쟁자의 경쟁 강도에 따라 가격이 결정되는 방식으로, 입찰(biding)가격방식, 모방가격 결정방식이 있다. 경쟁자 기준 가격결정은 원가기준 가격결정, 소비자 기준 가격결정에 비해 가격경쟁을 최소화할 수 있다는 장점과 고객 측면을 전혀 고려하지 않는다는 단점이 지적된다.

정답 60 ①   61 ③

62 관계지향적 판매방식에 관한 내용으로 가장 옳지 않은 것은?

① 판매보다는 고객 요구를 이해하는 데 초점을 맞춘다.

② 설득, 화술, 가격 조건 등을 통해 신규고객을 확보하고 매출을 늘리고자 노력한다.

③ 제품에 대해 설명하는 데 치중하기보다는 고객의 욕구를 이해하고 문제를 해결하는 데 중점을 둔다.

④ 상호 신뢰와 신속한 반응을 통해 고객과 장기적인 관계를 형성하고자 한다.

⑤ 단기적인 매출은 낮아질 수 있으나, 장기적인 매출은 높아지는 것이 일반적이다.

> **해설** 설득, 화술, 가격 조건 등을 통해 신규고객을 확보하고 매출을 늘리고자 노력하는 것은 판매지향적 판매방식에 해당한다.

63 점포를 구성하는 물리적 환경의 역할에 대한 설명으로 옳지 않은 것은?

① 패키지 : 제품의 패키지가 소비자의 감각적 반응에 호소하도록 고안된 것처럼 물리적 환경은 점포의 첫인상을 만들거나 고객의 기대를 설정하는 역할을 한다.

② 편의제공 : 환경 내에서 활동하는 사람들의 성과를 돕는 역할을 한다.

③ 사회화 : 잘 갖춰진 물리적 환경은 고객과 직원으로 하여금 기대된 역할과 행동을 하도록 돕는다.

④ 차별화 : 물리적 환경을 통해서 기업은 경쟁자와 차별화할 수 있고, 이를 통해 의도된 고객세분화가 가능하다.

⑤ 지표화 : 이용 가능한 공간의 크기, 공간 내 사람의 수 등에 대한 객관적 평가를 제공한다.

> **해설** 서비스기업의 물리적 환경의 역할은 패키지 역할, 편의제공, 사회화 역할, 차별화 역할로 구분할 수 있다(이유재, 서비스마케팅 2004). 따라서 지표화는 점포를 구성하는 물리적 환경의 역할에 해당하지 않는다.

정답 62 ② 63 ⑤

64 아래 글상자의 설명 중 격자형 레이아웃의 특징을 나열한 것으로 가장 옳은 것은?

> ㉠ 상품진열면적이 넓고 판매공간을 효율적으로 활용할 수 있다.
> ㉡ 비용이 적게 들며 고객이 익숙해지기 쉬운 레이아웃이다.
> ㉢ 통로를 기준으로 각 매장 입구들이 서로 연결되어 고객 유인이 용이하다.
> ㉣ 쇼핑의 즐거움을 배가시킬 수 있으며 충동구매를 촉진한다.
> ㉤ 대부분의 진열기구가 직각상태로 되어있어 딱딱하고 사무적인 분위기를 연출한다.
> ㉥ 소비자들이 원하는 상품을 찾기 위해 매장에 머무는 시간이 늘어나 전체적인 쇼핑 시간이 길어진다.
> ㉦ 제품 재고 및 안전관리를 쉽게 할 수 있다.

① ㉠, ㉡, ㉤   ② ㉠, ㉡, ㉦
③ ㉠, ㉢, ㉤   ④ ㉠, ㉡, ㉤, ㉦
⑤ ㉠, ㉣, ㉤, ㉥

 ㉢ 통로를 기준으로 각 매장 입구들이 서로 연결되어 고객 유인이 용이하다. → 경주로형
㉣ 쇼핑의 즐거움을 배가시킬 수 있으며 충동구매를 촉진한다. → 자유형

65 매장 내부인테리어(interior) 관리에 대한 설명으로 가장 옳지 않은 것은?
① 내부인테리어는 고객의 구매욕구를 적극적으로 유발할 수 있도록 구성한다.
② 내부인테리어 중 향기와 음악은 고객의 기분에 영향을 미친다.
③ 파이프나 배관과 같은 매장의 설비물은 내부인테리어를 구성하는 데 영향을 주지 않는다.
④ 내부인테리어 중 매장의 온도는 고객의 기분에 영향을 미친다.
⑤ 내부인테리어 중 조명시설은 고객의 구매욕구에 영향을 미친다.

 파이프나 배관과 같은 매장의 설비물 또한 내부인테리어를 구성하는 요소들에 해당한다.

정답 64 ④ 65 ③

66 전략적 고객관리(strategic account management)의 특징으로 옳지 않은 것은?

① 전략적 고객관리는 지속 가능한 경쟁우위의 원천이다.

② 전략적 고객관리의 관점에서 모든 종업원의 활동과 팀워크가 정렬되는 경우, 종업원의 만족이 증가하고 기업의 생산성과 수익성이 높아질 수 있다.

③ 전략적 고객관리를 통해 일단 성공적으로 정렬된 조직구성원의 노력은 향후 고객의 욕구가 변화하더라도 적은 비용으로 변화시킬 수 있다.

④ 전략적 고객관리를 통해 고객충성도를 높이는 것은 매우 어렵다.

⑤ 전략적 고객관리를 통해 고객수익성을 높일 수 있다.

해설 전략적 고객관리는 고객과의 관계를 장기적으로 구축하고 유지관리하기 위한 것으로, 이를 통해 고객 loyalty를 제고시킬 수 있다.

67 고객관계관리(CRM)를 성공적으로 적용하기 위해서 고려해야 하는 요인으로 옳지 않은 것은?

① 판매자를 중심으로 모든 거래 데이터가 통합되어야 한다.

② 고객 분석을 위한 고객의 상세정보가 수집되어야 한다.

③ 고객의 정의와 고객그룹별 관리 방침이 수립되어야 한다.

④ 고객데이터의 분석모형 개발 및 모형의 유효성 검증체제가 갖추어져야 한다.

⑤ 고객 분석결과를 활용할 수 있도록 제반 업무절차가 정립되고 시행되어야 한다.

해설 고객관계관리(CRM)는 고객 데이터베이스 분석을 통해 고객과의 장기적 관계를 구축하기 위한 것으로, 이를 성공적으로 적용하기 위해서는 고객정보를 중심으로 모든 거래 데이터가 통합되어야 한다.

68 다음은 마케팅 조사와 관련된 내용이다. 가장 옳지 않은 것은?

① 1차 자료는 당면한 조사목적을 달성하기 위하여 조사자가 직접 수집한 자료이다.

② 기술조사는 표적모집단이나 시장의 특성에 관한 자료를 수집·분석하고 결과를 기술하는 조사이다.

③ 2차 자료는 당면한 조사목적이 아닌 다른 목적을 위해 과거에 수집되어 이미 존재하는 자료이다.

④ 모든 마케팅 조사에는 2차 자료가 반드시 필요하다.

⑤ 심층인터뷰는 조사문제가 불명확할 때 기본적인 통찰과 아이디어를 얻기 위해 실시되는 조사이다.

정답 66 ④ 67 ① 68 ④

> 해설 2차 자료는 기존 데이터를 중심으로 한 간접적, 보조적 자료수집방법으로, 수정 및 보완의 필요성이 있으며, 모든 마케팅 조사에서 2차 자료가 반드시 필요한 것은 아니다.

69 아래 글상자에서 설명하는 평가기법으로 가장 옳은 것은?

> 구매자 입장에서 특정 공급자의 개별 품목 혹은 재고관리단위(SKU; Stock Keeping Unit) 각각에 관해 평가를 하는 기법

① 상시종업원당 총이익
② 평당 총이익
③ 경로구성원 총자산수익률
④ 경로구성원 성과평가
⑤ 직접제품이익

> 해설 이미 여러 번 빈출된 지문으로, 구매자 입장에서 특정 공급자의 개별 품목 혹은 재고관리단위(SKU; Stock Keeping Unit) 각각에 관해 평가를 하는 기법을 직접제품이익(DPP)이라 한다.

70 다단계 판매의 특징으로 옳지 않은 것은?

① 다단계 판매의 상품구색은 다양하지만, 일반적으로 양호한 품질의 중저가 소비재를 중심으로 구성된다.
② 다단계 판매에서 판매원의 수입은 자신 및 하위 판매원의 판매액을 기초로 책정된다.
③ 다단계 판매는 신규 판매원에게 가입비, 교육비, 상품 구매비 등 과도한 가입비용을 요구한다.
④ 다단계 판매는 강제적인 재고부담이 없다.
⑤ 다단계 판매는 공제조합에 소비자피해보상보험 가입을 의무화하고 있다.

> 해설 다단계판매는 제조업자 → 도매업자 → 소매업자 → 소비자의 일반적인 유통경로를 거치지 아니하고, 여러 단계를 거쳐서 판매원이 거래에 참여하는 유통방식이다. 일반적으로 다단계 판매는 「방문판매 등에 관한 법률」상 적법한 판매방식이지만 신규 판매원에게 가입비, 교육비, 상품 구매비 등 과도한 가입비용을 요구하는 등 이를 악용한 폰지사기, 피라미드 판매 등은 불법적인 행태라 할 수 있다.

정답 69 ⑤ 70 ③

제4과목 유통정보(71~90)

71 유통업체에서 활용하는 판매시점관리시스템에 대한 설명으로 가장 옳지 않은 것은?

① 유통업체에서는 판매시점관리시스템을 통해 영업 및 서비스 업무를 효율적으로 처리하고 있다.

② 판매시점관리시스템은 판매와 관련된 다양한 데이터 수집을 지원해 준다.

③ 유통업체에서는 고객의 개인정보와 판매시점관리시스템을 통해 확보한 데이터를 활용해서 보다 효율적인 마케팅을 수행할 수 있게 되었다.

④ 판매시점관리시스템의 스캐너는 바코드로부터 상품에 대한 데이터를 확보하도록 지원하는 입력장치이다.

⑤ 유통업체에서는 판매시점관리시스템 내의 고객개인정보와 구매이력에 대한 정보를 고객의 사전 승인 없이 제조업체와 공유해서 활용할 수 있게 되었다.

해설 「개인정보 보호법」 등 관련 법률에 의해 고객의 사전 승인을 받지 않고 제조업체와 고객데이터를 공유할 수 없다.

72 QR 코드에 대한 설명으로 가장 옳지 않은 것은?

① 바코드와 동일한 양의 자료를 표현하려면 QR 코드 사각형 모양의 크기가 더 커야 한다.

② QR 코드는 일부분이 손상되어도 바코드와 다르게 인식률이 높은 편이다.

③ QR 코드는 바코드에 비해 저장할 수 있는 정보의 양이 많다.

④ QR 코드는 숫자, 영문자, 한글, 한자 등 다양한 데이터를 처리하는 것이 가능하다.

⑤ QR 코드는 360° 어느 방향에서든지 인식이 가능하다.

해설 QR 코드는 기존 바코드 기술과 비교할 때, 대용량 데이터의 저장이 가능하고, 고밀도 정보 표현이 가능하다. 즉, QR 코드로 바코드와 동일한 양의 자료를 표현하고자 할 때 더 작은 사각형 모양 크기로도 가능하다.

정답 71 ⑤ 72 ①

73 우리나라는 데이터 이용에 관한 규제 혁신과 개인정보 보호 협치체계 정비의 문제를 해결하기 위해 관련 법을 개정하였다. 아래 글상자에서 데이터 3법에 해당되는 법률들을 모두 나열한 것으로 옳은 것은?

> ㉠ 산업재산 정보의 관리 및 활용 촉진에 관한 법률
> ㉡ 개인정보 보호법
> ㉢ 정보통신망 이용촉진 및 정보보호 등에 관한 법률
> ㉣ 신용정보의 이용 및 보호에 관한 법률
> ㉤ 전자금융거래법

① ㉠, ㉡, ㉢ 　　　　　② ㉠, ㉡, ㉣
③ ㉠, ㉢, ㉣ 　　　　　④ ㉡, ㉢, ㉣
⑤ ㉡, ㉣, ㉤

 「개인정보 보호법」, 「정보통신망 이용촉진 및 정보보호 등에 관한 법률」, 「신용정보의 이용 및 보호에 관한 법률」 등 3가지 법률을 데이터 3법이라 한다.

74 노나카의 지식변환 4가지 유형과 그 설명이 가장 옳은 것은?

① 사회화(socialization) – 생각이나 노하우를 언어나 그림 등의 형태로 표현한다.
② 외부화(externalization) – 사제관계에서의 노하우(know-how)를 전수받는다.
③ 형식화(normalization) – 고객 분석 내용을 보고 고객 행태 유형을 체득한다.
④ 내면화(internalization) – 인턴을 하면서 체득한 조직에서의 바른 생활을 블로그에 올려 예비 인턴들에게 공유한다.
⑤ 종합화(combination) – 형식지에서 형식지를 얻는다.

 ① **사회화**(socialization) : 사제관계에서의 노하우(know-how)를 전수받는다.
② **외부화**(externalization) : 생각이나 노하우를 언어나 그림 등의 형태로 표현한다.
③ **형식화**(normalization) : SECI 모델의 4가지 지식변환 유형에 해당하지 않음
④ **외부화**(externalization) : 인턴을 하면서 체득한 조직에서의 바른 생활을 블로그에 올려 예비 인턴들에게 공유한다.
※ **내면화**(내재화, Internalization) : 형식지가 암묵지로 변화되는 과정이다.

정답 73 ④　74 ⑤

75 유통업체에서 활용하고 있는 ERP 시스템에 대한 발전 순서를 바르게 제시한 것은?

① ERP → Extended ERP → MRP → MRPⅡ

② ERP → Extended ERP → MRPⅡ → MRP

③ MRP → MRPⅡ → ERP → Extended ERP

④ MRP → ERP → Extended ERP → MRPⅡ

⑤ ERP → MRPⅡ → Extended ERP → MRP

 ERP 시스템의 발전 순서

1960년대 MRP(자재소요계획) → 1980년대 MRPⅡ → 1990년대 ERP → Extended ERP

76 글로벌기업이 공급사슬관리상에서 복잡한 물류체계를 효율적으로 운영하기 위해 추진하는 글로벌 물류전략 중 하나인 지연전략에 대한 설명으로 가장 옳지 않은 것은?

① 지연전략은 재고를 일반적 수준으로 적게 보유할 수 있게 한다.

② 지연전략 이점을 최대한 활용하기 위해서는 중앙집중화를 고려한 제품설계가 필요하다.

③ 지역적 매출량 예측이 전 세계 매출량을 예측하는 것보다 어렵기 때문에 지연전략은 글로벌시장에서 효과적인 전략이다.

④ 지연전략은 재고 유연성을 확보하게 되는데, 그것은 동일한 요소, 모듈 또는 플랫폼이 다양한 종류의 최종제품에서 구현되는 것을 의미한다.

⑤ 지연전략은 공통 플랫폼, 요소 또는 모듈을 이용하여 제품을 디자인하고 최종 목적지 또는 고객 요구사항이 알려질 때까지 최종조립을 늦추는 전략이다.

 지연전략은 고객의 수요를 제품설계에 반영하기 위해 완제품 형태가 아닌 반제품 형태로 제품의 완성을 최대한 지연시키는 전략이다. 이러한 지연전략은 생산의 유연성이 필요하며, 이를 달성하기 위해 모듈화된 제품설계가 필요하다. 중앙집중화를 고려한 제품설계는 유연성을 떨어트릴 수 있다.

77 공급사슬관리를 위한 QR 시스템의 특징에 대한 설명으로 가장 옳지 않은 것은?

① QR은 제조업체 중심으로 신속한 대응을 핵심으로 한다.

② Harris et al.(1999)의 연구에 의하면 JIT에서 발전해 QR의 개념이 형성되었고, QR이 발전해 ECR의 개념이 형성되었다.

③ QR은 유통업체 및 소매업체를 중심으로 효율적인 고객 대응을 위해 1993년 식품, 잡화, 슈퍼마켓 업계에서 출현하였다.

④ QR의 핵심은 생산자 사이에 걸쳐 있는 유통경로상의 제약조건 및 재고를 줄임으로써 제품 공급사슬의 효율성을 극대화하는 데 있다.

⑤ QR의 목적은 IT 기술을 이용하여 조직의 효율성을 높이고 공급사슬 파트너와의 협업과 조화를 통하여 비용을 절감하고, 수익을 창출하는 데 있다.

> **해설** QR 시스템은 1985년 미국의 패션어패럴(섬유/의류) 산업에서 시작하였으며, '공급체인의 상품 흐름을 개선하기 위하여 소매업자와 제조업자의 정보공유를 통해 효과적으로 원재료를 충원하고, 제품을 제조하고, 유통함으로써 효율적인 생산과 공급체인의 재고량을 최소화시키려는 전략'이다. 해당 보기는 ECR에 대한 설명이다.

78 전자서식교환(EDI)은 웹, 클라우드와 결합된 형태로 진화하고 있다. EDI에 관련된 내용으로 가장 옳지 않은 것은?

① 기업 간 전자상거래 서식 또는 공공 서식을 서로 합의된 표준에 따라 표준화된 메시지 형태로 변환해 거래당사자끼리 통신망을 통해 교환하는 방식이다.

② 통신 링크를 통해 한 컴퓨터 애플리케이션에서 다른 컴퓨터 애플리케이션으로 사전 정의된 형식의 전자 데이터를 전송하는 방법이다.

③ 웹 EDI 서비스는 전 세계 어디서나 이용 가능하다는 장점에 비해, 고가의 특별한 접속 프로그램이 필요하며 보안에 취약하다는 단점이 있다.

④ EDI는 문서 거래시간의 단축, 자료의 재입력 방지, 업무처리의 오류 감소 등의 직접적 효과가 있다.

⑤ EDIFACT는 여러 행정, 상업 및 운송을 위한 전자자료교환이라는 뜻이다.

> **해설** 웹 EDI는 특별 접속 프로그램이 없이 웹 브라우저만 있으면 이용 가능하고, 웹 보안을 위한 HTTPS 프로토콜 등을 적용하여 보안을 강화할 수 있다.

정답 77 ③ 78 ③

79 아래 글상자의 신규고객 창출 프로세스를 순서대로 나열한 것으로 옳은 것은?

> ㉠ 잠재고객 특성 파악   ㉡ 잠재고객 확보
> ㉢ 잠재고객 선별   ㉣ 니즈 파악과 가치 창조
> ㉤ 가치 제안   ㉥ 신규고객의 사후관리

① ㉠ - ㉡ - ㉢ - ㉣ - ㉤ - ㉥   ② ㉠ - ㉡ - ㉢ - ㉤ - ㉣ - ㉥
③ ㉠ - ㉡ - ㉣ - ㉢ - ㉤ - ㉥   ④ ㉠ - ㉢ - ㉡ - ㉣ - ㉤ - ㉥
⑤ ㉠ - ㉢ - ㉣ - ㉡ - ㉤ - ㉥

해설 신규고객 창출 프로세스
㉠ 잠재고객 특성 파악 → ㉡ 잠재고객 확보(유치) → ㉢ 잠재고객(구매가능성) 선별 → ㉣ 니즈 파악과 가치 창조 → ㉤ 가치 제안 → ㉥ 신규고객 사후관리

80 아래 글상자에서 설명하는 전자지갑형 전자화폐로 가장 옳은 것은?

> • 결제방식은 메인서버 구동 전자지갑, 재충전 가능함
> • 특징으로는 다운로드하지 않는 전자지갑으로 각 사이트의 포인트를 적립하여 현금으로 사용함

① 앤캐시   ② 뱅크타운
③ 아이캐시   ④ 애니카드
⑤ 사이버패스

해설 전자지갑형 전자화폐는 ① 앤캐시, ④ 애니카드, ⑤ 사이버패스를 말한다.
② 뱅크타운 : 국내 최초로 e-Biz 멀티지불서비스(신용카드, 계좌이체, 전자화폐)를 개발하였고, 국내 최초의 인터넷 송금서비스를 시작한 인터넷 뱅킹 및 e-Biz 기술전문회사이다.
③ 아이캐시 : 대만에서 사용하는 아이캐시(icash)는 교통카드 및 전자화폐로, 대만 전역 교통과 스타벅스 등 소매점에서 사용할 수 있으며, 대만 정부의 지원금 등 전자 바우처 충전기능 또한 가지고 있다.

81 아래 글상자의 OECD 프라이버시 8대 원칙에 대한 설명 중 옳지 않은 것만을 나열한 것은?

> ㉠ 안전성 확보의 원칙(security safeguards principle) : 개인정보의 수집은 합법적이고 공정한 절차에 의하여 가능한 한 정보주체에게 알리거나 동의를 얻은 후에 수집되어야 한다.
>
> ㉡ 정보 정확성의 원칙(data quality principle) : 개인정보는 그 이용 목적에 부합하는 것이어야 하고, 이용 목적에 필요한 범위 내에서 정확하고 완전하며 최신의 상태로 유지해야 한다.
>
> ㉢ 목적의 명확화 원칙(purpose specification principle) : 개인정보는 수집 시 목적이 명확해야 하며, 이를 이용할 경우에도 수집 목적의 실현 또는 수집 목적과 양립되어야 하고 목적이 변경될 때마다 명확히 해야 한다.
>
> ㉣ 이용 제한의 원칙(use limitation principle) : 개인정보는 정보주체의 동의가 있는 경우나 법률의 규정에 의한 경우를 제외하고는 명확화된 목적 이외의 용도로 공개되거나 이용되어서는 안 된다.
>
> ㉤ 수집 제한의 원칙(collection limitation principle) : 개인정보의 분실, 불법적인 접근, 훼손, 사용, 변조, 공개 등의 위험에 대비하여 합리적인 안전보호장치를 마련해야 한다.

① ㉠, ㉡

② ㉠, ㉢

③ ㉠, ㉤

④ ㉢, ㉣

⑤ ㉣, ㉤

해설 ㉠ 수집 제한의 원칙 : 개인정보의 수집은 합법적이고 공정한 절차에 의하여 가능한 한 정보주체에게 알리거나 동의를 얻은 후에 수집되어야 한다.
㉤ 안전성 확보의 원칙 : 개인정보의 분실, 불법적인 접근, 훼손, 사용, 변조, 공개 등의 위험에 대비하여 합리적인 안전보호장치를 마련해야 한다.

82 아래 글상자에서 설명하는 잠재고객 발굴을 위한 기존 고객에 대한 CRM 분석방법으로 가장 옳은 것은?

> 기존 고객과 비슷한 모습을 지닌 그룹을 찾아내는 방법이다. 현 고객의 가족 상황, 프로필, 계약 동기, 상품, 성향, 추세 분석, 인구통계적 자료, 구매 의사결정과 의견제시 등을 목적으로 이용되는 분석방법이다.

① 아웃바운드 분석
② 인바운드 고객 분석
③ 하우스 홀딩 분석
④ 현재 고객 구성원 분석
⑤ 캠페인 효과 분석과 최적 고객 추출

해설 현 고객의 가족 상황, 프로필, 성향 등을 분석하는 하우스–홀딩 분석에 대한 설명이다.
① **아웃바운드 분석** : 조사대상 고객에게 피드백이나 불만제기 내용 등을 직접 문의하여 분석하는 것
② **인바운드 고객 분석** : 고객으로부터 전화 문의, 인터넷 조회, 영업소 방문 등의 내용을 바탕으로 기존 고객의 피드백이나 불만제기 내용 등을 분석하는 것
④ **현재 고객 구성원 분석** : 고객의 성격, 사용실태, 충성도를 분석하는 것
⑤ **캠페인 효과 분석과 최적 고객 추출** : 클릭률, 구매율 등을 기반으로 잠재가치가 높은 고객을 식별하는 것

83 클라우드 컴퓨팅 서비스 지원 수준에 따라 구분된 유형으로 가장 옳은 것은?
① 개인용 컴퓨팅 환경, 클라이언트–서버 환경, 클라우드 컴퓨팅 환경
② IaaS(Infrastructure as a Service), PaaS(Platform as a Service), SaaS(Software as a Service)
③ 플랫폼, 운영체계, 디바이스
④ 운영체계, 응용 소프트웨어, 클라이언트
⑤ 클라우드, 엣지, 디바이스

해설 IaaS는 서버와 스토리지 같은 물리자원을, PaaS는 개발환경을, SaaS는 최종 사용자용 애플리케이션을 제공하며, 클라우드 컴퓨팅 서비스 지원 수준에 따라 구분된 유형이다.

정답 82 ③ 83 ②

84 메타버스를 구현하는 주요 기반 기술과 그 설명이 가장 옳지 않은 것은?

① XR(eXtended Reality) 기술 – 현실과 가상세계를 연결하는 인터페이스로, 현실과 가상세계의 공존을 촉진하고 몰입감 높은 가상융합 공간과 디지털 휴먼 등을 구현하는 데 활용된다.

② 디지털트윈 기술 – 가상세계에 현실세계를 3D로 복제하고 동기화한 뒤 시뮬레이션·가상훈련 등을 통해 지식의 확장과 효과적 의사결정을 지원하는 데 활용된다.

③ 블록체인 기술 – 메타버스 창작물에 대한 저작권 관리, 사용자 신원 확인 및 데이터 프라이버시 보호, 콘텐츠 이용 내역 모니터링 및 저작권료 정산 등을 지원하는 데 활용된다.

④ 인공지능 기술 – 이용자 요구나 수요 변화에 따라 컴퓨팅 자원을 유연하게 배분하여 활용된다.

⑤ 데이터 분석 기술 – 실세계 데이터 취득 및 유효성 검증, 데이터 저장·처리·관리 등에 활용된다.

> **해설** 인공지능은 메타버스 내의 가상세계를 자동생성하거나 자연어 처리와 머신러닝을 통해서 NPC를 생성하며, 메타버스 이용자의 데이터를 분석하여 적절한 콘텐츠를 제공한다. 이용자 요구나 수요 변화에 따라 컴퓨팅 자원을 유연하게 배분하여 활용되는 것은 클라우드 컴퓨팅의 개념과 더 가깝다.

85 아래 글상자의 융합기술 발전 2단계에 부합하는 사례만을 나열한 것으로 가장 옳은 것은?

> 융합기술의 발전단계는 IT 기반 융합의 진화 수준에 따라 크게 3단계로 구분할 수 있다.
> 1단계는 IT 기술과 산업 간 결합 및 통합으로 기존 기술 및 상품과 서비스의 결합을 통한 신제품, 새로운 서비스를 창출하는 단계이다.
> 2단계는 IT와 이종기술 산업 간 융합을 통해 기존 기술의 한계를 극복하고 새로운 시장을 창출하는 단계이다.
> 3단계는 IT 신기술의 화학적 융합을 통해 미래 사회의 요구에 부합하는 신상품 및 새로운 서비스를 창출해 내는 융합기술로 정의할 수 있다.

① IPTV, 휴대형 PC
② IPTV, 휴대형 PC, 지능형 자동차
③ IT 융합건설, 지능형 자동차, 수중에너지 탐사로봇 시스템
④ IT 융합건설, 휴대형 PC, 수중에너지 탐사로봇 시스템
⑤ IPTV, 지능형 자동차, 수중에너지 탐사로봇 시스템

정답 84 ④ 85 ③

① 모두 1단계에 해당한다.
② IPTV, 휴대형 PC는 1단계, 지능형 자동차는 2단계에 해당한다.
④ 휴대형 PC는 1단계, IT 융합건설, 수중에너지 탐사로봇 시스템은 2단계에 해당한다.
⑤ IPTV는 1단계, 지능형 자동차, 수중에너지 탐사로봇 시스템은 2단계에 해당한다.

86 아래 글상자에서 설명하는 데이터베이스의 종류로 가장 옳은 것은?

> 모자(母子)집합이라는 레코드 간 구조를 가지며, 자(子)레코드가 복수의 모(母)레코드를
> 갖는 복잡한 표현도 가능한 데이터베이스로, 표현력은 좋으나 다소 복잡하여 사용이 어
> 렵다.

① RDB(관계형 데이터베이스)
② HDB(계층형 데이터베이스)
③ NoSQL(비정형 데이터베이스)
④ NDB(네트워크 데이터베이스)
⑤ OODB(객체지향형 데이터베이스)

보기는 DBMS에 대한 내용이다. 다수 사용자가 DB 내 데이터를 접근할 수 있도록 하는 소프트웨어를
DB관리시스템(DBMS)이라 한다.
① RDB(관계형 데이터베이스, Relational Database) : 행과 열로 구성된 테이블에 키(Key)와 값(Value)
형태로 데이터를 저장하며, SQL을 사용하여 데이터를 처리한다.
② HDB(계층형 데이터베이스, Hierarchial Database) : 부모-자식 간의 관계로 표현되는 트리 구조
(1:N)로 데이터 관계를 표시한다. N:N(다대다) 구조를 지원하지 않는다
③ NoSQL(비정형 데이터베이스, Not only SQL) : 비정형 데이터 또는 반정형 데이터를 저장하고 처리
하는 데 효율적인 데이터베이스이다. 데이터 간에 관계를 정의하지 않으며 유연한 데이터 모델에
초점을 맞춘다.
④ NDB(네트워크 데이터베이스, Network Database) : 자 레코드가 복수의 모 레코드를 가질 수 있는
N:N(다대다) 관계를 지원하는 복잡한 데이터 모델이다.
⑤ OODB(객체지향형 데이터베이스, Object-Oriented Database) : 데이터를 객체의 형태로 표현하
고, 클래스와 상속의 개념이 포함되어 있으며, 비정형 데이터들을 DB화할 수 있도록 만들어진 모
델이다.

정답 86 ④

87 CRM 시스템에 대한 설명으로 가장 옳지 않은 것은?

① CRM 시스템은 신규고객 창출, 기존 고객 유지, 기존 고객 강화를 위해 이용된다.

② 기업에서는 장기적 측면의 고객관계 강화보다는 단기적 측면의 고객관계 강화를 위해 CRM 시스템을 도입하고 있다.

③ CRM 시스템은 다양한 측면의 고객 정보를 분석해 고객에 대한 이해도를 높여준다.

④ CRM 시스템은 유통업체의 경쟁우위 창출에 도움을 제공한다.

⑤ CRM 시스템은 고객 유지율 개선 및 경영성과 개선을 위해 고객 정보를 활용한다.

> 해설 CRM 시스템을 구축하는 이유 중 하나는 고객과의 장기적인 관계 형성에 있다. 즉, CRM 시스템은 단기적인 측면보다는 장기적인 측면에서 매출 증대를 위해 활용되고 있다.

88 전사적 자원관리(ERP)와 관련된 내용으로 가장 옳지 않은 것은?

① ERP의 목적은 통합 관점에서의 정보자원 관리이다.

② ERP는 회계, 재무, 조달, 프로젝트 관리, 공급망 관리 및 제조 같은 조직의 일상적인 비즈니스 활동을 전사적으로 지원한다.

③ ERP는 여러 비즈니스 프로세스를 한데 묶어 각 프로세스 간 데이터의 흐름을 가능하게 해준다.

④ SaaS ERP는 온프레미스(on-premise) ERP에 비해 초기 착수 비용이 상대적으로 적게 소요된다.

⑤ 온프레미스(on-premise) ERP는 SaaS ERP에 비해 즉각적인 확장성과 안정적 운영이 보장된다는 장점이 있다.

> 해설 온프레미스 ERP의 경우 회사 내부의 컴퓨터 및 서버에 호스팅되는 물리적 공간에 설치하는 ERP이다. 온프레미스 ERP의 경우 회사 내부 맞춤형 시스템 구축이 가능하며 높은 보안성을 가지고 있다. 즉각적인 확장성과 안정적 운영이 보장된다는 장점이 있는 것은 클라우드 기반인 SaaS ERP에 대한 설명이다.

정답 87 ② 88 ⑤

89 아래 글상자의 괄호 안에 들어갈 용어로 가장 옳은 것은?

( )는 클라우드상의 GenAI가 사용자 디바이스 안으로 이동한다는 것 이상의 의미를 가진다. 단기적으로는 사용자의 일상 언어를 잘 이해하는 음성 UI(User Interface), 실시간 통역과 같은 기능 관점에서 GenAI를 활용할 것으로 예상되나, 중장기적으로는 개인화·맞춤화된 GenAI Agent로 진화할 것으로 전망되기 때문이다.

① 온디바이스(on-device) GenAI
② 규칙 기반(rule based) AI
③ 생성형(generative) AI
④ 딥러닝 기반 AI
⑤ 영상 지원 AI

 온디바이스(on-device) GenAI에 대한 설명이다.
② **규칙 기반**(rule based) AI : 명확히 정해진 규칙과 조건에 따라 작동하는 AI를 말한다(예 금융기관 챗봇, 스팸문구 필터링기술 등).
③ **생성형**(generative) AI : 기존 데이터를 학습해 새로운 텍스트, 이미지, 음악 등을 생성하는 AI를 말한다(예 CHAT GPT).
④ **딥러닝 기반 AI** : 뇌의 학습과정을 본뜬 인공신경망을 활용해 데이터의 패턴을 학습하여 예측하거나 분류하는 AI를 말한다(예 테슬라 오토파일럿).
⑤ **영상 지원 AI** : 영상데이터를 처리, 분석, 생성하거나 활용하는 AI 기술을 말한다(예 의료영상진단).

90 다음 보기에 제시된 4가지 개념을 가치가 낮은 개념에서 높은 개념 순서로 바르게 나열한 것으로 옳은 것은?
① 데이터 → 지혜 → 정보 → 지식
② 데이터 → 지식 → 정보 → 지혜
③ 데이터 → 정보 → 지식 → 지혜
④ 지식 → 데이터 → 정보 → 지혜
⑤ 지혜 → 지식 → 정보 → 데이터

 데이터 → 정보 → 지식 → 지혜
일반적으로 데이터에서 정보를 추출하고, 정보에서 지식을 추출한다. 즉, 지식은 체계화된 정보이며, 지혜는 지식에 경험과 통찰력을 더한 지식의 활용이라 할 수 있다.

정답 89 ① 90 ③

유통
관리사
기출문제집

2023년

기출문제

유통관리사 2급 기출문제

제 **1**과목 **유통 · 물류일반관리(01~25)**

01 수요의 가격탄력성 크기를 결정하는 요인과 관련된 설명으로 가장 옳지 않은 것은?

① 대체재가 있는 경우의 가격탄력성은 크고, 대체재가 없으면 가격탄력성은 작다.

② 소득에서 재화의 가격이 차지하는 비중과 가격탄력성은 반비례한다.

③ 평균적으로 생활필수품인 경우 가격탄력성은 작다.

④ 평균적으로 사치품인 경우 가격탄력성은 크다.

⑤ 재화의 용도가 다양할수록 가격탄력성은 크다.

> **해설** 소득에서 재화의 가격이 차지하는 비중이 큰 경우 이는 사치재에 해당한다. 통상 사치재는 수요의 가격 탄력성이 큰 재화이므로 가격과 수요의 가격탄력성은 비례관계에 있다.

02 유통비용을 최소화시킬 수 있는 유통시스템 설계를 위한 유통경로의 길이 결정 시 파악해야 할 요소 중 상품요인과 관련된 것만으로 옳게 나열된 것은?

① 부피, 부패성, 기술적 특성, 총마진

② 고객에 대한 지식, 통제의 욕구, 재무적 능력

③ 비용, 품질, 이용가능성

④ 지리적 분산, 고객밀집도, 고객의 수준, 평균 주문량

⑤ 단위가치, 상품표준화, 비용, 품질

> **해설** 유통경로 길이 설계 시 결정요인
>
> | 상품요인 | 소멸성(부패성), 부피, 표준화 정도, 서비스 정도, 가격 및 단가 등 |
> |---|---|
> | 고객요인 | 고객 수, 지리적 분산, 구매패턴, 판매방법에 대한 반응성 등 |
> | 경쟁자요인 | 지역적 근접성, 판로에 따른 근접성, 재무적 강점 |
> | 제조업자요인 | 제품믹스, 유통경로 경험, 마케팅 정책 등 |
> | 유통업자요인 | 이용가능성, 제품계열의 수용 정도 |

정답 **01 ② 02 ①**

03 조직 내에서 일반적으로 발생할 수 있는 갈등의 순기능적 역할에 대한 설명으로 가장 옳지 않은 것은?

① 향후 발생 가능한 갈등을 해결할 수 있는 표준화된 방법을 개발할 수 있다.

② 갈등 해결 과정에서 동맹체가 결성되는 경우 어느 정도 경로 구성원 간의 힘의 균형을 이룰 수 있다.

③ 경로 구성원 간의 의사소통의 기회를 늘림으로써 정보교환을 활발하게 해준다.

④ 고충처리와 갈등 해결의 공식창구와 표준절차를 마련하는 데 도움을 준다.

⑤ 유통시스템 내의 자원을 권력 순서대로 재분배하게 해준다.

해설 조직에 있어서 갈등은 외부적으로는 부정적인 측면으로 보일 수 있으나, 내부적으로는 부서 간 힘의 균형을 이루고 의사소통을 공식화하고 표준화시켜 조직 전체를 효율화시키는 순기능으로도 작용한다. 하지만 유통시스템 내 자원을 순서대로 재분배하는 기능으로 작용하지는 않는다.

04 유통산업발전법(법률 제18310호, 2021.7.20., 타법개정)에 의거하여 아래 글상자 괄호 안에 공통적으로 들어갈 단어로 옳은 것은?

• 무점포판매란 상시 운영되는 매장을 가진 점포를 두지 아니하고 상품을 판매하는 것으로서 (   )으로 정하는 것을 말한다.
• 유통표준코드란 상품·상품포장·포장용기 또는 운반용기의 표면에 표준화된 체계에 따라 표기된 숫자와 바코드 등으로서 (   )으로 정하는 것을 말한다.

① 대통령령
② 중소벤처기업부령
③ 과학기술정보통신부장관령
④ 산업통상자원부령
⑤ 국무총리령

해설 유통산업발전법 제2조 제9호(무점포판매)와 동조 제10호(유통표준코드)에 대한 용어의 정의로 이들은 산업통상자원부령(시행규칙)으로 정한다.

정답 03 ⑤ 04 ④

05 아래 글상자의 6시그마 실행 단계를 순서대로 바르게 나열한 것은?

> ㉠ 개선된 상태가 유지될 수 있도록 관리한다.
> ㉡ 핵심품질특성(CTQ)과 그에 영향을 주는 요인의 인과관계를 파악한다.
> ㉢ 현재 CTQ 충족 정도를 측정한다.
> ㉣ CTQ를 파악하고 개선 프로젝트를 선정한다.
> ㉤ CTQ의 충족 정도를 높이기 위한 방법과 조건을 찾는다.

① ㉣ - ㉡ - ㉢ - ㉤ - ㉠
② ㉤ - ㉣ - ㉢ - ㉡ - ㉠
③ ㉢ - ㉠ - ㉡ - ㉣ - ㉤
④ ㉣ - ㉢ - ㉡ - ㉤ - ㉠
⑤ ㉢ - ㉡ - ㉠ - ㉣ - ㉤

해설 6시그마는 1986년 모토로라에 의해 정립된 품질관리기법으로 1990년대 GE의 잭웰치가 이를 도입함으로써 더욱 중요한 품질관리기법으로 자리 잡았다. 6시그마를 실행하기 위한 단계로는 DMAIC이 있으며 이는 순차적으로 적용된다. 첫 단계는 핵심품질특성(CTQ)을 파악하는 단계인 Define(정의)로부터 시작하며, 현재 CTQ 충족 정도를 측정하는 Measure(측정), CTQ와 그에 영향을 주는 요인의 인과관계를 파악하는 Analyze(분석), CTQ의 충족 정도를 높이기 위한 개선단계인 Improve(개선), 개선된 상태가 유지될 수 있도록 관리하는 Control(통제) 단계를 순차적으로 적용하게 된다.

06 동기부여와 관련된 여러 가지 학설에 대한 설명으로 옳지 않은 것은?

① 매슬로우는 인간의 욕구를 생리적 욕구부터 자아실현의 욕구까지 총 5단계로 구분하여 설명하였다.
② 맥클리란드는 성장, 관계, 생존의 3단계로 구분하여 설명하였다.
③ 알더퍼의 경우 한 차원 이상의 욕구가 동시에 동기부여 요인으로 사용될 수 있다고 주장하였다.
④ 허쯔버그의 동기요인에는 승진가능성과 성장가능성이 포함된다.
⑤ 허쯔버그의 위생요인에는 급여와 작업조건이 포함된다.

해설 동기부여이론 중 성장, 관계, 생존의 3단계로 구분하여 설명한 ERG이론을 정립한 학자는 알더퍼(Alderfer)이며, 맥클리란드는 성취욕구이론을 주장하였다.

정답 05 ④ 06 ②

07 화인 표시의 종류와 설명의 연결이 옳지 않은 것은?

① 품질 표시(quality mark)는 내용품의 품질이나 등급을 표시한다.

② 주의 표시(care mark)는 내용물의 취급상 주의 사항을 표시한다.

③ 목적항 표시(destination mark)는 선적·양륙 작업을 용이하게 하고 화물이 잘못 배송되는 일이 없도록 목적항을 표시한다.

④ 수량 표시(case mark)는 포장 화물 안의 내용물의 총수량을 표시한다.

⑤ 원산지 표시(origin mark)는 관세법규에 따라 표시하는 수출물품의 원산지를 표시한다.

> **해설** 화인(Marking)이란 수출입화물의 식별을 위해 화물의 포장 외관에 주화인, 부화인, 목적항, 중량, 화물번호, 원산지, 품질마크, 주의 사항 등을 표시하는 것을 말한다. 화인에 수량은 표시되지 않는다.

08 물류합리화 방안의 하나인 포장 표준화에 관한 내용으로 옳지 않은 것은?

① 재료표준화 – 환경대응형 포장 재료의 개발

② 강도표준화 – 품목별 적정 강도 설정

③ 치수표준화 – 표준 팰릿(pallet)의 선정

④ 관리표준화 – 포장재 구매 기준 및 사후 관리 기준 제정

⑤ 가격표준화 – 물류여건에 대응하는 원가 절감형 포장법 개발

> **해설** 물류합리화 방안의 하나인 포장 표준화의 3요소는 규격(치수), 강도, 재료(재질)이며, 최근에는 관리를 포함하여 포장 표준화의 4요소로 구분하고 있다.

09 물류비를 분류하는 다양한 기준 중에서 지급형태별 물류비로만 옳게 나열된 것은?

① 조달물류비, 사내물류비, 역물류비

② 수송비, 보관비, 포장비

③ 자가물류비, 위탁물류비

④ 재료비, 노무비, 경비

⑤ 조업도별 물류비, 기타 물류비

정답 07 ④ 08 ⑤ 09 ③

기업물류비 산정지침 제7조에 따르면 지급형태별로는 다음과 같이 분류하고 있다.
1. 자가물류비는 자사의 설비나 인력을 사용하여 물류활동을 수행함으로써 소비된 비용을 말하며, 다시 재료비, 노무비, 경비, 이자의 항목으로 구분한다.
2. 위탁물류비는 물류활동의 일부 또는 전부를 타사에 위탁하여 수행함으로써 소비된 비용을 말하며, 물류자회사 지급분과 물류전문업체 지급분으로 구분한다.

10 제품수명주기 단계 중 성숙기에 사용할 수 있는 마케팅믹스 전략으로 옳지 않은 것은?

① 브랜드와 모델의 다양화   ② 경쟁사에 대응할 수 있는 가격
③ 브랜드 차별화와 편익을 강조한 광고   ④ 기본 형태의 제품 제공
⑤ 집중적 유통의 강화

 기본 형태의 제품 제공은 도입기에 해당하는 전략에 해당하며, 성숙기에는 다양한 제품과 브랜드 강화를 통해 경쟁기업과 차별화를 강조해야 한다.

11 제품이 고객에게 인도되기 전에 품질요건이 충족되지 못함으로써 발생하는 품질관리 비용으로 옳은 것은?

① 생산준비비용   ② 평가비용
③ 예방비용   ④ 내부실패비용
⑤ 외부실패비용

 품질관리에 있어 품질비용(costs of quality)은 제품을 처음부터 잘 만들지 않아 발생하는 비용이다. 이 중 예방비용은 제품이 생산되기 전 불량품질의 발생을 미연에 방지하기 위하여 발생하는 비용으로 품질계획, 품질교육, 신제품 설계 검토 등에 소요되는 비용을 말한다.

12 소매점에서 발생할 수 있는 각종 비윤리적 행동에 대한 대처방안으로 옳지 않은 것은?

① 소매점의 경우 공적비용과 사적비용의 구분이 모호할 수 있기에 공금의 사적 이용을 방지하기 위해 엄격한 규정이 필요하다.

② 과다 재고, 재고로스 발생을 허위로 보고하지 않도록 철저하게 확인해야 한다.

③ 협력업체와의 관계에서 우월적 지위 남용을 하지 않아야 한다.

④ 회사명의의 카드를 개인적으로 사용하는 행위를 사전에 방지해야 한다.

⑤ 큰 피해가 없다면 근무시간은 개인적으로 조정하여 활용한다.

> **해설** 최근 기업에서 발생하는 비윤리적 행동에 대한 사회적 공감대가 커지고 있다. 공금 또는 회사카드의 사적 유용(도덕적 해이), 허위보고, 우월적 지위의 남용(갑질) 등이 대표적이다. 반면 타당한 범위 내 근무시간의 개인적 조정은 근로자의 권리에 해당한다.

13 아래 글상자 내용 중 글로벌 유통산업 환경변화의 설명으로 옳은 것을 모두 고르면?

> ㉠ 유통시장 개방의 가속화
> ㉡ 주요 소매업체들의 해외 신규출점 증대 및 M&A를 통한 초대형화 추진
> ㉢ 선진국 시장이 포화되어 감에 따라 시장 잠재성이 높은 신규시장 발굴에 노력
> ㉣ 대형유통업체들은 해외시장 진출확대를 통해 성장을 도모

① ㉠, ㉡
② ㉠, ㉢
③ ㉠, ㉣
④ ㉡, ㉢, ㉣
⑤ ㉠, ㉡, ㉢, ㉣

> **해설** 유통시장 개방의 가속화, 해외 신규출점 증대 및 M&A를 통한 초대형화 추진, 시장 잠재성이 높은 신규시장 발굴 노력, 대형유통업체들의 해외시장 진출확대 등은 글로벌 유통산업의 주요 환경변화에 해당한다.

14 테일러의 기능식 조직(functional organization)에 대한 단점으로 옳지 않은 것은?

① 명령이 통일되지 않아 전체의 질서적 관리가 문란해지는 경우가 있다.

② 각 관리자가 담당하는 전문적 기능에 대한 합리적 분할이 실제상 용이하지 않다.

③ 일의 성과에 따른 보수를 산정하기 어렵다.

④ 상위자들의 마찰이 일어나기 쉽다.

⑤ 각 직원이 차지하는 직능이 지나치게 전문화되어 그 수가 많아지면 간접적 관리자가 증가된다.

> 정답 12 ⑤ 13 ⑤ 14 ③

기능식 조직은 부문화의 가장 기본적인 형태로 전체조직을 인사·생산·재무·회계·마케팅 등의 경영 기능을 중심으로 부문화한 조직형태이다. 이 조직의 장점은 부서별로 분업이 이루어짐에 따라 전문화를 촉진시켜 효율을 향상시키고, 관련된 활동을 부서화했기 때문에 개별부서 내의 조정이 용이하며, 직능별 전문화를 선택하여 성과 측정이 편리하다는 점이다. 반면 단점은 기업의 성장으로 인하여 규모가 확대되어 구조가 지나치게 복잡해지면 기업 전체의 의사결정이 지연되고, 기업 전반의 효율적인 관리·통제가 어려워진다는 점, 최고경영자에게 과다하게 업무가 집중된다는 점 등이 있다.

15 유통기업에 종사하는 종업원의 권리로 옳지 않은 것은?

① 일할 권리
② 근무시간 중에도 사생활을 보호받을 권리
③ 근무시간 이외의 시간은 자유의사에 따라 정치활동을 제외한 외부활동을 자유롭게 할 수 있는 권리
④ 안전한 작업장에서 근무할 수 있도록 요구할 권리
⑤ 노동조합을 결성하고 파업과 같은 단체 행동을 할 수 있는 권리

종업원은 근무시간 이외의 시간에는 자유의사에 따라 정치활동을 포함하여 외부활동을 자유롭게 할 수 있는 권리가 당연히 인정된다.

16 도매상의 혁신전략과 내용 설명이 옳지 않은 것은?

구분	혁신전략	내용
㉠	도매상의 합병과 매수	기존 시장에서의 지위확보, 다각화를 위한 전후방 통합
㉡	자산의 재배치	회사의 핵심사업 강화 목적, 조직의 재설계
㉢	회사의 다각화	유통다각화를 통한 유통라인 개선
㉣	전방과 후방통합	이윤과 시장에서의 지위강화를 위한 통합
㉤	자산가치가 높은 브랜드의 보유	창고 자동화, 향상된 재고관리

① ㉠   ② ㉡   ③ ㉢
④ ㉣   ⑤ ㉤

창고 자동화, 향상된 재고관리와 관련된 혁신전략은 자산가치가 높은 브랜드의 보유보다는 생산관리의 효율화 측면과 연관성이 높다.

정답 15 ③ 16 ⑤

17 유통경로 기능에 관한 설명으로 옳지 않은 것은?

① 교환과정의 촉진
② 소비자와 제조업체의 연결
③ 제품구색 불일치의 완화
④ 고객서비스 제공
⑤ 경로를 통한 유통기능의 제거

> **해설** 유통경로는 생산자와 소비자를 연결하는 기능을 하는 채널을 뜻한다. 따라서 경로를 통한 유통기능의 제거는 유통경로의 기능이 될 수 없다.

18 아래 글상자에서 설명하는 유통경영조직의 원칙으로 옳은 것은?

> 조직의 공통목적을 달성하기 위하여 각 부문이나 각 구성원의 충돌을 해소하고 조직 제 활동의 내적 균형을 꾀하고, 조직의 느슨한 부분을 조절하려는 원칙

① 기능화의 원칙
② 권한위양의 원칙
③ 명령통일의 원칙
④ 관리한계의 원칙
⑤ 조정의 원칙

> **해설** 유통경영조직의 원리 중 조정의 원리란, 조직 공동의 목표달성을 위해 집단 전체의 노력을 질서 있게 배열하고, 분화된 여러 부서의 활동들을 통합시키는 원리라 할 수 있다.

19 최상위 경영전략인 기업 수준의 경영전략으로 옳지 않은 것은?

① 새로운 시장에 기존의 제품으로 진입하여 시장을 확장하는 시장개발전략
② 기존 시장에 새로운 제품으로 진입하기 위한 제품개발전략
③ 경쟁사에 비해 우수한 품질의 제품을 제공하려는 차별화전략
④ 기존 제품의 품질 향상을 통해 시장점유율을 높이려는 시장침투전략
⑤ 기존 사업과 연관된 다른 사업을 인수하여 고객을 확보하려는 다각화전략

> **해설** I. Ansoff의 제품–시장확장그리드전략(시장침투전략, 시장개발전략, 제품개발전략, 다각화전략), 수직적 통합 및 기업인수합병 등은 기업 수준의 경영전략에 해당하며, 원가우위전략, 차별화전략, 집중화전략 등은 사업부 수준의 전략에 해당한다.

> **정답 17** ⑤ **18** ⑤ **19** ③

20 마이클 포터의 5가지 세력 모델과 관련한 설명으로 옳지 않은 것은?

① 과업 환경을 분석하는 것으로 이해관계자 분석이라고 할 수 있다.

② 산업 내 기업의 경쟁강도를 파악해야 한다.

③ 신규 진입자의 위험은 잠재적 경쟁업자의 진입 가능성으로 진입장벽의 높이와 관련이 있다.

④ 구매자의 교섭력과 판매자의 교섭력이 주요 요소로 작용한다.

⑤ 상호보완재의 유무가 중요한 경쟁요소로 작용한다.

> **해설** 마이클 포터의 5가지 세력 모델과 관련하여 상호보완재의 유무가 아니라 대체재의 위협이 경쟁요소에 해당한다.

21 아래 글상자 괄호 안에 들어갈 보관 원칙 정의가 순서대로 바르게 나열된 것은?

> • 출입구가 동일한 경우 입출하 빈도가 높은 상품을 출입구에서 가까운 장소에 보관하는 것은 (㉠)의 원칙이다.
> • 표준품은 랙에 보관하고 비표준품은 특수한 보관기기 및 설비를 사용하여 보관하는 것은 (㉡)의 원칙이다.

① ㉠ 유사성, ㉡ 명료성

② ㉠ 위치표시, ㉡ 네트워크 보관

③ ㉠ 회전대응 보관, ㉡ 형상 특성

④ ㉠ 명료성, ㉡ 중량 특성

⑤ ㉠ 동일성, ㉡ 유사성

> **해설** 보관의 원칙 중 회전대응 보관의 원칙은 회전율이 높은 상품, 즉 입출하 빈도가 높은 상품을 출입구에서 가까운 장소에 보관하는 것이 유리하다는 원칙이다. 또한 형상 특성의 원칙은 보관품의 형상이 박스나 파렛트형태 등 규격이 표준화된 경우 랙(rack)을 이용하고, 형상이 불규칙한 비표준품은 포대나 특수 용기를 이용하여 보관한다는 것이다.

정답 20 ⑤ 21 ③

22 도소매 물류서비스에서 고객서비스에 영향을 주는 요인에 대한 설명으로 옳지 않은 것은?

① 일반적으로 품목의 가용성은 발주량, 생산량, 재고비용 등을 측정하여 파악할 수 있다.

② 예상치 못한 특별주문에 대한 대처 능력은 비상조치 능력으로 파악할 수 있다.

③ 사전 주문 수량과 일치하는 재고 보유를 통해 결품을 방지하고 서비스 수준을 높일 수 있다.

④ 신뢰성은 리드타임과 안전한 인도, 정확한 주문이행 등에 의해 결정된다.

⑤ 고객과의 커뮤니케이션을 통해 고객 서비스 수준을 파악할 수 있다.

> **해설** 사전 주문 수량과 일치하는 재고 보유를 하는 경우 이후에 발생 가능한 추가적인 주문에 대응할 수 없으므로 기회비용이 발생할 수 있고, 이는 서비스 수준의 저하를 야기할 수 있다.

23 유통경영환경 분석을 위한 SWOT 분석 방법의 활용에 관한 설명으로 옳지 않은 것은?

① 기회를 최대화하고 위협을 최소화한 기업 자원의 효율적 사용이 목표이다.

② SO 상황에서는 강점을 적극적으로 활용한 시장기회 선점전략을 구사한다.

③ WT 상황에서는 약점을 보완하기 위해 투자를 대폭 강화한 공격적 전략을 구사한다.

④ WO 상황에서는 약점을 보완하여 시장의 기회를 활용할 수 있는 전략적 제휴를 실시한다.

⑤ ST 상황에서는 시장의 위협을 회피하기 위해 제품 확장전략을 사용한다.

> **해설** WT 상황은 내부적으로는 약점이, 외부적으로는 위협요인이 존재하는 기업환경이므로 위험을 회피하는 보수적인 전략을 취하는 것이 유리하다. 투자를 대폭 강화한 공격적 전략을 구사하는 상황은 SO에 해당한다.

24 증권이나 상품과 같은 기업의 자산을 미리 정해 놓은 기간에 정해 놓은 가격으로 사거나 파는 권리인 옵션과 관련된 설명으로 옳지 않은 것은?

① 행사 가격은 미래에 옵션을 행사할 때 주식을 구입하는 대가로 지불하는 금액이다.

② 매도자는 권리만 가지고 매입자는 의무만을 가지는 전형적인 비대칭적인 계약이다.

③ 일반적으로 무위험이자율이 커질수록 행사가격의 현재 가치는 작아진다.

④ 옵션의 종류로는 콜옵션과 풋옵션이 있다.

⑤ 배당금이 클수록 콜옵션의 가격은 낮아진다.

정답 22 ③ 23 ③ 24 ②

해설 옵션은 조건부청구권으로 옵션 구입 후 원하는 조건이 성립되는 경우에만 옵션을 행사하므로 일방에게 권리나 의무만 주어지는 비대칭계약에 해당하지는 않는다.

25 모바일 쇼핑의 주요한 특성으로 옳지 않은 것은?

① 스마트폰이 상용화되면서 모바일 쇼핑이 증가하게 되었다.
② 기존의 유통업체들도 진출하는 추세로 경쟁이 치열해졌다.
③ 가격과 함께 쉽고 편리한 구매환경에 대한 중요성도 높아졌다.
④ 스마트폰을 통해 가격을 검색하고 오프라인 매장에서 실물을 보고 구매하는 쇼루밍(showrooming)이 증가하고 있다.
⑤ 정기적인 구매가 이루어지는 생필품은 모바일 쇼핑의 대표적인 판매 품목 중 하나이다.

해설 스마트폰을 통해 가격을 검색하고 오프라인 매장에서 실물을 보고 구매하는 것을 역쇼루밍(reverse showrooming) 또는 웹루밍(webrooming)이라고 한다.

제2과목 상권분석(26~45)

26 경쟁점포가 상권에 미치는 일반적 영향에 관한 설명으로 가장 옳은 것은?

① 인접한 경쟁점포는 편의품점의 상권을 확장시킨다.
② 인접한 경쟁점포는 편의품점의 매출을 증가시킨다.
③ 인접한 경쟁점포는 선매품점의 상권을 확장시킨다.
④ 산재성입지에 적합한 업종일 때 인접한 경쟁점포는 매출 증가에 유리하다.
⑤ 집재성입지에 적합한 업종은 인접한 동일업종 점포가 없어야 유리하다.

해설 편의품점은 산재성점포의 입지 성격을 지니므로 인접한 경쟁점포는 상권 축소 및 매출 감소에 영향을 미친다. 반면 집재성점포는 동일 또는 유사 점포가 다수 인접한 경우 매출 등에 유리한 시너지효과가 발생한다.

정답 25 ④ 26 ③

27 상권을 규정하는 요인에 대한 설명으로 옳지 않은 것은?

① 상권이란 시장지역이라고도 할 수 있으며, 상권을 규정하는 요인에는 시간요인과 비용 요인이 있다.

② 시간요인 측면에서 봤을 때, 상품가치를 좌우하는 보존성이 강한 재화일수록 오랜 운송에 견딜 수 있으므로 상권이 확대된다.

③ 재화의 이동에서 사람을 매개로 하는 소매상권은 재화의 종류에 따라 비용이나 시간 사용이 달라지므로 상권의 크기가 달라진다.

④ 비용요인에는 생산비, 운송비, 판매비용 등이 포함되며 비용이 상대적으로 저렴할수록 상권은 축소된다.

⑤ 고가의 제품일수록 소비자는 많은 시간과 비용을 투입하므로 상권의 범위가 넓어진다.

해설 비용요인에는 생산비, 운송비, 판매비용 등이 포함되며 비용이 상대적으로 저렴할수록 상권은 확장된다.

28 상권에 대한 일반적인 설명으로 가장 옳지 않은 것은?

① 업종이나 취급하는 상품의 종류는 상권의 범위에 영향을 준다.

② 사회적, 행정적 요인 등의 기준에 의한 확정적 개념이기에 초기 설정이 중요하다.

③ 가격이 비교적 낮고 구매빈도가 높은 편의품의 경우 상권이 좁은 편이다.

④ 가격이 비교적 높고 수요빈도가 낮은 전문품의 경우 상권이 넓은 편이다.

⑤ 소자본 상권의 경우 유동인구가 많고 접근성이 높은 곳이 유리하다.

해설 사회적, 행정적 요인 등은 변동성을 지닌 개념에 해당한다. 예컨대 인근 지역에 지하철역 신설이 국토교통부 및 지방자치단체 협의로 결정되는 경우 향후 해당 지역의 상권은 많은 유동인구 발생으로 그 범위가 확대될 수 있다.

29 크기나 정도가 증가할수록 소매점포 상권을 확장시키는 요인으로서 가장 옳은 것은?

① 자연적 장애물 ② 인근 점포의 보완성

③ 배후지의 소득수준 ④ 배후지의 인구밀도

⑤ 취급상품의 구매빈도

정답 27 ④ 28 ② 29 ②

인근 점포의 보완성은 집재성점포 입지에 따른 장점에 해당하므로 그 크기나 정도가 증가할수록 소매점 포 상권을 확장시키는 요인에 해당한다. 반면 자연적 장애물은 상권 확장을 방해하는 축소요인에 해당하고, 취급상품의 구매빈도가 높거나 인구밀도가 높은 경우 일정 지역으로 상권의 범위가 좁아지는 편의품점 유형인 산재성점포에 해당한다. 배후지의 소득수준이 높은 고소득 지역이라는 것만으로는 상권의 범위를 확장시키는 요인에 해당하지는 않는다.

30 신규로 소매점포를 개점하기 위한 준비과정의 논리적 순서로서 가장 옳은 것은?

① 소매믹스설계 – 점포계획 – 상권분석 – 입지선정
② 소매믹스설계 – 상권분석 – 입지선정 – 점포계획
③ 점포계획 – 소매믹스설계 – 상권분석 – 입지선정
④ 상권분석 – 입지선정 – 소매믹스설계 – 점포계획
⑤ 상권분석 – 입지선정 – 점포계획 – 소매믹스설계

 신규로 소매점포를 개점하기 위해서는 우선 거시적으로 지역분석 및 상권분석이 이루어지고 이후 구체적으로 점포가 위치할 입지선정, 점포계획, 소매믹스설계 순으로 절차가 진행된다.

31 소매점포의 입지는 도로조건, 즉 해당 부지가 접하는 도로의 성격과 구조에 따라 영향을 받는다. 도로조건에 대한 일반적 평가로서 가장 옳지 않은 것은?

① 도로와의 접면 – 가로의 접면이 넓을수록 유리함
② 곡선형 도로 – 곡선형 도로의 커브 안쪽보다는 바깥쪽이 유리함
③ 도로의 경사 – 경사진 도로에서는 상부보다 하부가 유리함
④ 일방통행 도로 – 가시성과 접근성 면에서 유리함
⑤ 중앙분리대 – 중앙분리대가 있는 도로는 건너편 고객의 접근성이 떨어지기 때문에 불리함

 가시성과 접근성 면에서 유리한 도로 형태는 일방통행 도로보다는 양방향 또는 여러 방향으로 오픈되어 있는 4거리 교차로가 이에 해당된다.

정답 30 ⑤ 31 ④

32 점포를 이용하는 소비자나 점포 주변 거주자들로부터 자료를 수집하여 현재 영업 중인 점포의 상권범위를 파악하려는 조사기법으로 보기에 가장 적합하지 않은 것은?

① 점두조사   ② 내점객조사

③ 체크리스트(checklist)법   ④ 지역표본추출조사

⑤ CST(customer spotting techniques)

> **해설** 점포를 이용하는 소비자나 점포 주변 거주자들로부터 자료를 수집하여 상권분석을 하는 방법에는 점두조사, 내점객조사, CST map 등이 대표적이다. 한편 체크리스트(checklist)법은 대표적인 정성기법으로 상권의 규모에 영향을 미치는 요인들을 수집하여 이들에 대한 평가를 통해 시장 잠재력을 측정하는 방법이다. 즉, 특정 상권의 제반 특성을 여러 항목으로 구분하여 조사하고, 이를 바탕으로 신규점포의 개설 가능성 여부를 평가하는 방법이다.

33 점포입지의 매력성에 영향을 미치는 요인들을 상권요인과 입지요인으로 구분할 수 있다. 입지요인으로 가장 옳은 것은?

① 가구특성   ② 경쟁강도

③ 소득수준   ④ 인구특성

⑤ 점포면적

> **해설** 상권요인은 사회적, 경제적, 행정적 요인들을 포함하는 거시적인 요인이며, 입지요인은 해당 부지의 위치, 형태, 도로조건, 점포의 면적 등 구체적인 요인들이 해당한다.

34 소매입지 유형과 아래 글상자 속의 입지특성의 올바르고 빠짐없는 연결로서 가장 옳은 것은?

> ㉠ 고객흡인력이 강함
> ㉡ 점포 인근에 거주인구 및 사무실 근무자가 많음
> ㉢ 점포 주변 유동인구가 많음
> ㉣ 대형 개발업체의 개발계획으로 조성됨

① 백화점 - ㉠, ㉢, ㉣   ② 독립입지 - ㉠, ㉡, ㉣

③ 도심입지 - ㉠, ㉢, ㉣   ④ 교외 대형쇼핑몰 - ㉡, ㉢, ㉣

⑤ 근린쇼핑센터 - ㉠, ㉡, ㉣

정답 32 ③   33 ⑤   34 ①

점포 주변 유동인구가 많은 것은 도심입지(CBD)에 해당하며, 교외 대형쇼핑몰은 (노면)독립입지에 해당하며 다른 업체들과 지리적으로 떨어져서 교외 지역에 독립하여 입지하는 것을 말한다. 한편 근린쇼핑센터는 소비자와 가장 가까운 지역에서 일상의 욕구 충족을 위한 편리한 쇼핑 장소를 제공하도록 설계된 주거지역 인근 쇼핑센터를 뜻한다.

35 유통산업발전법(법률 제18310호, 2021. 7. 20., 타법개정)이 정한 "전통상업보존구역"에 "준대규모점포"를 개설하려고 할 때 개설등록 기한으로서 옳은 것은?

① 영업 개시 전까지
② 영업 개시 30일 전까지
③ 영업 개시 60일 전까지
④ 대지나 건축물의 소유권 또는 사용권 확보 전까지
⑤ 대지나 건축물의 소유권 또는 사용권 확보 후 30일 전까지

 유통산업발전법 제8조 제1항(대규모점포등의 개설등록 및 변경등록) : 대규모점포를 개설하거나 제13조의3에 따른 전통상업보존구역에 준대규모점포를 개설하려는 자는 영업을 시작하기 전에 산업통상자원부령으로 정하는 바에 따라 상권영향평가서 및 지역협력계획서를 첨부하여 특별자치시장·시장·군수·구청장에게 등록하여야 한다. 등록한 내용을 변경하려는 경우에도 또한 같다.

36 소비자가 상권 내의 세 점포 중에서 하나를 골라 어떤 상품을 구매하려고 한다. 세 점포의 크기와 점포까지의 거리는 아래의 표와 같다. Huff모형을 이용할 때, 세 점포에 대해 이 소비자가 느끼는 매력도의 크기가 큰 것부터 제대로 나열된 것은? (단, 소비자의 점포크기에 대한 민감도=1, 거리에 대한 민감도 모수=2로 계산)

점포	거리(km)	점포크기(제곱미터)
A	4	50,000
B	6	70,000
C	3	40,000

① A > C > B
② B > A > C
③ B > C > A
④ C > A > B
⑤ C > B > A

정답 35 ① 36 ④

점포	거리(km)	점포크기(제곱미터)	점포별 효용
A	4	50,000	$50,000 / 4^2 = 3,125$
B	6	70,000	$70,000 / 6^2 = 1,944$
C	3	40,000	$40,000 / 3^2 = 4,444$
총계			약 9,513

A = 3,125 / 9,513 = 0.329
B = 1,944 / 9,513 = 0.204
C = 4,444 / 9,513 = 0.467

37 대형마트, 대형병원, 대형공연장 등 대규모 서비스업종의 입지특성에 대한 아래의 내용 중에서 옳지 않은 것은?

① 대규모 서비스업은 나홀로 독자적인 입지선택이 가능하다.
② 상권 및 입지적 특성을 반영한 매력도와 함께 서비스나 마케팅력이 매우 중요하다.
③ 주로 차량을 이용하는 고객이 많고, 상권범위는 반경 2~3km 이상이라고 볼 수 있다.
④ 경쟁점이 몰려 있으면 상호보완효과가 높아지므로 경쟁력은 입지에 의해 주로 정해진다.
⑤ 대규모 서비스업은 유동인구에 의존하는 적응형 입지보다는 목적형 입지유형에 해당한다.

해설 대형마트, 대형병원, 대형공연장 등 대규모 서비스업종은 대표적인 산재성점포로 상호보완효과보다는 독자적인 입지가 유리하다.

38 지리학자인 크리스탈러(W. Christaller)의 중심지이론의 기본적 가정과 개념에 대한 설명으로 옳지 않은 것은?

① 중심지 활동이란 중심지에서 재화와 서비스가 제공되는 활동을 의미한다.
② 중심지에서 먼 곳은 재화와 서비스를 제공받지 못하게 된다고 가정한다.
③ 조사대상 지역은 구매력이 균등하게 분포하고 끝이 없는 등방성의 평지라고 가정한다.
④ 최소요구범위는 생산자가 정상이윤을 얻을 만큼 충분한 소비자들을 포함하는 경계까지의 거리이다.
⑤ 중심지이론은 인간의 각종 활동공간이 어떤 핵을 중심으로 배열되어 있다는 인식에서 비롯되었다.

정답 37 ④ 38 ②

> 해설 중심지이론에서 중심지 기능의 최대 도달거리(range)란 중심지가 수행하는 상업적 기능이 배후지에 제공될 수 있는 최대(한계)거리로, 중심지에서 멀더라도 그 범위까지는 중심지에서 재화와 서비스가 제공된다.

39 대형 쇼핑센터의 주요 공간구성요소에 대한 설명으로서 가장 옳은 것은?

① 지표(landmark) – 경계선이며 건물에서 꺾이는 부분에 해당
② 선큰(sunken) – 길찾기를 위한 방향성 제공
③ 결절점(node) – 교차하는 통로의 접합점
④ 구역(district) – 지하공간의 쾌적성과 접근성을 높임
⑤ 에지(edge) – 공간과 공간을 분리하여 영역성을 부여

> 해설 ① 지표(landmark) – 길찾기를 위한 방향성 제공
> ② 선큰(sunken) – 지하공간의 쾌적성과 접근성을 높임
> ④ 구역(district) – 공간과 공간을 분리하여 영역성을 부여
> ⑤ 에지(edge) – 경계선이며 건물에서 꺾이는 부분에 해당

40 소매점의 상권분석은 점포를 신규로 개점하는 경우에도 필요하지만 기존 점포의 경영을 효율화하려는 목적으로도 다양하게 활용될 수 있다. 상권분석의 주요 목적으로 보기에 가장 연관성이 떨어지는 것은?

① 소매점의 경영성과를 반영한 점포의 위치이동, 면적확대, 면적축소 등으로 인한 매출변화를 예측할 수 있다.
② 다점포를 운영하는 체인업체가 특정 상권 내에서 운영할 수 있는 적정 점포 수를 파악할 수 있다.
③ 소매점을 이용하는 소비자들의 인구통계적 특성들을 파악하여 보다 성공적인 소매전략을 수립하는 데 도움을 준다.
④ 소매점을 둘러싸고 있는 상권 내외부의 소비자를 상대로 하는 촉진활동의 초점이 명확해질 수 있다.
⑤ 상품제조업체와의 공급체인관리(SCM)를 개선하여 물류비용을 절감할 수 있는 정보를 얻을 수 있다.

> 해설 일반적으로 상권분석의 목적은 ㉠ 상권분석을 통한 특정 지점에서의 입지선정계획 및 임대료 수준 파악, ㉡ 마케팅 광고·홍보 전략수립 및 잠재경쟁자의 입점가능성 분석(경쟁자분석), ㉢ 배후지 소비자들의 구매력 분석을 통한 예상 매출액 추정 및 라이프 스타일 분석, ㉣ 경쟁점포와의 양립성 및 차별성 분석, ㉤ 업종선택의 기준 마련을 위한 것이다.
> ⑤의 공급체인관리(SCM)를 개선하여 물류비용의 절감과 관련된 것은 물류관리의 목적에 가깝다.

정답 39 ③ 40 ⑤

41 점포의 매매나 임대차 시 필요한 점포 권리분석을 위해서 공부서류를 이용할 수 있다. 이들 공부서류와 확인 가능한 내용의 연결이 옳지 않은 것은?

① 지적도 - 토지의 모양과 경계, 도로 등을 확인할 수 있음
② 등기사항전부증명서 - 소유권 및 권리관계 등을 알 수 있음
③ 건축물대장 - 건물의 면적, 층수, 용도, 구조 등을 확인할 수 있음
④ 토지초본 - 토지의 소재, 지번, 지목, 면적 등을 확인할 수 있음
⑤ 토지이용계획확인서 - 토지를 규제하는 도시계획 상황을 확인할 수 있음

> **해설** 토지의 소재, 지번, 지목, 면적 등을 확인할 수 있는 공부서류는 토지대장에 해당한다.

42 상권분석 과정에 활용도가 큰 지리정보시스템(GIS)에 관한 설명으로서 가장 옳지 않은 것은?

① 지도작성체계와 데이터베이스관리체계의 결합으로 상권분석의 유용한 도구가 되고 있다.
② 데이터베이스와 함께 활용하기 위해 수치지도보다는 디지털지도가 필요하다.
③ 지도상에 지리적인 형상을 표현하고 데이터의 값과 범위를 지리적인 형상에 할당하고 지도를 확대·축소하는 기능을 위상이라 한다.
④ 빅데이터를 활용하는 지리정보시스템(GIS)과 고객관계관리(CRM)의 합성어인 "gCRM"을 활용하기도 한다.
⑤ 속성정보를 요약하여 표현한 지도를 작성하며, 점, 선, 면의 형상으로 주제도를 작성하기도 한다.

> **해설** ② 상권분석 과정에 지리정보시스템(GIS)을 활용하기 위해서는 수치지도뿐만 아니라 디지털지도가 필요하다.
> ③ 위상(topology)이란 개별 지도형상에 대해 위도와 경도 좌표체계를 기반으로 지도형상과 비교하여 상대적인 위치를 알 수 있는 기능을 뜻한다.

정답 41 ④ 42 ②, ③

43 상권분석 과정에서 점포의 위치와 해당 점포를 이용하는 소비자의 분포를 공간적으로 표현할 때 보편적으로 관찰되는 거리감소효과(distance decay effect)에 대한 설명으로 옳지 않은 것은?

① 고객점표(CST) 지도를 이용하면 쉽게 관찰할 수 있다.

② 거리조락현상 또는 거리체증효과라고도 한다.

③ 거리 마찰에 따른 비용과 시간의 증가 때문에 나타난다.

④ 유사점포법, 회귀분석법을 이용하여 확인할 수 있다.

⑤ 점포로부터 멀어질수록 고객의 밀도가 낮아지는 경향을 말한다.

> **해설** 거리감소효과(distance decay effect)는 거리에 따라 효용이 감소하는 현상으로, 거리조락현상 또는 거리체감효과라고 한다. 이는 한 지점에서 다른 지점으로 이동할 때, 이동수단에 따라 이동하고자 하는 의지(willingness-to-travel)가 달라짐을 의미한다.

44 아래 글상자의 내용에서 말하는 장단점은 어떤 형태의 소매점포 출점에 대한 내용인가?

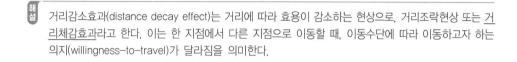

장점	단점
• 직접 소유로 인한 장기간 영업 • 영업상의 신축성 확보 • 새로운 시설 확보 • 구조 및 설계 유연성	• 초기 고정투자부담이 큼 • 건설 및 인허가기간 소요 • 적당한 부지 확보 어려움 • 점포 이동 등 입지변경 어려움

① 기존건물에 속한 점포임대 ② 기존건물 매입
③ 부지매입 건물신축 ④ 기존건물의 점포매입
⑤ 신축건물 임대

> **해설** 출점을 위해 부지매입 후 건물을 신축하는 경우 직접 소유에 따른 영업의 유연성이 높아지고 구조 및 설계가 자유로운 장점이 있으나, 초기 투자비용이 많이 들고 한 번 입지가 결정되면 입지변경이 어려운 단점이 공존한다.

정답 43 ② 44 ③

45 확률적으로 매출액이나 상권의 범위를 예측하는 상권분석 기법들에서 이론적 근거로 이용하고 있는 Luce의 선택공리와 관련이 없는 것은?

① 공간상호작용모델(SIM)은 소매점의 상권분석과 입지 의사결정에 이용하는 근거가 된다.

② 특정 선택대안의 효용이 다른 대안보다 높을수록 선택될 확률이 높다고 가정한다.

③ 어떤 대안이 선택될 확률은 그 대안이 갖는 효용을 전체 선택대안들이 가지는 효용의 총합으로 나눈 값과 같다고 본다.

④ 소비자가 어느 점포에 대해 느끼는 효용이 가장 크더라도 항상 그 점포를 선택하지 않을 수 있다고 인식한다.

⑤ Reilly의 소매중력모형, Huff모형, MNL모형은 Luce의 선택공리를 근거로 하는 대표적 상권분석 기법들이다.

> **해설** Huff모형, MNL모형은 Luce의 선택공리를 근거로 하는 대표적 상권분석 기법에 해당하는 반면, Reilly의 소매중력모형은 규범적 기법으로 중력모형에 해당한다.

제3과목 유통마케팅(46~70)

46 광고 매체를 선정할 때 고려해야 할 여러 가지 요인에 대한 설명으로 옳지 않은 것은?

① 도달범위(reach)란 일정기간 동안 특정 광고에 적어도 한 번 이상 노출된 청중의 수 또는 비율을 말한다.

② GRP(gross rating points)란 광고효과를 계량화하여 측정하기 위한 기준으로 보통 시청자들의 광고인지도를 중심으로 측정한다.

③ 광고스케줄링이란 일정기간 동안 광고예산을 어떻게 배분하여 집행할 것인가에 대한 결정이다.

④ 도달빈도(frequency)란 일정기간 동안 특정 광고가 한 사람에게 노출된 평균 횟수를 말한다.

⑤ CPRP(cost per rating points)란 매체비용을 시청률로 나눈 비용이라 할 수 있다.

> **해설** GRP는 광고의 총접촉률을 뜻하며, 특정 광고 스케줄에 노출된 총접촉률 또는 중복된 시청자 수를 의미하는 것이다. GRP는 통상적으로 접촉비율(광고접촉자 / 전체대상)에 접촉빈도와의 곱으로 계산한다.

정답 45 ⑤ 46 ②

47 매장 레이아웃(layout)에 대한 설명으로 가장 옳지 않은 것은?

① 격자형 배치는 고객이 매장 전체를 둘러보고 자신이 원하는 상품을 쉽게 찾을 수 있게 한다.

② 격자형 배치는 다른 진열방식에 비해 공간효율성이 높고 비용면에서 효과적이다.

③ 경주로형 배치는 고객들이 다양한 매장의 상품을 볼 수 있게 하여 충동구매를 유발할 수 있다.

④ 자유형 배치는 규모가 작은 전문매장이나 여러 개의 소규모 전문매장이 있는 대형점포의 배치 방식이다.

⑤ 자유형 배치는 고객들이 주 통로를 지나다니면서 다양한 각도의 시선으로 상품을 살펴볼 수 있다.

> **해설** 자유형 배치는 통로를 따라 원형, 타원형, U자형 등 불규칙한 비대칭 배열을 구성함으로써 쇼핑의 즐거움과 충동구매를 유발하는 배치형태에 해당한다.

48 전략적 CRM(customer relationship management)의 적용 과정으로서 가장 옳지 않은 것은?

① 정보관리과정
② 전략 개발과정
③ 투자 타당성 평가 과정
④ 가치창출 과정
⑤ 다채널 통합과정

> **해설** 전략적 CRM이란 고객과의 장기적 관계 형성 및 고객생애가치(CLV) 극대화를 달성하기 위해 데이터베이스를 구축하고 다양한 온·오프 유통채널을 활용하는 전략을 의미한다. 따라서 투자 타당성과는 거리가 먼 개념에 해당한다.

49 도매상의 마케팅믹스 전략에 관한 설명으로 가장 옳지 않은 것은?

① 소매상이나 제조업자와 마찬가지로 거래규모나 시기에 따른 가격할인 또는 매출 증대를 위한 가격인하 등의 가격변화를 시도하기도 한다.

② 제조업자가 제공하는 촉진물과 촉진프로그램을 적극 활용할 뿐만 아니라 자체적인 촉진프로그램의 개발을 통해 고객인 소매상을 유인하여야 한다.

③ 도매상은 소매상에게 제공해야 할 제품구색과 서비스 수준을 결정해야 한다.

④ 도매상은 최종소비자를 대상으로 영업활동을 하는 것이기 때문에 점포와 같은 물리적인 시설에 비용투자를 해야 한다.

⑤ 일반적으로 도매상은 소요비용을 충당하기 위해 원가에 일정비율을 마진으로 가산하는 원가중심가격결정법을 사용한다.

> 정답 47 ⑤ 48 ③ 49 ④

> **해설** 최종소비자를 대상으로 영업활동을 하는 상인은 소매상에 해당한다. 도매상은 다른 상인을 대상으로 판매활동을 영위하는 상인을 뜻한다.

50 소매업체들의 서비스 마케팅 관리를 위한 서비스 마케팅믹스(7P)로 옳지 않은 것은?

① 장소(place)
② 가능 시간(possible time)
③ 사람(people)
④ 물리적 환경(physical evidence)
⑤ 과정(process)

> **해설** 서비스 마케팅믹스(7P)는 마케팅믹스(4P)인 product, price, place, promotion에 서비스와 관련된 3P인 people, process, physical evidence를 합한 것을 말한다.

51 머천다이징의 개념에 관한 설명 중 가장 옳지 않은 것은?

① 소매점포가 소비자들의 특성에 적합한 제품들을 잘 선정해서 매입하고 진열하는 것이다.
② 소매업체가 좋은 제품을 찾아서 좋은 조건에 매입해서 진열하는 것과 관련된 모든 것을 말한다.
③ 고객의 니즈를 만족시킬 뿐만 아니라 수요를 적극적으로 창출하기 위한 상품화계획을 의미한다.
④ 제품계획 혹은 상품화활동은 상품의 시장성을 향상시킬 수 있는 계획활동이다.
⑤ 제품 및 제품성과에 대한 소비자들의 지각과 느낌을 상징한다.

> **해설** 머천다이징이란 신제품과 관련된 모든 상품화계획을 의미한다. 따라서 고객의 니즈에 부합하는 신제품의 기획 또는 매입, 매장입지의 선정, 매장에 적합한 제품의 선정, 디스플레이와 같은 실질적인 마케팅활동이 모두 포함된다.

52 구매자들을 라이프 스타일 또는 개성과 관련된 특징들을 근거로 서로 다른 시장으로 세분화하는 것을 지칭하는 개념으로 옳은 것은?

① 지리적 세분화
② 인구통계적 세분화
③ 행동적 세분화
④ 심리묘사적 세분화
⑤ 시장형태의 세분화

정답 50 ② 51 ⑤ 52 ④

라이프 스타일 또는 개성은 심리묘사적 세분화 요인에 해당한다. 지리적 세분화 요인는 지역, 기후, 인구 밀도 등이 해당하며, 인구통계적 세분화 요인에는 연령, 성별, 구성원의 수, 직업, 종교, 교육 등이 해당한다. 또한 행동적 세분화 요인에는 애호도, 구매빈도, 사용상황 등이 해당한다.

53 제품믹스(product mix) 또는 제품포트폴리오(product portfolio)의 특성 중에서 "제품라인 내 제품품목(product item)의 수"를 일컫는 말로 옳은 것은?

① 제품믹스의 깊이(product mix depth)

② 제품믹스의 폭(product mix width)

③ 제품믹스의 일관성(product mix consistency)

④ 제품믹스의 길이(product mix length)

⑤ 제품믹스의 구성(product mix composition)

 제품라인 내 제품품목(product item)의 수는 제품믹스의 깊이를 의미한다. 제품믹스의 폭은 제품라인의 다양성을 뜻하며, 제품믹스의 길이는 제품믹스의 넓이와 깊이의 총합을 말한다.

54 아래 글상자의 (㉠)과 (㉡)에 들어갈 용어로 가장 옳은 것은?

> 유통경로에서의 수직적 통합에는 두 가지 유형이 있다. (㉠)은(는) 제조회사가 도·소매업체를 소유하거나 도매상이 소매업체를 소유하는 것과 같이 공급망의 상류 기업이 하류의 기능을 통합하는 것이다. 반면 (㉡)은 도·소매업체가 제조기능을 수행하거나 소매업체가 도매기능을 수행하는 것과 같이 공급망의 하류에 위치한 기업이 상류의 기능까지 통합하는 것이다.

① ㉠ 후방통합,   ㉡ 전방통합

② ㉠ 전방통합,   ㉡ 후방통합

③ ㉠ 경로통합,   ㉡ 전방통합

④ ㉠ 전략적 제휴, ㉡ 후방통합

⑤ ㉠ 전략적 제휴, ㉡ 경로통합

유통경로의 수직적 통합에 대한 물음으로, 제조기업을 중심으로 도매상, 소매상 등 유통기관을 통합하는 것을 전방통합이라 하고, 반대로 유통 기관이 상위의 제조기업 등을 통합하는 것을 후방통합이라 한다.

정답 53 ① 54 ②

55 아래 글상자의 내용과 관련하여 가장 옳지 않은 것은?

> ㉠ 기존 자사 제품을 통해 기존 시장에서 매출액이나 시장점유율을 높이기 위한 전략이다.
> ㉡ 두 개 이상의 소매업체 간의 자원을 공동으로 이용하여 소유권, 통제권, 이익이 공유
> 되는 새로운 회사를 설립할 때 활용하는 전략이다.
> ㉢ 기존의 제품으로 새로운 유통경로를 개척하여 시장을 확장하는 전략이다.

① ㉠은 소매업체의 성장전략 중 시장침투전략에 대한 설명이다.
② ㉠은 자사 점포에서 쇼핑하지 않은 고객을 유인하거나 기존고객들이 더 많은 상품을
구매하도록 유인하는 전략이다.
③ ㉡은 위험이 낮고 투자가 적게 요구되는 전략이지만, 가맹계약 해지를 통해 경쟁자가
되는 위험을 가지고 있다.
④ ㉡은 소매업체가 해외시장에 진출할 때 활용되는 진입 전략 중 하나이다.
⑤ ㉢은 새로운 시장에서 기존 소매업태를 이용하는 성장전략이다.

> **해설** Ⅰ. Ansoff의 제품-시장확장그리드에 의하면, ㉠은 시장침투전략, ㉢은 시장개발전략에 해당하며, ㉡은
> 수평적 통합에 대한 설명에 해당한다. 따라서 수평적 통합의 경우 2 이상의 소매업체들이 통합하게 되므
> 로 투자지분만큼의 위험을 감수해야 하며, 계약해지 시 발생할 수 있는 리스크를 방지하기 위해 정관
> 또는 계약서 등에 의해 특약사항을 기재한다.

56 로열티 프로그램으로 가장 옳지 않은 것은?

① 구매액에 따라 보너스 점수를 부여하거나 방문 수에 따라 스탬프를 모으게 하는 스탬
프 제도
② 상품구매자를 대상으로 여러 혜택을 얻을 수 있는 프로그램에 가입하게 하는 회원제도
③ 20%의 우량고객에 집중해 핵심고객에게 많은 혜택이 부여되는 마케팅 프로그램 기획
및 운영
④ 동일 기업 내 다수의 브랜드의 통합 또는 이종기업 간의 제휴를 통한 통합 포인트 적립
프로그램
⑤ 기업의 자선활동 및 공익프로그램과의 연계를 통한 사회문제해결 및 공유가치 창출 프
로그램

> **해설** 로열티는 제품브랜드에 대한 고객충성도를 의미하는 용어로 ①~④는 고객충성도를 높이기 위한 프로모
> 션을 설명하고 있다. 반면 ⑤는 기업의 사회적 책임(CSR)에서 한 단계 더 발전한 개념인 기업의 공유가
> 치(CSV : Creativity Shared Value)를 설명하고 있다.

정답 55 ③ 56 ⑤

57 시각적 머천다이징에 대한 아래의 설명 중에서 가장 옳지 않은 것은?

① 점포 내외부 디자인도 포함하는 개념이지만 핵심개념은 매장 내 전시(display)를 중심으로 한다.

② 상품과 판매환경을 시각적으로 연출하고 관리하는 일련의 활동을 말한다.

③ 상품과 점포 이미지가 일관성을 유지할 수 있게 진열하는 것이 중요하다.

④ 시각적 머천다이징의 요소로는 색채, 재질, 선, 형태, 공간 등을 들 수 있다.

⑤ 상품의 잠재적 이윤보다는 인테리어 콘셉트 및 전체적 조화 등을 고려하여 이루어진다.

> **해설** 시각적 머천다이징(Visual Merchandizing)은 점포 내외부 디자인과 디스플레이를 포함하여 상품과 판매환경을 시각적으로 연출하고 관리하는 개념으로, 상품의 잠재적 이윤뿐만 아니라 인테리어 콘셉트 및 전체적 조화 등을 고려하여 이루어진다.

58 아래 글상자의 괄호 안에 들어갈 소매업 발전이론으로 옳은 것은?

> (   )은 소매시스템에서 우세한 소매업태가 취급하는 상품계열 수의 측면에서 현대 상업시스템의 진화를 설명하는 이론으로 소매상은 제품구색이 넓은 소매업태에서 전문화된 좁은 제품구색의 소매업태로 변화되었다가 다시 넓은 제품구색의 소매업태로 변화되는 과정을 설명하고 있다.

① 소매아코디언이론(retail accordion theory)

② 소매수명주기이론(retail life cycle theory)

③ 소매차륜이론(the wheel of retailing theory)

④ 변증법적 이론(dialectic theory)

⑤ 진공지대이론(vacuum zone theory)

> **해설** ② 소매수명주기이론은 소매업태의 발전이 도입기, 성장기, 성숙기, 쇠퇴기 등의 단계를 거친다는 이론이다.
> ③ 소매차륜이론은 최초의 소매업태이론으로 진입단계에서는 저가격, 저서비스, 저마진의 특징을, 성장단계에서는 고가격, 고서비스, 고마진의 특징을 보이다가 새로운 소매업태의 등장으로 쇠퇴한다는 이론이다.
> ④ 변증법적 이론은 정-반-합의 모형으로, 서로 다른 경쟁적인 소매업태가 각자의 경쟁우위요인을 수용하여 결국 서로의 특성이 화합된 새로운 소매업태로 발전한다는 이론이다.
> ⑤ 닐슨이 주장한 진공지대이론은 원래의 가격과 서비스 수준을 제공하던 양극단의 점포의 특색이 없어지고 중간영역에 위치하고자 하는데, 그 영역을 진공지대라 칭한다.

정답 57 ⑤ 58 ①

59 제품에 맞는 판매기법으로 가장 옳지 않은 것은?

① 편의품은 입지 조건에 따라 판매가 크게 좌우되므로 접근이 더 용이하도록 배달서비스 제공을 고려할 필요가 있다.

② 편의품은 보다 풍요로운 생활과 즐거움을 제공하는 제품으로 스타일과 디자인을 강조한다.

③ 선매품의 경우 고객의 질문에 충분히 답할 수 있는 판매원의 교육 훈련이 필요하다.

④ 선매품은 패션성이 강하기 때문에 재고가 누적되지 않도록 시의적절한 판촉을 수행한다.

⑤ 전문품은 전문적이고 충분한 설명을 통해 소비자의 구매의욕을 충분히 자극시켜야 한다.

> **해설** 편의품은 일상용품으로 편의성과 실용성이 강조되는 반면, 스타일과 디자인이 강조되는 소비재는 선매품에 해당한다.

60 옴니채널(omni-channel)의 특징으로 옳지 않은 것은?

① 독립적으로 운영되던 채널들이 유기적으로 통합되어 서로의 부족한 부분을 메워주는 보완적 관계를 갖는다.

② 채널 간의 불필요한 경쟁은 온·오프라인의 판매실적을 통합함으로써 해결한다.

③ 동일한 제품을 온라인이나 오프라인에 상관없이 동일한 가격과 프로모션으로 구매할 수 있다.

④ 온·오프라인의 재고관리 시스템을 일원화할 수 있다.

⑤ 동일한 기업으로부터 공급받은 제품을 매장별로 독특한 마케팅 프로그램을 활용하여 판매한다.

> **해설** 옴니채널(omni-channel)이란 인터넷, 모바일, 카탈로그, 오프라인 매장 등 다양한 유통채널을 유기적으로 결합해 고객 경험을 극대화하는 쇼핑환경을 뜻한다.

61 고객의 개인정보 보호에 관한 내용으로 가장 옳지 않은 것은?

① 고객정보를 제3자에게 제공하거나 제공받은 목적 외의 용도로 이용해서는 안 된다.

② 고객은 개인정보수집, 이용, 제공 등에 대해 동의 철회 및 정정을 요구할 수 있다.

③ SMS 광고 전송 시 전송자의 명칭을 표시하고, 수신거부 의사를 표현할 수 있게 해야 한다.

④ 경품응모권을 통해 수집한 개인정보는 보유 및 이용기간의 제한이 없기 때문에 영구적인 이용이 가능하다.

⑤ 오후 9시부터 아침 8시까지는 별도의 동의 없이 광고를 전송해서는 안 된다.

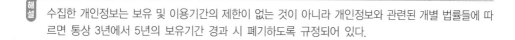 수집한 개인정보는 보유 및 이용기간의 제한이 없는 것이 아니라 개인정보와 관련된 개별 법률들에 따르면 통상 3년에서 5년의 보유기간 경과 시 폐기하도록 규정되어 있다.

62 CRM과 eCRM을 비교하여 설명한 내용으로 가장 옳은 것은?

① CRM과 달리 eCRM은 원투원마케팅(one-to-one marketing)과 데이터베이스마케팅 활용을 중시한다

② CRM과 달리 eCRM은 고객 개개인에 대한 차별적 서비스를 실시간으로 제공한다.

③ eCRM과 달리 CRM은 고객접점과 커뮤니케이션 경로의 활용을 중시한다.

④ eCRM과 달리 CRM은 고객서비스 개선 및 거래활성화를 위한 고정고객 관리에 중점을 둔다.

⑤ CRM과 eCRM 모두 데이터 마이닝 등 고객행동분석의 전사적 활용을 추구한다.

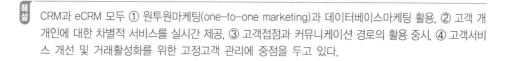 CRM과 eCRM 모두 ① 원투원마케팅(one-to-one marketing)과 데이터베이스마케팅 활용, ② 고객 개개인에 대한 차별적 서비스를 실시간 제공, ③ 고객접점과 커뮤니케이션 경로의 활용 중시, ④ 고객서비스 개선 및 거래활성화를 위한 고정고객 관리에 중점을 두고 있다.

정답 61 ④ 62 ⑤

63 아래 글상자의 조사 내용 중에서 비율척도로 측정해야 하는 요소만을 나열한 것으로 옳은 것은?

> ㉠ 구매자의 성별 및 직업　　　　㉡ 상품 인기 순위
> ㉢ 타깃고객의 소득구간　　　　　㉣ 소비자의 구매확률
> ㉤ 충성고객의 구매액　　　　　　㉥ 매장의 시장점유율

① ㉠, ㉡, ㉢　　　　　　　　② ㉢, ㉣, ㉤

③ ㉣, ㉤, ㉥　　　　　　　　④ ㉡, ㉣, ㉥

⑤ ㉢, ㉤, ㉥

 비율척도는 등간척도가 갖는 특성에 추가적으로 측정값 사이의 비율계산이 가능한 척도로서, 절대 영점이 존재하며, 사칙연산이 가능하고 정보의 수준이 가장 높은 척도로 매출액, 구매확률, 시장점유율, 소득 등의 측정에 활용된다.
㉠ 구매자의 성별 및 직업은 명목척도, ㉡ 상품 인기 순위는 서열척도, ㉢ 타깃고객의 소득구간은 등간척도(구간척도)를 통해 측정한다.

64 다단계 판매에 대한 설명으로 옳지 않은 것은?

① 고객과 대면접촉을 통해 상품을 판매하는 인적판매의 일종이다.

② 유통마진을 절감시킬 수 있다.

③ 고정 인건비가 발생하지 않는다.

④ 매출 증가에 따라 조직이 비대해지는 단점이 있다.

⑤ 점포 판매에 비해 훨씬 더 적극적으로 시장을 개척해 나갈 수 있다.

 다단계 판매법은 소비자가 제품 구매 이후 판매원이 되는 영업방식으로 광고비, 유통마진을 줄여 상품 가격이 인하되는 효과를 갖는다. 또한 개인단위의 네트워크조직으로 구성되므로 조직이 비대해지는 단점은 발생하지 않는다.

65 소매업체 입장에서 특정 공급자의 개별품목 또는 재고관리 단위를 평가하는 방법으로 가장 옳은 것은?

① 직접제품이익　　　　　　　② 경로 구성원 성과평가

③ 평당 총이익　　　　　　　④ 상시 종업원당 총이익

⑤ 경로 구성원 총자산 수익률

정답 63 ③　64 ④　65 ①

제품별 직접이익(DPP : Direct Product Profit, 직접제품이익)은 소매업체의 제품 성과를 평가하는 중요한 측정 도구 중의 하나이며, 경로 구성원이 취급하는 개별 제품의 수익성을 평가하는 지표이다.

66 아래 글상자에서 설명하는 경로 구성원들 간의 갈등이 발생하는 원인으로 가장 옳은 것은?

> 소비자 가격을 책정할 때 대규모 제조업체는 신속한 시장침투를 위해 저가격을 원하지만, 소규모 소매업자들은 수익성 증대를 위해 고가격을 원함으로써 갈등이 발생할 수 있다.

① 경로 구성원의 목표들 간의 양립불가능성
② 마케팅 과업과 과업수행 방법에 대한 경로 구성원들 간의 의견 불일치
③ 경로 구성원들 간의 현실을 지각하는 차이
④ 경로 구성원들 간의 파워 불일치
⑤ 경로 구성원들 간의 품질 요구 불일치

 제조업체는 신속한 시장침투 및 시장점유율 제고를 위해 저가격정책을 선호하는 반면, 소매업자 측면에서는 수익성 증대를 위해 고가격을 원하는바 이는 경로 구성원들 간 목표 불일치에 의한 갈등이라 할 수 있다.

67 원가가산법(cost plus pricing)에 의한 가격책정에 관한 설명으로 가장 옳지 않은 것은?

① 제품의 원가에 일정률의 판매수익률(또는 마진)을 가산하여 판매가격을 결정하는 방법을 말한다.
② 단위당 변동비, 고정비, 예상판매량, 판매수익률을 바탕으로 산출할 수 있다.
③ 예상판매량이 예측 가능한 경우 주로 사용하는 방법이다.
④ 생산자 입장에서 결정되는 가격이므로 소비자에게 최종적으로 전달되는 가격과는 차이가 있다.
⑤ 가격변화가 판매량에 큰 영향을 미치지 않거나 기업이 가격을 통제할 수 있는 경우에 효과적이다.

원가가산법(cost plus pricing)에 의한 가격책정은 예상판매량 예측이 불가능한 경우 주로 사용하는 방법에 해당한다.

정답 66 ① 67 ③

68 아래 글상자의 내용에 해당되는 마케팅조사 기법으로 가장 옳은 것은?

> 제품 서비스 등의 대안들에 대한 소비자의 선호 정도로부터, 소비자가 각 속성에 부여하는 상대적 중요도와 속성 수준의 효용을 추정하는 분석방법

① t-검증　　　　　　　　　　　② 분산분석
③ 회귀분석　　　　　　　　　　④ 컨조인트분석
⑤ 군집분석

> **해설** 컨조인트분석은 어떤 제품이나 서비스에 대해서 여러 대안이 있을 경우, 그 대안들에 부여하는 소비자들의 선호도를 조사하고 소비자가 각 속성들에 부여하는 상대적 중요도와 각 속성 수준의 효용을 측정하여 신제품개발 시 활용하는 방법이다. 이는 제품 속성의 중요도 파악 및 시장세분화에 의한 고객 특성 파악을 통해 신제품 아이디어를 도출하고, 가장 선호도가 높은 제품을 결정하기 위한 목적으로 이용된다.

69 매장의 내부 환경요소로 가장 옳지 않은 것은?

① 매장의 입출구와 주차시설　　② 매장의 색채와 조명
③ 매장의 평면배치　　　　　　　④ 매장의 상품진열
⑤ 매장의 배경음악 및 분위기

> **해설** 매장의 입출구와 주차시설은 대표적인 매장의 외부 환경요소에 해당한다.

70 종적인 공간효율을 개선시키고 진열선반의 높이가 낮을 때는 위에서 아래로 시선을 유도하는 페이싱 방법으로 가장 옳은 것은?

① 페이스 아웃(face out)　　　　② 슬리브 아웃(sleeve out)
③ 쉘빙(shelving)　　　　　　　 ④ 행깅(hanging)
⑤ 폴디드 아웃(folded out)

> **해설** 상품진열은 매대나 진열선반에 올려서 디스플레이하는 쉘빙(shelving)과 상품을 걸어서 진열하는 행잉(hanging) 형태로 구분된다. 또한 다음과 같은 다양한 진열방식이 있다.
> ① 페이스 아웃(face out) : 고객들에게 상품의 전면 디자인이 잘 보이도록 진열하는 방식
> ② 슬리브 아웃(sleeve out) : 집어 들기 쉽게 상품의 옆면이 잘 보이도록 진열하는 방법
> ⑤ 폴디드 아웃(folded out) : 동일한 품목이지만 색상과 원단 패턴이 다양한 상품에 주로 적용되며, 접은 부분이 정면에 보이도록 진열하는 방법

정답　68 ④　69 ①　70 ③

71 QR 코드에 대한 설명으로 가장 옳지 않은 것은?

① 1994년에 일본 덴소 웨이브사가 개발했다.

② 숫자와 알파벳 등의 데이터를 담을 수 있다.

③ 오염이나 손상된 데이터를 복원하는 기능이 있다.

④ 국제표준이 정립되지 않아 다양한 국가에서 자체적으로 활용될 수 있다.

⑤ 모바일 쿠폰, 광고, 마케팅 등 다양한 분야에 활용되고 있다.

해설 현재 QR 코드는 국제표준이 정립되지 않아 다양한 국가에서 자체적으로 활용될 수 있는 것이 아니라 국가규격이나 국제규격이 표준화되어 있어 누구나 사양을 이용할 수 있다. 규격화된 QR 코드에 대해서는, DENSO WAVE사가 특허권을 행사하지 않고 있으며, 2011년부터 국제적 표준기관인 GS1이 모바일 전용 표준으로 제정하고 있다.

72 최근 유통분야에서 인공지능 기술의 활용이 증대되면서 유통업무 혁신을 위한 다양한 가능성을 보여주고 있다. 이에 대한 설명으로 가장 옳지 않은 것은?

① 인공지능 기술을 활용하여 유통업체에서 고객의 일상적인 문의사항에 대해 다양한 정보를 다양한 경로로 제공할 수 있다.

② 인공지능 기술은 주문이행 관련 배송경로, 재고파악 등 고객의 주문에 대한 업무와 관련된 최적의 대안을 신속하게 제공해 주어 의사결정에 도움을 줄 수 있다.

③ 인공지능 기술을 활용하면 주문 데이터 패턴을 분석해서 정상적이지 않은 거래를 파악하는 등 이상 현상 및 이상 패턴을 추출하는 데 활용될 수 있다.

④ 인공지능 기술은 알고리즘을 이용해 학습 수준이 강화되기 때문에 이용자의 질의에 대한 응답 수준은 갈수록 정교해질 것이다.

⑤ ChatGPT는 사전에 구축된 방대한 양의 학습데이터에서 질의에 적절한 해답을 찾아 질의자에게 빠르게 제시해 주는 인공지능 기술 기반 서비스로 마이크로소프트사가 개발하였다.

해설 현재 ChatGPT는 마이크로소프트(M/S)사가 아니라 2022년 OpenAI사에 의해 개발되었고, M/S사가 이에 막대한 투자를 하고 있다.

정답 71 ④ 72 ⑤

73 데이터 유형 분류와 그 특성에 대한 설명으로 가장 옳지 않은 것은?

① 정형 데이터 – 관계형 데이터베이스 관리 시스템(RDBMS)의 고정된 필드에 저장되는 데이터들이 포함됨

② 정형 데이터 – 데이터의 길이와 형식이 정해져 있어 그에 맞추어 데이터를 저장하게 됨

③ 반정형 데이터 – 문서, 웹문서, HTML 등이 대표적이며, 데이터 속성인 메타데이터를 가지고 있음

④ 반정형 데이터 – JSON, 웹로그 등 데이터가 해당되며, XML 형태의 데이터로 값과 형식이 다소 일관성이 없음

⑤ 비정형 데이터 – 형태와 구조가 복잡한 이미지, 동영상 같은 멀티미디어 데이터가 이에 해당됨

> **해설** HTML은 XML, JSON과 더불어 대표적인 반정형 데이터이나 문서와 웹문서는 비정형 데이터 (unstructured data)이고, 메타데이터를 가지고 있는 것은 정형 데이터(structured data)에 해당한다.

74 CRM을 통해 성공적으로 고객을 관리하고 있음을 추적하기 위해 사용할 수 있는 지표로 가장 옳지 않은 것은?

① 신규고객 유치율
② 마케팅 캠페인당 구매 건수
③ 마케팅 캠페인당 반응 건수
④ 제품당 신규 판매 기회 건수
⑤ 시스템 다운타임

> **해설** 시스템 다운타임은 시스템을 이용할 수 없는 시간으로 기존고객에게 맞춤형 서비스를 위해 장기적 관계를 구축하는 CRM의 추적 지표로는 부적당하다.

정답 73 ③ 74 ⑤

75 최근 개인정보 보호 문제가 중요한 이슈로 대두되고 있다. 아래 글상자는 하버드 대학교 버크만 센터에서 제시한 개인정보 보호 AI윤리원칙이다. ⓐ과 ⓑ에 해당하는 각각의 권리로 가장 옳은 것은?

> ⓐ 데이터 컨트롤러(data controller)가 보유한 정보가 부정확하거나 불완전한 경우 사람들이 이를 수정할 권리가 있어야 함
> ⓑ 자신의 개인정보를 삭제할 수 있는 법적 강제력이 있는 권리가 있어야 함

① ⓐ 자기 결정권, ⓑ 정보 열람권
② ⓐ 자기 결정권, ⓑ 정보 정정권
③ ⓐ 정보 삭제권, ⓑ 자기 결정권
④ ⓐ 정보 정정권, ⓑ 정보 삭제권
⑤ ⓐ 정보 열람권, ⓑ 자기 결정권

> 해설 하버드 대학교 버크만 센터에서 제시한 개인정보 보호 AI윤리원칙에 따르면 ⓐ 정보 정정권이란 보유한 정보가 부정확하거나 불완전한 경우 사람들이 이를 수정할 권리를 말하며, ⓑ 정보 삭제권은 자신의 개인정보를 삭제할 수 있는 법적 강제력이 있는 권리이다.

76 산업혁명에 따른 기업의 비즈니스 환경 변화에 대한 설명으로 가장 옳은 것은?

① 1차 산업혁명 시기에는 컴퓨터와 같은 전자기기 활용을 통해 업무 프로세스 개선을 달성하였다.
② 2차 산업혁명 시기에는 업무 프로세스에 대한 부분 자동화가 이루어졌고, 네트워킹 기능이 프로세스 혁신을 위해 활성화되기 시작하였다.
③ 3차 산업혁명 시기에는 노동에서 분업이 이루어지기 시작하였고, 전문성이 강조되기 시작하였다.
④ 4차 산업혁명 시기에는 전화, TV, 인터넷 등과 같은 의사소통 방식이 기업에서 활성화되었다.
⑤ 4차 산업혁명 시기에는 인공지능과 사물인터넷 등 신기술 이용을 통해 비즈니스 프로세스에 혁신이 이루어졌다.

> 해설 ①, ②, ④는 산업혁명 중 20세기 컴퓨터와 인터넷을 기반한 3차 산업혁명에 대한 내용이며, 노동의 분업(전문화)은 1차 산업혁명의 산물에 해당한다.

정답 75 ④ 76 ⑤

77 아래 글상자의 괄호 안에 공통적으로 들어갈 용어로 가장 옳은 것은?

> • (   )은(는) 디지털 기술을 사회 전반에 적용하여 전통적인 사회구조를 혁신시키는
> 것이다. 일반적으로 기업에서 사물인터넷, 클라우드 컴퓨팅, 인공지능, 빅데이터 솔루
> 션 등 정보통신기술을 플랫폼으로 구축·활용하여 기존의 전통적인 운영방식과 서비스
> 등을 혁신하는 것이다.
> • (   )은(는) 산업과 사회의 각 부문이 디지털화되는 현상으로 인터넷, 정보화 등을
> 뛰어넘는 초연결(hyper-connectivity) 지능화가 경제·사회 전반에 이를 촉발시키
> 고 있다.

① 디지타이제이션(digitization)　　　　② 초지능화(hyper-intellectualization)
③ 디지털 컨버전스(digital convergence)　④ 디지털 전환(digital transformation)
⑤ 하이퍼인텐션(hyper-intention)

해설 ① 디지타이제이션(digitization) : 아날로그 레코드 또는 테이프에 기록되던 음성, 음악과 영상이 디지털
　　　음원 또는 영상으로 변화, 종이책에서 전자책으로의 변화도 이에 해당한다.
　② 초지능화(hyper-intellectualization) : 초지능화는 빅데이터와 인공지능(AI)의 연계와 융합으로 만들
　　　어지는 네트워크의 운용지능화를 의미한다.
　③ 디지털 컨버전스(digital convergence) : 하나의 기기나 서비스에 모든 정보통신기술이 융합되는 현
　　　상을 말하며, 스마트폰에 인터넷, 카메라, 영상, 음원, 뱅킹 등 유무선 기능이 융합되는 것을 뜻한다.
　⑤ 하이퍼인텐션(hyper-intention) : 과잉의도라 하며 환자가 의도한 바를 달성할 수 없게 만드는 신경
　　　증 현상과 관련된 용어이다.

78 조직에서 의사결정을 할 때 활용되는 정보와 조직 수준과의 관계에 대한 설명 중 가장 옳
지 않은 것은?

① 전략적 수준 – 주로 비구조화된 의사결정이 이루어지며, 내부 정보 외에도 외부 환경
　과 관련된 정보 등 외부에서 수집된 정보도 다수 활용
② 관리적 수준 – 구조화된 의사결정이 이루어지며, 새로운 공장입지 선정 및 신기술 도
　입 등과 같은 사항과 관련된 내외부 정보를 주로 다룸
③ 전략적 수준 – 의사결정 시 활용되는 정보의 특성은 미래지향적이며 상대적으로 추상
　적이고 포괄적인 정보를 주로 다룸
④ 운영적 수준 – 구조화된 의사결정이 이루어지며, 일일 거래 처리와 같이 구체적이고
　상세하며 시간에 민감한 정보를 주로 다룸
⑤ 운영적 수준 – 반복적이고 재발성의 특성이 높은 의사결정들이 주로 이루어지며, 효
　율성에 초점을 두고 활동이 이루어짐

정답 77 ④　78 ②

구조화된 의사결정이 이루어지는 수준은 운영적 수준에 해당하며, 새로운 공장입지 선정 및 신기술 도입 등과 같은 사항과 관련된 내외부 정보를 주로 다루는 것은 전략적 수준에 해당한다.

79 아래 글상자의 괄호 안에 공통적으로 들어갈 용어로 가장 옳은 것은?

- ( )은(는) 조직의 성과목표 달성을 위해 재무, 고객, 내부 프로세스, 학습 및 성장 관점에서 균형 잡힌 성과지표를 설정하고 그 성과를 측정하는 성과관리 기법을 말한다. 매우 논리적이며 지표와 재무적 성과와의 분명한 상관관계를 보이고 있다. 다만 외부 다른 기관의 평가와 비교하는 것은 곤란하다.
- ( ) 기반 성과관리시스템은 기관의 미션과 비전을 달성할 수 있도록 전략목표, 성과목표, 관리과제 등을 연계하고, 성과지표를 근거로 목표달성의 수준을 측정해서 관리할 수 있는 IT 기반의 성과관리 및 평가시스템을 말한다.

① 경제적 부가가치(economic value added)
② 인적자원회계(human resource accounting)
③ 총자산이익률(return on assets)
④ 균형성과표(balanced score card)
⑤ 투자수익률(return on investment)

 균형성과표(balanced score card)는 캐플란과 노튼에 의해 조직의 목표와 전략을 효율적으로 실행 및 관리하기 위한 경영관리 기법으로 제시되었다. 재무, 고객, 업무 프로세스, 학습 및 성장 등 4가지 관점의 균형적 결합을 통해 균형 있는 성과관리를 추구한다.

80 아래 글상자의 괄호 안에 들어갈 용어로 가장 옳은 것은?

거래처리시스템으로부터 운영데이터를 모아 주제영역으로 구축한 데이터웨어하우스는 조직 전체의 정보를 저장하고 있어 방대하다. ( )은(는) 특정한 조직이 사용하기 위해 몇몇 정보를 도출하여 사용할 수 있도록 한 사용자 맞춤 데이터 서비스를 지칭한다.

① 데이터윈도우   ② 데이터마트
③ 데이터모델   ④ 데이터스키마
⑤ 그룹데이터모델

 방대한 정보를 저장하고 있는 데이터웨어하우스로부터 특정 조직이 사용하기 위해 일부 정보를 도출하여 사용할 수 있도록 한 사용자 맞춤 데이터 서비스는 데이터윈도우(data window)이다.

정답 79 ④ 80 ①

81 아래 글상자의 기사 내용과 관련성이 높은 정보기술 용어로 가장 옳은 것은?

> B**리테일이 'C*제*토한강점'을 선보였다. C*제*토한강점은 제*토월드에서 한강공원을 검색한 뒤 C*편의점에 입장하면 자체 브랜드(PB)상품뿐만 아니라 C*제**당과 협업을 통한 일반 제조사 브랜드(NB)상품을 둘러볼 수 있다.
> 또한 제품 위에 떠 있는 화살표를 선택하면 해당 제품을 손에 쥐는 것도 가능하다. 아바타들은 원두커피 기기에서 커피를 내리거나 한강공원 편의점 인기 메뉴인 즉석조리라면도 먹을 수 있다.

① 가상 에이전트 ② O2O
③ BICON ④ 아바타 에이전트
⑤ 메타버스

> **해설** 메타버스(Metaverse)란 현실에서의 상호작용을 가상 공간에 구현한 여러 가지 형태나 콘텐츠들을 통칭하는 신조어이다. 초월(beyond), 가상을 의미하는 meta와 세계를 의미하는 universe의 합성어로 가상현실(VR)·증강현실(AR) 기술의 발달과 함께 게임, 학습 도구, 광고 등 다양한 방면에 적용되고 있다.

82 산업별 표준화가 반영된 바코드에 대한 설명으로 가장 옳지 않은 것은?

① 보건복지부는 의약품 포장단위마다 고유번호를 부여하는 '의약품 일련번호 제도'를 시행하고 있다.
② 의약품의 바코드 내에 있는 상품코드(품목코드, 포장단위)는 건강보험심사평가원의 의약품관리종합정보센터에서 부여하는 상품식별번호이다.
③ UDI란 의료기기를 고유하게 식별할 수 있는 체계로 우리나라는 2019년 7월부터 적용되어 현재는 모든 등급의 의료기기에 UDI가 적용되고 있다.
④ 의료기기에 부여되는 UDI 코드는 기본 포장(base package)을 대상으로 모두 개별적으로 부여하므로 혼선을 방지하기 위해 상위 포장(higher levels of packages)인 묶음 포장단위에는 별도로 부여하지 않는다.
⑤ GS1 DataBar(데이터바)란 상품식별 기능만 갖는 기존 바코드와 달리 상품식별코드 외 유통기한, 이력코드, 중량 등 다양한 부가정보를 넣을 수 있는 바코드를 지칭한다.

> **해설** UDI 코드는 DI(Device Identifier)와 PI(Production Identifier)로 이루어져 있다. DI는 일반 소매 상품에 부여되는 GTIN(상품식별코드)을 사용하여 표시하며, PI는 생산과 관련한 부가적인 정보를 가지는 숫자 또는 문자로 GS1 AI(응용식별자)를 활용하여 표시한다. 이때 UDI 코드는 기본 포장(base package)에서부터 상위 포장(higher levels of packages) 모두에 개별로 부여하게 된다.

정답 81 ⑤ 82 ④

83 아래 글상자의 괄호 안에 공통적으로 들어갈 용어로 가장 옳은 것은?

> • (　　　)은 중앙 서버 없이 노드(node)들이 자율적으로 연결되는 P2P(peer-to-peer)방식을 기반으로 각 노드에 데이터를 분산 저장하는 데이터분산처리기술이다.
> • 중앙시스템이 존재하지 않는 완전한 탈중앙 시스템이며, 장부에 해당되는 (　　　)은 누구에게나 공유·공개되어 투명성을 보장하고, 독특한 구조적 특징에 기인하여 데이터의 무결성을 보장하며, 분산된 장부는 네트워크에 참여한 각 노드들의 검증과 합의 과정을 거쳐 데이터 일치에 도달하게 된다.

① 비트코인　　　　　　　② 비콘
③ 분산블록　　　　　　　④ 블록체인
⑤ 딥러닝

> **해설** 블록체인(blockchain)은 과거부터 현재까지의 모든 거래기록들을 블록으로 연결하여 과거의 기록에 대한 위변조를 불가능하게 하고 해킹을 방지하는 기술을 의미한다. 한편, 분산원장기술(DLT)은 중앙화된 장치가 아닌 여러 곳에 분산화된 저장 장치에 거래기록이 저장되고 합의 알고리즘을 통하여 기록에 대한 위변조를 막는 것을 말한다.

84 웹 3.0과 관련된 설명으로 가장 옳지 않은 것은?

① 시맨틱 웹(Semantic Web) – 의미론적인 웹을 뜻하며 기계가 인간들이 사용하는 자연어를 이해하고 상황과 맥락에 맞는 개인 맞춤형 정보를 제공하는 웹
② 온톨로지(Ontology) – 메타데이터들의 집합, 예를 들어 사과를 떠올리면 사과의 색상, 종류 등 관련된 여러 가지 정보를 컴퓨터가 이해하고 처리할 수 있는 정형화된 수단으로 표현한 것
③ 중앙집중화(centralization) – 웹 3.0에서 사용자 간 연결은 플랫폼을 중심으로 연결하여 자유롭게 소통할 수 있도록 지원, 결과적으로 플랫폼이 강력한 권한을 가지게 됨
④ 웹 3.0을 실현하기 위해서는 블록체인, 인공지능, AR·VR, 분산 스토리지 네트워크 등의 기반 기술이 필요, 사용성을 높여야 실효성이 있을 것으로 봄
⑤ 온라인 검색과 요청들을 각 사용자들의 선호와 필요에 따라 맞춰 재단하는 것이 웹 3.0의 목표

> **해설** 웹 3.0은 이전보다 더 진보된 기술과 사용자 경험(UX)을 제공하는 기술로, 중앙집중식 서버가 아니라 여러 개의 분산 시비와 네드워크를 사용해서 데이터를 저리하여 네트워크의 보안성과 효율성이 높다.
> **참고** 웹 3.0의 특징
> AI 활용, 분산 웹 , 블록체인 기술, VR과 AR 통합, 개인화된 콘텐츠, 더 빠른 속도, IOT 통합

정답 83 ④ 84 ③

85 아래 글상자의 괄호 안에 들어갈 용어로 가장 옳은 것은?

> (   )은(는) 전자상거래 이용 고객이 기업에서 발송하는 광고성 메일에 대해 수신거부 의사를 전달하여 더 이상 광고성 메일을 받지 않을 수 있는 것을 말한다.

① 옵트 온(opt on) ② 옵트 오프(opt off)
③ 옵트 인(opt in) ④ 옵트 오버(opt over)
⑤ 옵트 아웃(opt out)

해설
- **옵트 아웃** : 옵트 인과 반대로, 정보 주체의 동의를 받지 않고 개인정보를 수집·이용 후 당사자가 거부의사를 밝히면 개인정보 활용을 중지하는 방식으로, 최근 빅데이터 활용 시 옵트 인 방식으로 인한 한계 때문에 많이 언급되고 있다.
- **옵트 인** : 개인정보처리를 위한 동의 방식, 웹사이트 회원가입 시 개인정보에 대해 선(先)이용동의를 받은 후 개인정보처리를 하는 방식(우리나라)

86 빅데이터의 핵심 특성 3가지를 바르게 나열한 것은?

① 가치, 생성 속도, 유연성 ② 가치, 생성 속도, 가변성
③ 데이터 규모, 가치, 복잡성 ④ 데이터 규모, 속도, 다양성
⑤ 데이터 규모, 가치, 가변성

해설
가트너 그룹(Gartner group)에 따르면 3V란 데이터의 양(Volume), 데이터 생성 속도(Velocity), 형태의 다양성(Variety)을 의미한다.

87 아래 글상자에서 설명하는 서비스와 관련된 용어로 가장 옳은 것은?

> - 유통데이터를 활용한 다양한 비즈니스 모델을 수행할 수 있도록 지원하기 위해 온라인에서 생산과 소비 유통이 한 곳에서 이루어지는 '양면시장(two-sided market)' 개념의 장(場)을 지칭하는 용어이다.
> - 비즈니스에서 여러 사용자 또는 조직 간의 관계를 형성하고 비즈니스적인 거래를 형성할 수 있는 정보시스템 환경으로 자신의 시스템을 개방하여 개인은 물론 기업 모두가 참여하여 원하는 일을 자유롭게 할 수 있도록 환경을 구축하여 참여자들 모두에게 새로운 가치와 혜택을 제공해 줄 수 있는 시스템을 의미한다.

① 데이터베이스 ② 옴니채널
③ 플랫폼 ④ 클라우드 컴퓨팅
⑤ m-커머스

정답 85 ⑤ 86 ④ 87 ③

글상자의 설명은 플랫폼 서비스에 대한 것이다. 일반적으로 양면시장(two-sided market)은 판매자와 구매자 사이의 상호작용이 가능한 플랫폼으로, 이때 플랫폼은 판매자와 구매자 양측 또는 어느 한쪽에 수수료를 부과하여 수익을 얻는 비즈니스 모델을 말한다.

88 아래 글상자는 인증방식 분류에 대한 설명이다. ㉠, ㉡에 해당하는 용어로 가장 옳은 것은?

> ㉠ 전자적 형태의 문서로 어떤 사람을 특정할 수 있는 정보와 공개 키(public key) 전자서명으로 구성된다. 이 인증방식은 일단 증명서를 발급받기만 하면 주기적으로 그것을 갱신하는 것 외에는 특별히 조치할 사항이 없으므로 사용하기 편리하다는 장점이 있다.
> ㉡ 분산원장을 바탕으로 인증 대상이 스스로 신원을 확인하고 본인과 관련된 정보의 제출 범위와 대상 등을 정할 수 있도록 하는 인증방식이다. 인증대상이 자신의 신원 정보(credentials)에 대한 권리를 보다 적극적으로 행사할 수 있는 것이 특징이다.

① ㉠ 비밀번호, ㉡ 분산 ID
② ㉠ 디지털문서, ㉡ 분산 ID
③ ㉠ 비밀번호, ㉡ 디지털문서
④ ㉠ 생체정보, ㉡ 디지털문서
⑤ ㉠ 생체정보, ㉡ 분산 ID

 ㉠ 디지털문서(디지털 인증서, Digital Certificate) : 전자적 형태의 문서로 어떤 사람을 특정할 수 있는 정보와 공개 키 전자서명(PKI : public key infrastructure)으로 구성된 인증방식을 말한다.
㉡ 분산 ID(분산 식별자) : 분산원장을 바탕으로 인증 대상이 스스로 신원을 확인하고 본인과 관련된 정보의 제출 범위와 대상 등을 정할 수 있도록 하는 인증방식으로, 블록체인 기술을 기반으로 구축한 전자신분증을 뜻한다.

89 아래 글상자의 괄호 안에 공통적으로 들어갈 용어로 가장 옳은 것은?

> • (   )은(는) 마이론 크루거(Myron Krueger) 박사에 의해 제시된 개념으로 인조 두뇌 공간이라고도 한다.
> • (   )에서는 3차원의 가상 공간에서 사용자가 원하는 방향대로 조작하거나 실행할 수 있다.
> • (   )의 특성은 영상물의 실시간 렌더링이 가능하므로 원하는 위치에 원하는 모습을 즉시 생산해낼 수 있다.

① 가상현실
② 증강현실
③ UI/UX
④ 사이버 물리 시스템
⑤ 브레인 컴퓨터 인터페이스

정답 88 ② 89 ①

② **증강현실**(AR : Augmented Reality) : 실세계에 3차원 가상물체를 겹쳐 보여주는 기술을 말한다. 즉 사용자가 눈으로 보는 현실세계에 가상물체를 겹쳐 보여주는 기술이다. 현실세계에 실시간으로 부가 정보를 갖는 가상세계를 합쳐 하나의 영상으로 보여주므로 혼합현실(MR : Mixed Reality)이라고도 한다.

③ **UI/UX** : UI(User Interface)는 온라인 쇼핑몰 사용자들이 쉽고 편리하게 사용할 수 있도록 돕기 위한 목적을 가지고, 설계하고 배치하는 것, 즉 사용자 인터페이스(UI)는 사용자와 온라인 시스템 간 의사 소통을 할 수 있도록 만들어진 물리적, 가상적 매개체를 의미한다. UI가 컴퓨터와 사람을 연결하는 요소라면, UX(User Experience)는 사용자가 제품이나 서비스를 체험할 때 느낄 수 있는 감정을 말하 는 사용자 경험을 의미한다. 즉 인간이 느낄 수 있는 여러 가지 감각이나 행동을 말한다.

90 아래 글상자의 ㉠과 ㉡에 해당되는 용어로 가장 옳은 것은?

- (㉠)은(는) 종종 잘못된 제품 수요정보가 공급사슬을 통해 한 파트너에서 다른 참여 자들에게로 퍼져나가면서 왜곡되고 증폭되는 것을 말한다. 예를 들면 고객과의 최접점 에서 어떤 제품의 수요가 약간 증가할 것이라는 정보가 공급사슬의 다음 단계마다 부풀 려 전달되어 과도한 잉여재고가 발생하게 되는 현상이다.
- e-SCM을 구축함으로써 공급사슬의 (㉡)을 확보하여 이러한 현상을 감소시키거나 제 거할 수 있게 된다.

① ㉠ 풀현상, ㉡ 가시성   ② ㉠ 푸시현상, ㉡ 가시성
③ ㉠ 채찍효과, ㉡ 완전성   ④ ㉠ 채찍효과, ㉡ 가시성
⑤ ㉠ 채찍효과, ㉡ 확장성

 채찍효과는 유통경로의 상류를 올라갈수록 수요의 왜곡현상이 커지는 현상을 뜻하며, 가시성(visibility) 은 정보시스템 구축을 통해 공급망 내 구성원들이 언제든지 실시간으로 정보를 활용할 수 있음을 의미 한다.

 정답 90 ④

유통관리사 2급 기출문제

제 1 과목 유통·물류일반관리(01~25)

01 기업윤리의 중요성을 강조하기 위해 취할 수 있는 방법으로 가장 옳지 않은 것은?

① 기업윤리와 관련된 헌장이나 강령을 만들어 발표한다.
② 기업윤리가 기업의 모든 의사결정 프로세스에 반영될 수 있게 모니터링한다.
③ 윤리경영의 지표로는 정성적인 지표가 아닌 계량적인 지표를 활용한다.
④ 조직 내의 문제점을 제기할 수 있는 제도를 활성화한다.
⑤ 윤리기준을 적용한 감사 결과를 조직원과 공유한다.

> **해설** 윤리경영의 지표로는 정성적 지표뿐만 아니라 정량적인 지표를 모두 활용하여 평가의 신뢰성을 확보하고 있다.

02 유통경로와 중간상이 필요한 이유에 대한 설명으로 가장 옳지 않은 것은?

① 거래의 일상화를 통해 제반 비용의 감소와 비효율을 개선할 수 있기 때문이다.
② 중간상의 개입으로 공간적, 시간적 불일치를 해소할 수 있기 때문이다.
③ 생산자의 다품종 소량생산과 소비자의 소품종 대량구매 니즈로 인한 구색 및 수량 불일치를 해소할 수 있기 때문이다.
④ 생산자와 소비자 상호 간의 정보의 불일치에 따른 불편을 해소해 줄 수 있기 때문이다.
⑤ 중간상을 통해 탐색과정의 효율성을 높일 수 있기 때문이다.

> **해설** 생산자의 소품종 소량생산에 대해 중간상인들의 수합, 분류 및 구색맞춤 기능을 통해 소비자의 다품종 소량구매 니즈를 충족시켜 구색 및 수량 불일치를 해소할 수 있다.

정답 01 ③ 02 ③

03 아래 글상자에서 설명하는 기업이 글로벌 시장에서 경쟁하기 위한 전략을 괄호 안에 들어 갈 순서대로 옳게 나열한 것은?

> • (㉠)는 둘 또는 그 이상의 기업들이 맺은 파트너십으로 기술과 위험을 공유한다. 자국 에서 생산된 상품만을 허용하는 국가로 진출하기 위한 전략으로 활용할 수 있다.
> • (㉡)은(는) 자사의 독자적인 브랜드 이름이나 상표를 부착하여 판매하는 방식으로 제 품의 생산은 다른 기업에게 의뢰한다.

① ㉠ 전략적 제휴,　㉡ 위탁제조
② ㉠ 합작투자,　㉡ 위탁제조
③ ㉠ 전략적 제휴,　㉡ 라이선싱(licensing)
④ ㉠ 합작투자,　㉡ 라이선싱(licensing)
⑤ ㉠ 해외직접투자,　㉡ 프랜차이징(franchising)

 ㉠ 합작투자는 조인트벤처(Joint venture)라고도 하며 해외투자에 있어 독자적인 투자보다는 2 이상의 기업이 파트너십을 구축하여 리스크를 감소시키는 전략에 해당한다.
㉡ 위탁제조는 주문자 상표 부착방식(OEM)이라고 한다.

04 경제활동의 윤리적 환경과 조건을 세계 각국 공통으로 표준화하려는 것으로 비윤리적인 기업의 제품이나 서비스를 국제거래에서 제한하는 움직임을 뜻하는 것은?

① 우루과이라운드　　　　　② 부패라운드
③ 블루라운드　　　　　　　④ 그린라운드
⑤ 윤리라운드

해설 최근 ESG경영이 화두로 떠오르면서 경제활동의 윤리적 환경과 조건을 세계적으로 표준화하려는 노력 들이 이루어지고 있으며 이를 윤리라운드라고 한다. 참고로 우루과이라운드는 다자간 무역협상을 GATT 체제로 해결하려는 노력이었고, 블루라운드는 노동, 그린라운드는 친환경과 관련된 세계 각국의 움직임 이라 할 수 있다.

정답 03 ② 04 ⑤

05 조직에서 경영자가 목표를 설정할 때 고려해야 할 요소들에 대한 설명으로 가장 옳지 않은 것은?

① 조직의 미션과 종업원의 핵심 직무를 검토한다.
② 목표를 개별적으로 결정하거나 외부의 투입을 고려해서 정한다.
③ 목표 진척사항을 평가하기 위한 피드백 메커니즘을 구축한다.
④ 목표달성과 보상은 철저하게 분리하여 독립적으로 실행한다.
⑤ 가용한 자원을 평가한다.

> **해설** 목표달성의 효과성을 달성하기 위해서는 목표달성과 보상 간의 체계적인 연계관계를 구축하여 실행하는 것이 동기부여 측면에서 적합하다.

06 리더의 행동을 생산에 대한 관심과 사람에 대한 관심을 기준으로 구분하여 연구한 블레이크(Blake)와 무톤(Mouton)의 관리격자연구에 따른 리더십 유형에 대한 설명으로 가장 옳지 않은 것은?

① 중도형(5-5) – 절충에 신경을 쓰기 때문에 때로는 우유부단하게 비칠 수 있다.
② 팀형(9-9) – 팀의 업적에만 관심을 갖는 리더로 부하를 하나의 수단으로 취급할 수 있다.
③ 컨트리클럽형(1-9) – 부하의 욕구나 동기를 충족시키면 그들이 알아서 수행할 것이라는 전제하에 나타나는 리더십이다.
④ 무관심형(1-1) – 리더는 업무에 대한 지시만 하고 어려운 문제가 생기면 회피한다.
⑤ 과업형(9-1) – 리더 혼자서 의사결정을 하고 관리의 초점도 생산성 제고에 맞춰진다.

> **해설** 팀형(9-9)은 이상형이라고도 하며 팀의 업적과 부하에 대한 관심을 모두 추구하는 리더십 유형에 해당한다. 팀의 업적에만 관심을 갖는 리더로 부하를 하나의 수단으로 취급할 수 있는 유형은 과업지향형(9-1) 리더십에 해당한다.

07 기업이 자금을 조달하는 각종 원천에 대한 설명으로 옳지 않은 것은?

① 단기자금 조달을 위해 신용대출을 활용하기도 한다.
② 채권발행의 경우 기업 경영진의 지배력은 유지되는 장점이 있다.
③ 주식 매각의 장점은 주주들에게 주식배당을 할 법적 의무가 없어진다는 것이다.
④ 팩토링은 대표적인 담보대출의 한 형태이다.
⑤ 채권발행은 부채의 증가로 인해 기업에 대한 인식에 악영향을 끼칠 수 있다.

정답 05 ④ 06 ② 07 ④

> **해설** 팩토링은 판매기업과 구매기업 간에 발생한 매출채권에 대해 판매기업의 단기적인 현금유동성를 위해
> 금융기관에서 매출채권을 매입하여 현금을 지급하고 금융기관은 구매기업으로부터 매출채권을 상환하
> 는 금융방식을 의미하므로 담보물을 맡기고 현금을 차용하는 방식인 담보대출과는 개념이 다르다.

08 에머슨(Emerson, H.)의 직계 · 참모식 조직(line and staff organization)의 단점에 대한
설명으로 옳지 않은 것은?

① 명령체계와 조언, 권고적 참여가 혼동되기 쉽다.
② 집행부문이 스태프(staff) 부문에 자료를 신속 · 충분하게 제공하지 않으면 참모 부문
의 기능은 잘 발휘되지 못한다.
③ 집행부문의 종업원과 스태프(staff) 부문의 직원 간에 불화를 가져올 우려가 있다.
④ 라인(line)의 창의성을 결여하기 쉽다.
⑤ 명령이 통일되지 않아 전체의 질서적 관리가 혼란스러워지는 경우가 발생할 수 있다.

> **해설** 직계 · 참모식 조직(line and staff organization)은 라인-스태프조직이라고 하며, 라인조직의 명령일원
> 화의 원칙에 전문적 지식을 지닌 스태프의 지원을 결합한 조직형태이다. 따라서 직계 · 참모식 조직은
> 원천적으로 라인조직이 기반이므로 명령일원화의 원칙이 적용된다.

09 유통경로의 유형 중 가맹본부로 불리는 경로 구성원이 계약을 통해 생산-유통과정의 여러
단계를 연결시키는 형태의 수직적 마케팅 시스템(vertical marketing system)으로 가장
옳은 것은?

① 기업형 VMS   ② 위탁판매 마케팅 시스템
③ 복수유통 VMS   ④ 프랜차이즈 시스템
⑤ 관리형 VMS

> **해설** 수직적 마케팅 시스템(vertical marketing system)은 그 지배력의 강도에 따라 기업형, 계약형, 관리형
> VMS로 구분된다. 이 중 계약형 VMS의 대표적인 형태가 가맹본부와 가맹점 간 계약형태로 구성되는
> 프랜차이즈형 조직이라 할 수 있다.

10 유통경로 구조를 결정하는 데 있어서 유통경로 커버리지(channel coverage)에 대한 설명으로 옳은 것은?

① 유통경로에서 제조업자로부터 몇 단계를 거쳐 최종소비자에게 제품이 전달되는가와 관련이 있다.

② 제품의 부피가 크고 무거울수록, 부패 속도가 빠를수록 짧은 경로를 선택하는 것이 바람직하다.

③ 특정한 지역에서 하나의 중간상을 전속해 활용하는 전략을 집약적 유통(intensive distribution)이라고 한다.

④ 유통경로 커버리지란 특정 지역에서 자사 제품을 취급하는 점포를 얼마나 많이 활용할 것인가를 결정하는 것이다.

⑤ 유통경로를 통제하고자 하는 통제욕구가 강할수록 유통경로는 짧아진다.

> **해설** ① 유통커버리지는 유통집중도(distribution intensity)라고 하며 특정 지역에서 자사 제품을 취급하는 점포의 수가 얼마나 되는지를 의미한다.
> ② 일반적으로 부패 속도가 빠를수록 짧은 경로를 선택하는 것이 바람직하나, 제품의 부피 또는 무게는 유통경로 길이와 무관하다.
> ③ 특정한 지역에서 하나의 중간상을 전속해 활용하는 전략을 전속적 유통이라고 한다.
> ⑤ 유통경로의 길이는 제품의 특성, 수요·공급의 특성, 유통비용 등에 따라 결정된다.

11 유통산업의 경제적 의의에 대한 설명으로 가장 옳지 않은 것은?

① 유통산업은 국민 경제적 측면에서 생산과 소비를 연결해 주는 기능을 수행한다.

② 유통산업은 국민들로 하여금 상품이나 서비스 소비를 가능하게 함으로써 생활수준을 유지·향상시켜 준다.

③ 유통산업은 국가경제를 순환시키는 데 중요한 역할을 담당하고 있다.

④ 우리나라 유통산업은 2010년대 후반 유통시장 개방과 자유화 정책 이후 급속히 발전하여 제조업에 이은 국가 기간산업으로 성장하였다.

⑤ 유통산업은 생산과 소비의 중개를 통해 제조업의 경쟁력을 높이고 소비자 후생의 증진에 큰 기여를 하고 있다.

> **해설** 우리나라 유통산업은 1997년 말 IMF 외환위기로 인해 유통시장이 강제 개방되었고, 최근에는 자유화 정책 이후 급속히 발전하여 제조업에 이은 국가 기간산업으로 성장하였다.

정답 10 ④ 11 ④

12 물류의 기본적 기능과 관련한 활동에 대한 설명으로 가장 옳지 않은 것은?

① 서로 다른 두 지점 간의 물자를 이동시키는 활동은 수송활동이다.

② 보관활동은 시간적 수급조절기능, 가격조정기능을 수행한다.

③ 상품의 가치 및 상태를 보호하기 위해 적절한 재료와 용기를 사용하는 것은 유통가공 활동이다.

④ 수송과 보관 사이에서 이루어지는 물품의 취급활동은 하역활동이다.

⑤ 유통을 촉진시키기 위한 무형의 물자인 정보를 유통시키는 활동은 정보유통활동이다.

> **해설** 상품의 가치 및 상태를 보호하기 위해 적절한 재료와 용기를 사용하는 것은 포장활동에 해당한다.

13 조직의 구성원들에게 학습되고 공유되는 가치, 아이디어, 태도 및 행동규칙을 의미하는 용어로 옳은 것은?

① 조직문화(organizational culture) ② 핵심가치(core value)

③ 사명(mission) ④ 비전(vision)

⑤ 조직목표(organizational goals)

> **해설** 조직문화(organizational culture)는 사풍(社風)이라고도 하며, 조직의 구성원들에게 지속적으로 학습되고 공유되는 가치, 아이디어, 태도 및 행동규칙을 의미한다.

14 아래 글상자에서 전통적인 유통채널 구조가 점진적으로 변화하는 과정이 순서대로 옳게 나열된 것은?

> ㉠ 전통시장단계
> ㉡ 제조업체 우위단계
> ㉢ 소매업체 성장단계와 제조업체 국제화단계
> ㉣ 소매업체 대형화단계
> ㉤ 소매업체 국제화단계

① ㉢ - ㉣ - ㉤ - ㉠ - ㉡ ② ㉡ - ㉢ - ㉣ - ㉤ - ㉠

③ ㉠ - ㉡ - ㉢ - ㉣ - ㉤ ④ ㉤ - ㉠ - ㉡ - ㉢ - ㉣

⑤ ㉣ - ㉤ - ㉠ - ㉡ - ㉢

정답 12 ③ 13 ① 14 ③

해설 유통채널 구조가 점진적으로 변화하는 과정은 '전통시장단계 → 제조업체 우위단계 → 소매업체 성장단계와 제조업체 국제화단계 → 소매업체 대형화단계 → 소매업체 국제화단계'를 거친다고 할 수 있다.

15 유통경로상 여러 경로 기관들의 유통 흐름 유형에 대한 설명으로 옳은 것은?

구분	유형	내용
㉠	물적 흐름	유통 기관으로부터 다른 기관으로의 소유권의 이전
㉡	소유권 흐름	생산자로부터 최종소비자에 이르기까지의 제품의 이동
㉢	지급 흐름	고객이 대금을 지급하거나, 판매점이 생산자에게 송금
㉣	정보 흐름	광고, 판촉원 등 판매촉진활동의 흐름
㉤	촉진 흐름	유통 기관 사이의 정보의 흐름

① ㉠

② ㉡

③ ㉢

④ ㉣

⑤ ㉤

해설

㉠	상적 흐름(상류) (소유권 흐름)	유통 기관으로부터 다른 기관으로의 소유권의 이전
㉡	물적 흐름(물류)	생산자로부터 최종소비자에 이르기까지의 제품의 이동
㉣	촉진 흐름	광고, 판촉원 등 판매촉진활동의 흐름
㉤	정보 흐름	유통 기관 사이의 정보의 흐름

16 유통기업들이 물류에 대한 높은 관심을 가지고 이에 대한 합리화를 적극적으로 검토·실행하고 있는 원인으로 옳지 않은 것은?

① 물류비가 증가하는 경향이 있기 때문이다.

② 생산 부문의 합리화, 즉 생산비의 절감에는 한계가 있기 때문이다.

③ 기업 간 경쟁에서 승리하기 위해 물류면에서 우위를 확보하여야 하기 때문이다.

④ 고객의 요구는 다양화, 전문화, 고도화되어 고객서비스 향상이 특히 중요시되기 때문이다.

⑤ 기술혁신에 의하여 운송, 보관, 하역, 포장기술이 발전되었고 정보면에서는 그 발전속도가 현저하게 낮아졌기 때문이다.

정답 15 ③ 16 ⑤

기술혁신에 의하여 운송, 보관, 하역, 포장기술뿐만 아니라 IT혁명에 의해 정보기술이 비약적으로 발전되고 있다.

17 아래 글상자에서 설명하는 소매상 유형으로 옳은 것은?

> 일반의약품은 물론 건강기능식품과 화장품, 생활용품, 음료, 다과류까지 함께 판매하는 복합형 전문점

① 상설할인매장　　　　　　② 재래시장
③ 드럭스토어　　　　　　　④ 대중양판점
⑤ 구멍가게

소매상 유형 중 일반의약품은 물론 건강기능식품과 화장품, 생활용품, 음료, 다과류까지 함께 판매하는 복합형 전문점을 드럭스토어(drug store)라 하고 우리나라에서는 올리브영, 랄라블라 등이 이에 해당한다.

18 소매수명주기이론(retail life cycle theory)에서 소매기관의 상대적 취약성이 명백해지면서 시장점유율이 떨어지고 수익이 감소하여 경쟁에서 뒤처지게 되는 단계는?

① 도입기　　　　　　　　② 성장기
③ 성숙기　　　　　　　　④ 쇠퇴기
⑤ 진입기

쇠퇴기(Decline)는 새로운 기술 개발로 기존 제품에 대한 소비자의 욕구가 변하게 되고 매출액이 감소하는 단계로, 소비자의 대부분은 최후 수용층이다. 쇠퇴기에는 경쟁기업들의 철수로 잔류기업이 시장에서 독점적인 지위를 차지할 수 있고, 쇠퇴기의 진행 속도를 늦출 수 있다면 전략에 따라 많은 이익을 창출할 수도 있다.

19 유통산업발전법(법률 제19117호, 2022.12.27., 타법개정)의 제2조 정의에서 기술하는 용어 설명이 옳지 않은 것은?

① 매장이란 상품의 판매와 이를 지원하는 용역의 제공에 직접 사용되는 장소를 말한다. 이 경우 매장에 포함되는 용역의 제공 장소의 범위는 대통령령으로 정한다.

② 임시시장이란 다수(多數)의 수요자와 공급자가 일정한 기간 동안 상품을 매매하거나 용역을 제공하는 일정한 장소를 말한다.

③ 상점가란 일정 범위의 가로(街路) 또는 지하도에 대통령령으로 정하는 수 이상의 도매점포·소매점포 또는 용역점포가 밀집하여 있는 지구를 말한다.

④ 전문상가단지란 같은 업종을 경영하는 여러 도매업자 또는 소매업자가 일정 지역에 점포 및 부대시설 등을 집단으로 설치하여 만든 상가단지를 말한다.

⑤ 공동집배송센터란 여러 유통사업자 또는 물류업자가 공동으로 사용할 수 있도록 집배송시설 및 부대업무시설이 설치되어 있는 지역 및 시설물을 말한다.

> **해설** 유통산업발전법상 용어의 정의를 묻는 문제로, 공동집배송센터란 여러 유통사업자 또는 제조업자가 공동으로 사용할 수 있도록 집배송시설 및 부대업무시설이 설치되어 있는 지역 및 시설물을 말한다.

20 조직의 품질경영시스템과 관련한 ISO 9000시리즈에 대한 설명으로 가장 옳지 않은 것은?

① 제품 자체에 대한 품질을 보증하는 것이 아니라 제품생산과정의 품질시스템에 대한 신뢰성 여부를 판단하는 기준이다.

② 품질경영시스템의 국제화 추세에 능동적으로 대처할 수 있다.

③ 고객만족을 위한 품질경영시스템을 구축할 수 있다.

④ 품질관련부서의 직원을 중심으로 챔피언, 마스터블랙벨트, 블랙벨트, 그린벨트의 자격이 주어진다.

⑤ 의사결정은 자료 및 정보의 분석에 근거한다.

> **해설** ISO 9000시리즈는 국제적인 품질경영시스템의 표준을 뜻하며, 품질관련부서의 직원을 중심으로 챔피언, 마스터블랙벨트, 블랙벨트, 그린벨트의 자격이 주어지는 것은 품질관리기법 중 6시그마에 대한 내용이다.

정답 19 ⑤ 20 ④

21 단순 이동평균법을 이용하여 아래 표의 (　　) 안에 들어갈 판매예측치를 계산한 것으로 옳은 것은? (단, 이동평균 기간은 2개월로 함)

구분	1월	2월	3월	4월
판매량	17	19	21	(　　)

① 17

② 18

③ 19

④ 20

⑤ 23

해설 최근 2개월치인 2월과 3월분 판매량을 산술평균한다.
(19+21) / 2 = 20개

22 아래 글상자의 괄호 안에 들어갈 경로 구성원 간 갈등 관련 용어를 순서대로 나열한 것으로 옳은 것은?

- (㉠)은(는) 상대방에 대해 적대감이나 긴장을 감정적으로 느끼는 것이다.
- (㉡)은(는) 상대방의 목표달성을 방해할 정도의 갈등으로, 이 단계에서는 상대를 견제하고 해를 끼치기 위해 법적인 수단을 이용하며 경로를 떠나거나 상대를 쫓아내기 위해 힘을 행사하는 것이다.

① ㉠ 잠재적 갈등, ㉡ 지각된 갈등

② ㉠ 지각된 갈등, ㉡ 갈등의 결과

③ ㉠ 감정적 갈등, ㉡ 표출된 갈등

④ ㉠ 표출된 갈등, ㉡ 감정적 갈등

⑤ ㉠ 갈등의 결과, ㉡ 지각된 갈등

해설 유통경로 구성원 간 갈등은 외부적으로는 부정적 기능을, 내부적으로는 순기능을 하기도 하므로 이를 적정수준으로 관리하는 것이 중요하다. 상기 문제는 갈등 관련 용어의 정의 문제로 ㉠ 감정적 갈등은 상대방에 대해 적대감이나 긴장을 감정적으로 느끼는 것을 뜻하며, ㉡ 표출된 갈등은 상대방의 목표달성을 방해할 정도의 심각한 갈등상황을 뜻한다.

정답 21 ④ 22 ③

23 유통경로상에 가능하면 많은 수의 도매상을 개입시킴으로써 각 경로 구성원에 의해 보관되는 제품의 수량이 감소될 수 있다는 원칙으로 가장 옳은 것은?

① 분업의 원칙
② 변동비 우위의 원칙
③ 총거래수 최소의 원칙
④ 집중준비의 원칙
⑤ 규모의 경제 원칙

 중간상의 필요성에 대한 문제로, 집중준비의 원칙(집중저장의 원칙)은 중간상이 제품의 보관기능을 분담함으로써 사회 전체가 원활한 소비를 위해 저장해야 할 제품의 총량을 줄일 수 있다는 원리이다.

24 가맹점이 프랜차이즈에 가입할 때 고려해야 할 점으로 가장 옳지 않은 것은?

① 프랜차이즈가 갖는 투자 리스크를 사전에 검토한다.
② 기존의 점포와 겹치지 않는 입지인지 검토한다.
③ 자신의 가맹점만이 개선할 수 있는 부분을 활용한 차별점을 검토한다.
④ 본사에 지불해야 할 수수료를 고려해야 한다.
⑤ 본부의 사업역량이 충분한지 검토해야 한다.

 프랜차이즈는 가맹본부에서 제공하는 표준화된 노하우, 기술, 원료 제공 등의 시스템 또는 서비스 제공을 기반하는 시스템으로, 개별 가맹점만이 개선할 수 있는 차별화된 부분을 검토하는 것은 프랜차이즈 계약에 위반되는 사항에 해당한다.

25 물류관리의 3S 1L 원칙에 해당되는 용어로 옳지 않은 것은?

① Speedy
② Surely
③ Low
④ Safely
⑤ Smart

 3S 1L 원칙은 신속하게(Speedy), 확실하게(Surely), 안전하게(Safely), 저렴하게(Low)를 의미한다.

정답 23 ④ 24 ③ 25 ⑤

제2과목 상권분석(26~45)

26 아래 글상자에서 설명하는 입지대안의 평가 원칙으로 가장 옳은 것은?

> 점포를 방문하는 고객의 심리적, 물리적 특성과 관련된 원칙이다. 지리적으로 인접해 있거나, 교통이 편리하거나, 점포 이용이 시간적으로 편리하면 입지의 매력도를 높게 평가한다고 주장한다.

① 고객차단의 원칙
② 동반유인의 원칙
③ 점포밀집의 원칙
④ 접근가능성의 원칙
⑤ 보충가능성의 원칙

 접근가능성은 점포를 방문하는 고객의 심리적, 거리적 특성을 의미하며 접근성이 좋은 경우 점포의 입지 매력도가 높다고 할 수 있다.

27 중심상업지역(CBD : central business district)의 입지특성에 대한 설명 중 가장 옳지 않은 것은?

① 상업활동으로도 많은 사람을 유인하지만 출퇴근을 위해서도 이곳을 통과하는 사람이 많다.
② 백화점, 전문점, 은행 등이 밀집되어 있다.
③ 주차문제, 교통혼잡 등이 교외 쇼핑객들의 진입을 방해하기도 한다.
④ 소도시나 대도시의 전통적인 도심지역을 말한다.
⑤ 대중교통의 중심이며, 도보통행량이 매우 적다.

 중심상업지역(CBD)은 대중교통의 중심이라는 부분은 맞지만, 도보통행량뿐만 아니라 교통량이 많고 매우 복잡하다는 특징을 지닌다.

정답 26 ④ 27 ⑤

28 소비자 C가 이사를 하였다. 글상자의 조건을 수정허프(Huff)모델에 적용하였을 때, 이사 이전과 이후의 소비자 C의 소매지출에 대한 소매단지 A의 점유율 변화로 가장 옳은 것은?

> ㉠ 소비자 C는 오직 2개의 소매단지(A와 B)만을 이용하며, 1회 소매지출은 일정하다.
> ㉡ A와 B의 규모는 동일하다.
> ㉢ 이사 이전에는 C의 거주지와 B 사이 거리가 C의 거주지와 A 사이 거리의 2배였다.
> ㉣ 이사 이후에는 C의 거주지와 A 사이 거리가 C의 거주지와 B 사이 거리의 2배가 되었다.

① 4배로 증가   ② 5배로 증가
③ 4분의 1로 감소   ④ 5분의 1로 감소
⑤ 변화 없음

 수정허프(D. Huff)모형은 점포면적과 거리(또는 시간)에 대한 소비자의 민감도를 '1'과 '-2'로 고정시킨 모형이다.

- 이사 이전 : A의 효용을 1이라고 하면, B의 효용은 $\dfrac{1}{2^2} = \dfrac{1}{4}$

- 이사 이후 : A의 효용은 $\dfrac{1}{2^2} = \dfrac{1}{4}$, B의 효용은 1

∴ 소매단지 A의 점유율 : $1 \rightarrow \dfrac{1}{4}$ 로 감소한다.

29 둥지내몰림 또는 젠트리피케이션(gentrification)에 관한 내용으로 가장 옳지 않은 것은?

① 낙후된 도심 지역의 재건축·재개발·도시재생 등 대규모 도시개발에 연관된 현상
② 도시개발로 인해 지역의 부동산 가격이 급격하게 상승할 때 주로 발생하는 현상
③ 도시개발 후 지역사회의 원주민들의 재정착비율이 매우 낮은 현상을 포함
④ 상업지역의 활성화나 관광명소화로 인한 기존 유통업체의 폐점 증가 현상을 포함
⑤ 임대료 상승으로 인해 대형점포 대신 다양한 소규모 근린상점들이 입점하는 현상

 젠트리피케이션(gentrification)은 지주계급 또는 신사계급을 뜻하는 젠트리(gentry)에서 파생된 용어로, 도심 인근의 낙후지역이 활성화되면서 외부인과 돈이 유입되고, 임대료 상승 등으로 원주민이 밀려나는 현상을 말한다.
⑤ 임대료가 상승하면 기존의 소규모 근린상점들은 외곽으로 밀려나고 높은 임대료를 부담할 수 있는 대형점포나 고급점포들이 입점하게 된다.

정답 28 ③ 29 ⑤

30 아래 글상자에서 설명하고 있는 상권분석 기법으로서 가장 옳은 것은?

> 분석과정이 비교적 쉽고 비용이나 시간을 아낄 수 있다. 특정 점포의 상대적 매력도는 파악할 수 있지만, 상권의 공간적 경계를 추정하는 데는 도움을 주지 못한다.

① CST map
② 컨버스(P. D. Converse)의 분기점분석
③ 티센다각형(thiessen polygon)
④ 체크리스트법
⑤ 허프(Huff)모델

해설 글상자의 내용은 상권분석 기법 중 서술적 기법에 해당하는 체크리스트법에 대한 것으로, 체크리스트법은 상권에 영향을 미치는 요인을 입지의 특성, 고객 특성, 상권의 경쟁구조로 구분하여 분석하는 정성적인 방법에 해당한다. 유추법, 소매인력법칙 등이 상권의 예상 매출액이나 상권의 범위를 설정하는 반면 체크리스트법은 상권의 공간적 경계를 추정하는 데는 도움을 주지 못한다.

31 신규점포에 대한 상권분석 기법이나 이론들은 기술적, 확률적, 규범적 분석방법으로 구분하기도 한다. 다음 중 규범적 분석에 해당되는 것만을 나열한 것은?

① 체크리스트법, 유추법
② 중심지이론, 소매인력법칙
③ 허프(Huff)모델, MNL모형
④ 유추법, 중심지이론
⑤ 소매인력법칙, 허프(Huff)모델

해설
• **규범적 모형** : 크리스탈러의 중심지이론, 레일리의 소매인력법칙, 컨버스의 분기점모형(수정 소매인력법칙)
• **서술적 방법** : 체크리스트법, 유추법, 현지조사법, 비율법 등
• **확률적 모형** : 허프모형, 루스모형, MNL모형, MCI모형 등

32 상권범위의 결정 요인에 대한 설명으로 가장 옳지 않은 것은?

① 상권을 결정하는 요인에는 시간요인과 비용요인이 포함된다.
② 공급 측면에서 비용요인 중 교통비가 저렴할수록 상권은 축소된다.
③ 수요 측면에서 고가품, 고급품일수록 상권범위가 확대된다.
④ 재화의 이동에서 사람을 매개로 하는 소매상권은 재화의 종류에 따라 비용 지출이나 시간 사용이 달라지므로 상권의 크기도 달라진다.
⑤ 시간요인은 상품가치를 좌우하는 보존성이 강한 재화일수록 상권범위가 확대된다.

해설 ② 공급 측면에서 비용요인 중 운송비(교통비)가 저렴할수록 상권은 확대된다.

정답 30 ④ 31 ② 32 ②

33 소매점포의 다른 입지유형과 비교할 때 상대적으로 노면 독립입지가 갖는 일반적인 특징으로 가장 옳지 않은 것은?

① 가시성이 좋다.
② 다른 점포와의 시너지 효과를 기대하기 어렵다.
③ 임대료가 낮다.
④ 주차공간이 넓다.
⑤ 마케팅 비용이 적게 든다.

 노면 독립입지의 경우 대부분 도심에서 멀리 떨어진 외곽지역에 위치하므로 소비자를 흡인하는 데 한계가 있다. 따라서 소비자들을 흡인하기 위해서는 적극적인 판매촉진을 해야 하므로 마케팅 비용이 많이 든다.

34 점포의 상권을 설정하기 위한 단계에서의 지역특성 및 입지조건 관련 조사의 내용으로 가장 옳지 않은 것은?

① 유사점포의 경쟁상황
② 지역의 경제상황
③ 자연적 장애물
④ 점포의 접근성
⑤ 점포의 예상수요

 지역특성 및 입지조건 관련 조사는 지역 및 유사점포의 경쟁상황, 점포의 접근성 등을 조사하는 것으로 점포의 예상수요는 예상 매출액과 관련되는 것으로 개별입지의 경제성분석에 해당하는 조사의 내용이다.

35 아래 글상자에 제시된 신규점포의 개점 절차의 논리적 진행순서로 가장 옳은 것은?

> ㉠ 상권분석 및 입지선정
> ㉡ 홍보계획 작성
> ㉢ 가용 자금, 적성 등 창업자 특성 분석
> ㉣ 실내 인테리어, 점포 꾸미기
> ㉤ 창업 아이템 선정

① ㉠ – ㉤ – ㉢ – ㉡ – ㉣
② ㉤ – ㉠ – ㉢ – ㉡ – ㉣
③ ㉤ – ㉢ – ㉠ – ㉡ – ㉣
④ ㉢ – ㉠ – ㉤ – ㉡ – ㉣
⑤ ㉢ – ㉤ – ㉠ – ㉣ – ㉡

정답 33 ⑤ 34 ⑤ 35 ⑤

해설 신규점포의 개점 절차의 논리적 진행순서는 '가용 자금, 적성 등 창업자 특성 분석 → 창업 아이템 선정 → 상권분석 및 입지선정 → 실내 인테리어, 점포 꾸미기 → 홍보계획 작성'의 순서이다.

36 공간균배의 원리나 소비자의 이용목적에 따라 소매점의 입지유형을 분류하기도 한다. 이들 입지유형과 특성의 연결로서 가장 옳은 것은?

① 적응형입지 – 지역 주민들이 주로 이용함
② 산재성입지 – 거리에서 통행하는 유동인구에 의해 영업이 좌우됨
③ 집재성입지 – 동일 업종끼리 모여 있으면 불리함
④ 생활형입지 – 동일 업종끼리 한곳에 집단적으로 입지하는 것이 유리함
⑤ 집심성입지 – 배후지나 도시의 중심지에 모여 입지하는 것이 유리함

해설 ① 적응형입지 – 거리에서 통행하는 유동인구에 의해 영업이 좌우됨
② 산재성입지 – 동일 업종끼리 모여 있으면 불리함
③ 집재성입지 – 동일 업종끼리 한곳에 집단적으로 입지하는 것이 유리함
④ 생활형입지 – 지역 주민들이 주로 이용함

37 대지면적에 대한 건축물의 연면적의 비율인 용적률을 계산할 때 연면적 산정에 포함되는 항목으로 가장 옳은 것은?

① 지하층의 면적
② 주민공동시설면적
③ 건축물의 부속용도가 아닌 지상층의 주차용 면적
④ 건축물의 경사지붕 아래에 설치하는 대피공간의 면적
⑤ 초고층 건축물과 준초고층 건축물에 설치하는 피난안전구역의 면적

해설 건축법상 용적률(floor area ratio)은 대지면적에 대한 건축물 연면적의 비율로, 용적률을 산정할 때에는 지하층의 면적, 주민공동시설의 면적, 초고층 건축물과 준초고층 건축물에 설치하는 피난안전구역의 면적 등은 제외한다.
③ 건축물의 부속용도인 지상층의 주차용 면적은 연면적 산정에 포함되지 않지만, 건축물의 부속용도가 아닌 지상층의 주차용 면적은 연면적에 포함된다.

정답 36 ⑤ 37 ③

38 소매업의 공간적 분포를 설명하는 중심성지수와 관련된 설명으로서 가장 옳지 않은 것은?

① 상업인구는 어떤 지역의 소매판매액을 1인당 평균 구매액으로 나눈 값이다.

② 중심성지수는 상업인구를 그 지역의 거주인구로 나눈 값이다.

③ 중심성지수가 1이라는 것은 소매판매액과 그 지역 내 거주자의 소매구매액이 동일하다는 뜻이다.

④ 중심성지수가 1이라는 것은 해당 지역의 구매력 유출과 유입이 동일하다는 뜻이다.

⑤ 소매 판매액의 변화가 없어도 해당 지역의 인구가 감소하면 중심성지수는 낮아지게 된다.

> **해설** ⑤ 소매 판매액의 변화가 없어도 해당 지역의 인구가 감소하면 중심성지수(CI)는 상승하게 된다.
>
> $$\text{중심성지수} = \frac{\text{어떤 지역의 소매인구(상업인구)}^*}{\text{그 지역의 거주인구}}$$
>
> $$^* \text{소매인구(상업인구)} = \frac{\text{그 지역의 소매판매액}}{\text{1인당 평균 구매액}}$$

39 허프(Huff)모델보다 분석과정이 단순해서 상권분석에서 실무적으로 많이 활용되는 수정허프(Huff)모델의 특성에 관한 설명으로 가장 옳지 않은 것은?

① 분석을 위해 상권 내에 거주하는 소비자의 개인별 구매행동 데이터를 수집할 필요가 없다.

② 허프(Huff)모델과 같이 점포면적과 점포까지의 거리를 통해 소비자의 점포 선택확률을 계산할 수 있다.

③ 상권분석 상황에서 실무적 편의를 위해 점포면적과 거리에 대한 민감도를 따로 추정하지 않는다.

④ 허프(Huff)모델과 달리 수정허프(Huff)모델은 상권을 세부지역(zone)으로 구분하는 절차를 거치지 않는다.

⑤ 허프(Huff)모델에서 추정해야 하는 점포면적과 이동거리 변수에 대한 소비자의 민감도계수를 '1'과 '-2'로 고정하여 인식한다.

> **해설** 수정허프(Huff)모델과 기존 허프(Huff)모델과의 차이는 면적 및 거리에 대한 모수가 고정되어 있다는 점이다. 따라서 이를 제외하고는 상권을 세부지역(zone)으로 구분하는 절차는 동일하게 적용된다.

정답 38 ⑤ 39 ④

40 복수의 입지후보지가 있을 때는 상세하고 정밀하게 입지조건을 평가하는 과정을 거치게 된다. 가장 유리한 점포입지를 선택하기 위해 참고할 만한 일반적 기준으로 가장 옳은 것은?

① 건축선 후퇴(setback)는 상가건물의 가시성을 높이는 긍정적인 효과를 가진다.

② 점포 출입구 부근에 단차가 있으면 사람과 물품의 출입이 용이하여 좋다.

③ 점포 부지와 점포의 형태는 정사각형에 가까울수록 소비자 흡인에 좋다.

④ 점포규모가 커지면 매출도 증가하는 경향이 있으므로 점포면적이 클수록 좋다.

⑤ 평면도로 볼 때 점포가 도로에 접한 정면너비가 깊이보다 큰 장방형 형태가 유리하다.

 ① 건축선의 후퇴는 상가건물의 가시성을 낮추고 건축면적이 줄어들게 된다.
② 점포 출입구 부근에 단차가 있으면 사람과 물품의 출입을 장애요인이 된다.
③ 점포 부지와 점포의 형태는 장방형(가로장병형)에 가까울수록 소비자 흡인에 좋다.
④ 점포규모는 점포입지의 용도에 따라 적정규모가 상이하다.

41 상가건물 임대차보호법(법률 제18675호, 2022.1.4., 일부개정)은 임대인은 임차인이 임대차기간이 만료되기 6개월 전부터 1개월 전까지 사이에 계약갱신을 요구할 경우 정당한 사유 없이 거절하지 못한다고 규정하면서, 예외적으로 그러하지 아니한 경우를 명시하고 있다. 이 예외적으로 그러하지 아니한 경우로서 가장 옳지 않은 것은?

① 임차인이 2기의 차임액에 해당하는 금액에 이르도록 차임을 연체한 사실이 있는 경우

② 서로 합의하여 임대인이 임차인에게 상당한 보상을 제공한 경우

③ 임차인이 임대인의 동의 없이 목적 건물의 전부 또는 일부를 전대(轉貸)한 경우

④ 임차인이 임차한 건물의 전부 또는 일부를 고의나 중대한 과실로 파손한 경우

⑤ 임차인이 거짓이나 그 밖의 부정한 방법으로 임차한 경우

 상가건물 임대차보호법 제10조에 따르면 임차인이 <u>3기의 차임액</u>에 해당하는 금액에 이르도록 차임을 연체한 사실이 있는 경우에는 계약갱신을 거절할 수 있다.

정답 **40** ⑤ **41** ①

42 상대적으로 광역상권인 시, 구, 동 등 특정 지역의 총량적 수요를 추정할 때 사용되는 구매력지수(BPI : buying power index)를 계산하는 수식에서 가장 가중치가 큰 변수로서 옳은 것은?

① 전체 지역 대비 특정 지역의 인구비율
② 전체 지역 대비 특정 지역의 가처분소득 비율
③ 전체 지역 대비 특정 지역의 소매업 종사자 비율
④ 전체 지역 대비 특정 지역의 소매매출액 비율
⑤ 전체 지역 대비 특정 지역의 소매점면적 비율

BPI = 0.5X + 0.3Y + 0.2Z
X : 전체의 가처분소득 중에서 차지하는 그 지역의 가처분소득 비율
Y : 총인구에서 차지하는 그 지역 인구의 비율
Z : 전체의 소매매출액에서 차지하는 그 지역의 소매매출액 비율

43 소매점포의 예상매출을 추정하는 분석방법이나 이론으로 볼 수 있는 것들이다. 가장 연관성이 떨어지는 것은?

① 유추법
② 회귀분석법
③ 허프(Huff)모델
④ 컨버스(P. D. Converse)의 분기점분석
⑤ MNL모형

컨버스(P. D. Converse)의 분기점모형은 두 도시 간 상권의 경계를 파악하는 데 활용되는 기법으로, 소매점포의 예상 매출액을 산정하는 모형들과는 관계가 없다.

44 소매포화지수(IRS)는 지역시장의 공급 대비 수요수준을 총체적으로 측정하기 위해 많이 사용되는 지표의 하나이다. 소매포화지수를 구하는 공식의 분모(分母)에 포함되는 요소로 가장 적합한 것은?

① 관련 점포의 총매출액
② 관련 점포의 총매장면적
③ 관련 점포의 고객 수
④ 관련 점포의 총영업이익
⑤ 관련 점포의 종업원 수

정답 42 ② 43 ④ 44 ②

$$IRS = \frac{\text{지역시장의 총가구 수} \times \text{가구당 특정 업태에 대한 지출액}}{\text{특정 업태의 총매장면적}}$$

소매포화지수(IRS)는 한 지역의 현재 점포공급에 대한 수요수준을 나타내는 지수로 분모에는 특정 업태에 대한 총매장면적이 위치하며, IRS가 클수록 그 지역의 상권의 매력도가 높음을 파악할 수 있다.

45 지리정보시스템(GIS)을 이용한 상권정보시스템 구축과 관련된 내용으로 가장 옳지 않은 것은?

① 개별 상점의 위치정보는 점 데이터로, 토지이용 등의 정보는 면(面) 데이터로 지도에 수록한다.

② 지하철노선, 도로 등은 선(線) 데이터로 지도에 수록하고 데이터베이스(DB)를 구축한다.

③ 고객의 인구통계정보 등은 DB로 구축하여, 표적고객집단을 파악하고 상권경계선을 추정할 수 있게 한다.

④ 주제도 작성, 공간 조회, 버퍼링을 통해 효과적인 상권분석이 가능하다.

⑤ 지리정보시스템에 기반한 상권분석정보는 현실적으로 주로 대규모점포에 한정하여 상권분석, 입지선정, 잠재 수요 예측, 매출액 추정에 활용되고 있다.

지리정보시스템(GIS)은 대규모점포뿐만 아니라 다양한 규모의 점포입지선정에 활용되고, 잠재 수요 예측, 매출액 추정에 활용되고 있다.

정답 45 ⑤

제**3**과목	유통마케팅(46~70)

46 다음 중 효과적인 시장세분화를 위한 조건으로 옳은 것을 모두 고른 것은?

> ㉠ 측정가능성　　　　　　　㉡ 접근가능성
> ㉢ 실행가능성　　　　　　　㉣ 규모의 적정성
> ㉤ 차별화 가능성

① ㉠, ㉡, ㉢, ㉣, ㉤　　　　　② ㉠, ㉢, ㉣
③ ㉡, ㉢, ㉤　　　　　　　　④ ㉡, ㉣, ㉤
⑤ ㉢, ㉤

> **효과적인 시장세분화 요건**
> • **측정가능성** : 세분화된 시장의 규모와 구매력 및 세분화 특성이 측정 가능해야 한다.
> • **규모의 적정성** : 세분된 시장이 충분한 시장성이 있어야 의미 있는 세분화가 될 수 있다.
> • **접근가능성** : 소비자가 세분시장에 효과적으로 도달해 이들에 대한 서비스가 가능해야 한다.
> • **내부적으로 동질적, 외부적으로 차별화** : 각 세분시장은 마케팅 변수에 대하여 상이한 반응을 보일 만큼 이질적이고 차별화가 가능해야 하며, 세분시장 내의 소비자들은 마케팅 변수에 대하여 동일한 반응을 보여야 한다.
> • 이밖에 신뢰성과 유효타당성, 실행가능성 등이 있어야 한다.

47 소매경영에서 공급업체에 대한 평가 시 사용하는 ABC분석에 대한 다음 내용 중에서 옳지 않은 것은?

① 개별 단품에 대해 안전재고 수준과 상품가용성 정도를 결정하는 데 사용한다.
② 매출비중이 높더라도 수익성이 떨어지는 상품은 중요시하지 않는 것이 바람직하다.
③ 소매업체들이 기여도가 높은 상품 관리에 집중해야 한다는 관점하에 활용된다.
④ 소매업체 매출의 80%는 대략 상위 20%의 상품에 의해 창출된다고 본다.
⑤ 상품성과의 척도로는 공헌이익, GMROI(마진수익률), 판매량 등이 많이 활용된다.

> ABC분석은 파레토법칙에 의해 관리대상을 A, B, C 그룹으로 나누고, 먼저 매출액 또는 기여도 등이 가장 높은 A그룹을 최중점 관리대상으로 신징하여 관리노력을 집중힘으로써 관리효과를 높이려는 분석 방법을 말한다.

> 정답 46 ① 47 ②

48 아래 글상자가 공통적으로 설명하는 소매상의 변천과정 가설 및 이론으로 가장 옳은 것은?

- 소매업태가 환경변화에 따라 일정한 주기를 두고 순환적으로 변화한다는 가설
- 저가격, 저비용, 저서비스의 점포 운영방식으로 시장에 진입
- 성공적인 시장진입 이후 동일 유형의 소매점 간에 경쟁이 격화됨에 따라 경쟁우위 확보를 위해 점점 고비용, 고가격, 고서비스의 소매점으로 전환
- 모든 유형의 소매업태 등장과 발전과정을 설명할 수 없다는 한계를 지님

① 자연도태설
② 소매수명주기이론
③ 소매아코디언이론
④ 변증법적 이론
⑤ 소매업 수레바퀴가설

소매업 수레바퀴가설은 Malcolm 교수가 1957년 주장한 이론으로 소매업태들이 처음에는 혁신적인 형태의 저비용, 저가격, 저마진 업태로 출발하여 성장하다가 시간이 지나면서 고비용, 고가격 업태로 변화되어 새로운 개념을 가진 신업태에게 그 자리를 넘기고 시장에서 사라진다는 이론이다.

49 다음 중 소매업체가 점포를 디자인할 때 고려해야 하는 요소로 가장 옳지 않은 것은?

① 표적시장의 니즈를 만족시키기 위한 소매업체의 전략 실행
② 효율적으로 제품을 찾고 구입할 수 있도록 쾌락적 편익 제공
③ 잠재고객 방문 유도 및 방문 고객의 구매율 증가
④ 용이한 점포의 관리 및 유지 비용을 절감할 수 있도록 설계
⑤ 점포설계에 있어서 법적·사회적 요건 충족

점포디자인에 있어 효율적으로 제품을 찾고 구입할 수 있도록 하는 것은 경제성을 추구하는 방법이다. 반면 쾌락적 편익을 제공하는 점포디자인은 비용이 많이 발생하므로 서로 성격이 이질적인 디자인 요소를 함께 양립시키는 것은 바람직하지 않다.

정답 48 ⑤ 49 ②

50 다음 중 매장의 생산성을 증대시키기 위한 유통계량조사의 내용으로 가장 옳지 않은 것은?

① 매장 1평당 어느 정도의 매출액이 일어나고 있는가를 파악하기 위한 매장생산성 조사
② 투입된 종업원당 어느 정도의 매출액이 창출되는지를 업계 평균과 상호 비교
③ 현재의 재고가 어느 정도의 상품이익을 실현하는지 알기 위한 교차비율 산출
④ 고객 수 및 객단가 산출 및 이전 분기 대비 객단가 증가율 비교
⑤ 채산성을 위한 목표 매출 및 달성 가능성을 분석하기 위한 손익분기 매출액 산출

> **해설** 매장의 생산성 증대는 투입 대비 산출을 의미하는 매장의 효율성(efficiency)을 뜻하며, 이를 위한 조사 내용인 ①~④가 이에 해당한다. 한편 채산성을 위한 목표 매출 및 달성 가능성 분석은 목표달성과 관련된 효과성(effectiveness)에 대한 조사라 할 수 있다.

51 상시저가전략(EDLP : everyday low price)과 비교한 고저가격전략(high-low pricing)의 장점으로 가장 옳지 않은 것은?

① 고객의 가격민감도 차이에 기반한 가격차별화를 통해 수익 증대가 가능하다.
② 할인행사에 대한 고객 기대를 높이는 효과가 있다.
③ 광고 및 운영비를 절감하는 효과가 있다.
④ 동일 상품을 다양한 고객층에게 판매할 수 있다.
⑤ 제품수명주기의 변화에 따른 가격설정이 용이하다.

> **해설** 고저가격전략(high-low pricing)의 단점 중 하나가 고가격 및 저가격 제품 각각의 판매촉진을 위한 촉진비용 및 재고관리비용이 커진다는 것이다.

52 다음 중 경로 구성원 평가 및 관리와 관련하여 옳지 않은 것은?

① 기업은 좋은 성과를 내고 고객에게 훌륭한 가치를 제공하는 중간상을 파악하여 보상해야 한다.
② 판매 할당액의 달성 정도, 제품 배달시간, 파손품과 손실품 처리 등과 같은 기준에 관해 정기적으로 경로 구성원의 성과를 평가해야 한다.
③ 경로 구성원과의 장기적인 협력관계를 맺기 위해 성과가 좋지 못한 중간상이라도 바꾸지 말아야 한다.
④ 파트너를 소홀히 다루는 제조업자는 딜러의 지원을 잃을 뿐만 아니라 법적인 문제를 초래할 위험이 있다.
⑤ 기업은 경로 구성원이 최선을 다할 수 있도록 지속적으로 관리하고 동기를 부여해야 한다.

정답 50 ⑤ 51 ③ 52 ③

> 유통경로 목표를 달성하기 위해서는 목표와 성과 간의 정확한 평가체계가 중요하다. 따라서 경로 구성원과의 장기적인 협력관계를 맺기 위해 성과가 좋지 못한 중간상이라도 바꾸지 말아야 하는 것은 아니다.

53 아래 글상자가 설명하는 서비스품질을 평가하는 요소로 가장 옳은 것은?

> N사는 고객의 개별적 욕구를 충족시키고자 노력하는 기업으로 포지셔닝하며 고객의 개별 선호에 맞춘 고객 응대를 실천하고 있다. 예를 들어, 양쪽 발 사이즈가 다른 고객에게 사이즈가 각각 다른 두 켤레를 나누어 팔았다. 비록 나머지 짝이 맞지 않은 두 신발을 팔 수 없더라도 고객에게 잊지 못할 감동을 주고 있다.

① 신뢰성(reliability) ② 확신성(assurance)
③ 유형성(tangibility) ④ 공감성(empathy)
⑤ 응답성(responsiveness)

> PZB의 SERVQUAL 모형에 있어서 공감성(Empathy)은 고객에게 제공하는 개별적인 배려와 관심, 원활한 의사소통, 고객에 대한 충분한 이해 등으로 이해할 수 있다.

54 서비스기업의 고객관계관리 과정은 "관계구축 – 관계강화 – 관계활용 – 이탈방지 또는 관계해지"의 단계로 나누어 볼 수 있다. 관계구축 단계의 활동으로서 가장 옳지 않은 것은?

① 교차판매, 묶음판매를 통한 관계의 확대
② 고객의 요구를 파악할 수 있는 시장의 세분화
③ 시장의 요구 수준을 충족시키는 양질의 서비스 개발
④ 기업의 핵심가치제안에 부합하는 표적고객 선정
⑤ 고객 니즈를 충족시키는 차별화된 마케팅 전략 수립

> 관계구축 단계는 고객과의 장기적 관계구축을 위한 초기단계를 말한다. 그러나 교차판매, 묶음판매를 통한 관계의 확대는 관계구축 이후에 관계를 활용하는 단계에 해당한다.

정답 53 ④ 54 ①

55 아래 글상자의 괄호 안에 들어갈 용어로 가장 옳은 것은?

> 제조업체가 최종소비자들을 상대로 촉진활동을 하여 이 소비자들로 하여금 중간상(특히 소매상)에게 자사 제품을 요구하도록 하는 전략을 (㉠)이라고 한다. 반면에 어떤 제조 업체들은 중간상들을 대상으로 판매촉진활동을 하고 그들이 최종소비자에게 적극적인 판매를 하도록 유도하는 유통전략을 사용하는데, 이를 (㉡)이라고 한다.

① ㉠ 풀전략,　　　　㉡ 푸시전략
② ㉠ 푸시전략,　　　　㉡ 풀전략
③ ㉠ 집중적 마케팅전략, ㉡ 차별적 마케팅전략
④ ㉠ 풀전략,　　　　㉡ 차별적 마케팅전략
⑤ ㉠ 푸시전략,　　　　㉡ 집중적 마케팅전략

 Pull전략과 Push전략의 비교

구분	풀(Pull)전략	푸시(Push)전략
전략의 대상	최종소비자	중간상인(도·소매상)
전략의 진행방향	소비자 → 중간상인 → 생산자	생산자 → 중간상인 → 소비자
프로모션 방법	광고, 이벤트행사	인적판매, 인센티브
관여도 및 브랜드 충성도	높음	낮음
적용시장	소비재	산업재

56 다음은 산업 구조분석 방법인 마이클 포터의 5 force model과 시장매력도 간의 관계에 해당하는 내용이다. 가장 옳지 않은 것은?

① 기업들은 새로운 경쟁자들이 시장에 쉽게 들어오지 못하도록 높은 수준의 진입장벽을 구축하기 위해 노력한다.
② 구매자의 교섭력이 높아질수록 그 시장의 매력도는 낮아진다.
③ 산업 구조분석에서 다루어지는 시장매력도는 산업 전체의 평균 수익성을 의미한다.
④ 5 force model은 누가 경쟁자이고 누가 공급자이며 누가 구매자인지 분명하게 구분된다는 것을 가정하고 있다.
⑤ 대체재가 많을수록 시장의 매력도는 높아진다.

 대체재가 많다는 것은 경쟁의 정도가 높아진다는 것으로 대체재는 많을수록 시장의 매력도(산업수익률)는 낮아지게 된다.

정답 55 ① 56 ⑤

57 마케팅투자수익률(MROI)에 대한 설명으로서 가장 옳지 않은 것은?

① 마케팅투자수익을 마케팅투자비용으로 나눈 값이다.

② 마케팅투자비용의 측정보다 마케팅투자수익의 측정이 더 어렵다.

③ 측정과 비교가 용이한 단일 마케팅성과척도를 사용하는 것이 바람직하다.

④ 고객생애가치, 고객자산 등의 평가를 통해 마케팅투자수익을 측정할 수 있다.

⑤ 브랜드인지도, 매출, 시장점유율 등을 근거로 마케팅투자수익을 측정할 수 있다.

> **해설** 듀퐁에서 고안한 ROI(투자수익률)은 결론적으로 매출액순이익률과 자산회전율이라는 2가지 측정지표를 활용할 수 있는 매우 유용한 성과측정방식에 해당한다.
>
> $$ROI = \frac{순이익}{(자산)투자액} \times 100 = \frac{순이익}{매출액} \times \frac{매출액}{(자산)투자액} \times 100$$
>
> $$= 매출액순이익률 \times 회전율$$

58 다음 중 판매촉진에 대한 설명으로 가장 옳지 않은 것은?

① 판매촉진은 고객들로 하여금 즉각적인 반응을 일으킬 수 있고 반응을 쉽게 알아낼 수 있다.

② 판매촉진은 단기적으로 고객에게 대량 또는 즉시 구매를 유도하기 때문에 다른 촉진활동보다 매출 증대를 기대할 수 있다.

③ 판매촉진 예산을 결정할 때 활용하는 가용예산법(affordable method)은 과거의 매출액이나 예측된 미래의 매출액을 근거로 예산을 결정하는 방법을 말한다.

④ 소비자를 대상으로 하는 판매촉진의 유형 중 쿠폰(coupon)은 가격할인을 보장하는 일종의 증서로 지면에 표시된 가격만큼 제품가격에서 할인해 주는 방법이다.

⑤ 중간상의 판매촉진의 유형으로 협동광고는 제조업자가 협동하여 지역의 소매상들이 공동으로 시행하는 광고를 말한다.

> **해설** 판매촉진 예산을 결정할 때 활용하는 방법 중 과거의 매출액이나 예측된 미래의 매출액을 근거로 예산을 결정하는 방법은 매출액 기준법에 해당한다. 가용예산법은 운영비용과 이익을 산출한 후에 사용 가능한 금액이 얼마인지에 따라 고객 커뮤니케이션 예산을 설정하는 방법이라 할 수 있다.

정답 57 ③ 58 ③

59 고객관계관리(CRM)와 관련한 채널관리 이슈에 대한 설명으로 가장 옳지 않은 것은?

① 채널은 고객접점으로서 관리되어야 한다.
② 채널의 정보교환 기능을 활성화시켜야 한다.
③ 채널 파트너와의 협업을 관리해야 한다.
④ 채널을 차별화함으로써 발생할 수 있는 채널 간 갈등을 최소화해야 한다.
⑤ CRM을 성공적으로 수행하기 위해서 다양한 채널을 독립적으로 운영해야 한다.

> **해설** CRM을 성공적으로 수행하기 위해서 온·오프라인상의 다양한 채널을 통합적으로 운영해야 한다.

60 다음 중 소매업이 상품 판매를 효과적으로 전개하기 위해 제공하는 물적·기능적 서비스에 해당하지 않는 것은?

① 포장지, 선물상자의 제공 등과 같은 상품부대물품의 제공 서비스
② 할부판매, 외상 판매 등과 같은 금융적 서비스
③ 전달 카탈로그, 광고 선전 등과 같은 정보 제공 서비스
④ 고객의 선택 편의 및 구매 효율을 높이는 셀프서비스와 같은 시스템적 서비스
⑤ 상품 설명, 쇼핑 상담, 배달 등과 같은 노역 기술 제공 서비스

> **해설** 서비스는 물적·기능적 서비스와 인적 서비스로 분류할 수 있다. 이 중 물적·기능적 서비스에는 설비·부대물품 이용, 편익 제공, 셀프서비스, 자판기서비스, 정보 제공 서비스, 금융적 서비스 등이 있고, 인적 서비스에는 사람의 지식, 기술, 노동 제공 관련 서비스 등이 있다.

61 다음 중 제품별 영업조직(product sales force structure)의 장점으로 가장 옳지 않은 것은?

① 제품에 대한 지식과 전문성이 강화된다.
② 특히 다양한 제품계열을 가지고 있는 기업의 경우에 적합하다.
③ 제한된 지역을 순방하므로 상대적으로 영업비용을 줄일 수 있다.
④ 제품별 직접판매이익공헌을 평가하기가 용이하다.
⑤ 소비재 기업보다는 산업재를 취급하는 기업일수록 이런 형태의 조직이 유리하다.

> **해설** 제한된 지역을 순방하므로 상대적으로 영업비용을 줄일 수 있다는 장점은 사업부제 조직 중 지역별 영업조직에 해당한다.

정답 59 ⑤ 60 ⑤ 61 ③

62 아래 글상자의 내용이 공통적으로 설명하고 있는 CRM 분석 도구로 가장 옳은 것은?

> • 사용자가 고객DB에 담겨 있는 다차원 정보에 직접 접근하여 대화식으로 정보를 분석할 수 있도록 지원하는 분석 도구
> • 분석을 위해 활용되는 정보는 다차원적으로 최종사용자가 기업의 전반적인 상황을 이해할 수 있게 하여 의사결정을 지원
> • 예를 들어 사용자가 자사의 매출액을 지역별/상품별/연도별로 알고 싶을 경우 활용할 수 있는 분석 도구

① 데이터 마이닝(data mining)
② 데이터웨어하우징(data warehousing)
③ OLTP(online transaction processing)
④ OLAP(online analytical processing)
⑤ EDI(electronic data interchange)

해설 CRM의 성공적 수행을 위한 데이터의 분석 도구로 OLAP와 데이터 마이닝이 활용된다. 이 중 OLAP는 데이터웨어하우스 내에 구축된 자료를 대상으로 User의 의사결정에 필요한 분석을 지원하는 기능을 한다. 반면 데이터 마이닝은 데이터 속에 숨겨져 있는 데이터 간 관계, 패턴 등을 탐색하여 모형화하는 기능을 한다.

63 아래 글상자의 내용 중 격자형 레이아웃의 장점만을 나열한 것으로 옳은 것은?

> ㉠ 원하는 상품을 쉽게 찾을 수 있다.
> ㉡ 느긋하게 자신이 원하는 상품을 둘러보기에 용이하다.
> ㉢ 충동구매를 촉진시킬 수 있다.
> ㉣ 고객이 쇼핑에 걸리는 시간을 최소화할 수 있다.
> ㉤ 쇼핑의 쾌락적 요소를 배가시킬 수 있다.
> ㉥ 통로 등의 공간이 비교적 동일한 넓이로 설계되어 공간적 효율성을 높일 수 있다.

① ㉠, ㉣, ㉤
② ㉠, ㉣, ㉥
③ ㉡, ㉣, ㉤
④ ㉢, ㉤, ㉥
⑤ ㉣, ㉤, ㉥

해설 ㉡, ㉢, ㉤은 자유형 레이아웃(free form layout)의 특징을 표현하고 있다.

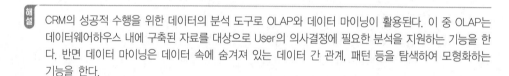

정답 62 ④ 63 ②

64 고객생애가치 이론에 관한 설명으로 가장 옳은 것은?

① 고객생애가치는 특정 고객으로부터 얻게 되는 이익 흐름의 미래가치를 의미한다.

② 고객 애호도가 높다는 것은 곧 고객생애가치가 높다는 것을 가리킨다.

③ 기업은 고객생애가치를 높이기 위하여 경쟁자보다 더 높은 가치를 제공해 주어야 한다.

④ 올바른 고객생애가치를 산출하기 위해서는 기업의 수입 흐름만 고려하면 된다.

⑤ 고객생애가치는 고객과의 한번의 거래에서 나오는 이익을 의미한다.

> **해설** ① 고객생애가치는 특정 고객으로부터 얻게 되는 미래 이익 흐름의 현재가치를 의미한다.
> ② 고객 애호도가 높다고 해서 곧 고객생애가치가 높은 것은 아니다.
> ④ 고객생애가치를 산출하기 위해서는 기업의 수입과 비용 흐름을 모두 고려해야 한다.
> ⑤ 고객생애가치는 고객과의 장기적인 거래에서 나오는 이익을 의미한다.

65 비주얼 머천다이징(VMD : visual merchandising)에 대한 설명으로 가장 옳지 않은 것은?

① 비주얼 머천다이징은 상업공간에 적합한 특정의 상품이나 서비스를 조합하고 판매증진을 위한 시각적 연출계획으로 기획하고 상품·선전·판촉 기능을 수행한다.

② 비주얼 머천다이징은 기업의 독자성을 표현하고 타 경쟁점과의 차별화를 위해 상품 진열에 관해 시각적 요소를 반영하여 연출하고 관리하는 전략적인 활동이다.

③ 비주얼 머천다이징의 구성요소인 PP(point of sale presentation)는 고객의 시선이 머무르는 곳에 볼거리를 제공하여 상품에 관심을 갖도록 유도하기 위해 활용된다.

④ 비주얼 머천다이징의 구성요소인 IP(interior presentation)는 실제 판매가 이루어지는 장소에서 상품구역별로 진열대에 진열하는 방식으로 주로 충동구매 상품을 배치하여 매출을 극대화하기 위해 활용된다.

⑤ 비주얼 머천다이징의 구성요소인 VP(visual presentation)는 상점의 콘셉트를 부각시키기 위해 쇼윈도 또는 테마 공간 연출을 통해 브랜드 이미지를 표현하기 위해 활용된다.

> **해설** 비주얼 머천다이징의 구성요소인 IP는 Item Presentation의 약자로 개별상품을 분류, 정리하여 고객으로 하여금 보기 쉽고, 신택이 용이하도록 신선한 정보를 제공하도록 진열하는 방식을 의미한다.

정답 64 ③ 65 ④

66 아래 글상자에서 말하는 여러 효과를 모두 보유하고 있는 마케팅 활동은?

> ㉠ 가격인하 효과 ㉡ 구매유발 효과
> ㉢ 미래수요 조기화 효과 ㉣ 판매촉진 효과

① 쿠폰 ② 프리미엄
③ 콘테스트 ④ 인적판매
⑤ 리베이트

> 해설 쿠폰은 소비자를 대상으로 하는 판매촉진방법으로 가격인하 효과와 구매유발을 촉진시키는 가격형 판매촉진에 해당한다.

67 아래 글상자의 설명으로 가장 옳은 것은?

> 동일한 고객층을 대상으로 하되 경쟁업체와 다르게 그들 고객이 가장 원하는 제품과 서비스에 중점을 두거나 고객에게 제시되는 가격대에 대응하는 상품이나 품질을 차별화하는 방향을 전개하는 머천다이징 유형의 하나이다.

① 혼합식 머천다이징(scrambled merchandising)
② 선별적 머천다이징(selective merchandising)
③ 세그먼트 머천다이징(segment merchandising)
④ 계획적 머천다이징(programed merchandising)
⑤ 상징적 머천다이징(symbol merchandising)

> 해설 ① 혼합식 머천다이징 : 소매점이 상품의 구색, 즉 구성을 확대하여 가는 유형의 상품화를 의미하며 이는 업태 간 경쟁 심화에 의해 강조되고 있다.
> ③ 선별적 머천다이징 : 소매업, 2차상품 제조업자, 가공업자 및 소재메이커가 수직적으로 연합하여 상품계획을 수립하는 머천다이징 방식으로 패션 머천다이징에 주로 활용된다.
> ④ 계획적 머천다이징 : 대규모 소매업과 선정된 주요 상품 납품회사 간에 계획을 조정 통합화시켜 머천다이징을 수행하는 것으로, 특히 대규모 소매점의 경우에 일반화되고 있다.
> ⑤ 상징적 머천다이징 : 대형 슈퍼마켓이나 지방의 백화점이 전문점 또는 대형 도시 백화점과 차별화를 위해 양판목군 중심의 종합적인 구색을 갖추되 그중 일부를 자사 점포의 상징으로 구색을 정하여 중점을 두는 형태의 머천다이징을 말한다.

정답 66 ① 67 ③

68 아래 글상자의 괄호 안에 들어갈 용어로 가장 옳은 것은?

> (㉠)은 상품흐름이나 판매를 증진시키기 위해 정상가보다 낮은 가격으로 결정하는 것을 말하며, (㉡)은 특정 제품의 가격에 대해 천 단위, 백 단위로 끝나는 것보다 특정의 홀수로 끝나는 가격을 책정함으로써 소비자로 하여금 더 저렴하다는 느낌을 주기 위한 가격전략이다.

① ㉠ 선도가격(leader pricing),   ㉡ 수량가격(quantity based pricing)
② ㉠ 단수가격(odd pricing),   ㉡ 변동가격(dynamic pricing)
③ ㉠ 선도가격(leader pricing),   ㉡ 단수가격(odd pricing)
④ ㉠ 변동가격(dynamic pricing),   ㉡ 묶음가격(price bundling)
⑤ ㉠ 묶음가격(price bundling),   ㉡ 단수가격(odd pricing)

 ㉠ 선도가격(leader pricing)은 상품흐름이나 판매를 증진시키기 위해 정상가보다 낮은 가격으로 결정하는 것을 뜻한다.
㉡ 단수가격(odd pricing)은 대표적인 심리가격 중 하나로 특정 제품의 가격을 9,999원, 19,999원 등으로 책정하여 소비자로 하여금 더 저렴하다는 느낌을 주기 위한 가격전략이다.

69 소매점의 POS(point of sales)시스템에 대한 설명으로 가장 옳지 않은 것은?

① POS시스템을 통해 소매점별로 수집된 판매 제품의 품목명, 수량, 가격, 판촉 등에 관한 정보를 수집할 수 있다.
② POS시스템은 POS 단말기, 바코드 스캐너, 스토어 컨트롤러(store controller)로 구성되어 있다.
③ POS시스템을 통해 확보한 정보는 고객관계관리(CRM)를 위한 기반 데이터로 활용된다.
④ 전년도 목표 대비 판매량 분석 또는 전월 대비 매출액 변화분석과 같은 시계열 정보를 수집하고 분석하는 데 한계가 있다.
⑤ POS시스템을 통해 신제품에 대한 마케팅효과, 판촉효과 등을 분석할 수 있다.

전년도 목표 대비 판매량 분석 또는 전월 대비 매출액 변화분석과 같은 시계열 정보를 수집하고 분석이 가능하다는 점이 POS의 장점이라 할 수 있다.

정답 68 ③ 69 ④

70 제품수명주기(PLC) 단계 중 성숙기에 이루어지는 판매촉진 전략으로 옳은 것은?

① 상표 전환을 유도하기 위한 판촉을 증대한다.

② 수요확대에 따라 점차적으로 판촉을 감소한다.

③ 매출 증대를 위한 판매촉진활동은 최저 수준으로 감소시킨다.

④ 제품의 인지도 향상을 위한 강력한 판촉을 전개한다.

⑤ 제품 가격을 높이는 대신 짧은 기간에 모든 판촉수단을 활용하는 전략을 실행한다.

 성숙기의 특징 중 하나는 시장의 경쟁이 치열하고 포화된 상태이므로 매출액 증대 및 시장점유율 유지를 위해서는 기존고객의 사용확대, 경쟁사의 고객을 유인(상표전환 유도)하기 위한 판매촉진을 실시하는 것이 중요하다.

제**4**과목 유통정보(71~90)

71 쇼핑몰의 시스템 구성에서 프론트 오피스(front office) 요소로 가장 옳지 않은 것은?

① 상품검색 ② 상품등록

③ 상품리뷰 ④ 상품진열

⑤ 회원로그인

 ② 상품등록은 백 오피스 요소에 해당한다.
- **프론트 오피스(Front office)** : 고객이 웹사이트에 접속하면 고객이 보게 되는 사이트 화면을 말하며, 인터넷 쇼핑몰에서 고객이 물건을 검색하고 장바구니에 담고 구매하는 모든 페이지를 뜻함
  예 회원로그인, 상품검색, 상품 사용후기(리뷰), 상품진열 등
- **백 오피스(Back office)** : 웹사이트를 통해 이루어지는 비즈니스를 보다 효과적으로 운영할 수 있도록 동작하는 일련의 운영 관리시스템을 지칭하는 것으로, 상품을 등록하고 마케팅을 설정하고 결제와 매출, 수익 등을 관리하는 서비스를 제공하는 페이지를 뜻함
  예 상품등록, 고객 관리, 트래픽 관리, 거래 처리, 광고 관리, 콘텐츠 관리 등

정답 70 ① 71 ②

72 라이브 커머스(live commerce)에 대한 설명으로 가장 옳지 않은 것은?

① 라이브 스트리밍(live streaming)과 커머스(commerce)의 합성어이다.

② 온라인상에서 실시간으로 쇼호스트가 상품을 설명하고 판매하는 비즈니스 프로세스이다.

③ 온라인상에서 소비자와 쇼호스트는 실시간으로 소통이 가능하지만 소비자 간의 대화는 불가능하다.

④ 기존 이커머스(e-commerce)보다 소통과 재미를 더한 진화된 커머스 형태이다.

⑤ 최근 소비자들에게 인기를 얻으면서 급성장하고 있다.

> **해설**
> ③ 라이브 스트리밍(Live streaming)과 커머스(Commerce)의 합성어인 라이브 커머스(Live commerce)는 실시간으로 쇼호스트가 제품을 설명하고 판매하는 형태의 비즈니스 프로세스로 온라인상에서 소비자와 쇼호스트 간 실시간으로 양방향 소통이 가능하다.

73 오늘날을 제4차 산업혁명 시기로 구분한다. 제4차 산업혁명에 대한 설명으로 가장 옳지 않은 것은?

① 2016 세계경제포럼에서 4차 산업혁명을 3차 산업혁명을 기반으로 디지털, 바이오와 물리학 사이의 모든 경계를 허무는 융합 기술 혁명으로 정의함

② ICT를 기반으로 하는 사물인터넷 및 만물인터넷의 진화를 통해 인간-인간, 인간-사물, 사물-사물을 대상으로 한 초연결성이 기하급수적으로 확대되는 초연결적 특성이 있음

③ 인공지능과 빅데이터의 결합과 연계를 통해 기술과 산업구조의 초지능화가 강화됨

④ 초연결성, 초지능화에 기반하여 기술 간, 산업 간, 사물-인간 간의 경계가 사라지는 대융합의 시대라고 볼 수 있음

⑤ 4차 산업혁명 시대의 생산요소 토지, 노동, 자본 중 노동의 가치가 토지와 자본에 비해 중요도가 커지는 특징이 있음

> **해설**
> ⑤ 4차 산업혁명 시대에는 1차 산업혁명 시 중요했던 토지, 노동, 자본 등의 전통적인 생산요소보다는 신기술, 정보 등의 생산요소들의 가치가 더욱 중요해지고 있다.

정답 72 ③ 73 ⑤

74 물류의 효율적 회전을 가능하게 하는 QR 물류시스템의 긍정적 효과로 가장 옳지 않은 것은?

① 신속한 대응　　　　　　　　② 리드타임 증가

③ 안전재고 감소　　　　　　　④ 예측오류 감소

⑤ 파이프라인 재고 감소

 ② QR 물류시스템 도입으로 리드타임은 단축된다.

참고 QR 시스템의 도입효과

• 즉각적인 고객서비스를 통해 서비스의 질 향상 및 업무의 효율성과 소비자 만족극대화
• 제품개발의 짧은 사이클이 가능해짐
• 소비자 욕구에 신속대응하는 제품을, 정량에, 적정가격으로, 적정장소로 유통 가능케 함
• 리드타임을 단축시키고 안전재고를 감소시킴
• 상품 회전율 상승 및 상품 로스율을 감소시킴

75 디지털 공급망을 구현하는 데 활용되는 블록체인 스마트 계약(blockchain smart contract) 기술에 대한 설명으로 가장 옳지 않은 것은?

① 특정 요구사항이 충족되면 네트워크를 통해 실시간으로 계약이 실행된다.
② 거래 내역이 블록체인 상에 기록되기 때문에 높은 신뢰도를 형성한다.
③ 블록체인 스마트 계약은 중개자 없이 실행될 수 있기 때문에 상대적으로 거래 비용이 낮다.
④ 블록체인 기록을 뒷받침하는 높은 수준의 암호화와 분산원장 특성으로 네트워크에서 높은 보안성을 확보하고 있다.
⑤ 블록체인을 활용하기 때문에 거래 기록에 대하여 가시성을 확보할 수 없다.

 블록체인은 원장을 금융기관 등 특정 기관의 중앙 서버가 아닌 P2P(Peer to Peer, 개인 간) 네트워크에 분산해 참가자가 공동으로 기록하고 관리하는 기술로, 누구에게나 공유·공개되어 정보의 가시성과 투명성을 보장한다.

76 경쟁력 있는 수익창출 방안을 개발하는 데 활용되는 비즈니스 모델 캔버스를 구성하는 9가지 요인 중에 ㉠ 가장 먼저 작성해야 하는 요인과 ㉡ 마지막으로 작성해야 하는 요인이 있다. 여기서 ㉠과 ㉡에 해당하는 내용으로 가장 옳은 것은?

① ㉠ 가치제안,   ㉡ 수익원
② ㉠ 고객관계,   ㉡ 고객 세분화
③ ㉠ 수익원,   ㉡ 고객 세분화
④ ㉠ 고객 세분화, ㉡ 가치제안
⑤ ㉠ 고객 세분화, ㉡ 비용구조

해설 비즈니스 모델 캔버스(BMC : Business Mode Canbas)는 비즈니스에 포함되어야 하는 9개의 주요 사업 요소를 한눈에 볼 수 있도록 만든 그래픽 템플릿을 말한다.

가치전달	1. 고객 세그먼트	고객 세분화라 하며, 기업이 도달하고 서비스를 제공하고자 하는 다양한 사람 또는 조직 그룹
	2. 가치제안	고객의 문제를 해결해 주는 것 또는 고객 니즈를 충족해 주는 것
	3. 채널	기업이 가치제안을 전달하기 위해 고객 세그먼트와 소통하고 도달하는 방식
	4. 고객관계	기업이 특정 고객 세그먼트와 맺는 관계의 유형
가치생산	5. 수익원	회사가 각 고객 세그먼트에서 수익을 창출하는 방식으로 판매, 임대, 수수료, 특허사용 계약 등
	6. 핵심자원	비즈니스 모델을 작동시키는 데 필요한 가장 중요한 자산을 뜻함
	7. 핵심활동	회사의 가치제안을 실행하는 데 가장 중요한 활동. 생산 활동, 문제 해결, 플랫폼 유지 및 보수 등
	8. 핵심파트너	비즈니스 모델을 작동시키는 공급업체 및 파트너의 네트워크를 말함
	9. 비용구조	비즈니스 모델을 운영하기 위해 발행하는 모든 비용

77 데이터 마이닝 기법과 CRM에서의 활용용도를 연결한 것으로 가장 옳지 않은 것은?

① 분류 규칙 – 고객이탈 수준 등급
② 군집화 규칙 – 제품 카테고리
③ 순차 패턴 – 로열티 강화 프로그램
④ 연관 규칙 – 상품 패키지 구성 정보
⑤ 일반화 규칙 – 연속 판매 프로그램

해설 데이터웨어하우스 등 대용량의 데이터베이스로부터 패턴이나 관계, 규칙 등을 발견하여 유용한 지식 및 정보를 찾아내는 과정이나 기술이다. 연관성분석, 회귀분석, 군집분석 등을 활용하는 반면 일반화 규칙은 활용하지 않는다.

정답 76 ⑤ 77 ⑤

78 최근 정부에서 추진하고 있는 다양한 친환경 제품 관련 인증 제도 관련 설명으로 가장 옳지 않은 것은?

① 환경부·한국환경산업기술원에서는 같은 용도의 다른 제품에 비해 제품의 환경성을 개선한 경우 환경표지인증을 해주고 있다.

② 농림축산식품부·국립농산물품질관리원에서는 유기농산물과 유기가공식품에 대한 친환경농축산물인증제도를 운영하고 있다.

③ 국토교통부와 환경부에서는 한국건설기술연구원을 통해 건축이 환경에 영향을 미치는 요소에 대한 평가를 통해 건축물의 환경성능을 인증하는 녹색건축인증제도를 운영하고 있다.

④ 한국산업기술진흥원에서는 저탄소 녹색성장 기본법에 의거하여 유망한 녹색기술 또는 사업에 대한 녹색인증제도를 운영하고 있다.

⑤ 환경부·소비자보호원에서는 소비자들의 알 권리를 위해 친환경 제품에 대한 정보를 제공하는 그린워싱(green washing)제도를 운영하고 있다.

> 해설 그린워싱(green washing)은 기업이 환경에 악영향을 끼치는 제품을 생산하면서도 친환경적인 것처럼 거짓 홍보하는 것으로, 환경부·소비자보호원에서 소비자들의 알 권리를 위해 친환경 제품에 대한 정보를 제공하는 것과는 무관하다.

79 스튜어트(Stewart)의 지식 자산 특성에 대한 설명으로 가장 옳지 않은 것은?

① 지식 자산의 유형으로 고객 자산, 구조적 자산, 인적 자산 등이 있다.

② 대표적인 고객 자산에는 고객브랜드 가치, 기업이미지 등이 있다.

③ 대표적인 인적 자산에는 구성원의 지식, 경험 등이 있다.

④ 대표적인 구조적 자산에는 조직의 경영시스템, 프로세스 등이 있다.

⑤ 구조적 자산으로 외재적 존재 형태를 갖고 있는 암묵적 지식이 있다.

> 해설 ⑤ 구조적 자산으로 외재적 존재 형태를 갖고 있는 것은 암묵적 지식이 아니라 형식적 지식(explicit knowledge)에 해당한다. 형식적 지식(형식지)은 암묵지와 상대되는 개념으로 언어나 문자를 통하여 겉으로 표현된 지식으로서 문서화 또는 데이터화된 지식이라고 할 수 있다.

정답 78 ⑤ 79 ⑤

80 유통업체에서 고객의 데이터를 활용하여 마케팅에 활용하는 사례로 아래 글상자의 괄호 안에 공통적으로 들어갈 용어로 가장 옳은 것은?

> • (   )은(는) 국민이 자신의 데이터에 대한 통제권을 갖고 원하는 곳으로 데이터를 전송할 수 있는 서비스이다.
>
> • (   )이(가) 구현되면, 국민은 데이터를 적극적으로 관리·통제할 수 있게 되고, 스타트업 등 기업은 혁신적인 서비스를 창출해 새로운 데이터 산업 생태계가 조성된다.

① 데이터베이스　　　　　　　② 빅데이터 분석
③ 데이터 댐　　　　　　　　　④ 데이터 마이닝
⑤ 마이데이터

마이데이터(MyData)란 개인이 정보의 주체가 되어 산재된 개인데이터를 한곳에 모아 개인이 직접 열람하고 저장하는 등 통합관리하고 활용하는 일련의 과정을 말한다. 마이데이터는 자신에 관한 정보가 언제 누구에게 어느 범위까지 알려지고 또 이용되도록 할 것인지를 개인이 스스로 결정할 수 있는 권리인 '개인정보자기결정권'과 제3자에게 이를 관리할 수 있도록 허용하는 '개인정보이동권'을 기반으로 한다.

81 아래 글상자에서 설명하는 개념으로 가장 옳은 것은?

> • 걷기에는 멀고 택시나 자가용을 이용하기에는 마땅치 않은 애매한 거리를 지칭한다.
>
> • 이 개념은 유통업체의 상품이 고객의 목적지에 도착하는 마지막 단계를 의미한다.
>
> • 유통업체는 고객 만족을 위한 배송품질 향상이나 배송 서비스 차별화 측면에서 이 개념을 전략적으로 활용하고 있다.

① 엔드 투 엔드 공급사슬　　　② 고객만족경영
③ 배송 리드타임　　　　　　　④ 스마트 로지스틱
⑤ 라스트 마일

라스트 마일(last miles)은 물류 프로세스의 가장 마지막 단계로 주문한 물품이 고객에게 배송되는 마지막 단계를 의미하는 용어로, 최근 라스트 마일이 중요한 이유는 소비자의 사용자 경험(User Experience)이 라스트 마일에서 시작되기 때문이다. 소비자가 어떤 물품과 서비스에 좋은 인상을 받아 락인(Lock-in)하도록 만들기 위해서는 첫인상에 해당하는 라스트 마일이 매우 중요하다. 한편, 공급자 입장에서는 최종 배송단계가 가장 비용이 많이 발생하기 때문에 효율성 개선이 시급한 부분이므로 이에 대한 개선이 중요하기 때문이다.

정답 80 ⑤　81 ⑤

82 아래 글상자에서 설명하는 플랫폼 비즈니스의 두 가지 핵심 특성과 관련한 현상을 순서대로 바르게 나열한 것은?

> ㉠ 플랫폼에 참여하는 이용자들이 증가할수록 그 가치가 더욱 커지는 현상이 나타나고,
> ㉡ 일정 수준 이상의 플랫폼에 참여하는 이용자를 확보하게 될 경우, 막강한 경쟁력을 확보해서 승자독식의 비즈니스가 가능하게 되는 현상이 나타난다.

① ㉠ 메트칼프의 법칙,　　　　　 ㉡ 티핑 포인트
② ㉠ 파레토의 법칙,　　　　　　 ㉡ 롱테일의 법칙
③ ㉠ 네트워크 효과,　　　　　　 ㉡ 무어의 법칙
④ ㉠ 규모의 경제,　　　　　　　 ㉡ 범위의 경제
⑤ ㉠ 학습효과,　　　　　　　　 ㉡ 공정가치선

해설 플랫폼 비즈니스와 관련하여 메트칼프(Metcalf)의 법칙은 네트워크의 가치는 가입자 수에 비례해 증대하고 어떤 시점에서부터 그 가치는 기하급수적으로 증가한다는 것이다.
한편, 티핑 포인트(tipping point)란 대중의 반응이 한순간 폭발적으로 늘어날 때, 광고 마케팅이 효과를 발하며 폭발적인 주문으로 이어질 때의 현상을 뜻한다.

83 고객 수요에 기반한 데이터의 수집과 분석을 통해 고객에게 상황에 따른 다양한 가격을 제시하는 전략을 지칭하는 용어로 가장 옳은 것은?

① 시장침투가격 전략(penetration pricing strategy)
② 초기고가 전략(skimming pricing strategy)
③ 낚시가격 전략(bait and hook pricing strategy)
④ 다이나믹 프라이싱 전략(dynamic pricing strategy)
⑤ 명성가격 전략(prestige pricing strategy)

해설 다이나믹 프라이싱 전략(dynamic pricing strategy)은 고객 수요에 기반한 데이터의 수집과 분석을 통해 고객에게 상황에 따른 다양한 가격을 제시하는 전략으로, 동일한 제품 및 서비스에 대한 가격을 시장상황에 따라 탄력적으로 변화시키는 가격전략을 의미한다.

정답 82 ① 83 ④

84 아래 글상자의 OECD 개인정보 보호 8원칙 중 옳은 것만을 바르게 나열한 것은?

> ⊙ 정보 정확성의 원칙 – 개인정보는 적법하고 공정한 방법을 통해 수집되어야 한다.
> ⓛ 수집 제한의 원칙 – 이용 목적상 필요한 범위 내에서 개인정보의 정확성, 완전성, 최신성이 확보되어야 한다.
> ⓒ 목적 명시의 원칙 – 개인정보는 수집 과정에서 수집 목적을 명시하고, 명시된 목적에 적합하게 이용되어야 한다.
> ⓔ 안전성 확보의 원칙 – 정보 주체의 동의가 있거나, 법 규정이 있는 경우를 제외하고 목적 외 이용되거나 공개될 수 없다.
> ⓜ 이용 제한의 원칙 – 개인정보의 침해, 누설, 도용 등을 방지하기 위한 물리적, 조직적, 기술적 안전 조치를 확보해야 한다.
> ⓗ 공개의 원칙 – 개인정보의 처리 및 보호를 위한 정책 및 관리자에 대한 정보는 공개되어야 한다.
> ⓢ 책임의 원칙 – 정보 주체의 개인정보 열람/정정/삭제 청구권은 보장되어야 한다.
> ⓞ 개인 참가의 원칙 – 개인정보 관리자에게 원칙 준수 의무 및 책임을 부과해야 한다.

① ⊙, ⓛ   ② ⊙, ⓞ

③ ⓛ, ⓔ   ④ ⓒ, ⓗ

⑤ ⓜ, ⓢ

해설 글상자의 경제협력개발기구(OECD) 개인정보 보호 8원칙 중 ⊙은 수집 제한의 원칙, ⓛ은 정보 정확성의 원칙, ⓔ은 이용 제한의 원칙, ⓜ은 안전성 확보의 원칙, ⓢ은 개인 참가의 원칙, ⓞ은 책임의 원칙에 해당한다.

85 아래 글상자의 비즈니스 애널리틱스에 대한 분석과 설명 중 옳은 것만을 고른 것은?

> ⊙ 기술분석(descriptive analytics) : 과거에 발생한 일에 대한 소급 분석함
> ⓛ 예측분석(predictive analytics) : 특정한 일이 발생한 이유를 이해하는 데 도움을 제공
> ⓒ 진단분석(diagnostic analytics) : 애널리틱스를 이용해 미래에 발생할 가능성이 있는 일을 예측함
> ⓔ 처방분석(prescriptive analytics) : 성능개선 조치에 대한 대응 방안을 제시함

① ⊙, ⓛ   ② ⊙, ⓒ

③ ⊙, ⓔ   ④ ⓛ, ⓒ

⑤ ⓛ, ⓔ

정답 84 ④ 85 ③

ⓛ 예측분석(predictive analytics) : 애널리틱스를 이용해 미래에 발생할 가능성이 있는 일을 예측함
ⓒ 진단분석(diagnostic analytics) : 특정한 일이 발생한 이유를 이해하는 데 도움을 제공

86 유통업체에서 활용하는 블록체인 기술 중 하나인 대체불가능토큰(NFT)의 장점으로 가장 옳지 않은 것은?

① 블록체인 고유의 특성을 기반으로 하기 때문에 희소성을 보장할 수 있고, 위조가 어렵다.
② 블록체인 고유의 특성으로 투명성이 보장되며, 추적 가능하다.
③ 부분에 대한 소유권이 인정되어 각각 나누어 거래가 가능하다.
④ 정부에서 가치를 보증해서 안전하게 거래할 수 있다.
⑤ NFT 시장에서 자유롭게 거래할 수 있다.

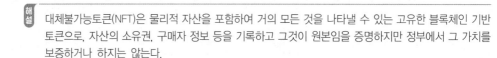 대체불가능토큰(NFT)은 물리적 자산을 포함하여 거의 모든 것을 나타낼 수 있는 고유한 블록체인 기반 토큰으로, 자산의 소유권, 구매자 정보 등을 기록하고 그것이 원본임을 증명하지만 정부에서 그 가치를 보증하거나 하지는 않는다.

87 각국 GS1 코드관리기관의 회원업체정보 데이터베이스를 인터넷을 통해 연결하여 자국 및 타 회원국의 업체 정보를 실시간으로 검색할 수 있게 해주는 서비스로 가장 옳은 것은?

① 덴소 웨이브(DENSO WAVE)
② 코리안넷
③ 글로벌 바코드 조회서비스(Global Bar-code Party Information Registry)
④ 글로벌 기업정보 조회서비스(Global Electronic Party Information Registry)
⑤ GS1(Global Standard No.1)

 ① 덴소 웨이브(DENSO WAVE) : 1994년 2차원 QR 코드를 개발한 일본회사
② 코리안넷(koreannet.or.kr) : 온라인상에서 유통표준코드(GTIN) 생성, 상품정보 등록 및 회원정보까지 통합하여 관리할 수 있는 유통표준코드 통합관리 시스템
③ 글로벌 바코드 조회서비스는 별도로 없으며, 코리안넷에서 국제표준바코드 심볼 검증서비스를 제공하고 있다.
⑤ GS1(Global Standard No.1) : 국제표준 상품코드 관리기관

정답 86 ④ 87 ④

88 아래 글상자의 괄호 안에 들어갈 용어를 순서대로 바르게 나열한 것은?

> - (㉠)은(는) 데이터의 정확성과 일관성을 유지하고 전달과정에서 위변조가 없는 것이다.
> - (㉡)은 정보를 암호화하여 인가된 사용자만이 접근할 수 있게 하는 것이다.

① ㉠ 부인방지,   ㉡ 인증
② ㉠ 무결성,   ㉡ 기밀성
③ ㉠ 프라이버시, ㉡ 인증
④ ㉠ 무결성,   ㉡ 가용성
⑤ ㉠ 기밀성,   ㉡ 무결성

> **해설** ㉠ **무결성**(integrity) : 데이터의 변조를 방지하여 전달하는 것으로, 인터넷을 통해 송수신된 정보가 송수신 과정에 승인되지 않은 다른 사람에 의한 위변조를 방지하는 것을 말한다.
> ㉡ **기밀성**(confidentiality) : 수신자 이외에는 데이터 보안 유지를 하기 위해 특정 보안체계를 통해 데이터의 비밀성을 유지하는 것으로 인가된 사용자만 접근 가능하다.

89 아래 글상자의 구매-지불 프로세스를 바르게 나열한 것은?

> ㉠ 재화 및 용역에 대한 구매요청서 발송
> ㉡ 조달 확정
> ㉢ 구매주문서 발송
> ㉣ 공급업체 송장 확인
> ㉤ 대금 지불
> ㉥ 재화 및 용역 수령증 수취

① ㉥ - ㉤ - ㉣ - ㉢ - ㉡ - ㉠
② ㉠ - ㉤ - ㉣ - ㉢ - ㉥ - ㉡
③ ㉠ - ㉡ - ㉢ - ㉣ - ㉤ - ㉥
④ ㉠ - ㉡ - ㉢ - ㉥ - ㉣ - ㉤
⑤ ㉥ - ㉤ - ㉠ - ㉢ - ㉣ - ㉡

> **해설** 글상자의 구매 및 지불 절차는 재화 및 용역에 대한 구매요청서 발송 → 조달 확정 → 구매주문서 발송 → 재화 및 용역 수령증 수취 → 공급업체 송장 확인 → 대금 지불의 순으로 진행된다.

정답 88 ② 89 ④

90 기업활동과 관련된 내·외부자료를 영역별로 각기 수집·저장관리하는 경우 자료의 활용을 위해, 목적에 맞게 적당한 형태로 변환하거나 통합하는 과정을 거쳐야 한다. 수집된 자료를 표준화시키거나 변환하여 목표 저장소에 저장할 수 있도록 도와주는 기술로 가장 옳은 것은?

① OLTP(online transaction processing)

② OLAP(online analytical processing)

③ ETL(extract, transform, load)

④ 정규화(normalization)

⑤ 플레이크(flake)

> **해설** 데이터웨어하우징 시스템에서 데이터는 데이터웨어하우스에 입력되고, 내용물은 정보로 변환되며, 정보는 사용자가 이용가능하도록 해준다. 내·외부 원천으로부터 데이터가 수송되는 영역에서 데이터의 추출(extraction), 변형(transformation), 선적(loading) 등의 프로세스가 일어나는데 이를 약자로 ETL이라고 한다.

정답 90 ③

유통관리사 2급 기출문제

제 **1** 과목   유통 · 물류일반관리(01~25)

01 특정 업무를 수행하는 데 소요되는 비용이 가장 낮은 유통경로기관이 해당 업무를 수행하는 방향으로 유통경로의 구조가 결정된다고 설명하는 유통경로구조이론으로 가장 옳은 것은?

① 대리인(agency)이론 ② 게임(game)이론
③ 거래비용(transaction cost)이론 ④ 기능위양(functional spinoff)이론
⑤ 연기-투기(postponement-speculation)이론

 기능위양(functional spinoff)이론은 유통경로 결정이론 중 특정 업무를 수행하는 데 소요되는 비용이 가장 낮은 유통 경로기관이 해당 업무를 수행하는 방향으로 유통경로의 구조가 결정된다고 설명하는 이론이다.

02 아래 글상자의 자료를 토대로 계산한 경제적주문량(EOQ)이 200이라면 연간 단위당 재고유지 비용으로 옳은 것은?

- 연간 제품수요량 : 10,000개
- 1회당 주문비용 : 200원

① 100 ② 200
③ 300 ④ 400
⑤ 500

$$200 = \sqrt{\frac{2 \times 10,000 \times 200}{C_h}}$$
$$C_h = 100$$

정답 01 ④ 02 ①

03 운송과 관련한 설명 중 가장 옳지 않은 것은?

① 해상운송의 경우 최종목적지까지의 운송에는 한계가 있기에 피시백(fishy back) 복합 운송서비스를 제공한다.

② 트럭운송은 혼적화물운송(LTL : less than truckload) 상태의 화물도 긴급 수송이 가능하고 단거리 운송에도 경제적이다.

③ 다른 수송형태에 비해 철도운송은 상대적으로 도착 시간을 보증할 수 있다.

④ 항공운송은 고객이 원하는 지점까지의 운송을 위해 피기백(piggy back) 복합운송서비스를 활용한다.

⑤ COFC는 철도의 무개화차 위에 컨테이너를 싣고 수송하는 방식이다.

> **해설** ④ 철도운송은 고객이 원하는 지점까지의 운송을 위해 피기백(piggy back) 복합운송서비스를 활용하며, 항공운송의 경우에는 버디백(Birdy back) 방식을 활용한다.

04 자본잉여금의 종류로 옳지 않은 것은?

① 국고보조금   ② 공사부담금

③ 보험차익   ④ 예수금

⑤ 자기주식처분이익

> **해설** ④ 예수금은 부채로 장차 돌려줄 것을 전제로 하고 있는 일시적인 금전으로, 이후에 다시 현금으로 반환하여야 하는 것을 말한다.

05 기업이 e-공급망 관리(e-SCM)를 통해 얻을 수 있는 효과로 가장 옳지 않은 것은?

① 고객의 욕구변화에 더욱 신속하게 대응하게 되고 고객 만족도가 증가한다.

② 공급자와 구매자 간의 정보 공유로 필요한 물량을 자동으로 보충해서 재고 감축이 가능하다.

③ 거래 및 투자비용을 절감할 수 있다.

④ 공급망 자동화를 통해 전체 주문 이행 사이클 타임의 단축이 가능하다.

⑤ 구매자의 데이터를 분석하여 그들의 개별니즈를 충족시킬 수 있는 표준화된 서비스 제공이 가능해졌다.

정답 **03** ④ **04** ④ **05** ⑤

⑤ e-SCM은 인터넷을 통한 공급사슬관리 방식으로 구매자의 데이터를 분석하여 그들의 개별니즈를 충족시킬 수 있는 개별화된 서비스 제공이 가능해졌다.

06 서비스 유통의 형태인 플랫폼 비즈니스(platform business)에 대한 설명으로 가장 옳지 않은 것은?

① 플랫폼을 통해 사람과 사람, 사람과 사물을 연결함으로써 새로운 유형의 서비스가 창출된다.

② 정보통신기술의 발달은 사람 간의 교류를 더 빠르고 효율적으로 실현시키면서 플랫폼 비즈니스 성장에 긍정적인 영향을 미치고 있다.

③ 플랫폼 비즈니스의 구성원은 크게 플랫폼 구축자와 플랫폼 사용자로 나뉜다.

④ 플랫폼은 정보, 제품, 서비스 등 다양한 유형의 거래를 가능하게 해주는 일종의 장터이다.

⑤ 플랫폼 비즈니스 사업자는 플랫폼을 제공해 주는 대가를 직접적으로 취할 수 없으므로, 광고 등을 통해 간접적으로 수익을 올리는 비즈니스 모델이다.

 ⑤ 플랫폼 비즈니스 모델은 사업자(또는 기업)가 직접 제품 혹은 서비스를 제공하는 것이 아니라 제품 또는 서비스를 제공하는 생산자 그룹과 이를 필요로 하는 사용자 그룹을 연결해 주는 형태의 비즈니스 모델을 뜻한다.

07 아래 글상자에서 설명하는 개념으로 옳은 것은?

> 제품에 대한 최종소비자의 수요 변동 폭은 크지 않지만, 소매상, 도매상, 제조업자, 원재료 공급업자 등 공급사슬을 거슬러 올라갈수록 변동 폭이 크게 확대되어 수요예측치와 실제 판매량 사이의 차이가 커지게 된다.

① 블랙 스완 효과(black swan effect) ② 밴드 왜건 효과(band wagon effect)
③ 채찍 효과(bullwhip effect) ④ 베블렌 효과(Veblen effect)
⑤ 디드로 효과(Diderot effect)

 채찍 효과(bullwhip effect)란 소매상, 도매상, 제조업자, 원재료 공급업자 등 공급사슬의 상류로 거슬러 올라갈수록 변동 폭이 크게 확대되어 수요의 왜곡현상이 가지는 것을 의미하는 현상이다.

정답 06 ⑤ 07 ③

08 제품/시장 확장그리드(product/market expansion grid)에서 기존 제품을 가지고 새로운 세분시장을 파악해서 진출하는 방식의 기업성장전략으로 가장 옳은 것은?

① 시장침투전략(market penetration strategy)

② 시장개발전략(market development strategy)

③ 제품개발전략(product development strategy)

④ 다각화전략(diversification strategy)

⑤ 수평적 다각화전략(horizontal diversification strategy)

해설 **시장개발전략**(market development strategy) : I. Ansoff의 제품–시장확장그리드에 따르면 시장개발전략은 기존 제품(또는 서비스)을 가지고 새로운 세분시장을 파악해서 진출하는 방식의 기업성장전략을 말한다.

구분	기존 제품	신규 제품
기존 시장	시장침투전략 (판매노력, 사용량 증대, 고객유인)	제품개발전략 (혁신 제품, 모방적 신제품)
신규 시장	시장개발전략 (새로운 시장, 새로운 수용자층)	다각화전략 (신규사업, 신제품)

09 유통경로에서 발생하는 각종 힘(power)에 관한 설명으로 가장 옳지 않은 것은?

① 합법력은 법률이나 계약과 같이 정당한 권리에 의해 발생하거나 조직 내의 공식적인 지위에서 발생한다.

② 강제력의 강도는 처벌이 지닌 부정적 효과의 크기에 반비례한다.

③ 정보력은 공급업자가 중요한 정보를 가지고 있다는 인식을 할 경우 발생한다.

④ 준거력은 공급업자에 대해 일체감을 갖는 경우에 발생한다.

⑤ 보상력은 재판매업자가 자신의 보상을 조정할 수 있는 능력을 가지고 있다고 인식할수록 증가한다.

해설 ② 강압적인 힘(강권력)의 강도는 처벌이 지닌 부정적 효과의 크기에 비례하여 작용하는 것이 일반적이다.

정답 08 ② 09 ②

10 윤리경영에서 이해관계자가 추구하는 가치이념과 취급해야 할 문제들이 옳게 나열되지 않은 것은?

구분	이해관계자	추구하는 가치이념	윤리경영에서 취급해야 할 문제들
㉠	지역사회	기업시민	산업재해, 산업공해, 산업폐기물 불법처리 등
㉡	종업원	인간의 존엄성	고용차별, 성차별, 프라이버시 침해, 작업장의 안전성 등
㉢	투자자	공평, 형평	내부자 거래, 인위적 시장조작, 시세조작, 분식결산 등
㉣	고객	성실, 신의	유해상품, 결합상품, 허위 과대 광고, 정보은폐, 가짜 상표 등
㉤	경쟁자	기업가치	환경오염, 자연파괴, 산업폐기물 수출입, 지구환경관련 규정 위반 등

① ㉠   ② ㉡   ③ ㉢
④ ㉣   ⑤ ㉤

> **해설** ㉤ 이해관계자인 경쟁자와는 경쟁우위를 다투는 관계로 부당한 인력 유출, 기술노하우 유출 행위 금지 등이 해당한다.

11 아래 글상자에서 설명하는 유통의 형태로 가장 옳은 것은?

> • 각 판매지역별로 하나 또는 극소수의 중간상에게 자사 제품의 유통에 대한 독점권을 부여하는 것이다.
> • 소비자가 제품 구매를 위해 적극적인 탐색을 하고 쇼핑을 위해 기꺼이 시간과 노력을 아끼지 않는 경우에 적합하다.

① 집중적 유통   ② 개방적 유통
③ 선택적 유통   ④ 전속적 유통
⑤ 중간적 유통

> **해설** 전속적 유통은 각 판매지역별로 하나 또는 극소수의 중간상에게 자사 제품의 유통에 대한 배타적 독점권을 부여하는 형태의 유통커버리지 전략이라 할 수 있다.

정답 **10** ⑤ **11** ④

12 유통산업이 합리화되는 경우에 나타나는 현상으로 가장 옳지 않은 것은?

① 업무 효율화를 통해 유통업체의 규모가 작아진다.
② 유통경로상 제조업의 협상력이 축소된다.
③ 법률이나 정부의 규제가 늘어난다.
④ 생산지의 가격과 소비자의 구매가격의 차이가 줄어든다.
⑤ 유통경로가 단축되어 유통비용이 절감된다.

> **해설** ③ 유통산업이 합리화되는 경우 유통의 효율성이 증가하여 경로가 단축되고 거래비용이 낮아지는 등의
> 장점이 극대화된다. 따라서 법률이나 정부의 규제 또한 줄어들게 된다.

13 직무기술서와 직무명세서를 비교할 때 직무기술서에 해당되는 내용으로 가장 옳은 것은?

① 작업자의 특성을 평가하여 조직 전략을 효율적으로 달성하기 위한 것이다.
② 속직적 기준으로 직무의 내용을 요약하고 수행에 필요한 정보를 포함한다.
③ 직무명칭, 직무개요, 직무내용 등의 인적 요건을 포함한다.
④ 직무내용보다는 인적 요건을 중심으로 정리한다.
⑤ 작업자의 지식, 기능, 능력 등의 요소를 포함한다.

> **해설** ① 작업자의 특성을 평가하여 조직 전략을 효율적으로 달성하기 위한 것은 직무명세서에 해당한다.
> ③ 직무기술서는 직무명칭, 직무개요, 직무내용, 장비·환경·작업 활동 등 직무요건을 포함한다.
> ④ 직무내용을 중심으로 정리한다.
> ⑤ 작업자의 지식, 기능, 능력 등의 요소를 포함하는 것은 직무명세서에 해당한다.

14 유통경영전략의 수립단계를 순서대로 나열한 것으로 가장 옳은 것은?

① 사업포트폴리오분석 – 기업의 사명 정의 – 기업의 목표 설정 – 성장전략의 수립
② 기업의 목표 설정 – 사업포트폴리오분석 – 성장전략의 수립 – 기업의 사명 정의
③ 사업포트폴리오분석 – 기업의 목표 설정 – 기업의 사명 정의 – 성장전략의 수립
④ 기업의 사명 정의 – 기업의 목표 설정 – 사업포트폴리오분석 – 성장전략의 수립
⑤ 성장전략의 수립 – 기업의 목표 설정 – 사업포트폴리오분석 – 기업의 사명 정의

> **해설** 유통경영전략의 수립단계 : 기업의 사명 정의 → 기업의 목표 설정 → 사업포트폴리오분석 → 성장전략
> 의 수립

정답 12 ③ 13 ② 14 ④

15 보관을 위한 각종 창고의 유형에 대한 설명으로 가장 옳지 않은 것은?

① 자가 창고의 경우 기업이 자신의 목적에 맞게 맞춤형 창고 설계가 가능하다.

② 영업 창고 요금은 창고 이용에 따른 보관료를 기본으로 하며 하역료를 제외한다.

③ 임대 창고는 영업창고업자가 아닌 개인이나 법인 등이 소유하고 있는 창고를 임대료를 받고 제공하는 것이다.

④ 공공 창고는 공익을 목적으로 건설한 창고로 공립 창고가 한 예이다.

⑤ 관설상옥은 정부나 지방자치단체가 해상과 육상 연결용 화물 판매용도로 제공하는 창고이다.

해설 ② 영업 창고 요금은 창고 이용에 따른 보관료를 기본으로 하며 보관을 위해 수행되는 하역료를 포함한다.

16 아웃소싱을 실시하는 기업이 얻을 수 있는 장점으로 가장 옳지 않은 것은?

① 다른 채널의 파트너로부터 규모의 경제 효과를 얻을 수 있다.

② 분업의 원리를 통해 이익을 얻을 수 있다.

③ 고정비용은 늘어나지만 변동비용을 줄여서 비용 절감 효과를 얻을 수 있다.

④ 아웃소싱 파트너의 혁신적인 혜택을 누릴 수 있다.

⑤ 자사의 기술보다 우월한 기술을 누릴 수 있다.

해설 ③ 아웃소싱을 실시하는 경우 위탁기업은 직접 아웃소싱 대상이 되는 작업을 수행하지 않으므로 직접적인 고정비용이 감소하는 반면, 위탁물량이 증가하는 경우 변동비용이 증가할 수 있다.

정답 15 ② 16 ③

17 아래 글상자가 설명하는 합작투자 유형으로 옳은 것은?

> 공여기업이 자사의 제조공정, 등록상표, 특허권 등을 수여기업에게 제공하고 로열티 혹은 수수료를 받는 형태이다. 이를 통해, 수여기업은 생산의 전문성 혹은 브랜드를 자체 개발 없이 사용할 수 있다는 이점이 있고, 공여기업은 낮은 위험부담으로 해외시장에 진출할 수 있다는 장점이 있다.

① 계약생산(contract manufacturing) ② 관리계약(management contracting)
③ 라이선싱(licensing) ④ 공동소유(joint ownership)
⑤ 간접수출(indirect exporting)

 라이선싱(licensing)은 공여기업이 자사의 제조공정, 등록상표, 특허권 등을 수여기업에게 제공하고 로열티 혹은 수수료를 받는 형태로, 공여기업은 낮은 위험부담으로 해외시장에 진출할 수 있다는 장점이 있으며, 수여기업은 생산의 전문성 혹은 브랜드를 자체 개발 없이 사용할 수 있다는 이점이 발생한다.

18 아래 글상자가 설명하는 리더십의 유형으로 가장 옳은 것은?

> 대인관계와 활동을 통하여 규범적으로 적합한 리더의 행동이 구성원들에게 모범으로 작용하며, 상호 간 명확한 도덕적 기준과 의사소통, 공정한 평가 등을 통해 부하들로 하여금 규범에 적합한 행동을 지속하도록 촉진하는 것이다.

① 변혁적 리더십(transformational leadership)
② 참여적 리더십(participative leadership)
③ 지원적 리더십(supportive leadership)
④ 지시적 리더십(directive leadership)
⑤ 윤리적 리더십(ethical leadership)

 ⑤ 윤리적 리더십(ethical leadership)은 대인관계와 활동을 통하여 규범적으로 적합한 리더의 행동이 구성원들에게 모범으로 작용하며, 상호 간 명확한 도덕적 기준과 의사소통, 공정한 평가 등을 통해 부하들로 하여금 규범에 적합한 행동을 지속하도록 촉진하는 것이다.
① 변혁적 리더십은 종업원에 대한 지적 자극, 영감적 동기, 비전 제시, 카리스마를 소유하며 도전을 용납할 수 있는 리더, 조직의 생존을 가능하게 할 리더, 개방된 마인드를 소유한 리더 등을 그 특징으로 한다.

참고 허시 & 블랜차드 리더십 유형
종업원들의 성숙도를 강조하는 상황적 리더십이론을 제시하였다. 리더의 행위를 과업행위와 관계행위의 2가지 차원을 축으로 한 4분면으로 분류하고 여기에 상황요인으로서 부하의 성숙도(업무에 대한 능력, 의지)를 추가하였다.

정답 17 ③ 18 ⑤

19 제품에 대한 소유권을 갖고 제조업자로부터 제품을 취득하여 소매상에게 바로 운송하는 한정기능도매상으로 옳은 것은?

① 우편주문도매상(mail-order wholesaler)

② 진열도매상(rack jobber)

③ 트럭도매상(truck wholesaler)

④ 직송도매상(drop shipper)

⑤ 현금무배달도매상(cash-and-carry wholesaler)

> **해설** 직송도매상(drop shipper)은 제품에 대한 소유권을 갖고 제조업자로부터 중공업기계, 목재 등의 제품을 취득하여 소매상에게 바로 운송하는 한정기능도매상을 말한다.

20 대리도매상 중 판매대리인(selling agent)과 제조업자의 대리인(manufacture's agent)의 차이로 옳지 않은 것은?

① 판매대리인은 모든 제품을 취급하지만 제조업자의 대리인은 일부 제품만을 취급한다.

② 판매대리인은 제조업자의 대리인보다 활동범위가 넓고 비교적 자율적인 의사결정이 가능하다.

③ 판매대리인은 제조업자의 시장지배력이 약한 지역에서만 활동하지만 제조업자의 대리인은 모든 지역에서 판매를 한다.

④ 판매대리인은 신용을 제공하지만 제조업자의 대리인은 신용을 제공하지 못한다.

⑤ 판매대리인은 기업의 마케팅 부서와 같은 기능을 수행하는 도매상인 반면 제조업자의 대리인은 장기적인 계약을 통해 제조업자의 제품을 특정 지역에서 판매 대행을 하는 도매상을 말한다.

> **해설** ③ 판매대리인은 제조업자를 대리하여 모든 지역에서 판매를 하는 반면 제조업자의 대리인은 특정 지역에서 판매 대행을 수행하는 도매상이다.

21 불공정 거래행위에 해당되지 않는 것은?

① 기존 재고 상품을 다른 상품으로 교환하면서 기존의 재고 상품을 특정매입상품으로 취급하여 반품하는 행위

② 직매입을 특정매입계약으로 전환하면서 기존 재고 상품을 특정매입상품으로 취급하여 반품하는 행위

③ 대규모 유통업자가 부당하게 납품업자 등에게 배타적 거래를 하도록 강요하는 경우

④ 정상가격으로 매입한 주문제조상품을 할인행사를 이유로 서류상의 매입가를 낮춰 재매입하고 낮춘 매입원가로 납품대금을 주는 경우

⑤ 직매입 납품업체의 납품과정에서 상품에 훼손이나 하자가 발생한 경우 상품대금을 감액하는 경우

> **해설** ⑤ 직매입 납품업체의 납품과정에서 상품에 훼손이나 하자가 발생한 경우 상품대금을 감액하거나 반품하는 것은 정당한 권리라 할 수 있다.

22 샤인(Schein)이 제시한 조직문화의 세 가지 수준에서 인식적 수준에 해당되는 것으로 가장 옳은 것은?

① 인지가치와 행위가치로 구분할 수 있는 가치관

② 개개인의 행동이나 관습

③ 인간성

④ 인간관계

⑤ 창작물

> **해설** 샤인(Schein)은 조직문화에 대한 조직 구성원의 일반적인 인식 수준에 대한 구성요소(가공물과 창조물/가치관/기본전제)와 이들 간의 상호작용에 의한 조직문화를 설명하였다. 이 중 인지가치와 행위가치로 구분할 수 있는 가치관이 인식적 수준에 가장 부합한다고 할 수 있다.

23 공급업자 평가방법 중 각 평가기준의 중요성을 정확하게 판단할 수 없는 경우에 유용한 평가방법은?

① 가중치 평가방법 ② 단일기준 평가방법

③ 최소기준 평가방법 ④ 주요기준 평가방법

⑤ 평균지수 평가방법

정답 21 ⑤ 22 ① 23 ③

최소기준 평가방법은 각 평가기준에 대한 중요성을 판단하기 어려울 경우 가중치를 사용하지 않고 각 평가기준별 요구사항을 설정하여 평가하는 방법에 해당한다.

24 소비자기본법(법률 제17799호, 2020.12.29., 타법개정)에 따라 국가가 광고의 내용이나 방법에 대한 기준을 제한할 수 있는 항목으로 옳지 않은 것은?

① 용도, 성분, 성능
② 소비자가 오해할 우려가 있는 특정용어나 특정표현
③ 광고의 매체
④ 광고 시간대
⑤ 광고 비용

 ⑤ 광고 비용은 광고의 기준에 해당하지 않는다.

참고 소비자기본법 제11조 : 광고의 기준

국가는 물품등의 잘못된 소비 또는 과다한 소비로 인하여 발생할 수 있는 소비자의 생명·신체 또는 재산에 대한 위해를 방지하기 위하여 다음의 어느 하나에 해당하는 경우에는 광고의 내용 및 방법에 관한 기준을 정하여야 한다.

1. 용도·성분·성능·규격 또는 원산지 등을 광고하는 때에 허가 또는 공인된 내용만으로 광고를 제한할 필요가 있거나 특정내용을 소비자에게 반드시 알릴 필요가 있는 경우
2. 소비자가 오해할 우려가 있는 특정용어 또는 특정표현의 사용을 제한할 필요가 있는 경우
3. 광고의 매체 또는 시간대에 대하여 제한이 필요한 경우

25 상품을 품질수준에 따라 분류하거나 규격화함으로써 거래 및 물류를 원활하게 하는 유통의 기능으로 가장 옳은 것은?

① 보관기능
② 운송기능
③ 정보제공기능
④ 표준화기능
⑤ 위험부담기능

 상품을 품질수준에 따라 분류하거나 규격화함으로써 거래 및 물류를 원활하게 하는 유통의 기능은 표준화(standardization)에 해당한다.

정답 24 ⑤ 25 ④

제2과목 상권분석(26~45)

26 지리정보시스템(GIS)을 이용한 상권분석과 관련한 내용으로 옳지 않은 것은?

① 각 동(洞)별 인구, 토지 용도, 평균지가 등을 겹쳐서 상권의 중첩을 표현할 수 있다.

② 주제도란 GIS소프트웨어를 사용하여 데이터베이스 조회 후 속성정보를 요약해 표현한 지도이다.

③ 버퍼는 점이나 선 또는 면으로부터 특정 거리 이내에 포함되는 영역을 의미한다.

④ 교차는 동일한 경계선을 가진 두 지도레이어를 겹쳐서 형상과 속성을 비교하는 기능이다.

⑤ 위상이란 지리적인 형상을 표현한 지도상의 상대적 위치를 알 수 있는 기능을 부여하는 역할을 한다.

 위상(topology)은 지도지능(map intelligence)의 일종이며, 이는 개별 지도형상에 대해 경도와 위도 좌표체계를 기반으로 다른 지도형상과 비교하여 상대적인 위치를 알 수 있는 기능을 부여하는 역할을 한다. ④는 중첩(overlay)에 대한 설명이다.

27 구조적 특성에 의해 상권을 분류할 때 포켓상권에 해당하는 것으로 옳은 것은?

① 상가의 입구를 중심으로 형성된 상권

② 고속도로나 간선도로에 인접한 상권

③ 대형소매점과 인접한 상권

④ 소형소매점들로 구성된 상권

⑤ 도로나 산, 강 등에 둘러싸인 상권

 포켓상권은 항아리상권이라고도 하며, 주머니(pocket)나 항아리 안에 있는 것처럼 지역 내 소비자들이 좀처럼 쇼핑을 위해 다른 지역으로 빠져나가지 않는 상권을 말한다. 도로나 산, 강 등에 둘러싸인 상권으로 지역별 맞춤 전략으로 충성 고객층이 형성돼 있어 주변 대형 상권의 영향력에서 자유로운 특징을 갖는다.

정답 26 ④ 27 ⑤

28 중심지체계나 주변환경 등에 의해 분류할 수 있는 상권의 유형에 대한 설명으로 가장 옳지 않은 것은?

① 도심상권은 중심업무지구(CBD)를 포함하며 상권의 범위가 넓고 소비자들의 평균 체류 시간이 길다.

② 근린상권은 점포 인근 거주자들이 주요 소비자로 생활 밀착형 업종의 점포들이 입지하는 경향이 있다.

③ 부도심상권은 간선도로의 결절점이나 역세권을 중심으로 형성되는 경우가 많으며 도시 전체의 소비자를 유인한다.

④ 역세권상권은 지하철이나 철도역을 중심으로 형성되며 지상과 지하의 입체적 상권으로 고밀도 개발이 이루어지는 경우가 많다.

⑤ 아파트상권은 고정고객의 비중이 높아 안정적인 수요 확보가 가능하지만 외부와 단절되는 경우가 많아 외부 고객을 유치하는 상권확대 가능성이 낮은 편이다.

해설 ③ 부도심상권은 도심상권(CBD)의 기능을 분산시키기 위해 간선도로의 결절점이나 역세권을 중심으로 형성되지만, 도시 전체의 소비자를 유인하지는 못한다는 한계를 지닌다.

29 소매점포의 상권범위나 상권형태는 소매점포를 이용하는 소비자의 공간적 분포를 나타낸다. 이에 대한 설명으로 가장 옳지 않은 것은?

① 소매점포의 면적이 비슷하더라도 업종이나 업태에 따라 개별점포의 상권범위는 차이가 날 수 있다.

② 동일 점포라도 소매전략에 따른 판촉활동 등의 차이에 따라 시기별로 점포의 상권범위는 변화한다.

③ 상권의 형태는 점포를 중심으로 일정한 거리 간격의 동심원 형태로 나타난다.

④ 동일한 지역에 인접하여 입지한 경우에도 점포 규모에 따라 개별점포의 상권범위는 차이가 날 수 있다.

⑤ 동일한 위치에서 입지조건의 변화가 없고 점포의 전략적 변화가 없어도 상권의 범위는 유동적으로 변화하기 마련이다.

해설 상권이란 상업지역의 영역이 미치는 범위 내지, 한 점포 또는 점포들의 집단이 고객을 흡인할 수 있는 지역적 범위로 상권의 형태는 원형이 아니라, 아메바와 같은 부정형 형태가 일반적이다.

정답 28 ③ 29 ③

30 상권 내의 경쟁점포 분석에 대한 설명으로 가장 옳지 않은 것은?

① 초점이 되는 조사문제를 중심으로 실시한다.

② 조사목적에 맞는 세부조사항목을 구체적으로 정해서 실시한다.

③ 상품구성분석은 상품구성 기본정책, 상품계열 구성, 품목 구성을 포함한다.

④ 가격은 조사 당시 주력상품 특매상황이라도 실제 판매가격을 분석한다.

⑤ 자사 점포의 현황과 비교하여 조사결과를 분석한다.

> **해설** ④ 상권 내의 경쟁점포 분석을 정확하게 하기 위해서는 조사 당시 주력상품의 판매상황이 특매상황이라 할지라도 일반적인 판매가격을 통해 분석하는 것이 타당하다.

31 크리스탈러(Christaller, W.)의 중심지이론에서 말하는 중심지 기능의 최대 도달거리(the range of goods and services)가 의미하는 것으로 가장 옳은 것은?

① 중심지의 유통서비스 기능이 지역거주자에게 제공될 수 있는 한계거리

② 소비자가 도보로 접근할 수 있는 중심지까지의 최대 도달거리

③ 전문품 상권과 편의품 상권의 지리적 최대 차이

④ 상위 중심지와 하위 중심지 사이의 거리

⑤ 상업중심지의 정상이윤 확보에 필요한 수요를 충족시키는 상권범위

> **해설** 최대 도달거리란 소비자가 상품구매를 위해 중심지까지 기꺼이 이동하려는 최대 거리로, 중심지 기능이 주변지역에 미치는 최대한의 공간범위를 의미하며, 상업중심지의 정상이윤 확보에 필요한 수요를 충족시키는 상권범위는 최소수요 충족거리에 해당한다.

32 상권 내 소비자의 소비패턴이나 공간이용실태 등을 조사하기 위해 표본조사를 실시할 때 사용할 수 있는 비확률 표본추출방법에 해당하는 것으로 가장 옳은 것은?

① 층화표본추출법(stratified random sampling)

② 체계적표본추출법(systematic sampling)

③ 단순무작위표본추출법(simple random sampling)

④ 할당표본추출법(quota sampling)

⑤ 군집표본추출법(cluster sampling)

> **해설** 할당표본추출법은 모집단의 특성(나이, 성별 등)을 기준으로 이에 비례하여 표본을 추출함으로써 모집단의 구성원들을 대표하도록 하는 추출방법으로, 비확률 표본추출방법 중 가장 정교한 기법에 해당한다.

정답 30 ④ 31 ① 32 ④

확률적 표본추출방법	내 용
단순무작위 표본추출	일정수의 표본을 난수표를 이용해 무작위 추출
체계적무작위 표본추출	모집단이 주기적으로 변동가능성이 있는 경우 처음에는 무작위로 추출하다가 그 이후에는 일정한 체계를 가지고 추출하는 방식
층화표본추출방식	모집단을 통제변수에 의해 배타적이고 포괄적인 소그룹으로 구분한 다음 각 소그룹별로 단순무작위로 추출하는 방식
군집표본추출방식	모집단을 동질적인 여러 소그룹으로 나눈 다음 특정 소비 그룹을 표본으로 선택하고 그 소그룹 전체를 조사하거나 일부를 표본추출하는 방식

33 상권의 질(質)에 대한 설명으로 가장 옳지 않은 것은?

① 소매포화지수(IRS : index of retail saturation)와 시장확장잠재력(MEP : market expansion potentials)이 모두 높은 상권은 좋은 상권이다.
② 상권의 질을 평가하는 정량적 요소로는 통행량, 야간 인구, 연령별 인구, 남녀 비율 등이 있다.
③ 상권의 질을 평가하는 정성적 요소로는 통행객의 복장, 소지 물건, 보행 속도, 거리 분위기 등이 있다.
④ 일반적으로 특정 지역에 유사한 단일 목적으로 방문하는 통행객보다는 서로 다른 목적으로 방문하는 통행객이 많을수록 상권의 질은 낮아진다.
⑤ 오피스형 상권은 목적성이 너무 강하므로 통행량이 많더라도 상권의 매력도가 높지 않을 수 있다.

해설 ④ 일반적으로 특정 지역에 유사한 단일 목적으로 방문하는 통행객보다는 서로 다른 목적으로 방문하는 통행객 또는 유동인구가 많을수록 상권의 질은 높아진다고 할 수 있다.

34 도심으로부터 새로운 교통로가 발달하면 교통로를 축으로 도매·경공업지구가 부채꼴 모양으로 확대된다는 공간구조이론으로 가장 옳은 것은?

① 버제스(E. W. Burgess)의 동심원지대이론(concentric zone theory)
② 해리스(C. D. Harris)의 다핵심이론(multiple nuclei theory)
③ 호이트(H. Hoyt)의 선형이론(sector theory)
④ 리카도(D. Ricardo)의 차액지대설(differential rent theory)
⑤ 마르크스(K. H. Marx)의 절대지대설(absolute rent theory)

정답 33 ④ 34 ③

선형이론은 호머 호이트(Homer Hoyt)가 제시한 도시 내부구조에 관한 이론이다. 중심부에 중심업무지구가 위치하며, 이를 중심핵으로 도매 및 경공업지구가 인접해 있다. 도매 및 경공업지구에 인접하여 저소득층의 주거지구가 위치하고 있으며, 중심으로부터 멀어질수록 중급주거지구와 고급주거지구가 형성된다고 한다. 이 이론에서는 유사한 소득계층의 주택지구가 부채꼴 모양으로 형성되어 있는 것이 특징이라고 할 수 있다.

35 인구 9만명인 도시 A와 인구 1만명인 도시 B 사이의 거리는 20km이다. 컨버스의 공식을 적용할 때 도시 B로부터 두 도시(A, B) 간 상권분기점까지의 거리로 옳은 것은?

① 5km   ② 10km

③ 15km   ④ 20km

⑤ 25km

 $D_B = \dfrac{20\text{km}}{1 + \sqrt{\dfrac{90,000}{10,000}}}$, 공식에 넣어 풀어보면 $D_B = 5$km가 된다.

36 신규점포의 입지를 결정하는 과정에서 후보입지의 매력도 평가에 활용할 수 있는 회귀분석모형에 관한 설명으로 가장 옳지 않은 것은?

① 종속변수는 독립변수의 영향을 받는 관계이므로 종속변수와 상관관계가 있는 독립변수를 포함시켜야 한다.

② 회귀분석모형에 포함되는 독립변수들은 서로 상관관계가 높지 않고 독립적이어야 한다.

③ 성과에 영향을 미치는 독립변수로는 점포 자체의 입지적 특성과 상권 내 경쟁수준 등을 포함시킬 수 있다.

④ 인구수, 소득수준, 성별, 연령 등 상권 내 소비자들의 특성을 독립변수로 포함시킬 수 있다.

⑤ 2~3개의 표본점포를 사용하면 실무적으로 설명력 있는 회귀모형을 도출하는 데 충분하다.

 회귀분석은 주어진 여러 자료들의 분석을 통해 기본적으로 변수들 사이에서 나타나는 경향성을 설명하는 통계적 분석방법이다. 상권분석에 적용할 경우 2~3개의 표본점포가 아니라 많은 수의 표본을 수집하여 분석하는 경우에 좀 더 신뢰성 있는 결과를 도출할 수 있다.

정답 35 ① 36 ⑤

37 상품 키오스크(merchandise kiosks)에 대한 설명으로서 가장 옳지 않은 것은?

① 쇼핑몰의 공용구역에 설치되는 판매 공간이다.

② 쇼핑몰 내 일반 점포보다 단위면적당 임대료가 낮다.

③ 쇼핑몰 내 일반 점포에 비해 임대차 계약기간이 길다.

④ 디스플레이 공간이 넓어 점포면적에 비해 충분한 창의성을 발휘할 수 있다.

⑤ 쇼핑몰 내 다른 키오스크들과 경쟁이 심화될 가능성이 높다.

> **해설** 국립국어원에 따르면 '키오스크(Kiosk)'란 우리말로 '무인 안내기', '무인 단말기', '간이 판매대', '간이 매장' 등을 뜻한다. 지하철역이나 매장의 빈 구석에 비치하는 ATM기나 간이 매장으로 일반 점포에 비해 임대료가 낮고 임대차기간이 짧은 경향이 있다.

38 유통산업발전법(법률 제19117호, 2022.12.27., 타법개정)에서는 필요하다고 인정하는 경우 대형마트에 대한 영업시간 제한이나 의무휴업일 지정을 규정하고 있다. 그 내용으로 가장 옳은 것은?

① 의무휴업일은 공휴일이 아닌 날 중에서 지정하되, 이해당사자와 합의를 거쳐 공휴일을 의무휴업일로 지정할 수 있다.

② 특별자치시장·시장·군수·구청장 등은 매월 하루 이상을 의무휴업일로 지정하여야 한다.

③ 영업시간 제한 및 의무휴업일 지정에 필요한 사항은 해당 지방자치단체장의 명령으로 정한다.

④ 특별자치시장·시장·군수·구청장 등은 오후 11시부터 오전 10시까지의 범위에서 영업시간을 제한할 수 있다.

⑤ 영업시간 제한이나 의무휴업일 지정은 건전한 유통질서 확립, 근로자의 건강권 및 대형점포 등과 중소유통업의 상생발전을 위한 것이다.

> **해설** ① 의무휴업일은 공휴일 중에서 지정하되, 이해당사자와 합의를 거쳐 공휴일이 아닌 날을 의무휴업일로 지정할 수 있다.
> ② 특별자치시장·시장·군수·구청장 등은 매월 이틀을 의무휴업일로 지정하여야 한다.
> ③ 영업시간 제한 및 의무휴업일 지정에 필요한 사항은 해당 지방자치단체의 조례로 정한다.
> ④ 특별자치시장·시장·군수·구청장은 오전 0시부터 오전 10시까지의 범위에서 영업시간을 제한할 수 있다.

정답 37 ③ 38 ⑤

39 입지분석은 지역분석, 상권분석, 부지분석 등의 세 가지 수준에서 실시한다. 경쟁분석을 실시하는 분석수준으로서 가장 옳은 것은?

① 지역분석(regional analysis)

② 부지분석(site analysis)

③ 상권분석(trade area analysis)

④ 지역 및 상권분석(regional and trade area analysis)

⑤ 상권 및 부지분석(trade area and site analysis)

> **해설** 상권분석의 목적은 상권분석을 통해 특정 지점에서의 입지선정계획 및 임대료 수준을 파악하고 마케팅 전략수립 및 잠재경쟁자의 입점가능성 분석(경쟁자분석)을 위해 이루어진다.

40 업태에 따른 소매점포의 적절한 입지유형을 설명한 페터(R. M. Fetter)의 공간균배원리를 적용한 것으로 가장 옳지 않은 것은?

① 편의품점 – 산재성입지

② 선매품점 – 집재성입지

③ 부피가 큰 선매품의 소매점 – 국부적 집중성입지

④ 전문품점 – 집재성입지

⑤ 고급 고가품점 – 집심성입지

> **해설** 집심성점포는 배후지의 중심지 입지가 유리한 점포의 유형으로 전문품점, 백화점, 고급음식점, 보석상, 귀금속점, 미술품점, 영화관 등이 주로 입지한다.

41 소비자가 원하는 시간과 장소에서 상품을 구입할 수 있게 해야 한다는 의미에서의 상품에 대한 소비자들의 물류요구와 취급하는 소매점 숫자의 관계에 대한 기술로 가장 옳은 것은?

① 물류요구가 높을수록 선택적 유통이 이루어진다.

② 물류요구가 낮을수록 집중적 유통이 이루어진다.

③ 물류요구에 상관없이 전속적 유통이 효율적이다.

④ 물류요구의 크기만으로는 취급하는 소매점 숫자를 알 수 없다.

⑤ 물류요구의 크기는 취급하는 소매점 숫자에 영향을 미치지 않는다.

> **해설** 물류에 대한 요구가 높을수록 집중적 유통이 적합하고 반대의 경우 전속적 유통이 이루어지는 경우가 일반적이다. 또한 물류요구의 크기만으로는 취급하는 소매점 숫자를 정확하게 알 수는 없다.

정답 39 ③ 40 ④ 41 ④

42 점포개점을 위한 투자계획의 내용으로서 가장 옳지 않은 것은?

① 자금조달계획 ② 자금운용계획
③ 수익계획 ④ 비용계획
⑤ 상품계획

> **해설** 점포개점을 위한 투자계획은 통상적으로 자금과 관련된 자금조달계획 및 자금운용계획, 손익분석을 위한 수익계획, 비용계획으로 구성된다.

43 도시상권의 매력도에 직접적으로 영향을 미치는 특성으로서 가장 옳지 않은 것은?

① 인구 ② 교통망
③ 소득수준 ④ 소매단지 분포
⑤ 행정구역 구분

> **해설** 상권의 매력도에 직접적으로 영향을 미치는 특성 요인들은 인구통계학적 요인(인구수, 성별, 직업, 소득수준 등), 지역적 요인(단지 분포) 등 다양하다. 이에 비해 행정구역을 구분하는 것은 실질적으로 상권의 매력도에 미치는 영향은 미미하다고 할 수 있다.

44 상권분석의 주요한 목적으로 가장 옳지 않은 것은?

① 상권범위 설정 ② 경쟁점포 파악
③ 빅데이터 축적 ④ 예상매출 추정
⑤ 적정임차료 추정

> **해설** ③ 빅데이터 축적은 상권분석의 목적이 아니라 상권분석을 위해 필요한 수단이라 할 수 있다. 상권분석의 목적은 상권의 경계 설정 및 경쟁자분석, 예상 매출액 추정 등에 있다.

정답 42 ⑤ 43 ⑤ 44 ③

45 상가건물 임대차보호법(법률 제18675호, 2022.1.4., 일부개정) 등의 관련 법규에서는 아래 글상자와 같이 상가 임대료의 인상률 상한을 규정하고 있다. 괄호 안에 들어갈 내용으로 옳은 것은?

> 차임 또는 보증금의 증액청구는 청구 당시의 차임 또는 보증금의 100분의 (　　)의 금액을 초과하지 못한다.

① 3
② 4
③ 5
④ 8
⑤ 10

 상가건물 임대차보호법 제11조 (차임 등의 증감청구권)
① 차임 또는 보증금이 임차건물에 관한 조세, 공과금, 그 밖의 부담의 증감이나 「감염병의 예방 및 관리에 관한 법률」에 따른 제1급 감염병 등에 의한 경제사정의 변동으로 인하여 상당하지 아니하게 된 경우에는 당사자는 장래의 차임 또는 보증금에 대하여 증감을 청구할 수 있다. 그러나 증액의 경우에는 대통령령으로 정하는 기준에 따른 비율을 초과하지 못한다.
상가건물 임대차보호법 시행령 제4조 (차임 등 증액청구의 기준)
법 제11조 제1항의 규정에 의한 차임 또는 보증금의 증액청구는 청구 당시의 차임 또는 보증금의 100분의 5의 금액을 초과하지 못한다.

제3과목 유통마케팅(46~70)

46 통합적 마케팅커뮤니케이션(IMC : integrated marketing communication)에 대한 설명으로 가장 옳지 않은 것은?
① 광고, 판매촉진, PR, 인적판매, 다이렉트 마케팅 등 다양한 촉진믹스들을 활용한다.
② 명확하고 설득력 있는 메시지를 일관되게 전달하는 것이 목적이다.
③ 동일한 표적고객에 대한 커뮤니케이션은 서로 동일한 메시지를 전달한다.
④ 서로 다른 촉진믹스들이 수행하는 차별적 커뮤니케이션 역할들을 신중하게 조정한다.
⑤ 모든 마케팅 커뮤니케이션 캠페인들이 동일한 촉진 목표를 달성하도록 관리한다.

 ⑤ 광고, 판매촉진, PR, 인적판매, 다이렉트 마케팅 등 다양한 촉진믹스들은 각각의 특징을 가지고 있으므로 동일한 촉진 목표를 달성하도록 관리하는 것은 비효율적이다.

정답 45 ③ 46 ⑤

47 점포공간을 구성할 경우, 점포에서의 역할을 고려한 각각의 공간에 대한 설명으로 가장 옳지 않은 것은?

① 서비스 공간은 휴게실, 탈의실 등과 같이 소비자의 편의와 편익을 위해 설치하는 곳이다.
② 진열 판매 공간은 상품을 진열하여 주로 셀프 판매를 유도하는 곳이다.
③ 판매 예비 공간은 소비자에게 상품에 대한 정보를 전달하거나 결제를 도와주는 곳이다.
④ 판촉 공간은 판촉상품을 전시하는 곳이다.
⑤ 인적판매 공간은 판매원이 소비자에게 상품을 보여주고 상담을 하는 곳이다.

 ③ 판매 예비 공간은 소비자에게 정보를 전달하거나 결제를 도와주는 공간이 아니라 판매를 지원하기 위해 마련한 공간을 의미한다.

48 마케팅믹스 요소인 4P 중 유통(place)을 구매자 관점인 4C로 표현한 것으로 가장 옳은 것은?

① 고객맞춤화(customization)
② 커뮤니케이션(communication)
③ 고객문제해결(customer solution)
④ 편의성(convenience)
⑤ 고객비용(customer cost)

 ② 커뮤니케이션(communication) – promotion
③ 고객가치 증대(customer value) – product
④ 편의성(convenience) – place
⑤ 고객비용(customer cost) – price

49 온라인광고의 유형에 대한 설명으로 가장 옳지 않은 것은?

① 배너광고(banner advertising)는 웹페이지의 상하좌우 또는 중간에서도 볼 수 있다.
② 삽입광고(insertional advertising)는 웹사이트 화면이 바뀌고 있는 동안에 출현하는 온라인 전시광고이다.
③ 검색관련광고(search-based advertising)는 포털사이트에 검색엔진 결과와 함께 나타나는 링크와 텍스트를 기반으로 하는 광고이다.
④ 리치미디어광고(rich media advertising)는 현재 보고 있는 창 앞에 나타나는 새로운 창에 구현되는 온라인 광고이다.
⑤ 바이럴광고(viral advertising)는 인터넷상에서 소비자가 직접 입소문을 퍼트리도록 유도하는 광고이다.

정답 47 ③ 48 ④ 49 ④

해설 ④ 리치미디어광고는 배너광고에 비해 풍부한 내용을 담을 수 있는 멀티미디어형 광고를 말한다. 리치 미디어를 표현하는 방법은 배너, 인터액티브 멀티미디어 등이 있다. 현재 보고 있는 창 앞에 나타나 는 새로운 창에 구현되는 온라인 광고는 팝업광고에 해당한다.

50 브랜드 관리와 관련된 설명으로 가장 옳지 않은 것은?

① 브랜드 자산(brand equity)이란 해당 브랜드를 가졌기 때문에 발생하는 차별적 브랜드 가치를 말한다.
② 브랜드 재인(brand recognition)은 브랜드가 과거에 본인에게 노출된 적이 있음을 알 아차리는 것이다.
③ 브랜드 회상(brand recall)이란 브랜드 정보를 기억으로부터 인출하는 것을 말한다.
④ 브랜드 인지도(brand awareness)는 브랜드 이미지의 풍부함을 의미한다.
⑤ 브랜드 로열티(brand loyalty)가 높을수록 브랜드 자산(brand equity)이 증가한다고 볼 수 있다.

해설 ④ 브랜드 인지도(brand awareness)는 브랜드 이미지의 풍부함을 의미하는 것이 아니라, 소비자가 한 제품 범주에 속한 특정 브랜드를 재인(recognition)하거나 회상(recall)할 수 있는 능력을 의미한다.

51 상품판매에 대한 설명으로 옳지 않은 것은?

① 인적판매는 개별적이고 심도 있는 쌍방향 커뮤니케이션이 가능한 것이 장점이다.
② 판매는 회사의 궁극적 목적인 수익창출을 실제로 구현하는 기능이다.
③ 전략적 관점에서 고객과의 관계를 형성하는 영업을 중요시하던 과거 방식에 비해 판매 기술이 고도화되는 요즘은 판매를 빠르게 달성하는 전술적, 기술적 관점이 더욱 부각 되고 있다.
④ 판매는 고객과의 커뮤니케이션을 통해 상품을 판매하고, 고객과의 관계를 구축하고자 하는 활동이다.
⑤ 판매활동은 크게 신규고객을 확보하기 위한 활동과 기존고객을 관리하는 활동으로 나 눌 수 있다.

해설 ③ 전략적 관점에서 과거에는 판매를 빠르게 달성하는 전술적, 기술적 관점이 중요했으나, 최근에는 고 객과의 관계를 형성하여 장기적인 관계를 구축하는 CRM이 더욱 부각되고 있다.

정답 50 ④ 51 ③

Certified Distribution Management

52 아래 글상자가 설명하는 머천다이징의 종류로 가장 옳은 것은?

> 소매업, 2차상품 제조업자, 가공업자 및 소재메이커가 수직적으로 연합하여 상품계획을
> 수립하는 머천다이징 방식이다. 이는 시장을 세분화하여 파악한 한정된 세분시장을 타깃
> 고객으로 하여 이들에 알맞은 상품화 전략을 전개하는 것이다.

① 혼합식 머천다이징   ② 세그먼트 머천다이징
③ 선별적 머천다이징   ④ 계획적 머천다이징
⑤ 상징적 머천다이징

 선별적 머천다이징이란 소매업, 2차상품 제조업자, 가공업자 및 소재메이커가 수직적으로 연합하여 상품계획을 수립하는 머천다이징 방식으로, 시장을 세분화하여 파악한 한정된 세분시장을 타깃고객으로 하여 이들에 알맞은 상품화 전략을 전개하는 것이다.

53 판매서비스는 거래계약의 체결 또는 완결을 지원하는 거래지원서비스 및 구매 과정에서 고객이 지각하는 가치를 향상시키는 가치증진서비스로 구분할 수 있다. 가치증진서비스에 해당되는 것으로 가장 옳은 것은?

① 상품의 구매와 사용 방법에 관한 정보제공
② 충분한 재고 보유와 안전한 배달을 보장하는 주문처리
③ 명료하고 정확하며 이해하기 쉬운 청구서를 발행하는 대금청구
④ 친절한 접객서비스와 쾌적한 점포분위기 제공
⑤ 고객이 단순하고 편리한 방식으로 대금을 납부하게 하는 대금지불

 ①, ②, ③, ⑤는 판매서비스 중 거래계약의 체결 또는 완결을 지원하는 거래지원서비스에 해당하며, 구매 과정에서 고객이 지각하는 가치를 향상시키는 가치증진서비스에는 친절한 접객서비스와 쾌적한 점포분위기 제공이 해당한다.

정답 52 ③ 53 ④

54 전략과 연계하여 성과를 평가하기 위해 유통기업은 균형점수표(BSC : balanced score card)를 활용하기도 한다. 균형점수표의 균형(balanced)의 의미에 대한 설명으로서 가장 옳지 않은 것은?

① 단기적 성과지표와 장기적 성과지표의 균형

② 과거 성과지표와 현재 성과지표 사이의 균형

③ 선행 성과지표와 후행 성과지표 사이의 균형

④ 내부적 성과지표와 외부적 성과지표 사이의 균형

⑤ 재무적 성과지표와 비재무적 성과지표 사이의 균형

해설 ② 과거 성과지표와 미래지향적 성과지표 사이의 균형을 고려한다.

균형성과표(BSC)는 조직의 비전과 경영 목표를 각 사업 부문과 개인의 성과측정 지표로 전환해 전략적 실행을 최적화하는 경영관리기법으로 재무, 고객, 내부 프로세스, 학습·성장 등 4분야에 대해 측정지표를 선정해 평가한 뒤 각 지표별로 가중치를 적용하여 산출한다.

			재무적 관점	• 총자산수익률 • 기업의 CF
재무적 관점 (Financial)		고객 관점 (Customer)	고객 관점	• 고객 만족도 • 시장점유율(M/S)
	비전 전략		업무 프로세스 관점	• 성과달성 프로세스 • Value Chain 점검
업무 프로세스 관점 (Business Process)		학습과 성장 관점 (Learning & Growth)	학습과 성장 관점	• 비재무적 성과측정 • 종업원 만족도

---

55 사람들은 신제품이나 혁신을 수용하고 구매하는 성향에서 큰 차이를 갖는다. 자신의 커뮤니티에서 여론주도자이며 신제품이나 혁신을 조기에 수용하지만 매우 신중하게 구매하는 집단으로 가장 옳은 것은?

① 혁신자(innovator)

② 조기 수용자(early adopter)

③ 조기 다수자(early majority)

④ 후기 다수자(late majority)

⑤ 최후 수용자(laggard)

 조기 수용자(early adopter)는 자신의 커뮤니티에서 여론주도자이며 신제품이나 혁신을 조기에 수용하지만 매우 신중하게 구매하는 집단이라 할 수 있다.

참고 로저스의(Rogers)의 혁신수용이론

① 혁신 소비자 : 교육 및 소득수준이 높고, 사회적 활동 활발

② 조기 수용자 : 의견 선도자로서 유행에 민감하고 가치표현적 성격이 강하며 관여도 높음

정답 54 ② 55 ②

③ **조기 다수자** : 신중한 소비자들로 기술 자체에는 관심이 없고 실제적인 문제에 집중
④ **후기 다수자** : 신제품 수용에 의심이 많은 집단으로 가격에 민감하고 위험회피형인 보수적 집단
⑤ **최후 수용자** : 전통고수 성향의 소비자층으로 신제품이 완전히 소비자에 의해 수용되어야만 제품
　구매

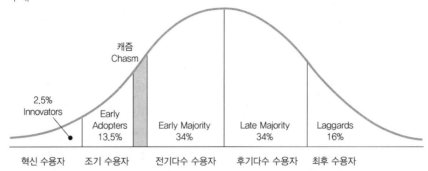

56 표적시장을 수정하거나 제품을 수정하거나 마케팅믹스를 수정하는 마케팅전략을 수행해
야 하는 제품수명주기상의 단계로서 가장 옳은 것은?

① 신제품 출시 이전(以前)　　　　　② 도입기
③ 성장기　　　　　　　　　　　　④ 성숙기
⑤ 쇠퇴기

> **해설**
> 성숙기(Maturity)는 판매량이 급속하게 증가하다가 정체를 보이는 단계로서 시장성장률이 둔화되는 특
> 징이 나타난다. 제품판매성장률은 점차 감소하고 어느 시점에 이르면 수요는 정체 및 감소하게 되므로
> 표적시장을 수정하거나 제품을 수정하거나 마케팅믹스를 수정하는 마케팅전략을 수행해야 한다.

57 중고품을 반납하고 신제품을 구매한 고객에게 가격을 할인해 주거나 판매촉진행사에 참여
한 거래처에게 구매 대금의 일부를 깎아주는 형식의 할인으로 가장 옳은 것은?

① 기능 할인(functional discount)　　② 중간상 할인(trade discount)
③ 공제(allowances)　　　　　　　　④ 수량 할인(quantity discount)
⑤ 계절 할인(seasonal discount)

> **해설**
> 공제(allowances)란 일반적으로 중간상인에 대한 판매촉진의 한 방법으로 행해진다. 중고품을 반납하고
> 신세품을 구매한 고객에게 가격을 할인해 주거나 판매촉진행사에 침어한 거래서에게 구매 대금의 일부
> 를 깎아주는 형식의 할인으로 이루어진다.

정답　56 ④　57 ③

58 카테고리 매니지먼트에 대한 설명으로 가장 옳지 않은 것은?

① 특정 제품 카테고리의 매출과 이익을 최대화하기 위한 원료공급부터 유통까지의 공급망에 대한 통합적 관리

② 제조업체와 협력을 통해 특정 제품 카테고리를 공동 경영하는 과정

③ 제품 카테고리의 효율 극대화를 위한 전반적인 머천다이징 전략과 계획

④ 소매업체와 벤더, 제조업체를 포함하는 유통경로 구성원들 간에 제품 카테고리에 대한 사전 합의 필요

⑤ 고객니즈 변화에 대한 신속한 대응뿐만 아니라 재고와 점포운영비용의 절감 효과 가능

 카테고리 매니지먼트(CM : Category Management), 즉 카테고리관리는 특정 제품군을 중심으로 유통업체와 제조업체가 협력을 통해 공동의 수요를 창출해내는 과정을 의미한다. 카테고리 매니지먼트에서는 유통업체와 제조업체 사이에 존재하는 벽을 제거함으로써 신제품 도입, 제품 구색, 각종 촉진 전략 등을 최적화하여 궁극적인 소비자 수요를 창출하고자 한다.
① 원료공급부터 유통까지의 공급망에 대한 통합적 관리는 공급사슬관리에 해당한다.

59 아래 글상자의 성과측정 지표들 중 머천다이징에서 상품관리 성과를 측정하기 위한 지표들만을 나열한 것으로 옳은 것은?

> ㉠ 총자산수익률(return on asset)
> ㉡ 총재고투자마진수익률(gross margin return on investment)
> ㉢ 재고회전율(inventory turnover)
> ㉣ ABC분석(ABC analysis)
> ㉤ 판매추세분석(sell-through analysis)

① ㉠, ㉡
② ㉠, ㉡, ㉢
③ ㉡, ㉢, ㉣
④ ㉢, ㉣, ㉤
⑤ ㉣, ㉤

성과측정 지표들 중 머천다이징에서 상품관리 성과를 측정하기 위한 지표에는 총자산수익률(return on asset), 총재고투자마진수익률(gross margin return on investment), 재고회전율(inventory turnover) 등이 대표적이다. 한편, 상품기획 성과의 측정방법으로는 ABC분석과 판매추세분석(sell-through analysis)이 널리 사용된다. 여기서 판매추세분석은 고객의 수요에 부응하기 위해 가격인하가 필요한지 또는 상품을 구입해야 하는 것인지를 결정하기 위해 실제매출과 매출목표를 비교하는 방법이다.

정답 58 ① 59 ②

60 유통경로에 대한 촉진 전략 중 푸시전략에 해당하는 것으로 가장 옳지 않은 것은?

① 소매상과의 협력 광고
② 신제품의 입점 및 진열비 지원
③ 진열과 판매 보조물 제공
④ 매장 내 콘테스트와 경품추첨
⑤ 판매경연대회와 인센티브 제공

 PUSH 전략은 제조업자가 소비자를 향해 제품을 밀어낸다는 의미로 제조업자 → 도매상, 도매상 → 소매상, 소매상 → 최종소비자에게 제품을 판매하게 만드는 전략에 해당한다. 인적판매 또는 가격 할인, 수량할인 등 <u>유통상인을 대상으로 하는 판매촉진을</u> 주로 사용한다.
④ 매장 내 콘테스트와 경품추첨은 소비자를 대상으로 하는 풀전략에 해당한다.

61 아래 글상자에서 제품수명주기에 따른 광고 목표 중 도입기의 광고 목표와 관련된 광고만을 나열한 것으로 가장 옳은 것은?

> ㉠ 제품 성능 및 이점에 대한 인지도를 높이는 정보제공형 광고
> ㉡ 우선적으로 자사 브랜드를 시장에 알리기 위한 인지도 형성 광고
> ㉢ 제품 선호도를 증가시키고 선택적 수요를 증가시키는 설득형 광고
> ㉣ 여러 제품 또는 브랜드 중 자사 제품을 선택해야 하는 이유를 제공하는 비교 광고
> ㉤ 브랜드를 차별화하고 충성도를 높이는 강화 광고
> ㉥ 자사의 브랜드와 특정 모델, 또는 특정 색이나 사물들과의 독특한 연상을 만드는 이미지 광고
> ㉦ 소비자의 기억 속에 제품에 대한 기억이 남아 있을 수 있도록 하는 회상 광고

① ㉠, ㉡
② ㉠, ㉡, ㉤
③ ㉡, ㉢
④ ㉡, ㉢, ㉣
⑤ ㉤, ㉥, ㉦

 도입기에는 제품의 <u>인지도를 높이기 위한</u> 무차별 마케팅이 목표이므로 마케팅 초기 사용유도를 위한 강력한 촉진이 필요하다.
㉢ 설득형 광고는 성장기, ㉣ 비교 광고 및 ㉤ 브랜드를 차별화하고 충성도를 높이는 강화 광고, ㉥ 독특한 연상을 만드는 이미지 광고는 성숙기에 효과적이다. ㉦ 재마케팅을 위한 회상 광고는 쇠퇴기에 효과적일 수 있다.

정답 60 ④ 61 ①

62 기업과의 관계 진화과정에 따라 분류한 고객의 유형으로 가장 옳지 않은 것은?

① 잠재고객 ② 신규고객
③ 기존고객 ④ 이탈고객
⑤ 불량고객

> [해설] 고객관계관리(CRM)에 따르면 고객의 발전단계는 잠재고객 → 신규고객 → 단골고객(기존고객) → 옹호고객 → 파트너고객 순으로 발전하며, 기존고객에서 이탈한 이탈고객으로 분류할 수 있다.
> ⑤ 불량고객은 노쇼, 블랙리스트 고객 등을 뜻하며 고객의 유형에 포함되지는 않는다.

63 '주스 한 잔에 OO원' 등과 같이 오랫동안 소비자에게 정착되어 있는 가격을 지칭하는 용어로 가장 옳은 것은?

① 균일가격 ② 단수가격
③ 명성가격 ④ 관습가격
⑤ 단계가격

> [해설] 관습가격은 비용 상승에도 불구하고 오랜 기간 동안 소비자들이 습관적으로 일정 금액을 지불해 왔기 때문에 기업들이 그에 따라 정착된 가격을 책정하는 전략이다.

64 CRM 전략을 위한 데이터웨어하우스에 대한 설명으로 가장 옳은 것은?

① 조직 내의 모든 사람이 다양하게 이용할 수 있도록 데이터들을 통합적으로 보관·저장하는 시스템이다.
② 의사결정에 필요한 정보를 생산할 수 있도록 다양한 소스로부터 모아서 임시로 정리한 데이터이다.
③ 의사결정에 필요한 데이터를 분석 가능한 형태로 변환하고 가공하여 저장한 요약형 기록 데이터이다.
④ 데이터의 신속한 입력, 지속적인 갱신, 추적 데이터의 무결성이 중시되는 실시간 상세 데이터이다.
⑤ 일정한 포맷과 형식이 없어 사용자가 원하는 작업을 수행할 수 있는 데이터들의 집합이다.

> [해설] ③ Data-Warehouse는 사용자의 의사결정을 지원하기 위해 기업이 축적한 많은 데이터를 사용자 관점에서, 주제별로 통합하여 별도의 장소에 저장해 놓은 데이터베이스로 이해할 수 있다. 주제지향성, 통합성(일관성), 비휘발성, 시계열성 접근가능성의 특징을 지닌다.

정답 62 ⑤ 63 ④ 64 ③

65 매장의 상품배치에 관한 제안으로 가장 옳지 않은 것은?

① 가격 저항이 낮은 상품은 고객의 출입이 잦은 곳에 배치한다.

② 충동구매 성격이 높은 상품은 고객을 유인하기 위해 매장의 안쪽에 배치한다.

③ 고객이 꼭 구매하려고 계획한 상품의 경우 위치와 상관 없이 움직이는 경향이 있다.

④ 일반적으로 선매품의 경우 매장 안쪽에 배치한다.

⑤ 매장 입구에서 안쪽으로 들어갈수록 가격이 높은 상품을 배치하면 가격저항감을 줄일 수 있다.

> **해설** ② 충동구매 성격이 높은 상품은 고객을 유인하기 위해 매장 전면에 배치하며, 매장의 안쪽에는 전문품이나 고가품을 배치하여 쇼핑의 쾌적성을 제공해야 한다.

66 고객 편리성을 높이기 위한 점포구성 방안으로서 가장 옳지 않은 것은?

① 고객 이동의 정체와 밀집을 막아 이동을 원활하게 하는 레이아웃 구성

② 자유로운 고객 흐름을 방해하지 않게 양방통행 원칙을 준수하여 통로 설계

③ 원스톱 쇼핑을 위해 다종다양의 상품을 제공하기 위한 스크램블드(scrambled) 머천다이징

④ 상품을 빨리 찾을 수 있게 연관성이 높은 상품군별로 모아 놓는 크로스(cross) 진열

⑤ 면적이 넓은 점포의 경우 휴식을 취할 수 있는 휴식 시설 설치

> **해설** ② 고객동선은 교차하지 않도록 구성하는 것이 원칙이므로 자유로운 고객 흐름을 방해하지 않기 위해서는 양방통행보다는 일방통행 통로 설계가 적합하다.

67 CRM(customer relationship management) 실행 순서를 나열한 것으로 가장 옳은 것은?

① 고객니즈분석 – 대상고객선정 – 가치창조 – 가치제안 – 성과평가

② 가치제안 – 가치창조 – 고객니즈분석 – 대상고객선정 – 성과평가

③ 고객니즈분석 – 가치제안 – 대상고객선정 – 가치창조 – 성과평가

④ 가치창조 – 고객니즈분석 – 대상고객선정 – 가치제안 – 성과평가

⑤ 대상고객선정 – 고객니즈분석 – 가치창조 – 가치제안 – 성과평가

> **해설** CRM(customer relationship management) 실행 순서는 대상고객선정 – 고객니즈분석 – 가치창조 – 가치제안 – 성과평가 순으로 이루어진다.

정답 65 ② 66 ② 67 ⑤

68 마케팅 조사에 대한 설명으로 가장 옳지 않은 것은?

① 기술조사는 표적모집단이나 시장의 특성에 관한 자료를 수집·분석하고 결과를 기술하는 조사이다.

② 2차 자료는 당면한 조사목적이 아닌 다른 목적을 위해 과거에 수집되어 이미 존재하는 자료이다.

③ 1차 자료는 당면한 조사목적을 달성하기 위하여 조사자가 직접 수집한 자료이다.

④ 마케팅조사에는 정성조사와 정량조사 모두 필수적으로 제시되어야 한다.

⑤ 탐색조사는 조사문제가 불명확할 때 기본적인 통찰과 아이디어를 얻기 위해 실시하는 조사이다.

> **해설** 마케팅조사에는 정성조사와 정량조사 모두 필수적으로 제시되어야 하는 것은 아니다. 다만 정량조사와 정성조사는 양자 간 상호보완적인 효과가 있으므로 조사의 신뢰성을 위해서는 함께 진행되는 것이 좋다.

69 점포의 비주얼 머천다이징 요소로서 가장 옳지 않은 것은?

① 점두, 출입구, 건물 외벽 등의 점포 외장

② 매장 및 후방, 고객 동선, 상품배치 등의 레이아웃

③ 매장 인테리어, 조명, 현수막 등의 점포 내부

④ 진열 집기, 트레이, 카운터 등 각종 집기

⑤ 종업원의 복장, 머리카락, 청결 상태 등의 위생

> **해설** VMD는 마케팅효과를 극대화하기 위해 특정 상품이나 서비스를 시각적으로 연출하고 관리하는 것으로, 점포의 비주얼 머천다이징 요소에는 색채, 재질, 선, 형태, 공간 등과 점포 내·외부 디자인도 포함되며 핵심 개념은 매장 내 전시를 중심으로 이루어진다. 따라서 매장 및 후방, 고객 동선, 상품배치 등의 레이아웃은 비주얼 머천다이징 요소에는 해당하지 않는다.

70 상품진열에 대한 설명으로 가장 옳지 않은 것은?

① 고객의 오감을 즐겁게 하면서도 찾기 쉽고 선택을 용이하게 하는 진열을 한다.

② 매장 입구에는 구매빈도가 높은 상품위주로 진열한다.

③ 오픈진열을 할 경우 경품 및 행사상품, 고회전상품, 저회전상품 순으로 진열한다.

④ 셀프서비스 판매방식 소매점에서는 소비자가 직접 상품을 선택할 수 있도록 곤돌라 또는 쇼케이스를 이용한 진열 방식의 활용이 일반적이다.

⑤ 엔드진열은 신상품, 행사상품의 효율적 소구를 위해 매장의 빈 공간에 독립적으로 진열하는 방식이다.

정답 68 ④ 69 ② 70 ⑤

⑤ 엔드진열은 고객들이 이동하는 통로에 직접 매대를 노출시켜 충동구매를 유도하는 전략으로, 테마 상품 또는 소비자들에게 인지도가 있는 상품을 진열하여 매출액을 극대화시키는 진열 방법에 해당 한다.

제**4**과목 유통정보(71~90)

71 아래 글상자의 괄호 안에 들어갈 용어를 순서대로 바르게 나열한 것으로 가장 옳은 것은?

> 알파고 리(기존 버전 알파고)는 프로 바둑기사들의 기보 데이터를 대량으로 입력받아 학 습하는 (㉠)이 필요했다. 반면 알파고 제로는 바둑 규칙 이외에 아무런 사전 지식이 없 는 상태에서 인공신경망 기술을 활용하여 스스로 대국하며 바둑 이치를 터득해서 이기기 위한 수를 스스로 생성해낸다. 이렇듯 수많은 시행착오를 통해 최적의 행동을 찾아내는 방식을 (㉡)이라 한다.

① ㉠ 지도학습, ㉡ 비지도학습 　　② ㉠ 지도학습, ㉡ 준지도학습
③ ㉠ 지도학습, ㉡ 강화학습 　　　④ ㉠ 강화학습, ㉡ 지도학습
⑤ ㉠ 강화학습, ㉡ 준지도학습

 인공지능(AI) 관련 용어로, 기계학습의 알고리즘 유형 중 프로 바둑기사들의 기보 데이터를 대량으로 입력받아 학습하는 것은 '지도학습'이고, 인공신경망 기술을 활용하여 시행착오를 통해 최적의 행동을 찾아내는 방식은 '강화학습'이라 할 수 있다.

72 드론의 구성요인에 대한 설명으로 가장 옳지 않은 것은?

① 드론의 항법센서로는 전자광학센서, 초분광센서, 적외선센서 등이 있다.
② 드론 탑재 컴퓨터는 드론을 운영하는 브레인 역할을 하며 드론의 위치, 모터, 배터리 상태 등을 확인할 수 있게 한다.
③ 드론 모터는 드론의 움직임이 가능하도록 지원하고, 배터리는 모터에 에너지를 제공 한다.
④ 드론 임무장비는 드론이 비행을 하면서 특정한 임무를 하도록 장착된 관련 장비를 의 미한다.
⑤ 드론 프로펠러 및 프레임은 드론이 비행하도록 프레임워크를 제공한다.

정답 71 ③ 72 ①

드론의 관성측정장치(IMU)는 비행체의 관성(움직임)을 여러 가지 물리적 데이터(속도, 방향, 중력, 가속도)로 계측하는 장치다. 이 장치는 가속도센서, 지자기센서, GPS센서 등으로 구성된 하나의 통합 유닛이다.

73 아래 글상자에서 설명하는 용어로 가장 옳은 것은?

> 모든 디바이스가 정보의 뜻을 이해하고 논리적인 추론까지 할 수 있는 지능형 기술로 사람의 머릿속에 있는 언어에 대한 이해를 컴퓨터 언어로 표현하고 이것을 컴퓨터가 사용할 수 있게 만드는 것이다. 이 기술은 웹페이지에 담긴 내용을 이해하고 개인 맞춤형 서비스를 제공받아 지능화된 서비스를 제공하는 웹 3.0의 기반이 된다.

① 고퍼(gopher)
② 냅스터(napster)
③ 시맨틱 웹(semantic-web)
④ 오페라(opera)
⑤ 웹클리퍼(web-clipper)

 시맨틱 웹은 사람이 읽고 해석하기에 편리하게 설계되어 있는 현재의 웹 대신에 컴퓨터가 이해할 수 있는 형태의 새로운 언어로 표현해 기계들끼리 서로 의사소통을 할 수 있는 지능형 웹을 뜻한다.

74 공급사슬의 성과지표들 중 고객서비스의 신뢰성 지표로 가장 옳은 것은?

① 평균 재고 회전율
② 약속 기일 충족률
③ 신제품 및 신서비스 출시 숫자
④ 특별 및 긴급 주문을 처리하는 데 걸리는 시간
⑤ 납기를 맞추기 위해 요구되는 긴급주문의 횟수

 공급사슬(supply chain)의 성과지표들 중 고객서비스의 신뢰성 지표로 타당한 것은 약속 기일 충족률이다. 이는 고객 주문에 대해 소매업체가 약속한 인도일을 어느 정도나 충족했는가 하는 것을 뜻한다.

정답 73 ③ 74 ②

75 지식경영에 대한 설명으로 가장 옳지 않은 것은?

① 피터 드러커(Peter Drucker, 1954)는 재무 지식뿐만 아니라 비재무 지식을 활용해 경영성과를 측정하는 균형성과표를 제시하였다.

② 위그(Wigg, 1986)는 지식경영을 지식 및 지식 관련 수익을 극대화시키는 경영활동이라고 정의하였다.

③ 노나카(Nonaka, 1991)는 지식경영을 형식지와 암묵지의 순환과정을 통해 경쟁력을 확보하는 경영활동이라고 정의하였다.

④ 베크만(Bechman, 1997)은 지식경영을 조직의 역량, 업무성과 및 고객가치를 제고하는 경영활동이라고 정의하였다.

⑤ 스베이비(Sveiby, 1998)는 지식경영을 무형자산을 통해 가치를 창출하는 경영활동이라고 정의하였다.

> **해설** ① BSC(균형성과표)는 재무, 고객, 내부 프로세스, 학습·성장 등 4분야에 대해 측정지표를 선정해 평가한 뒤 각 지표별로 가중치를 적용해 산출한다. 재무 지식뿐만 아니라 비재무 지식을 활용해 경영성과를 측정하는 균형성과표(BSC)는 캐플란과 노튼(Robert Kaplan & David Norton)이 개발하였다.

76 웹 2.0을 가능하게 하고 지원하는 기술에 대한 설명으로 가장 옳지 않은 것은?

① 폭소노미(folksonomy)란 자유롭게 선택된 일종의 태그인 키워드를 사용해 구성원들이 함께 정보를 체계화하는 방식이다.

② UCC(user created contents)는 사용자들이 웹 콘텐츠의 생산자인 동시에 소비자로서의 역할을 가능하게 하여 참여와 공유를 지원한다.

③ 매시업(mashup)은 웹 콘텐츠를 소프트웨어가 자동적으로 이해하고 처리할 수 있도록 지원하여 정보와 지식의 공유 및 협력을 촉진한다.

④ API(application programming interface)는 응용 프로그램에서 사용할 수 있도록 컴퓨터 운영체제나 프로그래밍 언어가 제공하는 기능을 제어할 수 있도록 만든 인터페이스이다.

⑤ RSS(rich site summary)란 웹 공간에서 콘텐츠 공유를 촉진하며, 특정 사이트에서 새로운 정보가 있을 때 자동적으로 받아볼 수 있는 콘텐츠 배급방식이다.

> **해설** ③ 매시업(웹 개발)이란 웹으로 제공하고 있는 정보와 서비스를 융합하여 새로운 소프트웨어나 서비스, 데이터베이스 등을 만드는 것을 말한다. 예를 들면 휴대전화와 카메라가 합쳐지는 경우 단순한 기능의 융합이 아니라 영상통화와 같은 완전히 새로운 서비스를 만들어내는 것을 뜻한다.

정답 75 ① 76 ③

77 스튜어트(W. M. Stewart)가 주장하는 물류의 중요성이 강조되는 이유로 가장 옳지 않은 것은?

① 재고비용절감을 위해서는 증가된 주문 횟수를 처리할 새로운 시스템의 도입이 필요하다.

② 소비자의 제품가격 인하 요구는 능률적이며 간접적인 제품 분배경로를 필요로 하게 되었다.

③ 기업은 물류 서비스 개선 및 물류비 절감을 통해 고객에 대한 서비스 수준을 높일 수 있으며, 이는 기업에게 새로운 수요 창출의 기회가 된다.

④ 소비자의 제품에 대한 다양한 요구는 재고 저장단위 수의 증대를 필요로 하며, 이는 다목적 창고 재고유지, 재고 불균형 등의 문제를 발생시킨다.

⑤ 가격결정에 있어 신축성을 부여하기 위해서는 개별 시장으로의 운송에 소요되는 실제 분배비용에 의존하기보다는 전국적인 평균비용의 산출이 필요하게 되었다.

> **해설** ⑤ 가격결정에 있어서 신축성을 부여하기 위해서는 전국적인 평균비용에 의존하기보다는 개별시장으로의 운송에 소요되는 실제 분배비용의 산출이 필요하게 되었다.

78 POS(point of sale)시스템 도입에 따른 장점으로 가장 옳지 않은 것은?

① 매상등록시간이 단축되어 고객 대기시간이 줄며 계산대의 수를 줄일 수 있다.

② 단품관리에 의해 잘 팔리는 상품과 잘 팔리지 않는 상품을 즉각 찾아낼 수 있다.

③ 적정 재고수준의 유지, 물류관리의 합리화, 판촉전략의 과학화 등의 효과를 가져올 수 있다.

④ POS터미널의 도입에 의해 판매원 교육 및 훈련시간이 짧아지고 입력 오류를 방지할 수 있다.

⑤ CPFR(collaborative planning, forecasting and replenishment)과 연계하여 신속하고 적절한 구매를 할 수 있다.

> **해설** ⑤ 협력적 계획, 예측 및 보충 시스템(CPFR : Collaborative Planning, Forecasting and Replenishment)은 소매기업의 판매 및 재고 관련 정보를 소비자 수요예측과 주문관리에 이용하고, 제조업체와 공동으로 생산계획에 반영하는 등 제조와 유통업체가 예측·계획·상품보충을 공동으로 운영(협업)하고자 하는 SCM 측면의 프로세스로, 판매시점 정보관리시스템인 POS와는 차이가 있다.

정답 77 ⑤ 78 ⑤

79 빅데이터 분석 기술들 중 아래 글상자에서 설명하는 용어로 가장 옳은 것은?

> 관찰된 연속형 변수들에 대해 두 변수 사이의 모형을 구한 뒤 적합도를 측정해내는 방법으로, 시간에 따라 변화하는 데이터나 변수들의 어떤 영향 및 가설적 실험, 인과관계 모델링 등의 통계적 예측에 이용될 수 있다.

① 감성분석
② 기계학습
③ 회귀분석
④ 오피니언 마이닝(opinion mining)
⑤ 텍스트 마이닝(text mining)

해설 회귀분석은 종속변수가 독립변수들에 의해서 어떻게 설명 또는 예측되는지를 알아보기 위해 변수들 간의 관계를 적절한 회귀식으로 표현하는 통계적 방법이다.

80 EDI(electronic data interchange)에 대한 설명으로 가장 옳지 않은 것은?

① EDI는 기업 간에 교환되는 거래서식을 컴퓨터로 작성하고 통신망을 이용하여 직접 전송하는 정보교환방식을 의미한다.

② EDI가 이루어지기 위해서는 거래업체들 간에 서로 교환할 데이터의 형태와 그 데이터를 어떻게 표현할 것인가에 대한 상호합의가 필요하다.

③ EDI를 이용하면 지금까지 종이형태의 문서에 기록하고 서명한 다음, 우편을 통해 전달되던 각종 주문서, 송장, 지불명세서 등이 데이터통신망을 통해 전자적으로 전송되고 처리된다.

④ EDI는 교환되는 거래문서에 대해 통용될 수 있는 표준양식이 정해져야 하며, 이를 통해 전달되는 데이터의 형식이 통일된 후, 이러한 데이터가 일정한 통신표준에 입각해서 상호 간에 교환될 수 있어야 한다.

⑤ 전자문서의 사설표준은 특정 산업분야에서 채택되어 사용되는 표준을 말하며, 사설표준의 대표적인 것에는 국제상품코드관리기관인 EAN(국내의 경우 : KAN)이 개발·보급하고 있는 유통부문의 전자문서 국제표준인 EANCOM이 있다.

해설 ⑤ EANCOM은 사설표준이 아니라 전자적으로 전송된 정보를 상품의 물리적 흐름과 통합하는 GS1 EDI 글로벌 표준의 한 종류에 해당한다.

정답 79 ③ 80 ⑤

81 유통정보혁명의 시대에서 유통업체의 경쟁우위 확보 방안으로 가장 옳지 않은 것은?

① 마케팅 개념 측면에서 유통업체는 제품 및 판매자 중심에서 고객 중심으로 변화해야
한다.

② 마케팅 개념 측면에서 유통업체는 매스(mass) 마케팅에서 일대일 마케팅으로 변화해
야 한다.

③ 마케팅 개념 측면에서 유통업체는 기존의 다이렉트(direct) 마케팅에서 푸시(push) 마
케팅으로 변화해야 한다.

④ 비즈니스 환경 측면에서 유통업체는 전략적 제휴와 글로벌화(globalization)를 추진해
야 한다.

⑤ 비즈니스 환경 측면에서 유통업체는 제품 및 공정 기술의 보편화로 인해 도래하는 물
류 경쟁 시대의 급격한 변화에 대비해야 한다.

> **해설** ③ 유통업체의 경쟁우위 확보를 위해서 유통업체는 기존의 푸시(push) 마케팅에서 다이렉트(direct) 마
> 케팅으로 변화해야 한다.

82 유통정보시스템의 개념에 대한 설명으로 가장 옳지 않은 것은?

① 물류비용과 재고비용을 감축하여 채널단계에 참여하는 모두가 이익을 얻을 수 있게
한다.

② 유통정보와 프로세스의 흐름을 확보해 시간차로 발생하는 가시성 문제를 최소화하여
시장수요와 공급을 조절해 주고 각 개인이 원하는 제품과 서비스 공급이 원활하도록
지원한다.

③ 유통정보시스템은 경영자가 유통과 관련된 기업의 목표를 달성하기 위한 효율적이고
효과적인 의사결정을 하는 데 필요한 정보제공을 위해 설계되어야 한다.

④ 유통거래를 지원하는 정보시스템으로 관련된 기존 시스템의 정보를 추출, 변환, 저장
하는 과정을 거쳐 업무 담당자 목적에 맞는 정보만을 모아 관리할 수 있도록 지원해
준다.

⑤ 유통정보시스템은 기업의 유통활동 수행에 필요한 정보의 흐름을 통합하여 전사적 유
통을 가능하게 하고 유통계획, 관리, 거래처리 등에 필요한 데이터를 처리하여 유통관
련 의사결정에 필요한 정보를 적시에 제공하기 위한 절차, 설비, 인력을 뜻한다.

> 정답 81 ③ 82 ④

유통정보시스템이란 기업의 유통활동 수행에 필요한 정보의 흐름을 통합하는 기능을 통해 전사적 유통 또는 통합유통을 가능하게 하는 동시에 유통계획, 관리, 거래처리 등에 필요한 데이터를 처리하여 유통 관련 의사결정에 필요한 정보를 적시에 제공하는 정보시스템을 말한다. 한편, 내·외부 원천으로부터 데이터가 수송되는 영역에서 데이터의 추출(extraction), 변환(transformation), 저장(loading) 등의 프로세스가 일어나는데 이를 약자로 ETL이라고 한다.

83 지식관리시스템에 대한 설명으로 가장 옳지 않은 것은?

① 기업은 고객에게 지속적이고 일관성 있는 정보를 제공하기 위해서 지식관리시스템을 활용한다.

② 기업은 지식네트워킹을 통해서 새로운 제품을 출시할 수 있고 고객에게 양질의 서비스를 제공할 수 있다.

③ 지식을 보유·활용함으로써 제품 및 서비스 가치를 향상시키고 기업의 지속적인 성장에 기여할 수 있다.

④ 기업들은 동종 산업에 있는 조직들의 우수사례(best practice)를 그들 조직에 활용하여 많은 시간을 절약할 수 있다.

⑤ 지식관리시스템은 지식관리 플랫폼으로 고객지원센터 등 기업 내부 지원을 위해 활용되고 있으며, 챗봇, 디지털 어시스트 등 고객서비스와는 거리가 멀다.

 지식관리시스템(KMS : knowledge management system)은 조직 내의 인적자원들이 축적하고 있는 개별적인 지식을 체계화하여 공유함으로써 기업 경쟁력을 향상시키기 위한 기업정보시스템을 말한다. 고객지원센터 등 기업 내부 지원을 위해 활용되고 있으며, 챗봇, 디지털 어시스트 등을 통한 고객서비스도 가능하다.

84 아래 글상자의 괄호 안에 들어갈 용어가 순서대로 바르게 나열된 것은?

> 오픈AI는 대화형 인공지능 챗봇 서비스인 ChatGPT를 개발하였다. ChatGPT의 등장은
> (㉠) 서비스의 대중화를 알리는 첫 시작이라는 데 가장 큰 의의가 있다. 기존에는 (㉡)
> 서비스가 주를 이뤘으나 ChatGPT의 등장으로 이 같은 방식의 서비스가 각광받을 것으로
> 예상된다.

① ㉠ 식별 AI(discriminative AI), ㉡ 생성 AI(generative AI)

② ㉠ 강한 AI(strong AI), ㉡ 약한 AI(weak AI)

③ ㉠ 생성 AI(generative AI), ㉡ 식별 AI(discriminative AI)

④ ㉠ 약한 AI(weak AI), ㉡ 강한 AI(strong AI)

⑤ ㉠ 논리적 AI(logical AI), ㉡ 물리적 AI(physical AI)

정답 83 ⑤ 84 ③

> **해설** ChatGPT는 생성형 AI(generative AI)이다. 생성형 AI는 텍스트, 오디오, 이미지 등 기존 콘텐츠를 활용해 유사한 콘텐츠를 새롭게 만들어내는 인공지능(AI) 기술이다. 즉 콘텐츠들의 패턴을 학습해 추론 결과로 새로운 콘텐츠를 만들어내는 것이다.
> ChatGPT 이전의 AI는 식별형 AI(discriminative AI)로 외국어의 번역이나 음성 및 화상의 식별 수준에 그치는 수준이다.

85 바코드와 관련된 용어에 대한 설명으로 가장 옳지 않은 것은?

① ITF-14 바코드는 GS1이 개발한 국제표준바코드로, 물류 단위에 부여된 식별코드를 기계가 읽을 수 있도록 막대 모양으로 표현한 것이다.

② GS1 DataMatrix는 우리나라 의약품 및 의료기기에 사용되는 유일한 의약품표준바코드로, 다양한 추가 정보를 입력하면서도 작은 크기로 인쇄가 가능하다.

③ GS1 응용식별자는 바코드에 입력되는 특수 식별자로 바로 다음에 나오는 데이터의 종류, 예를 들어 GTIN, 일련번호, 유통기한 등을 나타내는 지시자를 의미한다.

④ 내부관리자코드는 GS1 식별코드 중 하나로 특정 목적을 위해 내부(국가, 기업, 산업)용으로 사용되는 코드로 주로 가변규격상품이나 쿠폰의 식별을 위해 사용된다.

⑤ 국제거래단품식별코드는 국제적으로 거래되는 단품을 식별하기 위해 GS1이 만든 코드로 여기서 거래단품(trade item)이란 공급망상에서 가격이 매겨지거나 주문 단위가 되는 상품을 지칭한다.

> **해설** ② GS1 DataMatrix는 GS1-13과 더불어 우리나라 의약품 및 의료기기에 사용되는 표준 의약품바코드에 해당한다.

86 IoT(Internet of Things)에 대한 설명으로 가장 옳지 않은 것은?

① 오늘날 5G 및 기타 유형의 네트워크 플랫폼이 거의 모든 곳에서 빠르고 안정적으로 대량의 데이터 세트를 처리해 주어 IoT 연결성을 높여주고 있다.

② 연결상태는 24시간 always-on 방식이다.

③ IoT는 보안 및 개인정보 보호 위험, 기술 간 상호운영성, 데이터 과부하, 비용 및 복잡성 등의 이슈가 관리되어야 한다.

④ 서비스 방식은 빠르고 쉽게 찾는 Pull 방식이다.

⑤ ICT 기반으로 주위의 모든 사물에 유무선 네트워크로 연결하여 사람과 사물, 사물과 사물 간에 정보를 교류하고 상호 소통하는 지능적 환경으로 진화하고 있다.

정답 85 ② 86 ④

해설 오늘날 소비자들의 요구 수준이 높아지고 다양해짐에 따라 IoT 활용을 통해 플랫폼 및 공급망모형이 밀기(Push) 방식에서 끌기(Pull) 방식으로 전환되고 있다.

87 아래 글상자에서 설명하는 용어로 가장 옳은 것은?

> 이 개념은 의류산업에서 도입되기 시작하였으며, 소비자 위주의 시장환경에 재고부담을 줄이고 신제품 개발에 도움을 준다 이것의 기본 개념은 시간 기반 경쟁의 장점을 성취하기 위해 빠르게 대응하는 시스템을 개발하는 것이다. 즉, 이것은 생산에서 유통까지 표준화된 전자거래체제를 구축하고, 기업 간의 정보공유를 통한 신속 정확한 납품, 생산/유통기간의 단축, 재고감축, 반품손실 감소 등을 실현하는 정보시스템이다.

① 풀필먼트(fulfillment)   ② 신속대응(quick response)
③ 풀서비스(full service)   ④ 푸시서비스(push service)
⑤ 최적화(optimization)

해설 신속대응(quick response)은 의류분야에 적용된 SCM방식으로, 소비자 중심의 시장환경에 신속히 대응하기 위한 시스템으로서 생산에서 유통에 이르기까지 표준화된 전자거래체제를 구축하여, 기업 간의 정보공유를 통한 신속·정확한 납품, 생산 및 유통기간의 단축, 재고의 감축, 반품로스의 감소 등을 실현하였다.

88 스미스, 밀버그, 버크(Smith, Milberg, Burke)는 '개인정보 활용에 따른 프라이버시(privacy) 침해 우려에 대한 연구'를 통해 개인의 프라이버시 침해 우려 프레임워크를 제시하였다. 이 경우 유통업체의 개인정보 활용 증대에 따라 소비자들에게 발생할 수 있는 프라이버시 침해 우려에 대한 설명으로 가장 옳지 않은 것은?

① 유통업체가 지나치게 많은 개인정보를 수집하는 것에 대한 우려가 나타날 수 있다.
② 유통업체의 정보시스템에 저장된 개인정보에 권한이 없는 부적절한 접근에 대한 우려가 나타날 수 있다.
③ 유통업체에서의 인가받지 못한 개인정보에 대한 이차적 이용에 따른 우려가 나타날 수 있다.
④ 유통업체가 보유하고 있는 개인정보의 의도적 또는 사고적인 오류에 대해 적절하게 보호되고 있는지에 대한 우려가 나타날 수 있다.
⑤ 유통업체가 데이터 3법을 적용하여 개인정보를 활용함에 따라 개인이 자신의 정보에 대한 접근 권한을 차단당하는 상황이 발생할 수 있다는 우려가 나타날 수 있다.

정답 87 ② 88 ⑤

해설 ⑤ 데이터 3법이 시행되어도 개인이 자신의 정보에 대한 접근 권한을 차단당하는 상황이 발생할 수 있는 것은 아니다.

89 빅데이터는 다양한 유형으로 존재하는 모든 데이터가 대상이 된다. 데이터 유형과 데이터 종류, 그에 따른 수집 기술의 연결이 가장 옳지 않은 것은?

① 정형 데이터 – RDB – ETL
② 정형 데이터 – RDB – Open API
③ 반정형 데이터 – 비디오 – Open API
④ 비정형 데이터 – 이미지 – Crawling
⑤ 비정형 데이터 – 소셜데이터 – Crawling

해설 ③ 빅데이터의 다양한 유형 중 반정형 데이터에는 HTML, XML, JSON 등이 대표적이다. 이러한 데이터는 Open API, Apache Flum, Chukaw 등을 통해 수집되며, 반정형 데이터의 경우 값과 형식에는 다소 일관성이 없는 편에 해당한다.

90 정부는 수산물의 건강한 유통을 위해 수산물 이력제를 시행하고 있다. 이에 대한 설명으로 가장 옳지 않은 것은?

① 수산물을 수확하는 어장에서 시작하여 소비자의 식탁에 이르기까지 수산물의 유통 과정에 대한 정보를 관리하고 공개해서 소비자들이 안전하게 수산물을 선택할 수 있도록 도와주는 제도이다.
② 수산물 이력제의 등록표시는 표준화와 일관성을 위해 바코드로 된 이력추적관리번호만 사용한다.
③ 식품안전사고를 대비하기 위해 소비자가 구매한 수산물의 유통과정이 투명하게 공개되도록 관리하여 신속한 사고발생 단계 파악 및 조속한 조치가 가능하다.
④ 생산자는 수산물에 대한 품질 및 위생정보를 효과적으로 관리할 수 있고 축적된 정보로 소비패턴 및 니즈 파악이 가능하다.
⑤ 수산물 이력제의 활용은 위생 부분의 국제기준을 준수하여 수산물 관리의 국제 경쟁력을 높여주는 효과가 있다.

해설 ② 정부는 수산물의 건강한 유통을 위해 수산물 이력제를 시행하고 있으며, 수산물 이력제의 등록표시는 표준화와 이력추적이 가능토록 QR 코드를 활용하고 있다.

정답 89 ③ 90 ②

유통관리사 **2**급

2022년
기출문제

유통관리사 2급 기출문제

제1과목 유통 · 물류일반관리(01~25)

01 아래 글상자에서 설명하는 조직구성원에 대한 성과평가 방법으로 옳은 것은?

> • 종업원의 성과를 특정범주로 할당해서 평가하는 방법(예 S등급 10%, A등급 30%, B등급 30%, C등급 30%)
> • 구성원의 성과가 다양한 분포를 보일 때 효과적임
> • 갈등을 피하려고 모두를 관대하게 평가하고자 하는 유혹을 극복할 수 있음

① 행동관찰척도법(BOS : behavioral observation scales)
② 단순서열법(simple ranking method)
③ 쌍대비교법(paired-comparison method)
④ 행위기준고과법(BARS : behaviorally anchored rating scales)
⑤ 강제배분법(forced distribution method)

 제시된 내용은 강제배분법(forced distribution method) 또는 강제할당법에 대한 설명이다. 강제배분법은 사전에 정해 놓은 비율에 따라 피고과자를 강제로 배분하는 방법으로, 피고과자의 수가 많을 때 서열법의 대안으로 주로 사용한다.
강제배분법은 관대화 경향이나 중심화 경향과 같은 규칙적 오류를 방지할 수 있지만, 정규분포를 가정하므로 피고과자의 수가 적을 때에는 타당성이 결여된다.

정답 01 ⑤

02 아래 글상자의 괄호 안에 들어갈 중간상이 수행하는 분류 기준으로 가장 옳은 것은?

> (㉠) 이질적인 제품들을 색이나 크기, 용량 등에 따라 상대적으로 동질적인 집단으로 구분하는 활동
> (㉡) 다양한 생산자들로부터 제공되는 제품들을 대규모 공급이 가능하도록 다량으로 구매하여 집적하는 활동
> (㉢) 구매자가 원하는 소규모 판매단위로 나누는 활동

① ㉠ 분류(sorting out),　㉡ 수합(accumulation), ㉢ 분배(allocation)
② ㉠ 구색갖춤(assorting), ㉡ 분류(sorting out),　㉢ 분배(allocation)
③ ㉠ 분배(allocation),　　㉡ 구색갖춤(assorting), ㉢ 분류(sorting out)
④ ㉠ 분배(allocation),　　㉡ 수합(accumulation), ㉢ 분류(sorting out)
⑤ ㉠ 분류(sorting out),　㉡ 구색갖춤(assorting), ㉢ 수합(accumulation)

해설 ① ㉠은 분류(sorting out), ㉡은 수합(accumulation), ㉢은 분배(allocation)에 대한 설명이다.

참고 올더슨(W. Alderson)의 구색형성과정

	산개(나눔)	집중(모음)
이질적 생산물	1. 등급분류(sorting out) : 이질적인 것을 동질적 단위로 나누는 과정, 생산자의 표준화 기능	4. 구색(assortment) : 이질적인 것을 모두 다시 모으는 단계
동질적 생산물	3. 배분(allocation) 또는 분할 : 동질적으로 쌓여진 것을 다시 나누는 과정	2. 집적(accumulation) 또는 수합 : 동질적인 것끼리 다시 모으는 수집기능

이 중 집적과 등급분류는 주로 농산물 분야에서, 배분과 구색은 주로 공산품 분야에서 사용되는 개념이다.
분류(등급분류, sorting out)는 여러 생산자들에 의해 공급된 이질적인 제품들을 크기, 품질, 색상 등을 기준으로 동질적인 그룹으로 나누는 과정이다. 구색(assortment)은 판매를 위해 배분된 상품들을 카테고리별로 묶어 매장에 진열하는 것을 의미한다.

정답 02 ①

03 아래 글상자 내용은 조직의 일반원칙 중 무엇에 관한 설명인가?

> 조직의 공통목적을 달성하기 위하여 각 부문이나 각 구성원의 충돌을 해소하고 조직의 제 활동의 내적 균형을 꾀하며, 조직의 느슨(slack)함을 조절하려는 원칙을 말한다.

① 기능화의 원칙(principle of functionalization)
② 위양의 원칙(principle of delegation)
③ 명령통일의 원칙(principle of unity of command)
④ 관리한계의 원칙(principle of span of control)
⑤ 조정의 원칙(principle of coordination)

> **해설** ⑤ 제시된 내용은 조직의 일반원칙 중 조정의 원칙(principle of coordination)에 대한 설명이다. 조정의 원칙은 분업화된 각 업무 사이의 마찰을 해결함으로써 조직의 효율성을 높여야 한다는 원칙으로, 페이욜(H. Fayol)은 그의 일반관리론에서 '조직의 관리활동은 계획화 → 조직화 → 지시 → 조정(coordination) → 통제의 과정을 거친다'고 하였다.

04 MRO(Maintenance, Repair, Operation)의 구매 특성에 대한 설명으로 가장 옳지 않은 것은?

① 인력과 비용의 효율성을 위해 구매대행업체를 이용하기도 한다.
② 작업현장에서 임의적인 구매가 많아 이에 대한 통제가 원활하게 이루어지지 않고 있다.
③ 대형장비, 기계 등 기업에서 제품을 생산하는 데 핵심적인 설비를 포함한다.
④ 부정기적인 구매로 인해 수요예측에 따른 전략적 구매 계획의 수립이 어렵고, 이에 따라 재고유지비용이 많이 발생한다.
⑤ 적게는 수천 가지에서 많게는 수만 가지 품목을 대상으로 하기 때문에 이를 관리하기 위해 많은 비용이 발생한다.

> **해설** ③ MRO는 Maintenance(유지), Repair(보수) and Operation(운영)의 약자로, 생산활동과는 직접 관련이 없으나 그것을 위한 생산시설의 유지와 보수 등에 필요한 모든 소모성 자재와 간접 재화, 서비스 등을 말한다. 대형장비, 기계 등 기업에서 제품을 생산하는 데 핵심적인 설비는 MRO에 해당하지 않는다.

> 정답 03 ⑤ 04 ③

05 고객 서비스 특성에 따른 품질평가요소에 대한 설명으로 옳은 것은?

① 유형성(tangibles) – 서비스 장비 및 도구, 시설 등 물리적인 구성

② 신뢰성(reliability) – 고객의 요구에 신속하게 서비스를 제공하려는 의지

③ 반응성(responsiveness) – 지식과 예절 및 신의 등 직원의 능력에 따라 가늠되는 특성

④ 확신성(assurance) – 고객에 대한 서비스 제공자의 배려와 관심의 정도

⑤ 공감성(empathy) – 계산의 정확성, 약속의 이행 등과 같이 정확하고 일관성 있는 서비스 제공

해설 SERVQUAL의 5개 차원, 즉 RATER는 ㉠ 서비스에 대한 신뢰를 바탕으로 정확하게 업무를 수행하는 능력을 나타내는 신뢰성(Reliability), ㉡ 고객에 대해 직원들의 능력·예절·신빙성·안전성을 전달하는 능력을 나타내는 확신성(Assurance), ㉢ 눈으로 구분가능한 설비나 장비 등 물리적으로 구성되어 있는 외양을 나타내는 유형성(Tangible), ㉣ 고객에게 제공하는 개별적인 배려와 관심을 나타내는 공감성(Empathy), ㉤ 고객에게 언제든지 준비된 서비스를 제공하겠다는 것을 나타내는 대응성 또는 반응성(Responsiveness) 등이다.

06 아래 글상자에서 회계 내용과 물류원가분석의 특징으로 가장 옳지 않은 것은?

구분	회계 내용	물류원가분석
㉠	계산목적	물류업적의 평가
㉡	계산대상	물류업무의 전반
㉢	계산기간	예산기간(월별, 분기별 등)
㉣	계산방식	항상 일정
㉤	할인의 여부	할인계산 함

① ㉠　　　　　　　　　　　　② ㉡

③ ㉢　　　　　　　　　　　　④ ㉣

⑤ ㉤

해설 ⑤ 물류원가분석에서는 할인(discount)을 고려한 원가보다는 표준원가나 실제원가를 이용한다.

정답 05 ① 06 ⑤

07 재고, 운송, 고객서비스 등의 상충관계(trade-off)에 대한 설명으로 옳지 않은 것은?

① 재고수준을 낮추게 되면 보관비용이 감소되고 고객 서비스 수준도 낮아진다.
② 재고 감소는 주문에 적시 대응하는 조직의 능력을 저하시킨다.
③ 배달을 신속하게 해서 고객서비스 수준을 증가시키는 것은 수송비용 증가를 초래한다.
④ 높은 고객서비스 수준을 지향하는 경우 재고비용과 재고운반비가 증가한다.
⑤ 낮은 배송비용을 지향하는 것은 시간측면에서 고객서비스 수준의 증가를 가져온다.

> 해설 ⑤ 낮은 배송비용을 지향하면 시간측면에서 고객서비스 수준의 감소를 가져온다. 비용과 서비스 수준 간에는 상충관계가 존재한다.

08 유통산업발전법(시행 2021.1.1., 법률 제17761호)상 유통정보화시책의 내용으로 옳지 않은 것은?

① 유통표준코드의 보급
② 유통표준전자문서의 보급
③ 판매시점 정보관리시스템의 보급
④ 유통산업에 종사하는 사람의 자질 향상을 위한 교육·연수
⑤ 점포관리의 효율화를 위한 재고관리시스템·매장관리시스템 등의 보급

> 해설 ④ 유통산업에 종사하는 사람의 자질 향상을 위한 교육·연수는 산업통상자원부장관 또는 중소벤처기업부장관이 유통전문인력을 양성하기 위하여 할 수 있는 사업의 하나이다(법 제23조, 유통전문인력의 양성).

09 소매유통회사를 중심으로 PB상품을 강화하고 있는데, 그 이유로 옳지 않은 것은?

① 수익성을 증가시키기 위해서
② 재고를 감소시키기 위해서
③ 소매유통회사의 차별화 수단으로 활용하기 위해서
④ 점포 이미지를 개선하는 데 활용하기 위해서
⑤ 소비자의 구매성향 변화에 적극적으로 대응하기 위해서

정답 07 ⑤ 08 ④ 09 ②

> 해설 ② PB상품을 강화한다고 해서 재고가 감소하는 것은 아니다. 유통업체 자체 브랜드를 부착한 상품인 PB(Private Brand)상품은 유통업체의 수익증진과 공급자와 협상력 강화, 브랜드 차별화, 소비자 변화에 적극 대응하기 위한 목적 등을 위해 최근 강화되고 있는 추세에 있다.

10 기업 윤리와 관련된 설명으로 옳지 않은 것은?

① 기업은 종업원에게 단순히 돈의 대가로 노동력을 요구하는 것이 아니라, 떳떳한 구성원으로서 헌신과 열정을 이끌어 낼 수 있도록 그들에게 자긍심과 비전을 심어 주어야 한다.

② 협력사는 물품을 사오는 대상 이상의 의미를 지니는 장기적으로 협조해야 할 상생의 대상이다.

③ 거래비용의 발생 원인은 기회주의, 제한된 합리성, 불확실성 등이며 교환당사자 간에 신뢰가 부족할 때 거래비용은 작아진다.

④ 도덕적 해이는 도덕적 긴장감이 흐려져서 다른 사람의 이익을 희생한 대가로 자신의 이익을 추구하는 행위이다.

⑤ 대리인비용은 주인이 대리인에게 자신을 대신하도록 할 때 발생하는 비용으로, 주인과 대리인의 이해불일치와 정보 비대칭상황 등의 요인 때문에 발생한다.

> 해설 ③ 윌리엄슨(O. Williamson)의 거래비용이론에서 거래비용의 발생 원인은 기회주의, 제한된 합리성, 불확실성 등이며 교환당사자 간에 신뢰가 부족할 때 거래비용은 커지게 된다. 거래비용의 합이 수직적 통합비용보다 클 경우 유통경로상에서 수직적 계열화(통합)가 발생하게 된다.

11 다음 사례에서 적용된 기법이 다른 하나는?

① 유통업체의 판매, 재고데이터가 제조업체로 전달되면 제조업체가 유통업체의 물류센터로 제품을 배송

② 전자기기의 모듈을 공장에서 생산한 뒤 선박으로 미국이나 유럽으로 보내고 현지에서 각국의 니즈에 맞게 조립

③ 기본적인 형태의 프린터를 생산한 후 해외주문이 오면 그 나라 언어가 기재된 외관을 조립하여 완성

④ 페인트 공장에서 페인트를 만드는 대신에 페인트 가게에서 고객의 요청에 맞게 페인트와 안료비율을 결정하여 최종 페인트로 완성

⑤ 고객들이 청바지 매장에서 신체치수를 맞춰놓고 가면, 일반 형태의 청바지를 고객치수에 맞게 바느질만 완성하여 제품을 완성시킴

정답 10 ③ 11 ①

①을 제외한 나머지는 지연(연기, 유예) 전략에 대한 설명이다. 지연(postponement) 전략은 고객의 정확한 욕구가 파악되는 시점까지 제품의 완성을 연기하고 이를 통해 고객들의 다양한 수요에 유연하게 대응하려는 전략이다.

지연전략은 라벨링(labeling) 지연, 포장(packaging) 지연, 조립(assembly) 지연, 제조(manufacturing) 지연, 그리고 시간(time) 지연으로 구분한다. 또한 형태 지연, 시간 지연 및 장소 지연으로 구분하기도 한다.

①은 지속적 상품보충(CRP)에 대한 설명이다. CR(또는 CRP)은 자동 재고보충, 즉 유통업체가 제조업체와 전자상거래를 통해 상품에 대한 주문정보를 공유하고, 재고를 자동으로 보충·관리하는 것을 의미한다.

12 대한이는 작은 가게를 인수할 것을 고려 중이다. 아래 글상자의 내용을 이용해서 3년치 현금유입에 대한 현재가치를 계산한 것으로 옳은 것은?

- 시장조사 결과 1년 후에 3,000,000원, 2년 후에 4,000,000원, 3년 후에 5,000,000원의 현금유입이 발생할 것으로 나타났다.
- 시장이자율은 연간 10%로 가정한다.
- 최종답은 10,000원의 자리에서 버림하여 구한다.

① 약 9,700,000원   ② 약 10,600,000원
③ 약 12,000,000원   ④ 약 13,200,000원
⑤ 약 15,000,000원

3년치 현금유입의 현재가치

$$= \frac{3,000,000}{(1+0.1)} + \frac{4,000,000}{(1+0.1)^2} + \frac{5,000,000}{(1+0.1)^3} ≒ 9,700,000원이다.$$

13 유통경로를 설계할 때 유통경로 흐름과 소요되는 각종 비용의 예를 짝지은 것으로 가장 옳지 않은 것은?
① 물적유통 – 보관 및 배달 관련 비용   ② 촉진 – 광고, 홍보, 인적판매 비용
③ 협상 – 시간 및 법적 비용   ④ 재무 – 보험 및 사후관리 비용
⑤ 위험 – 가격보증, 품질보증 관련 비용

④ 유통경로를 설계할 때 발생하는 비용 중 재무비용에는 자금조달에 따른 이자비용이 대표적이며, 보험비용은 위험을 헤지(hedge)하려는 비용(위험회피비용)에 해당한다.

정답 12 ① 13 ④

14 유통경로 성과를 평가하는 차원을 설명하는 아래 글상자에서 괄호 안에 들어갈 단어를 순서대로 나열한 것으로 가장 옳은 것은?

> (㉠) – 하나의 경로시스템이 표적시장에서 요구하는 서비스 산출을 얼마나 제공하였
> 는가를 측정하는 것에 중점을 두는 목표지향적 성과기준
> (㉡) – 유통시스템에 의해 제공되는 혜택이 여러 세분 시장에 어느 정도 골고루 배분
> 되는지를 측정하는 성과기준
> (㉢) – 일정한 비용에 의해 얼마나 많은 산출이 발생하였는가를 측정하는 기준

① ㉠ 형평성, ㉡ 효율성, ㉢ 효과성
② ㉠ 효과성, ㉡ 형평성, ㉢ 효율성
③ ㉠ 형평성, ㉡ 효과성, ㉢ 효율성
④ ㉠ 효과성, ㉡ 효율성, ㉢ 형평성
⑤ ㉠ 효율성, ㉡ 형평성, ㉢ 효과성

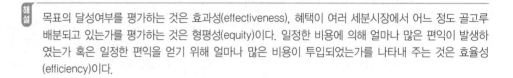
해설 목표의 달성여부를 평가하는 것은 효과성(effectiveness), 혜택이 여러 세분시장에서 어느 정도 골고루
배분되고 있는가를 평가하는 것은 형평성(equity)이다. 일정한 비용에 의해 얼마나 많은 편익이 발생하
였는가 혹은 일정한 편익을 얻기 위해 얼마나 많은 비용이 투입되었는가를 나타내 주는 것은 효율성
(efficiency)이다.

15 범위의 경제와 관련된 설명으로 가장 옳지 않은 것은?

① 한 기업이 다양한 제품을 동시에 생산함으로써 비용상 우위를 누리는 것을 말한다.
② 하나의 생산과정에서 두 개 이상의 생산물이 생산되는 경우에 발생한다.
③ 기업은 생산량을 증대하여 단위당 비용의 하락을 통해 이익을 얻을 수 있다.
④ 한 제품을 생산하는 과정에서 부산물이 생기는 경우에 나타날 수 있다.
⑤ 제조업체에게 비용절감 효과를 가져올 수 있다.

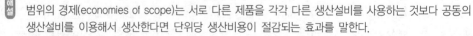
해설 범위의 경제(economies of scope)는 서로 다른 제품을 각각 다른 생산설비를 사용하는 것보다 공동의
생산설비를 이용해서 생산한다면 단위당 생산비용이 절감되는 효과를 말한다.
③ 기업은 생산량을 증대하여 단위당 비용의 하락을 통해 이익을 얻을 수 있는 것은 규모의 경제
(economies of scale)이다.

정답 14 ② 15 ③

16 유통경영의 외부환경을 분석하기 위해 포터의 산업분석을 활용할 경우에 대한 설명으로 가장 옳지 않은 것은?

① 기존 경쟁자들 간의 경쟁 정도를 확인해야 한다.

② 공급자의 협상능력이 클수록 산업전반의 수익률이 증가하여 시장 매력도가 높아진다.

③ 생산자입장에서 소매상의 힘이 커질수록 가격결정에서 불리하다.

④ 외부환경이 미치는 영향은 기업에 따라 기회 또는 위협으로 작용한다.

⑤ 대체재의 유무에 따라 산업의 수익률이 달라진다.

② 포터의 산업분석(5세력 모델)에서 공급자의 협상능력이 클수록 산업전반의 수익률이 감소하여 시장 매력도가 낮아진다.

마이클 포터(Michael E. Porter)는 산업과 경쟁을 결정짓는 5요인 모델(five-force model)을 제시하였다. 포터의 5요인 모델의 목적은 궁극적으로 산업의 수익 잠재력에 영향을 주는 주요 경제·기술적 세력을 분석하는 것이다.

5가지 요인(5세력)은 신규진입자(잠재적 경쟁자)의 위협, 공급자의 교섭력, 구매자의 교섭력, 대체품의 위협 및 기존 기업들 간의 경쟁이다.

17 치열해지는 기업 간 경쟁에 따른 전통적 비즈니스에서 글로벌 비즈니스로의 변화로 가장 옳지 않은 것은?

① 고객만족에서 고객을 즐겁게 하는 것으로 변화

② 이익지향에서 이익 및 사회 지향으로 변화

③ 선행적 윤리에서 사후 비판에 대응하는 반응적 윤리로 변화

④ 제품 지향에서 품질 및 서비스 지향으로 변화

⑤ 경영자에 대한 초점에서 고객에 대한 초점으로 변화

③ 전통적 비즈니스에서는 사후 비판에 대응하는 반응적 윤리였으나 최근의 글로벌 비즈니스에서는 선행적 윤리가 강조되고 있다.

정답 16 ② 17 ③

18 재무, 생산소요계획, 인적자원, 주문충족 등 기업의 전반적인 업무 프로세스를 통합·관리하여 정보를 공유함으로써 효율적인 업무처리가 가능하게 하는 경영기법으로 가장 옳은 것은?

① 리엔지니어링　　　　　　　　② 식스시그마
③ 아웃소싱　　　　　　　　　　④ 벤치마킹
⑤ 전사적 자원관리

> **해설**
> ⑤ 전사적 자원관리(ERP)는 생산, 판매, 구매, 인사, 재무, 물류 등 기업업무 전반을 통합관리하는 경영정보시스템을 의미하는 것으로, 모든 정보가 발생시점에서 실시간으로 데이터베이스화되고 각 부서가 공유할 수 있도록 하는 것이다.
> ERP 시스템은 1960년대의 MRP(Material Requirements Planning)와 1980년대의 MRP Ⅱ (Manufacturing Resources Planning)의 개념이 확장되어 등장하였다.

19 6시그마(6 Sigma)를 추진할 경우 각 단계별 설명으로 가장 옳지 않은 것은?

① 정의 – 고객의 요구사항과 CTQ(Critical To Quality)를 결정한다.
② 측정 – 프로세스 측정 방법을 결정한다.
③ 분석 – 결함의 발생 원인을 규명한다.
④ 개선 – 제품이나 서비스의 공정능력을 규명한다.
⑤ 관리 – 지속적인 관리를 실시한다.

> **해설**
> ④ 개선은 결함을 해결하여 성과를 높이는 것이다. 제품이나 서비스의 공정능력을 규명하는 것은 분석이다.
> 6시그마 운동을 효과적으로 추진하기 위해 고객만족의 관점에서 출발하여 프로세스의 문제를 찾아 통계적 사고로 문제를 해결하는 품질개선 작업과정을 DMAIC이라고 한다. DMAIC은 정의(Define), 측정(Measurement), 분석(Analysis), 개선(Improvement), 통제(Control) 5단계를 의미한다.
>
> **참고 6시그마**
> 제품이나 업무의 불량수준을 측정하고 이를 무결점 수준으로 줄이자는 전사적 품질혁신 추진방법이 식스시그마(6 Sigma)이다. 6시그마 운동은 제품의 설계, 제조, 그리고 서비스의 품질편차를 최소화해 그 상한과 하한이 품질 중심으로부터 6σ 이내에 있도록 한다는 것이다. 이 경우 품질규격을 벗어날 확률은 1백만 개 중 3.4개(3.4PPM) 수준이 된다.

정답 18 ⑤　19 ④

20 수요예측을 위해 사용하는 각종 기법 중 그 성격이 다른 하나는?

① 판매원 추정법 – 판매원들이 수요추정치를 작성하게 하고 이를 근거로 예측하는 기법
② 시장조사법 – 인터뷰, 설문지, 면접법 등으로 수집한 시장 자료를 이용하여 예측하는 기법
③ 경영자판단법 – 경영자 집단의 의견, 경험을 요약하여 예측하는 기법
④ 시계열 분석 – 종속변수의 과거 패턴을 이용해서 예측하는 기법
⑤ 델파이법 – 익명의 전문가 집단으로부터 합의를 도출하여 예측하는 기법

해설 ④ 시계열 분석은 정량적 수요예측 기법이고, 나머지는 정성적 수요예측 기법이다.

21 다양한 재고와 관련된 설명으로 가장 옳지 않은 것은?

① 성수기와 비수기의 수요공급 차이에 대응하기 위한 재고는 예상재고이다.
② 총재고 중에서 로트의 크기에 따라 직접적으로 변하는 부분은 리드타임재고이다.
③ 안전재고는 각종 불확실성에 대처하기 위해 보유하는 여분의 재고이다.
④ 주기재고의 경우 주문 사이의 시간이 길수록 재고량이 증가한다.
⑤ 수송재고는 자재흐름체계 내의 한 지점에서 다른 지점으로 이동 중인 재고를 말한다.

해설 ② 총재고 중에서 로트의 크기에 따라 직접적으로 변하는 부분은 주기재고에 해당한다.
리드타임재고는 리드타임(조달기간)에 따라 변하는 것으로 로트의 크기와는 관계가 없다.

22 식품매장을 중심으로 주목받고 있는 그로서란트(grocerant)에 대한 설명으로 가장 옳지 않은 것은?

① 매장에서 판매하는 식재료를 이용해 고객에게 메뉴를 제안하고 즉시 제공하는 장점이 있다.
② 식재료 쇼핑에 외식 기능을 더해 소매와 외식의 경계를 없앤 서비스이다.
③ 제철 식재료와 추천상품을 제안하는 등 다양한 방식으로 운영할 수 있다.
④ 그로서리(grocery)와 레스토랑(restaurant)의 합성어이다.
⑤ 오프라인과 경쟁하기 위한 온라인 쇼핑몰의 차별화 요소로 각광받고 있다.

해설 그로서란트(grocerant)란 그로서리(grocery)와 레스토랑(restaurant)의 합성어로 식재료 쇼핑에 외식 기능을 더한 오프라인 식품매장 서비스를 의미한다. 최근 들어 온라인과 경쟁하기 위한 오프라인 쇼핑몰의 차별화 요소로 각광받고 있다.

정답 20 ④ 21 ② 22 ⑤

23 **아래 글상자의 사례에 해당하는 유통경영전략으로 가장 옳은 것은?**

> 식품회사인 미국의 A사와 유럽의 B사는 140여 개 해외 시장에서 상대방의 제품을 각자의
> 유통망에서 유통시키고 있다. 예를 들어, 미국 외의 지역에서는 A사의 대표적인 시리얼
> 브랜드가 B사의 유통망을 통해 공급되는 유통경영 전략을 사용하고 있다.

① 복합경로마케팅전략   ② 제품개발전략
③ 인수합병전략   ④ 전략적 경로제휴전략
⑤ 다각화전략

 ④ 전략적 제휴(strategic alliance)란 기업 간 협력형태의 하나로, 각 기업들이 보유한 경쟁우위 요소를
바탕으로 상호 협력관계를 유지하는 것을 말한다. 전략적 경로제휴전략은 서로 다른 기업이 자사의
유통망 이외에 전략적 제휴를 맺은 타기업의 유통망을 함께 이용하는 전략을 말한다.

24 **아래 글상자에서 설명하고 있는 리더십 유형으로 가장 옳은 것은?**

> • 구성원들의 기본적 가치, 믿음, 태도 등을 변화시켜서 조직이 기대하는 것보다 더 높은
>   수준의 성과를 스스로 추구하도록 만드는 리더십을 의미한다.
> • 리더와 구성원 간의 원활한 상호작용을 통해 구성원을 긍정적으로 변화시켜 성과를 내
>   는 데 집중한다.

① 거래적 리더십   ② 변혁적 리더십
③ 상황적 리더십   ④ 지시형 리더십
⑤ 위임형 리더십

 변혁적 리더십(transformational leadership)이란 조직을 재활성화시키고 변혁시키는 일을 성공적으로
해내는 리더십을 말한다. 리더가 부하들로 하여금 자기 자신의 이익을 초월하여 더 나아가 조직의 이익에
대해 관심을 가지고 공헌하도록 고무시켜주고, 부하 자신의 성장과 발전을 위해서도 노력하도록 중대한
영향을 미치는 리더십이다.
변혁적 리더의 특징으로는 카리스마(charisma), 지적 자극, 개인별 자상한 배려(individualized consideration),
영감적 동기부여(inspiration) 등을 들 수 있다.

정답 23 ④ 24 ②

25 장소의 편의성이 높게 요구되는 담배, 음료, 과자류 등과 같은 품목에 일반적으로 이용되는 유통채널의 유형으로 가장 옳은 것은?

① 전속적 유통채널(exclusive distribution channel)
② 독립적 유통채널(independent distribution channel)
③ 선택적 유통채널(selective distribution channel)
④ 집중적 유통채널(intensive distribution channel)
⑤ 대리점 유통채널(agent distribution channel)

해설 담배, 음료, 과자류 등과 같은 품목은 대표적인 편의품(convenience goods)으로 편의품의 경우 유통경로정책 중 집중적(또는 집약적, 개방적) 유통경로 정책을 활용한다.

<h2>제2과목 상권분석(26~45)</h2>

26 권리금에 대한 설명으로 가장 옳지 않은 것은?

① 때로는 권리금이 보증금보다 많은 경우도 있다.
② 시설 및 상가의 위치, 영업상의 노하우 등과 같은 다양한 유무형의 재산적 가치에 대한 양도 또는 사용료로 지급하는 것이다.
③ 권리금을 일정 기간 안에 회복할 수 있는 수익성이 확보될 수 있는지를 검토해야 한다.
④ 신축건물인 경우 주변 상권의 강점을 반영하는 바닥 권리금의 형태로 나타나기도 한다.
⑤ 임차인이 점포의 소유주에게 제공하는 추가적인 비용으로 보증금의 일부이다.

해설 ⑤ 권리금은 임차인이 임대인(점포의 소유주) 또는 직전 임차인에게 보증금과 차임 이외에 별도로 지급하는 금전 등의 대가로, 보증금과는 별개이다.

참고 「상가건물 임대차보호법」의 정의
1. 법에서는 "권리금이란 임대차 목적물인 상가건물에서 영업을 하는 자 또는 영업을 하려는 자가 영업시설·비품, 거래처, 신용, 영업상의 노하우, 상가건물의 위치에 따른 영업상의 이점 등 유형·무형의 재산적 가치의 양도 또는 이용대가로서 임대인, 임차인에게 보증금과 차임 이외에 지급하는 금전 등의 대가를 말한다"고 정의하고 있다(법 제10조의3 제1항).
2. 권리금(premium)은 기존 점포의 영업시설·비품 등 유형물이나 거래처, 신용, 영업상의 노하우 또는 점포 위치에 따른 영업상의 이점 등 무형의 재산적 가치에 대한 대가이다.

정답 25 ④ 26 ⑤

3. 권리금은 <u>바닥권리금, 영업권리금, 시설권리금</u>으로 나뉜다. 바닥권리금은 말 그대로 상권과 입지를 말하며, 역세권이나 유동인구가 많은 곳일수록 바닥권리금이 높다. 영업권리금은 사업자가 얼마나 많은 단골을 확보했는지의 여부에 따라 결정된다. 시설권리금은 감가상각 후 남은 시설의 가치를 말한다.

4. 권리금은 그동안 관행적으로만 인정되어 왔으나 2015년 「상가건물임대차보호법」이 개정되면서 법률 규정으로 포함되었다.

27 상권 유형별 개념과 일반적 특징을 설명한 내용으로서 가장 옳은 것은?

① 역세권상권은 지하철이나 철도역을 중심으로 형성되는 지상과 지하의 입체적 상권으로서, 저밀도 개발이 이루어지는 경우가 많다.

② 부도심상권의 주요 소비자는 점포 인근의 거주자들이어서, 생활밀착형 업종의 점포들이 입지하는 경향이 있다.

③ 부도심상권은 보통 간선도로의 결절점이나 역세권을 중심으로 형성되는바, 도시 전체의 소비자를 유인한다.

④ 도심상권은 중심업무지구(CBD)를 포함하며, 상권의 범위가 넓고 소비자들의 체류시간이 길다.

⑤ 아파트상권은 고정고객의 비중이 높아 안정적인 수요 확보가 가능하고, 외부고객을 유치하기 쉬워서 상권 확대가능성이 높다.

해설
④ 도심상권은 중심업무지구(CBD)를 포함하며, 상권의 범위가 넓고 소비자들의 체류시간이 길다.
① 역세권상권은 높은 지가로 인해 건물이 고층화되는 등 고밀도 개발이 이루어지는 경우가 많다.
② 아파트 상권에 대한 내용이다.
③ 부도심상권은 도시 전체의 소비자를 유인하지는 못한다.
⑤ 역세권상권에 대한 내용이다.

28 소매점의 입지 선정을 위한 공간분석의 논리적 순서로서 가장 옳은 것은?

① 개별점포(site)분석 − 지구상권(district area)분석 − 광역지역(general area)분석

② 광역지역(general area)분석 − 개별점포(site)분석 − 지구상권(district area)분석

③ 지구상권(district area)분석 − 광역지역(general area)분석 − 개별점포(site)분석

④ 광역지역(general area)분석 − 지구상권(district area)분석 − 개별점포(site)분석

⑤ 개별점포(site)분석 − 광역지역(general area)분석 − 지구상권(district area)분석

④ 상권을 선정하고 입지를 선정할 때는 가장 넓은 범위의 <u>지역상권</u>을 먼저 정하고 지역상권의 범위 내에서 <u>지구상권</u>을 정한 후 <u>개별점포상권(지점상권)</u>을 결정하는 것이 일반적인 순서이다. 상권을 선정한 후에는 그 상권의 범위에서 입지를 선정한다.

정답 27 ④ 28 ④

29 아래 글상자의 왼쪽에는 다양한 상권분석 기법들의 특성이 정리되어 있다. 이들 특성과 관련된 상권분석 기법들을 순서대로 정리한 것으로 가장 옳은 것은?

분석내용 및 특성		상권분석 기법
두 도시 간의 상권경계지점	( )	㉠ 다항로짓(MNL)모형
점포이미지 등 다양한 점포특성 반영	( )	㉡ Huff모형
Newton의 중력모형을 수용한 초기모형	( )	㉢ Converse 모형
소비자의 점포선택은 결정론적이 아님	( )	㉣ Christaller 중심지이론
육각형 형태의 배후지 모양	( )	㉤ Reilly의 소매중력모형

① ㉠, ㉤, ㉡, ㉢, ㉣
② ㉢, ㉣, ㉤, ㉡, ㉠
③ ㉤, ㉡, ㉠, ㉣, ㉢
④ ㉣, ㉤, ㉢, ㉠, ㉡
⑤ ㉢, ㉠, ㉤, ㉡, ㉣

 ㉢ 두 도시 간 상권의 경계를 정하는 것은 Converse 모형, ㉠ 점포이미지 등 다양한 점포특성을 반영하는 것은 다항로짓(MNL)모형, ㉤ Newton의 중력모형을 수용한 초기모형은 Reilly의 소매중력모형, ㉡ 소비자의 점포선택은 결정론적이 아니고 확률적인 것은 Huff모형, ㉣ 육각형 형태의 배후지 모양은 Christaller의 중심지이론에서 제시된 내용이다.

30 비교적 넓은 공간인 도시, 구, 동 등의 상권분석 상황에서 특정지역의 개략적인 수요를 측정하기 위해 사용되고 있는 구매력지수(BPI : Buying Power Index)를 계산하는 과정에서 필요한 자료로 가장 옳지 않은 것은?

① 부분 지역들의 인구수(population)
② 전체 지역의 인구수(population)
③ 부분 지역들의 소매점면적(sales space)
④ 부분 지역들의 소매매출액(retail sales)
⑤ 부분 지역들의 가처분소득(effective buying income)

 ③ 구매력지수(BPI)에 매장면적은 반영되지 않는다.

참고 **구매력지수(BPI; buying power index)**
소매점포의 입지를 분석할 때 해당 지역시장의 구매력을 측정하는 기준이다. BPI는 세 가지 지표를 이용하여 측정한다. 그것은 ㉠ 유효소득(전체의 가처분소득 중에서 차지하는 그 지역의 가처분소득 비율)과 ㉡ 인구(총인구에서 차지하는 그 지역인구의 비율), 그리고 ㉢ 소매매출액(전체의 소매매출액에서 차지하는 그 지역의 소매매출액 비율)이다.

정답 29 ⑤ 30 ③

31 아동용 장난감 소매업체가 출점할 입지를 선정하기 위해 새로운 지역의 수요를 분석할 때 고려해야 할 요인으로 가장 옳지 않은 것은?

① 인구 증감
② 인구 구성
③ 가구 규모
④ 가구 소득
⑤ 가족 생애주기

 아동용 장난감을 취급하므로 <u>연령대별 인구 구성</u>을 수요분석에 포함해야 한다. 아동의 유무 및 구성비율이 중요하므로 가구 규모는 고려할 필요가 없다.

32 입지를 선정할 때 취급상품의 물류비용을 고려할 필요성이 가장 낮은 도매상 유형으로 옳은 것은?

① 직송도매상(drop shipper)
② 판매대리점(selling agents)
③ 제조업체 판매사무소(manufacturer's branches)
④ 일반잡화도매상(general merchandise wholesaler)
⑤ 전문도매상(specialty wholesaler)

 ① 직송도매상(drop shipper)은 제조업자로부터 제품을 구매한 도매상이 제품의 소유권을 가지고 있지만 재고를 직접 유지하지 않는 도매상이다. 재고를 제조업자가 보유하므로 물류비용을 고려할 필요성이 낮고, 일반관리비와 인건비를 줄일 수 있다. 주로 건축자재나 목재, 석탄과 같은 원자재를 취급하는 도매상이다.

33 가장 다양한 업태의 소매점포를 입주시키는 쇼핑센터 유형으로 옳은 것은?

① 파워 쇼핑센터
② 아웃렛 쇼핑센터
③ 쇼핑몰 지역센터
④ 네이버후드 쇼핑센터
⑤ 패션/전문품 쇼핑센터

 ③ 가장 다양한 업태의 소매점포를 입주시키는 쇼핑센터 유형은 쇼핑몰 지역센터 또는 복합쇼핑몰이다. 유통산업발전법상 복합쇼핑몰은 용역의 제공장소를 제외한 매장면적의 합계가 3천제곱미터 이상인 점포의 집단으로서 쇼핑, 오락 및 업무 기능 등이 한 곳에 집적되고, 문화·관광 시설로서의 역할을 하며, 1개의 업체가 개발·관리 및 운영하는 점포의 집단을 말한다. 이는 가장 다양한 소매점포가 집적된 쇼핑센터 유형에 해당한다.

정답 31 ③ 32 ① 33 ③

34 일정 요건을 갖춘 판매시설에 대한 교통영향평가의 실시를 정한 법률로서 옳은 것은?

① 도로법(법률 제17893호, 2021. 1. 12.)

② 유통산업발전법(법률 제17761호, 2020. 12. 29.)

③ 도시교통정비 촉진법(법률 제17871호, 2021. 1. 5.)

④ 지속가능 교통물류 발전법(법률 제18563호, 2021. 12. 7.)

⑤ 국토의 계획 및 이용에 관한 법률(법률 제17893호, 2021. 1. 12.)

> **해설** ③ 교통영향평가란 해당 사업의 시행에 따라 발생하는 교통량·교통흐름의 변화 및 교통안전에 미치는 영향을 조사·예측·평가하고 그와 관련된 각종 문제점을 최소화할 수 있는 방안을 마련하는 행위를 말하는 것으로 「도시교통정비 촉진법」에 규정된 내용이다.

35 입지 분석에 사용되는 각종 이론들에 대한 설명 중 가장 옳지 않은 것은?

① 공간상호작용모델은 소비자 구매행동의 결정요인에 대한 이해를 통해 입지를 결정한다.

② 다중회귀분석은 점포성과에 영향을 주는 요소의 절대적 중요성을 회귀계수로 나타낸다.

③ 유추법은 유사점포에 대한 분석을 통해 입지후보지의 예상매출을 추정한다.

④ 체크리스트법은 특정입지의 매출규모와 입지비용에 영향을 줄 요인들을 파악하고 유효성을 평가한다.

⑤ 입지분석이론들은 소매점에 대한 소비자 점포선택 행동과 소매상권의 크기를 설명한다.

> **해설** ② 다중회귀분석은 독립변수가 둘 이상인 경우의 회귀분석으로, 점포성과에 영향을 주는 둘 이상 요소의 상대적 중요성을 회귀계수로 나타낸다.
> 다중회귀분석은 종속변수(결과변수)인 '점포성과'에 영향을 주는 요소, 즉 여러 독립변수들의 변화를 통해 종속변수의 결과를 예측하는 기법이다. 다중회귀분석에서는 독립변수가 둘 이상이므로 회귀계수는 상대적 중요성을 나타낸다.

36 점포 개점을 위한 경쟁점포의 분석에 관한 설명으로 가장 옳지 않은 것은?

① 1차 상권 및 2차 상권 내의 주요 경쟁업체를 분석하고 필요할 경우 3차 상권의 경쟁업체도 분석한다.

② 점포 개설을 준비하고 있는 잠재적인 경쟁업체가 있다면 조사에 포함시킨다.

③ 목적에 맞는 효과적인 분석을 위해 동일 업태의 점포에 한정해서 분석한다.

④ 경쟁점포의 상품 구색 및 배치에 대해서도 분석한다.

⑤ 상권의 계층 구조를 고려하여 분석한다.

> 정답 34 ③ 35 ② 36 ③

> ^{해설} ③ 점포 개점을 위한 경쟁점포의 분석시에는 동일 업태의 점포뿐만 아니라 유사업종 또는 장래 경쟁자가 될 수 있는 업종 등을 종합적으로 분석해야 한다.

37 주거지역과 상업지역에서 업종을 변경하거나 점포를 확장하려 할 경우 용도변경 신청을 해야 하는 경우가 있다. 이때 하수도법, 주차장법 등 매우 많은 법률의 적용을 다르게 받게 되어 업종변경이나 확장이 어려울 수도 있다. 이와 관련된 행정처리 절차로서 가장 옳은 것은?

① 용도변경 신청 – 신고필증 교부 – 공사 착수 – 건축물 대장 변경 – 사용 승인
② 용도변경 신청 – 신고필증 교부 – 건축물대장 변경 – 공사 착수 – 사용 승인
③ 용도변경 신청 – 사용 승인 – 신고필증 교부 – 공사 착수 – 건축물대장 변경
④ 용도변경 신청 – 신고필증 교부 – 건축물대장 변경 – 사용 승인 – 공사 착수
⑤ 용도변경 신청 – 신고필증 교부 – 공사 착수 – 사용 승인 – 건축물대장 변경

> ^{해설} ⑤ 사용 승인을 받아 사용 중인 건축물의 용도를 변경하려면 사안에 따라 허가 또는 신고, 건축물대장 기재 내용에 대한 변경절차를 밟아야 한다. 「건축법」에서 정하고 있는 시설군 및 용도분류 9개 항목 (1. 자동차 관련, 2. 산업 등 시설, 3. 전기통신, ~ 9. 그 밖의 시설군)에서 상위시설군으로 바꾸려는 경우에는 허가, 하위시설군으로 바꾸려는 경우에는 신고해야 한다.
> 이의 행정절차로는 용도변경을 신청하고 신고필증을 받은 후 공사에 착수한다. 그리고 사용 승인을 받아 건축물대장 기재 내용을 변경하는 절차에 따른다.

38 상권에 대한 일반적인 설명으로 가장 옳지 않은 것은?

① 상권의 범위는 점포의 업종이나 업태와 관련이 있다.
② 소매상권의 크기는 판매하는 상품의 종류에 따라 달라진다.
③ 상권은 행정구역과 일치하지 않는 경우가 많다.
④ 상권의 범위는 고정적이지 않고 변화하므로 유동적이다.
⑤ 점포가 소재하는 위치적, 물리적인 조건을 의미한다.

> ^{해설} ⑤ 점포가 소재하는 위치적, 물리적인 조건은 상권과는 관련이 없고, 입지(location)와 관련이 있다.

정답 37 ⑤ 38 ⑤

39 아래 글상자에 기술된 절차에 따르는 상권분석기법을 널리 알린 사람으로 가장 옳은 것은?

> ㉠ 자기가 개점하려는 점포와 유사한 기존 점포를 선정한다.
> ㉡ 기존의 유사점포의 상권범위를 결정한다.
> ㉢ 전체 상권을 몇 개의 단위 지역으로 나누고, 각 지역에서의 유사점포의 매출액을 인구 수로 나누어 각 지역 내의 1인당 매출을 구한다.
> ㉣ 자기가 입지하려는 지역의 인구수에다 앞에서 구한 1인당 매출을 곱하여 각 지역에서의 예상 매출액을 구한다.

① 레일리(W. Reilly)
② 컨버스(P. Converse)
③ 허프(D. Huff)
④ 넬슨(R. L. Nelson)
⑤ 애플바움(W. Applebaum)

해설 ⑤ 윌리엄 애플바움(W. Applebaum)의 유추법(analog method)은 자사의 새로운 점포와 특성이 비슷한 유사점포를 선정하여, 그 점포의 상권범위를 추정한 결과를 자사의 새로운 점포에 적용하여 신규입 지에서의 매출액(상권규모)을 측정하는 방법이다.

40 입지의 시계성(視界性)은 점포의 매출과 밀접한 관련이 있다. 시계성에 관한 설명으로 가 장 옳지 않은 것은?

① 입지의 시계성은 기점, 대상, 거리, 주체의 4가지 관점에서 평가한다.
② 시계성이 양호한 정도는 어디에서 보이는가에 따라 달라진다.
③ 점포의 위치와 함께 간판의 위치와 형태도 시계성 확보에 중요하다.
④ 차량으로부터의 시계성은 외측(아웃커브)보다 내측 (인커브)의 경우가 더 좋다.
⑤ 차량의 속도가 빨라질수록 내측(인커브) 점포의 시계성은 더 나빠진다.

해설 ④ 일반적으로 점포의 경우 주거용건물과 달리 차량으로부터의 시계성은 내측(인커브)보다 외측(아웃커 브)의 경우가 더 좋다.

정답 39 ⑤ 40 ④

41 사람들은 점포가 눈 앞에 보여도 간선도로를 횡단해야 하는 경우 그 점포에 접근하지 않으려는 경향을 보인다. 이런 현상에 대한 설명으로 가장 옳은 것은?

① 최단거리로 목적지까지 가고자 하는 최단거리 추구의 원칙

② 득실을 따져 득이 되는 쪽을 선택하려는 보증실현의 원칙

③ 위험하거나 잘 모르는 길을 지나지 않으려는 안전추구의 원칙

④ 사람이 운집한 곳을 선호하는 인간집합의 원칙

⑤ 동선을 미리 예상하고 진행하지만 상황에 맞추어 적응하는 목적추구의 원칙

해설 ③ 제시된 내용과 관련하여 위험하거나 잘 모르는 길을 지나지 않으려는 것을 안전추구의 원칙이라고 한다.

참고

1. 최단거리 실현의 법칙 : 사람들은 최단거리로 목적지에 가려고 한다. 멀리 돌아가는 쓸데 없는 일이나 손해 보는 일은 하지 않으려고 한다. 그래서 부동선(후면동선)이 생긴다.

2. 보증실현의 법칙 : 인간은 득실을 따져 득이 되는 쪽을 선택한다. 목적지를 향하여 최초의 횡단보도를 건너 진행한다. 예컨대 역전 로터리 바로 정면에 점포가 있어도 자신이 지금부터 진행하는 방향에 있지 않은 점포로는 가려 하지 않는다.

3. 안전중시의 법칙 : 인간은 기본적으로 신체의 안전을 지키기 위해, 알지 못하는 길은 지나가려고 하지 않는다.

4. 집합의 법칙 : 인간은 자연적으로 사람들이 모여 있는 곳에 모인다.

42 입지선정을 위해서는 도시공간구조상에서의 동선(動線)에 대한 이해가 필요하다. 동선에 대한 아래 글상자의 설명 중에서 옳지 않은 설명들만을 바르게 짝지은 것은?

㉠ 화물차 통행이 많은 도로는 자석(anchor)과 자석을 연결하는 동선상에 있다고 할 수 있다.

㉡ 동선이란 사람들이 집중하는 자석(anchor)과 자석을 연결하는 흐름을 말한다.

㉢ 주동선이란 자석(anchor)과 자석을 잇는 가장 기본이 되는 선을 말한다.

㉣ 경제적 사정으로 많은 자금이 필요한 주동선에 입지하기 어려운 점포는 부동선(副動線)을 중시한다.

㉤ 복수의 자석(anchor)이 있는 경우의 동선을 부동선(副動線)이라 한다.

① ㉠ - ㉡ 　　　　　② ㉠ - ㉤

③ ㉡ - ㉣ 　　　　　④ ㉢ - ㉣

⑤ ㉢ - ㉤

정답 41 ③　42 ②

해설 ㉠ 화물차 통행이 많은 도로는 동선상에 있다고 할 수 없다.
㉤ 복수의 자석이 있는 경우의 동선은 복수동선(유희동선)이라고 한다.

43 아래 글상자의 업종들에 적합한 점포의 입지조건을 공간균배의 원리에 의해 구분할 때 일반적으로 가장 적합한 것은?

> 백화점, 고급음식점, 고급보석상, 미술품점, 영화관

① 집심(集心)성 점포
② 집재(集在)성 점포
③ 산재(散在)성 점포
④ 국부(局部)성 집중성 점포
⑤ 국부(局部)성 집재성 점포

해설 ① 백화점, 미술품점, 영화관 등은 공간균배의 원리에 의해 구분할 때 대표적인 집심성 점포이다. 집심성 점포는 도시의 중심(CBD)이나 배후지의 중심지에 입지해야 유리한 점포이다.
페터(R. M. Petter)의 공간균배의 원리에 따르면 시장이 좁고 수요의 교통비 탄력성이 작은 경우에는 집심적 입지, 그리고 시장이 넓고 수요의 교통비 탄력성이 큰 경우에는 산재성 입지 현상이 나타난다.

44 소매점의 입지와 상권에 대한 설명으로 가장 옳은 것은?

① 입지 평가에는 점포의 층수, 주차장, 교통망, 주변 거주인구 등을 이용하고, 상권 평가에는 점포의 면적, 주변 유동인구, 경쟁점포의 수 등의 항목을 활용한다.
② 상권을 강화한다는 것은 점포가 더 유리한 조건을 갖출 수 있도록 점포의 속성들을 개선하는 것을 의미한다.
③ 상권은 점포를 경영하기 위해 선택한 장소 또는 그 장소의 부지와 점포 주변의 위치적 조건을 의미한다.
④ 입지는 점포를 이용하는 소비자들이 분포하는 공간적 범위 또는 점포의 매출이 발생하는 지역 범위를 의미한다.
⑤ 상권은 일정한 공간적 범위(boundary)로 표현되고, 입지는 일정한 위치를 나타내는 주소나 좌표를 가지는 점(point)으로 표시된다.

해설 ① 주변 거주인구는 상권 평가에, 점포의 면적은 입지 평가 항목이다.
② 입지를 강화하는 것에 대한 설명이다.
③ 입지에 대한 설명이다.
④ 상권에 대한 설명이다.

정답 43 ① 44 ⑤

45 아래 글상자에서처럼 월매출액을 추정하려 할 때 괄호 안에 들어갈 용어로 가장 옳은 것은?

> 월매출액 = (㉠) × 1일 평균 내점객수 × 월간 영업일수

① 상권내 점포점유율　　　　　② 회전율

③ 내점율　　　　　　　　　　④ 실구매율

⑤ 객단가

 ⑤ 객단가는 고객(내점객) 1인당 평균구매액으로, 매출액을 고객수(내점객수)로 나누어 산출한다.
　월매출액 = 객단가 × 1일 평균 내점객수 × 월간 영업일수

참고

상권분석에서 필요로 하는 예상매출액에 대한 추정의 오차를 줄이기 위해 매출액 추정의 다양한 방식이 활용된다.
- 객단가를 기초로 산출하는 방식 : 매출액 = 고객수 × 객단가 또는 매출액 = 내점객수 × 매출율 × 평균단가 × 구입개수
- 종업원 1인당 매출액을 기초로 산출하는 방식 : 매출액 = 종업원 1인당 매출액 × 종업원수
- 상품회전율을 중심으로 산출하는 방식 : 매출액 = 재고금액 × 상품회전율
- 평당 연간 매출액을 기초로 산출하는 방식 : 매출액 = 평당 연간판매액 × 점포면적

제3과목 ' 유통마케팅(46~70)

46 고객별 수익과 비용을 고려한 고객관계관리에서 개별 고객의 수익성을 평가하는 기준 중 하나인 고객평생가치(CLV : customer lifetime value)를 추정하는 데 필요한 정보로서 가장 옳지 않은 것은?

① 충성도　　　　　　　　　　② 고객확보비용

③ 평균총마진　　　　　　　　④ 평균구매금액

⑤ 관계 유지 기간

 고객관계관리(CRM)의 목표는 CLV를 극대화하는 것이다. CLV는 한 고객이 고객으로 존재할 것으로 예상되는 전체 기간 동안 기업에 줄 것으로 예상되는 이익의 합을 의미한다. 따라서 CLV를 추정하기 위해서는 관계 유지 기간과 평균구매금액 및 고객확보비용을 고려한 평균총마진 등을 알아야 한다.

> 정답 45 ⑤　46 ①

① 고객충성도를 높이고 유지하는 것은 고객생애가치(CLV)를 극대화하기 위한 한 단계에 해당하지만 충성도가 높은 고객이라고 해서 반드시 CLV가 높게 되는 것은 아니다. 충성도가 높아도 구매력이 낮다면 CLV는 높지 않다.

47 서비스 실패의 회복 과정에서 고객이 지각하는 다양한 유형의 공정성은 고객 만족에 영향을 미친다. 종업원 행동의 영향을 받는 공정성 유형으로서 가장 옳은 것은?

① 법적 공정성
② 절차적 공정성
③ 산출적 공정성
④ 결과적 공정성
⑤ 상호작용적 공정성

해설 ⑤ 서비스 실패에 대한 종업원들의 솔직한 설명과 문제해결을 위한 노력은 서비스 회복에 매우 중요하다. 이와 같은 종업원의 회복 노력은 고객들에게 진정성 있고 공정하며 정중하게 지각되어야 하는데, 이는 상호작용 공정성에 해당한다.
상호작용 공정성 또는 상호작용 정의(interactional justice)는 거래관계에 있어서 의사소통의 평가에서 비롯된다. 정확한 정보를 가지고 개인이 기업조직과 관계를 갖도록 하고 의사소통에 있어서 공정성을 가지는 것을 의미한다.

참고 서비스 회복을 위한 공정성 차원
1. 서비스 실패(service failure)가 발생한 후 이에 대한 부적절한 대응은 상황을 더욱 악화시켜 고객을 상실할 수 있다. 서비스 실패의 원인이 일시적이거나 고객 자신에게 있을 때, 또 사전에 통제가 불가능했다고 지각하면 불만이 작아진다. 서비스 실패 후 회복 공정성은 구전효과를 가져올 수 있기 때문에 적절한 대응이 필요하다.
2. 절차적 공정성(procedural justice)은 서비스 문제를 해결하거나 고객불평을 관리하는 적절한 절차와 관련이 있다. 그리고 분배적 공정성(distributive justice)은 고객과 서비스 제공자가 투입과 산출에 근거한 여러 원칙을 적용하여 자원의 공정한 분배를 꾀하는 것과 관련이 있다.

48 CRM의 적용을 통해 수행성과를 개선할 수 있는 분야로서 가장 옳지 않은 것은?

① 고객이탈에 대한 조기경보시스템 운영
② 다양한 접점의 고객정보의 수집 및 분석
③ 유통기업 재무활동의 자동화 및 효율화
④ 영업 인력의 영업활동 및 관리의 자동화
⑤ 서비스 차별화를 위한 표적고객의 계층화

정답 47 ⑤ 48 ③

고객관계관리(CRM)는 고객에 대한 정보를 활용하여 신규고객의 창출은 물론 기존고객과의 관계를 강화하여 고객생애가치(customer lifetime value)를 극대화하려는 것이다.

③ 유통기업 재무활동의 자동화 및 효율화는 CRM과는 직접적인 관계가 없다. 따라서 CRM의 적용을 통해 수행성과를 개선할 수 있는 분야라고 볼 수 없다.

49 소비자 판매촉진(consumer sales promotion)에 대한 설명으로 옳지 않은 것은?

① 소비자의 직접구매를 유도하는 데 효과적이다.

② 판매촉진은 가격판촉과 비가격판촉으로 나눌 수 있다.

③ 판매촉진은 광고에 비해 단기적인 성과를 얻을 때 유용하다.

④ 판매촉진의 예로는 할인, 쿠폰, 선물, 시제품 배포 등이 있다.

⑤ 소비자뿐만 아니라 기업과 관련된 이해관계자들을 대상으로 한다.

 ⑤ 소비자 판매촉진(consumer sales promotion)은 할인, 쿠폰, 콘테스트, 프리미엄, 진열 등 소비자만을 대상으로 하는 것이다.

반면 중간상 판매촉진(trade promotion)은 재판매업자(도매상, 소매상 등)가 자사제품을 취급하고, 진열공간을 제공하며, 소매광고를 통하여 자사제품을 촉진하고, 제품을 고객에게 적극적으로 판매하도록 설득시키기 위해 사용된다. 가격할인(price-off)이나 정가할인(off-list), 광고수당이나 진열수당, 무료제품 제공, 푸시 지원금(push money), 광고판촉물 등을 들 수 있다.

50 매장외관(exterior) 관리에 대한 설명으로 가장 옳지 않은 것은?

① 매장의 외관은 기업의 이미지에 매우 중요한 영향을 미치므로 사전에 면밀히 계획되어야 한다.

② 매장의 외관은 매장의 이미지를 상징적으로 표현할 수 있도록 디자인되어야 한다.

③ 매장 입구는 입구의 수, 형태, 그리고 통로를 고려해서 설계해야 한다.

④ 매장의 외관은 플래노그램(planogram)을 통해 효과성을 평가해야 한다.

⑤ 매장의 외관을 꾸미는 데 있어서 중요한 목적은 고객의 관심을 유발하는 것이다.

 ④ 매장의 외관과 플래노그램(planogram)은 아무 관련이 없다.

플래노그램(ploanogram)은 매장 안의 판매공간, 재고공간, 직원전용공간 및 고객을 위한 공간에 대한 상세한 지도 또는 지침서를 말하는 것으로, 매장 안의 모든 공간에 대한 시각적인 시뮬레이션을 보여준다. 특히 판매공간에서 모든 단품(SKU)이 놓일 위치를 정확하게 묘사한 사진이나 그림, 다이어그램을 플래노그램이라고 한다.

정답 49 ⑤ 50 ④

51 아래 글상자에서 설명하는 용어로 옳은 것은?

> 판매사원이 제품을 판매할 때 고객과 장기 지향적인 관계를 유지하기 위해 고객의 필요와 욕구에 초점을 두고 고객이 만족스러운 구매결정을 할 수 있도록 마케팅 컨셉을 수행하는 판매행동을 말한다.

① 고객지향적 판매행동 ② 제품지향적 판매행동
③ 판매지향적 판매행동 ④ 관리지향적 판매행동
⑤ 시스템지향적 판매행동

> **해설** ① 고객의 필요와 욕구에 초점을 두고 고객이 만족스러운 구매결정을 할 수 있도록 마케팅 컨셉을 수행하는 판매행동은 고객지향적 판매행동이다.
> 마케팅 관리철학(마케팅 컨셉) 중 마케팅 개념(marketing concept)을 채택하고 있는 기업에서는 고객이 직면하고 있는 상품과 관련한 문제들을 완전히 해결하여 만족을 얻을 수 있도록 하는 것을 목표로 한다.

52 아래 글상자는 유통경로상 갈등을 초래하는 원인을 설명한 것이다. 이러한 갈등의 원인으로 가장 옳은 것은?

> 프랜차이즈 가맹본부가 가맹점 매출의 일정비율을 로열티로 받고 있는 경우에 가맹본부의 목표는 가맹점 매출의 극대화가 되지만, 가맹점의 목표는 매출이 아닌 수익이기 때문에 갈등이 발생할 가능성이 커진다.

① 추구하는 목표의 불일치
② 역할에 대한 인식 불일치
③ 현실에 대한 인식 불일치
④ 품질요구의 불일치
⑤ 경로파워 불일치

> **해설** 제시된 사례는 경로갈등(channel conflict)의 원인 중 추구하는 목표의 불일치로 인하여 발생한다.
> 경로갈등의 원인은 경로구성원들 간의 목표불일치, 영역에 대한 의견불일치 및 현실인식의 차이(지각의 불일치)로 구분할 수 있다.

정답 51 ① 52 ①

53 EAN(유럽상품)코드에 대한 설명으로 가장 옳지 않은 것은?

① 소매점 POS시스템과 연동되어 판매시점관리가 가능하다.

② 첫째 자리는 국가코드로 대한민국의 경우 880이다.

③ 두번째 자리는 제조업체 코드로 생산자가 고유번호를 부여한다.

④ 체크숫자는 마지막 한 자리로 판독오류 방지를 위해 만들어진 코드이다.

⑤ 국가, 제조업체, 품목, 체크숫자로 구성되어 있다.

> **해설** ③ EAN(유럽상품) 코드(현재는 GS1 코드)에서 둘째 자리는 제조업체 코드로 대한상공회의소 한국유통물류진흥원(gs1kr.org)에서 국내의 제조업체마다 고유번호를 부여한다.

54 아래 글상자는 표적시장 범위에 따른 표적시장 선정 전략에 대한 내용이다. 설명이 옳은 것만을 모두 나열한 것은?

> ⊙ 비차별적 마케팅 전략은 세분시장 간 차이를 무시하고 전체 시장 혹은 가장 규모가 큰 대중시장을 표적으로 하나의 제공물을 제공하는 것이다.
> ⓛ 집중적 마케팅 전략은 여러 세분시장을 표적시장으로 선정하고, 각 세분시장별로 서로 다른 시장제공물을 개발하는 전략이다.
> ⓒ 차별적 마케팅 전략은 큰 시장에서 작은 점유율을 추구하는 대신 하나 혹은 소수의 작은 세분시장 또는 틈새시장에서 높은 점유율을 추구하는 전략이다.

① ⊙   ② ⊙, ⓛ

③ ⓛ, ⓒ   ④ ⊙, ⓒ

⑤ ⊙, ⓛ, ⓒ

> **해설** ⓛ 집중적 마케팅 전략은 시장을 세분화한 후, 어느 한 세분시장을 표적시장으로 선정하고 동질적인 시장제공물을 개발하는 전략이다. ⓒ 차별적 마케팅 전략은 전체시장을 대상으로 하여 다양한 기준을 정해 차별화된 제품을 제공하는 전략이다.
>
> 참고
> 시장 표적화 전략은 표적시장을 매우 넓게[비차별적(또는 대량) 마케팅], 매우 좁게[미시(지역 또는 개인) 마케팅], 또는 이들의 중간[차별적(세분화) 마케팅 또는 집중적(틈새) 마케팅] 정도로 구분할 수 있다. 한편 시장 표적화 전략을 비차별적 전략, 차별적 전략, 집중적 전략, 맞춤 마케팅 전략 및 대량 맞춤화 (mass customization)로 구분하기도 한다.

정답 53 ③ 54 ①

55 점포의 환경관리에 대한 설명으로 가장 옳지 않은 것은?

① 매장 내 농축산품 작업장 바닥높이는 매장보다 높게 하여 물이 바닥에 고이지 않게 한다.

② 화장실은 물을 사용하는 공간으로 확실한 방수공사가 필요하며 주기적으로 관리한다.

③ 주차장은 도보나 자전거로 내점하는 보행자와 가능한 한 겹치지 않도록 동선을 설계한다.

④ 매장진열의 효율성을 위해 매장 집기 번호대로 창고 보관 상품을 보관한다.

⑤ 간판, 포스터, 게시판, POP 등의 진열이 고객의 동선을 방해하지 않도록 관리한다.

해설 ① 매장 내 농축산품 작업장 바닥높이는 매장보다 낮게 해야만 물이 다른 매장에 흘러가지 않도록 할 수 있다.

56 아래 글상자의 괄호 안에 들어갈 용어로 가장 옳은 것은?

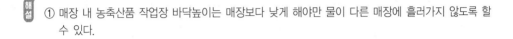

문제를 강하게 인식하여 구매동기가 형성된 소비자는 문제를 해결해 줄 수 있는 대안들에 대한 정보를 찾게 된다. 필요한 정보가 소비자의 기억 속에 이미 저장되어 있는 경우에는 (㉠) 만으로 충분하지만, 그렇지 않은 경우에는 (㉡)을 하게 된다.

① ㉠ 외적 탐색, ㉡ 내적 탐색   ② ㉠ 단기 기억, ㉡ 장기 기억

③ ㉠ 내적 탐색, ㉡ 외적 탐색   ④ ㉠ 장기 기억, ㉡ 내적 탐색

⑤ ㉠ 단기 기억, ㉡ 외적 탐색

해설 ③ 필요한 정보가 소비자의 기억 속에 이미 저장되어 있는 경우에는 내적 탐색 만으로 충분하지만, 그렇지 않은 경우에는 외적 탐색을 하게 된다.
여기서 내적 탐색(internal search)이란 기억 속에 저장되어 있는 정보에서 의사결정에 도움이 되는 것을 끌어내는 과정을 말한다.

정답 55 ① 56 ③

57 제조업자가 중간상들과의 거래에서 흔히 사용하는 가격할인의 형태에 대한 설명으로 가장 옳은 것은?

① 현금할인 – 중간상이 일시에 대량구매를 하는 경우 구매량에 따라 주어지는 현금할인

② 거래할인 – 중간상이 제조업자를 위한 지역광고 및 판촉을 실시할 경우 이를 지원하기 위한 보조금 지급

③ 판매촉진지원금 – 제조업자의 업무를 대신 수행한 것에 대한 보상으로 경비의 일부를 제조업자가 부담

④ 수량할인 – 제품을 현금으로 구매하거나 대금을 만기일 전에 지불하는 경우 판매대금의 일부를 할인

⑤ 계절할인 – 제품판매에 계절성이 있는 경우 비수기에 제품을 구매하는 중간상에게 제공되는 할인

해설 ⑤ 계절할인(seasonal discount)은 제품판매에 있어 계절성이 있는 경우(에어컨이나 히터처럼) 비수기에 제품을 구매하는 중간상에게 가격을 할인해 주는 것이다.
①은 수량할인(quantity discount), ②는 판매촉진지원금(promotion allowances), ③은 거래할인(trade discount), ④는 현금할인(cash discount)에 대한 설명이다.

58 상품연출이라고도 불리는 상품진열이 가지는 고객 서비스 관점의 의미로 가장 옳지 않은 것은?

① 진열은 빠른 시간에 상품을 찾을 수 있게 해주는 시간 절약서비스이다.

② 진열은 상품선택시 다른 상품과의 비교를 쉽게 해주는 비교서비스이다.

③ 진열은 상품종류를 쉽게 식별하게 해주는 식별서비스이다.

④ 진열은 상품이 파손 없이 안전하게 보관되도록 하는 보관서비스이다.

⑤ 진열은 무언의 커뮤니케이션으로 상품정보를 제공해 주는 정보서비스이다.

해설 ④ 진열(display)은 소비자에게 제품을 알리고 소비자의 구매의욕을 자극하여 제품을 판매할 목적으로, 판매대를 설치·배치하며 상품을 배열하는 것을 말하는 것으로, 상품이 파손 없이 안전하게 보관되도록 하는 보관서비스와는 구분되어야 하는 개념이다.

정답 57 ⑤ 58 ④

59 면도기의 가격은 낮게 책정하고 면도날의 가격은 비싸게 책정한다든지, 프린터의 가격은 낮은 마진을 적용하고 프린터 카트리지나 다른 소모품의 가격은 매우 높은 마진을 적용하는 등의 가격결정 방식으로 가장 옳은 것은?

① 사양제품 가격책정(optional product pricing)

② 제품라인 가격책정(product line pricing)

③ 종속제품 가격책정(captive product pricing)

④ 부산물 가격책정(by-product pricing)

⑤ 이중부분 가격결정(two-part pricing)

> **해설** ③ 제시된 내용은 종속제품 가격책정(captive product pricing) 또는 포획가격(노획가격, 구속가격) 설정이라고 한다.

60 레이아웃의 영역에 해당하지 않는 것은?

① 상품 및 집기의 배치와 공간의 결정

② 집기 내 상품 배치와 진열 양의 결정

③ 출입구와 연계된 주통로의 배치와 공간 결정

④ 상품품목을 구분한 보조통로의 배치와 공간 결정

⑤ 상품 계산대의 배치와 공간결정

> **해설** ② 집기 내 상품 배치와 진열 양의 결정은 레이아웃의 영역이 아니라 디스플레이(진열)의 영역에 해당한다. 레이아웃은 점포를 구성하는 방법, 배치 방법을 말한다.

정답 59 ③ 60 ②

61 아래 글상자에서 RFM기법에 대한 설명으로 옳은 것을 모두 나열한 것은?

> ㉠ 재무적인 가치 측정뿐만 아니라 관계 활동에 대한 질적 측면도 함께 고려한 고객가치 평가 모형이다.
> ㉡ 최근 구매시점, 구매빈도, 구매금액의 3가지 지표를 바탕으로 계량적으로 측정한다.
> ㉢ R.F.M.의 개별 요소에 대한 중요도가 산업에 따라 다를 수 있으므로 중요도에 따라 다른 가중치를 적용하여 측정한다.
> ㉣ 고객세그먼트에 따라 차별적 마케팅을 하거나 고객 평가를 통해 등급을 부여하여 관리할 수 있다.
> ㉤ 사용하기에는 편리하지만 개별고객별 수익기여도를 직접적으로 측정하지 못한다는 한계점을 갖는다.

① ㉠, ㉡, ㉤
② ㉠, ㉢, ㉣
③ ㉠, ㉡, ㉢, ㉣
④ ㉠, ㉡, ㉣, ㉤
⑤ ㉠, ㉡, ㉢, ㉣, ㉤

 ⑤ 제시된 내용 모두 RFM기법에 대한 올바른 내용이다. RFM분석은 고객이 최근에(recency), 얼마나 자주(frequency), 얼마의 금액(monetary)을 구매했는가를 분석하는 방법으로 구매가능성이 높은 고객을 찾아내는 데는 유용한 기법이다.

참고 **고객가치의 평가 척도**
1. CRM에서 기존 우량고객을 유지하기 위해서는 고객별 수익기여도를 분석해야 한다. 고객별 수익기여도를 분석하는 방법으로는 RFM분석, LTV분석 등이 있다.
2. RFM분석은 고객이 최근에(recency), 얼마나 자주(frequency), 얼마의 금액(monetary)을 구매했는가를 분석하는 방법이다. 그러나 RFM분석은 구매가능성이 높은 고객을 찾아내는 데는 유용한 기법이지만, 고객의 개별적인 수익기여도를 직접 파악하는 데는 한계가 있다.
3. 고객의 개별적인 수익기여도를 파악하기 위해서는 고객생애가치(LTV)분석과 고객실적평가법(HPM)을 이용할 수 있다. 고객실적평가법(HPM : historical profitability measurement)은 과거로부터 현재까지 고객의 구매실적을 분석하여 기업의 수익에 어느 정도나 기여해왔는가를 평가하는 방법이다.

정답 61 ⑤

62 마케팅통제(marketing control)에 대한 설명으로 가장 옳지 않은 것은?

① 마케팅목표를 달성하기 위해 마케팅전략과 계획을 마케팅 활동으로 전환시키는 과정이다.

② 마케팅전략 및 계획의 실행결과를 평가하고, 마케팅 목표가 성취될 수 있도록 시정조치하는 것이다.

③ 마케팅계획의 실행과정에서 예상치 않은 일들이 발생하기 때문에 지속적인 마케팅통제가 필요하다.

④ 운영통제(operating control)는 연간 마케팅계획에 대비한 실제성과를 지속적으로 확인하고 필요할 때마다 시정조치하는 것이다.

⑤ 전략통제(strategic control)는 기업의 기본전략들이 시장기회에 잘 부응하는지를 검토하는 것이다.

> **해설** ① 마케팅계획의 실행 중에 나타날 수 있는 예상하지 못한 많은 변수에 대응하기 위하여, 마케팅 부서는 마케팅 활동을 지속적으로 모니터링(monitoring)하고 통제(controlling)를 실시해야 한다. 마케팅 통제(marketing control)는 마케팅 전략과 계획의 실행결과를 평가하고, 마케팅 목표가 성취될 수 있도록 시정조치를 취하는 것이다.
> 마케팅 전략과 계획을 마케팅 활동으로 전환시키는 과정은 마케팅 실행이다.

63 쇼루밍(showrooming) 소비자의 특징에 대한 설명으로 가장 옳은 것은?

① 주된 구매동기는 제품을 즉시 수령하고, 반품을 더 쉽게 하기 위함이다.

② 온라인에서만 구매하는 온라인 집중형 소비자이다.

③ 오프라인 점포에서 제품을 살펴본 후 온라인에서 저렴한 가격으로 구입하려 한다.

④ 오프라인 상점에서만 직접 경험하고 구매하려는 오프라인 집중형 소비자이다.

⑤ 온라인에서 쇼핑을 즐기지만 정작 구매는 오프라인에서 한다.

> **해설** ③ 쇼루밍(showrooming)이란 매장에서 제품을 살펴본 뒤 온라인과 같은 다른 유통경로를 사용해 제품을 구매하는 사람들의 행동을 말한다. 오프라인 매장이 온라인 쇼핑몰의 전시장(showroom)으로 변했다하여 쇼루밍이라 일컫는다. e커머스 시장이 활성화 되면서 등장한 개념이다.
> 한편, 역쇼루밍(reverse showrooming)은 온라인에서 상품의 각종 정보를 검색하고 비교한 후 오프라인 매장을 직접 방문해 구매하는 방식을 말한다.
> 최근 쇼루밍과 역쇼루밍의 확대에 따라 온·오프라인을 통합해 소비자와의 접점을 확대하는 O2O(Online to Offline) 옴니채널 방식의 마케팅 선략이 숭요시뇌고 있나.

정답 62 ① 63 ③

64 설문조사를 위한 표본추출 방법 중 확률적 표본추출에 해당하는 것은?

① 편의 표본추출　　　　　　　　② 단순무작위 표본추출
③ 판단 표본추출　　　　　　　　④ 할당 표본추출
⑤ 자발적 표본추출

> **해설** 확률표본 추출법은 통계적인 방법을 통해 객관적으로 표본을 추출하는 방법이다. 확률계산이 가능하고, 오류의 정도(편의)에 대한 추정이 가능하다는 장점이 있다. 대표적인 방법으로 단순임의(단순무작위) 추출법(simple random sampling), 층화 추출법(stratified sampling), 군집 추출법 등이 있다. 편의 표본추출법, 할당 표본추출법, 판단 표본추출법 등은 비확률적 표본추출법이다.

65 유통마케팅 목표달성을 위해 자금을 효율적으로 지출하는지를 확인할 수 있는 유통마케팅 성과평가 분석으로 가장 옳은 것은?

① 시장점유율 분석　　　　　　　② 자금유지율 분석
③ 고객만족도 분석　　　　　　　④ ROI 분석
⑤ 경로기여도 분석

> **해설** ④ 자금을 효율적으로 지출하는지를 확인할 수 있는 지표는 투자수익률(ROI : return on investment)이다. ROI = 순이익 / 투자액으로 구해진다. 소매업의 전반적인 성과를 측정하는 가장 중요한 지표 중의 하나이다.

66 소매 마케팅전략 수립을 위해 필요한 소매믹스(retailing mix)로 옳지 않은 것은?

① 소매가격 책정　　　　　　　　② 점포입지 선정
③ 유통정보 관리　　　　　　　　④ 소매 커뮤니케이션
⑤ 취급상품 결정

> **해설** 소매 마케팅전략 수립을 위해 필요한 소매믹스(retailing mix)는 4P로 구성된다. 취급상품 결정(product), 소매가격 책정(price), 점포입지 선정(place) 및 소매 커뮤니케이션(promotion)이다.

정답 64 ② 65 ④ 66 ③

67 아래 글상자의 사례를 통해 계산한 A상품의 연간 상품회전율(rate of stock turnover)로 옳은 것은?

> • 가격 : 1천원
> • 연간매출액 : 1백만원
> • 평균 재고량 : 약 200개

① 5회   ② 10회
③ 13회   ④ 15회
⑤ 20회

 상품회전율은 연간매출액을 재고자산으로 나누어 구해진다.
상품회전율 = 1백만원 / (200개 × 1천원) = 5회이다.

68 유통목표설정에 대한 설명으로 가장 옳지 않은 것은?

① 유통경로상에서 소비자들이 기대하는 서비스 수준에 근거하여 유통목표를 설정한다.
② 유통목표는 포괄적인 유통관리를 위해 개념적으로 서술되어야 한다.
③ 기업 전체의 장기목표를 반영하여 유통목표를 설정해야 한다.
④ 유통목표는 언제까지 달성하겠다는 시한을 구체적으로 명시해야 한다.
⑤ 유통목표는 목표달성도를 확인하기 위해 측정가능해야 한다.

해설 ② 유통목표는 기업 전체의 목표와 연계하여 구체적이고 측정가능한 목표를 설정하여야 한다.

69 선발주자의 이점 또는 선점우위효과(first mover advantage)로 가장 옳지 않은 것은?

① 경험곡선효과   ② 규모의 경제효과
③ 기술적 불확실성 제거효과   ④ 시장선점에 따른 진입장벽 구축효과
⑤ 전환비용에 의한 진입장벽 구축효과

해설 ③ 기업이 선발주자로 시장에 최초로 진입하는 경우 기술적 불확실성에 직면할 수 있다.
기업은 시장의 진입 순서에 따라 선점우위효과 및 무임승차효과를 누릴 수 있다. 선점우위효과(first mover advantage)는 기업이 시장에 최초로 진입함으로써 얻을 수 있는 무형 및 유형의 이익을 말하는데 진입장벽 구축효과, 규모의 경제효과 및 경험곡선 효과 등을 들 수 있다.

정답 67 ①   68 ②   69 ③

70 아래 글상자에서 설명하는 벤더를 일컫는 말로 가장 옳은 것은?

> 소매업자들이 특정 카테고리 내에서 특별히 선호하는 벤더를 일컫는다. 카테고리 내의 다른 브랜드나 벤더를 대신하여 소매업체를 위한 카테고리 전문가의 역할을 하며 소매업체와 일종의 파트너 관계를 확보, 유지하는 브랜드 또는 벤더이다.

① 1차 벤더(primary vendor)　　　　　② 리딩 벤더(leading vendor)
③ 스마트 벤더(smart vendor)　　　　　④ 카테고리 캡틴(category captain)
⑤ 카테고리 플래너(category planner)

④ 일부 소매업체들은 특정 카테고리에서 선호하는 한 벤더를 지원하기도 하는데, 이 벤더를 카테고리 캡틴(category captain)이라고 한다.
카테고리 캡틴은 고객의 선호나 욕구에 대한 정보를 소매업체로부터 얻고, 이를 활용하여 특정 카테고리상에서 성과의 향상과 잠재적 이익을 확보한다.(Levy & Weitz, 오세조 등 역, 『소매경영』, 한올출판사, 2015, pp. 359~360)

제4과목　유통정보(71~90)

---

71 효과적인 공급사슬관리를 위해 활용할 수 있는 정보기술로 가장 옳지 않은 것은?

① EDI
② POS
③ PBES(Private Branch Exchange Systems)
④ CDS(Cross Docking Systems)
⑤ RFID(Radio-Frequency IDentification)

③ PBES(Private Branch Exchange Systems), 즉 구내전화교환망은 엑스트라넷(extranet)을 기반으로 하는 SCM과는 관련이 없는 과거의 전화교환 시스템이다.
SCM이 효율적으로 활용되기 위해서는 EDI에 기반을 둔 POS가 구축되어야 한다. 한편 SCM을 위한 정보시스템으로는 지속적 상품보충(CRP), 자동발주시스템(CAO), 크로스 도킹(cross docking), 전사적 자원관리(ERP) 등이 있다.

정답 70 ④ 71 ③

72 산업혁명 발전과정을 설명한 것으로 가장 옳은 것은?

① 1차 산업혁명 시기에는 전자기기의 활용을 통한 업무 생산성 개선이 이루어졌다.

② 2차 산업혁명 시기에는 전력을 활용해 대량생산 체계를 구축하기 시작하였다.

③ 3차 산업혁명 시기에는 사물인터넷과 인공지능 기술이 업무처리에 활용되기 시작하였다.

④ 4차 산업혁명 시기에는 업무처리에 인터넷 활용이 이루어지기 시작하였다.

⑤ 2차 산업혁명 초기에는 정보통신기술을 통한 데이터 수집과 이를 분석한 업무처리가 이루어지기 시작하였다.

해설 ①, ④, ⑤는 정보화사회로의 진입을 포함하는 3차 산업혁명의 특징이고, ③은 현재 진행되고 있는 4차 산업혁명에 대한 내용이다.

1차 산업혁명은 18세기 중엽 영국에서 시작된 기술혁신과 사회·경제구조의 변화, 2차 산업혁명은 19세기 말 미국과 독일을 중심으로 진행된 기술혁신을 말한다.

3차 산업혁명은 20세기 중반 컴퓨터, 인공위성, 인터넷의 발명으로 촉진되어 일어난 정보혁명이다.

4차 산업혁명은 2016년 세계경제포럼(WEF), 즉 다보스포럼에서 제시된 개념으로, 디지털 혁명에 기반하여 물리적 공간, 디지털적 공간 및 생물학적 공간의 경계가 희석되는 기술융합의 시대를 말한다.

73 공급사슬관리의 변화 방향에 대한 설명으로 가장 옳지 않은 것은?

① 재고 중시에서 정보 중시 방향으로 변화하고 있다.

② 공급자 중심에서 고객 중심으로 변화하고 있다.

③ 거래 중시에서 관계 중시 방향으로 변화하고 있다.

④ 기능 중시에서 프로세스 중시 방향으로 변화하고 있다.

⑤ 풀(pull) 관행에서 푸시(push) 관행으로 변화하고 있다.

해설 ⑤ 공급사슬관리(SCM)는 과거의 생산 푸시(push)방식 관리에서 소비자 주문 또는 구매를 근거로 하는 풀(pull)방식 관리로 이행하였다. SCM의 운영전략인 CRP, CFPR 등은 모두 풀 전략이다.

정답 72 ② 73 ⑤

74 아래 글상자에서 제시하는 지식관리 시스템 구현 절차를 순서대로 바르게 나열한 것으로 가장 옳은 것은?

> ㉠ 지식관리 시스템 구현에 대한 목표를 설정한다. 예를 들면, 지식관리 시스템을 통해 해결해야 하는 문제를 명확하게 정의한다.
> ㉡ 지식기반을 창출한다. 예를 들면, 고객의 니즈를 만족시킬 수 있도록 베스트 프랙티스(best practice) 등을 끊임없이 개발해서 지식관리 시스템에 저장한다.
> ㉢ 프로세스 관리팀을 구성한다. 예를 들면, 최상의 지식관리 시스템에서 지식 활용이 이루어질 수 있도록 프로세스를 구축한다.
> ㉣ 지식 활용 증대를 위한 업무처리 프로세스를 구축한다. 예를 들면, 지식관리 시스템에서 고객과 상호작용을 활성화하기 위해 전자메일, 라이브채팅 등 다양한 커뮤니케이션 도구 활용이 가능하도록 구현한다.

① ㉠－㉡－㉢－㉣   ② ㉣－㉢－㉡－㉠
③ ㉢－㉣－㉡－㉠   ④ ㉠－㉡－㉣－㉢
⑤ ㉠－㉢－㉡－㉣

 ⑤ 지식관리 시스템을 구현하기 위해서는 먼저 문제를 정의(필요성을 인식)한 후 목표를 설정하고, 프로세스를 구축한다. 다음에는 지식기반을 창출·공유·저장한 후 지식활용을 위한 업무처리 프로세스를 구축한다.

75 RFID 태그에 대한 설명으로 가장 옳지 않은 것은?

① RFID 태그는 QR 코드에 비해 근거리 접촉으로 정보를 확보할 수 있다.
② RFID 태그는 동시 복수 인증이 가능하다.
③ 배터리를 내재한 RFID 태그는 그렇지 않은 태그에 비해 성능이 우월하다.
④ RFID 태그 가격이 지속적으로 하락하고 있어 기업의 유통 및 물류 부분에서의 활용 가능성이 높아지고 있다.
⑤ RFID 태그는 바코드와 비교할 때, 오염에 대한 내구성이 강하다.

 ① RFID, 즉 무선주파수 인식은 전파를 이용하므로 QR 코드에 비해 원거리 접촉으로 정보를 확보할 수 있고, 물체를 통과하여 정보를 수신할 수도 있다는 장점이 있다.

정답 74 ⑤   75 ①

76 사물인터넷 통신기술을 활용해 마케팅을 하고자 할 때, 아래 글상자의 설명에 해당하는 기술로 가장 옳은 것은?

> • 선박, 기차 등에서 위치를 확인하는데 신호를 보내는 기술이다.
> • RFID, NFC 방식으로 작동하며 원거리 통신을 지원한다.
> • 모바일 결제 서비스와 연동하여 간편 결제 및 포인트 적립에 활용된다.

① 비콘(Beacon) ② 와이파이(Wi-Fi)
③ 지웨이브(Z-Wave) ④ 지그비(ZigBee)
⑤ 울트라와이드밴드(Ultra Wide Band)

 ① 비콘(Beacon)은 블루투스 기반으로 근거리 내에 감지되는 스마트 기기에 각종 정보와 서비스를 제공할 수 있는 무선통신 장치이다. 좁은 의미에서는 IT 기술 기반의 위치 인식 및 통신기술을 사용하여 다양한 정보와 데이터를 전송하는 근거리 무선통신 장치를 말한다.

77 데이터 마이그레이션(migration) 절차에 대한 설명으로 가장 옳지 않은 것은?

① 데이터 운반은 외부로부터 유입된 데이터를 기업 표준으로 변환하는 작업이다.
② 데이터 정제는 데이터를 ERP시스템에서 사용할 수 있도록 수정하는 작업이다.
③ 데이터 수집은 새로운 데이터를 디지털 포맷으로 변환하기 위해 모으는 작업이다.
④ 데이터 추출은 기존의 레거시 시스템과 데이터베이스에서 데이터를 꺼내는 작업이다.
⑤ 데이터 정제는 린 코드번호, 의미없는 데이터, 데이터 중복 및 데이터 오기(misspellings) 등 부정확한 데이터를 올바르게 고치는 작업이다.

① 외부로부터 유입된 데이터를 기업 표준으로 변환하는 작업은 데이터 변환이다.

참고 데이터 마이그레이션(migration)
데이터베이스의 검색 성능이 향상되도록 데이터의 사용 빈도에 따라 데이터의 저장 공간이나 저장 형태를 조정하는 것을 말한다. 데이터 마이그레이션의 3가지 기본 단계는 데이터 추출 → 데이터 변환 → 데이터 로드 등이다.

78 공급자재고관리(VMI)의 목적으로 가장 옳지 않은 것은?

① 비즈니스 가치 증가 ② 고객서비스 향상
③ 재고 정확성의 제고 ④ 재고회전율 저하
⑤ 공급자와 구매자의 공급사슬 운영의 원활화

정답 76 ① 77 ① 78 ④

> **해설** 공급자 주도 재고관리, 즉 VMI(Vendor Managed Inventory)는 유통업체가 제조업체(공급자)에 판매와 재고에 관한 정보를 제공하면 제조업체가 이를 토대로 과거 데이터를 분석하고 수요를 예측하여 상품의 적정 납품량을 결정하는 시스템이다. ④ VMI를 도입하면 적정재고의 유지를 통해 재고가 감소하므로 재고회전율(= 매출액 / 평균재고)은 높아진다.

79 아래 글상자의 ㉠에 들어갈 기술로 가장 옳은 것은?

> • 유통업체에서는 판매시점 상품관리를 위한 데이터의 입력 및 작업 보고서에 대한 자동 입력을 위해서 (㉠) 기술을 활용하고 있다.
> • 유통업체에서 일단위 및 월단위 업무 마감 처리를 자동화하기 위해서 (㉠) 기술을 활용하고 있다.
> • (㉠) 기술은 유통업체의 단순하고 반복적인 업무를 체계화해서 소프트웨어로 구현하여 일정한 규칙에 의해 자동화된 프로세스를 따라 업무를 수행하도록 되어 있다.

① IPA(Intelligent Process Automation)
② ETL(Extraction Transformation Loading)
③ RPA(Robotic Process Automation)
④ ETT(Extraction Transformation Tracking)
⑤ VRC(Virtual Reality Construction)

> **해설** ③ 제시된 내용은 RPA(Robotic Process Automation)에 대한 설명이다. RPA, 즉 로보틱 처리 자동화는 사람이 컴퓨터로 하는 반복적인 업무를 로봇 소프트웨어를 통해 자동화하는 기술을 말한다.

80 거래 단품을 중복없이 식별하는 역할을 하는 GTIN(국제 거래단품식별코드) 및 GTIN 관련 데이터는 대개 고정 데이터이지만, 때로는 기본 식별 데이터 외에 더 세부적이고 상세한 상품정보를 제공해야 할 때도 있다. 이 경우 사용되는 가변 데이터로 가장 옳지 않은 것은?

① 유통기한   ② 일련번호
③ 로트(lot)번호   ④ 배치(batch)번호
⑤ 성분 및 영양정보

> **해설** GTIN에서 기본 식별 데이터(업체코드, 상품코드, 체크디지트) 외에 추가정보를 표시하기 위해 응용식별자(AI, Application Identifiers)를 사용하고 있다. 이를 통해 추가할 수 있는 데이터는 배치번호, 로트번호, 생산일자, 최적유통일자, 일련번호, 물류단위 입수 상품수량 및 위탁화물번호 등이 있다.(www.gs1kr.org 〉 service) ⑤ 성분 및 영양정보는 해당하지 않는다.

정답 79 ③ 80 ⑤

81 아래 글상자의 ⊙에 들어갈 용어로 가장 옳은 것은?

- 데이터 기반으로 상품의 입고부터 고객주문 및 배송까지 제공하는 일괄처리 서비스인 (⊙)(이)가 유통산업의 최대 화두로 등장하였다.
- (⊙)(이)란 물류를 필요로 하는 판매자들 대상으로 상품 보관 및 재고관리, 고객이 상품 주문시 선별, 포장, 배송, 반품 및 고객대응까지 일괄적으로 처리하는 서비스를 지칭한다.
- 최근 국내 물류·유통 시장은 (⊙)의 각축전이 되고 있다. 국내시장에서도 쿠팡, CJ 대한통운, 네이버, 신세계 등 탑플레이어들이 (⊙) 서비스 확대에 총력을 기울이고 있다. SSG 닷컴의 경우 주문부터 상품분류, 포장, 출고 등 유통 전(全)주기를 빅데이터 등 신기술 기반으로 통합 관리하는 (⊙) 시스템으로 온라인 주문에 신속한 대응을 하고 있다고 한다.

① 풀필먼트　　　　　　　　② 로지틱스
③ 데이터마이닝　　　　　　④ 풀서포트
⑤ 풀브라우징

 ① 풀필먼트(fullfillment) 서비스는 상품이 고객에게 판매되는 단계에서 하나의 물류업체가 여러 물류기 능들을 통합하여 제공하는 서비스이다. 이를 통해 유통단계가 획기적으로 단축되어 당일배송이나 새 벽배송 등의 서비스가 가능해지는 것이다.

82 기업의 강점, 약점과 같은 내부 역량과 기회, 위협과 같은 외부 가능성 사이의 적합성을 평가하기 위해 사용되는 도구로 분석범위를 내부뿐만 아니라 외부까지 확장시켜 보다 넓은 상황 분석을 할 경우 활용되는 전략적 분석 도구로 가장 옳은 것은?

① PEST　　　　　　　　　② ETRIP
③ STEEP　　　　　　　　　④ 4FACTOR
⑤ SWOT

 ⑤ 기업의 강점(S), 약점(W)과 같은 내부 역량과 기회(O), 위협(T)과 같은 외부 가능성 사이의 적합성을 평가하기 위해 사용되는 도구는 SWOT 분석이다.
① PEST 분석 : 거시적 환경요인들을 분석하는 도구로 정치적, 경제적, 사회문화적, 기술적 환경의 앞 영문글자를 모은 용어이다.
② ETRIP 분석 : Economic, Trade, Raw Material, Industry, Political
③ STEEP 분석 : Social, Technological, Economic, Emvironmental(Ecological), Political

정답 81 ① 82 ⑤

83 A유통은 입고부터 판매까지 제품의 정보를 관리하고자 정보시스템을 구축하려고 결정하였다. A유통은 전문업체인 B사를 선정하여 사업기간 6개월로 계약을 체결하였다. B사는 A유통의 정보시스템 구축을 위해 일련의 활동 계획을 수립하였다. 사업 착수 후 분석단계에 포함되는 활동으로 가장 옳은 것은?

① 데이터베이스 설계 ② 단위테스트 수행
③ 사용자매뉴얼 작성 ④ 요구사항 정의
⑤ 인수테스트 수행

 유통정보시스템(CIS)은 기획단계(분석단계) – 개발단계 – 기술적 구현단계 – 적용단계를 거쳐 구축된다. 분석단계에서는 <u>시스템 요구사항을 정의</u>하고, 맨 마지막 적용단계에서 <u>사용자매뉴얼(사용자지침서) 작성</u>이 이루어진다.

> **참고**
> 1. 유통정보시스템은 먼저 정보활용 목적을 명확히 하고, 정보활용 주체를 결정한 후 필요정보를 정의한다. 그리고 정보의 제공주체 및 방법을 결정한 후 이에 맞는 적정한 수준의 시스템을 개발한다.
> 2. 유통정보시스템의 개발은 주요 유통기능 및 유통기능 수행자의 결정 → 각 유통기능 수행에 필요한 마케팅 정보의 결정 → 정보 수집자, 사용자 및 전달방법의 결정 → 잡음요소의 규명 및 이의 제거방안 결정 순으로 이루어진다.
> 3. 유통경로의 정보시스템을 설계하는 과정은 다음의 5단계로 구분된다. ㉠ 주요 의사결정 영역의 확인, ㉡ 의사결정 담당자의 결정, ㉢ 의사결정에 필요한 정보의 파악, ㉣ 정부수집자, 사용자, 정보제공 방식의 결정, ㉤ 경로 불확실성의 제거 및 정보 보충의 순서이다.
> 4. 유통정보시스템의 설계는 경로시스템에 있어서 핵심 의사결정 영역의 확인 → 의사결정이 이루어지는 각 수준(제조, 도매, 소매)의 확인 → 의사결정을 내리기 위해 필요한 정보(매장, 재고, 인력)를 확인 → 유통정보를 제공하는 방법과 시스템 운영환경의 확인 및 설계 → 유통정보를 보완할 수 있는 각종 정보화 프로그램 확인 등의 순서로 이루어진다.

84 지역별 점포를 운영하고 있는 유통기업이 사용하는 판매시점관리를 지원하는 POS시스템에서 획득한 데이터의 관리 및 활용에 대한 설명으로 가장 옳지 않은 것은?

① 고객이 제품을 구매한 정보를 관리한다.
② 상품 판매동향을 분석하여 인기제품, 비인기제품을 파악할 수 있다.
③ 타 점포와의 상품 판매동향 비교·분석에 활용할 수 있다.
④ 개인의 구매실적, 구매성향 등에 관한 정보를 관리한다.
⑤ 기회손실(자점취급, 비취급)에 대한 분석은 어렵다.

 ⑤ 여러 지역에 지점포를 운영하는 경우 POS시스템에서 획득한 데이터를 이용하여 자기 점포에서 취급하는 상품이나 취급하지 않는 상품에 대해 결품으로 인한 판매기회 상실 등 기회손실을 분석할 수 있다.

정답 83 ④ 84 ⑤

85 아래 글상자의 내용이 설명하고 있는 ㉠에 들어갈 용어로 가장 옳은 것은?

> • 기업 간의 거래에 관한 데이터(각종 서류양식)를 표준화하여 컴퓨터통신망을 통해 거래
>   당사자의 컴퓨터 사이에서 직접 전송신호로 주고받도록 지원하는 기술로 최근 클라우
>   드 컴퓨팅 (㉠) 서비스가 등장하였다.
> • 클라우드 기반의 (㉠) 서비스 업체인 A사는 코로나19로 인해 온라인 쇼핑몰을 통한
>   주문량이 폭주하면서 그동안 수작업으로 진행하던 주문 수발주 업무의 실수가 많이 발
>   생하고, 업무 담당자들은 재택근무를 하면서 업무가 지연되거나 공백이 발생하는 경우
>   가 많아 이런 문제를 보완하기 위해서 본사의 서비스 도입 문의가 늘어나고 있다고 밝
>   혔다.

① Beacon   ② XML
③ O2O   ④ EDI
⑤ SaaS

 ④ 기업 간의 거래에 관한 데이터(각종 서류양식)를 표준화하여 컴퓨터통신망을 통해 거래 당사자의 컴
퓨터 사이에서 직접 전송신호로 주고받도록 지원하는 기술은 전자문서교환(EDI)이다.

86 A사는 전자상거래 서비스를 위해 기존의 시스템을 고도화하였다. 웹서비스뿐만 아니라 모
바일 서비스도 구축하였다. 모바일 채널은 웹으로 개발하였다. 모바일 웹에 대한 설명으로
가장 옳지 않은 것은?

① 모바일 기기에 관계없이 모바일 웹사이트에 접속이 가능하다.
② 모바일웹은 컨텐츠나 디자인을 변경할 때 웹 표준에 맞춰 개발하기 때문에 OS별로 수
정할 필요가 없다.
③ 단말기의 카메라, GPS 또는 각종 프로세싱 능력을 활용한 서비스 이용시 앱보다 훨씬
효과적이다.
④ 모바일웹은 데스크톱용 웹 브라우저와 기능적으로 동일한 수준의 브라우저 설치와 실
행이 가능하다.
⑤ URL을 통해 접속한다.

 ③ 단말기의 카메라, GPS 또는 각종 프로세싱 능력을 활용한 서비스 이용시에는 모바일 웹보다는 앱이
더 효과적이다.

정답 85 ④   86 ③

87 인터넷 기반의 전자상거래를 위협하는 요소와 그 설명이 가장 옳지 않은 것은?

① 바이러스 – 자체 복제되며, 특정 이벤트로 트리거 되어 컴퓨터를 감염시키도록 설계된 컴퓨터 프로그램

② 트로이 목마 – 해킹 기능을 가지고 있어 인터넷을 통해 감염된 컴퓨터의 정보를 외부로 유출하는 것이 특징

③ 애드웨어 – 사용자의 동의 없이 시스템에 설치되어서 무단으로 사용자의 파일을 모두 암호화하여 인질로 잡고 금전을 요구하는 악성 프로그램

④ 웜 – 자체적으로 실행되면서 다른 컴퓨터에 전파가 가능한 프로그램

⑤ 스파이웨어 – 이용자의 동의 없이 또는 이용자를 속여 설치되어 이용자 몰래 정보를 빼내거나 시스템 및 정상 프로그램의 설정을 변경 또는 운영을 방해하는 등의 악성행위를 하는 프로그램

해설 ③ 애드웨어(adware)는 인터넷 광고주들이 컴퓨터 사용자의 동의 없이 광고를 보여줄 수 있도록 하는 것을 말한다. 한편, ③의 설명은 랜섬웨어에 대한 것이다.

88 QR코드를 활용하는 간편결제 방식에 대한 설명으로 가장 옳지 않은 것은?

① QR코드는 다양한 방향에서 스캔·인식이 가능하고 일부 훼손되더라도 오류를 정정하여 정상적으로 인식할 수 있는 장점이 있다.

② 소비자가 모바일 앱으로 가맹점에 부착된 QR코드를 스캔하여 결제처리하는 방식을 고정형이라 한다.

③ 결제 앱을 통해 소비자가 QR코드를 생성하고, 가맹점에서 QR리더기(결제 앱 또는 POS 단말기)로 읽어서 결제처리하는 것을 변동형이라 한다.

④ 고정형 QR은 가맹점 탈퇴·폐업 즉시 QR코드를 파기한 후 가맹점 관리자에게 신고해야 한다.

⑤ 변동형 QR은 개인이 별도의 위·변조 방지 특수필름 부착이나 잠금장치 설치 등의 조치를 취해야 한다.

해설 ⑤ QR코드 결제표준에 따르면 개인이 별도의 위·변조 방지 특수필름 부착이나 잠금장치 설치 등의 조치를 취해야 하는 것은 고정형 QR이다. 변동형 QR은 보안성 기준을 총족한 앱을 통해서만 발급이 가능하도록 결제표준에서 정하고 있다.

정답 87 ③ 88 ⑤

89 데이터 내에 포함된 개인정보를 식별하기 어렵게 하는 조치를 비식별화라 한다. 이에 대한 설명으로 가장 옳지 않은 것은?

① 정형데이터는 개인정보 비식별 조치 가이드라인의 대상 데이터이다.

② 비식별화를 위해 개인이 식별가능한 데이터를 삭제처리하는 방법이 있다.

③ 성별, 생년월일, 국적, 고향, 거주지 등 개인특성에 대한 정보는 비식별화 대상이다.

④ 혈액형, 신장, 몸무게, 허리둘레, 진료내역 등 신체 특성에 대한 정보는 비식별화 대상이다.

⑤ JSON, XML 포맷의 반정형데이터는 개인정보 비식별화 대상이 아니다.

> **해설** 비식별화(de-Identification)는 특정 개인을 식별할 수 없도록 개인정보의 일부 또는 전부를 변환하는 일련의 과정 또는 방법을 말한다. 비식별화된 개인정보는 웹, SNS, 의료 기록 등 빅데이터 수집·분석 과정에서 재식별화(re-identification)될 수 있으므로 엄격한 관리가 필요하다.
> ⑤ 빅데이터가 활용되면서 JSON, XML 포맷의 반정형데이터도 개인정보 비식별화 대상에 포함된다.

90 데이터, 지식, 정보에 대한 설명으로 가장 옳지 않은 것은?

① 일반적으로 데이터에서 정보를 추출하고, 정보에서 지식을 추출한다.

② 1차 데이터는 이미 생성된 데이터를 의미하고, 2차 데이터는 특정한 목적을 달성하기 위해 직접적으로 고객으로부터 수집한 데이터를 의미한다.

③ 일반적으로 정보는 이전에 수집한 데이터를 재가공한 특성을 갖고 있다.

④ 암묵적 지식은 명확하게 체계화하기 어려운 지식을 의미한다.

⑤ 지식창출 프로세스에는 공동화, 표출화, 연결화, 내면화가 포함된다.

> **해설** ② 2차 데이터는 이미 생성된 데이터를 의미하고, 1차 데이터는 특정한 목적을 달성하기 위해 직접적으로 고객으로부터 수집한 데이터를 의미한다.

유통관리사 2급 기출문제

제1과목 유통 · 물류일반관리(01~25)

01 채찍효과(bullwhip effect)를 줄일 수 있는 대안으로 가장 옳지 않은 것은?

① 지나치게 잦은 할인행사를 지양한다.

② S&OP(Sales and Operations Planning)를 활용한다.

③ 공급체인에 소속된 각 주체들이 수요 정보를 공유한다.

④ 항시저가정책을 활용해서 수요변동의 폭을 줄인다.

⑤ 공급체인의 각 단계에서 독립적인 수요예측을 통해 정확성과 효율성을 높인다.

> **해설** ⑤ 공급체인의 각 단계에서 각 구성원이 독립적으로 수요예측을 하게 되면 수요예측이 중복되어 변동성을 높이게 되므로 채찍효과가 심화된다.
>
> **참고** 채찍효과의 뜻, 원인과 대책
>
> 1. 채찍효과(Bull Whip effect)는 공급사슬에서 상류로 갈수록 정보가 <u>지연되거나</u> 왜곡되어 수요와 재고의 불안정이 확대되는 현상을 말한다.
> 2. 채찍효과(Bull Whip effect)의 원인으로는 ㉠ 여러 부문에서의 중복적인 수요예측, ㉡ 일괄주문에 의한 주문량의 변동폭 증가, ㉢ 결품에 대한 우려로 경쟁적인 주문증대에 의한 가수요, ㉣ 고가 또는 저가정책에 의한 선행 구입, ㉤ 긴 리드타임 등을 들 수 있다.
> 3. 채찍효과를 줄이는 방법으로는 ㉠ 공급사슬상의 수요 및 재고정보의 실시간 공유, ㉡ 실시간 (real time) 주문처리, ㉢ 불확실성의 제거, ㉣ 주문량의 변동폭 감소, ㉤ 리드타임의 단축 등을 들 수 있다.

정답 01 ⑤

02 아래 글상자의 동기부여이론을 설명하는 내용으로 가장 옳은 것은?

> • 맥그리거(D. McGregor)가 제시함
> • 종업원은 조직에 의해 조종되고 동기부여되며 통제받는 수동적인 존재임

① 위생요인에 대해 설명하는 이론이다.
② 인간의 행동을 지나치게 일반화 및 단순화하고 있다는 문제가 있다.
③ 고차원의 욕구가 충족되면 저차원의 욕구를 충족시키기 위해 노력한다.
④ Y형 인간에 대해 기술하고 있다.
⑤ 감독, 급료, 작업조건의 개선은 동기부여 자체와는 관련이 없다.

해설 ② 제시된 내용은 맥그리거(D. McGregor)의 동기부여이론인 XY이론에 대한 내용 중 X이론에 대한 설명이다. 그러나 맥그리거의 이론은 인간의 행동을 지나치게 일반화 및 단순화하고 있다는 문제가 있다.

03 기업이 물류부문의 아웃소싱을 통해 얻을 수 있는 편익에 대한 설명으로 가장 옳지 않은 것은?

① 비용 절감
② 물류서비스 수준 향상
③ 외주 물류기능에 대한 통제력 강화
④ 핵심부분에 대한 집중력 강화
⑤ 물류전문 인력 활용

해설 ③ 기업이 물류부문을 아웃소싱하면 물류활동 전부를 제3자물류업체에 넘기므로 외주 물류기능에 대한 통제력은 약화된다.

정답 02 ② 03 ③

04 풀필먼트(fulfillment)에 대한 설명으로 가장 옳지 않은 것은?

① 판매자 입장에서 번거로운 물류에 신경쓰지 않고 기획, 마케팅 등 본업에 집중할 수 있도록 도와준다.

② 생산지에서 출발해 물류보관창고에 도착하는 구간인 last mile의 성장과 함께 부각되고 있다.

③ e-commerce 시장의 성장으로 소비자들의 소비패턴이 오프라인에서 온라인으로 이동하며 급격히 발달하고 있다.

④ 다품종 소량 상품, 주문 빈도가 잦은 온라인 쇼핑몰에 적합하다.

⑤ 판매상품의 입고, 분류, 재고관리, 배송 등 고객에게까지 도착하는 전 과정을 일괄처리하는 시스템이다.

> **해설** ② 생산지에서 출발해 물류보관창고에 도착하는 구간인 last mile이 축소되거나 생략되면서 부각되고 있는 것이 풀필먼트(fulfillment)이다.
> 풀필먼트(fullfillment) 서비스는 상품이 고객에게 판매되는 단계에서 하나의 물류업체가 여러 물류기능들을 통합하여 제공하는 서비스이다. 이를 통해 유통단계가 획기적으로 단축되어 당일배송이나 새벽배송 등의 서비스가 가능해지는 것이다.
>
> **참고 풀필먼트**
> 1. 풀필먼트(fullfillment)는 물류 전문업체가 판매자 대신 주문에 맞춰 제품을 선택하고 포장한 뒤 배송까지 담당하는 서비스이다. 즉, 주문한 상품이 물류창고를 거쳐 고객에게 배달 완료되기까지의 전 과정을 일괄 처리하는 물류의 전 과정이라 할 수 있다.
> 2. 입고, 검수, 적재 관리, 피킹, 패킹, 출고 등을 통합 관리하는 풀필먼트 서비스는 1999년 아마존이 최초로 도입했고, 우리나라의 경우 2014년 쿠팡이 로켓배송을 통해 도입하였으며, e-커머스에서 매우 핵심적인 서비스라 할 수 있다.

05 기능식 조직(functional organization)의 단점에 대한 설명으로 가장 옳지 않은 것은?

① 명령이 통일되지 않아 전체적으로 관리가 어려워지는 경우가 있다.

② 각 관리자가 담당하는 전문적 기능에 대한 합리적인 업무분장이 실제로는 쉽지 않다.

③ 책임의 소재가 불명확하고 조직의 모순은 사기를 떨어뜨린다.

④ 일의 성과에 따른 정확한 보수를 가감할 수 없다.

⑤ 각 직원이 차지하는 직능이 지나치게 전문화되어 그 수가 많아지면 간접적 관리자가 증가되어 고정적 관리비가 증가한다.

정답 04 ② 05 ④

④ 기능식 조직에서는 생산, 마케팅 등 각 기능별로 성과를 측정할 수 있으므로 성과에 따라 보수를 달리 정할 수 있다. 그리고 이는 기능별 조직의 장점이 될 수 있다.
기능별 조직은 환경이 비교적 안정적일 때 조직관리의 효율성을 높일 수 있으며, 각 기능별로 규모의 경제를 얻을 수 있다.

06 아래 글상자에서 JIT와 JITⅡ의 차이점에 대한 설명으로 옳지 않은 것을 모두 고르면?

> ㉠ JIT는 부품과 원자재를 원활히 공급하는 데 초점을 두고, JITⅡ는 부품, 원부자재, 설비공구, 일반자재 등 모든 분야를 대상으로 한다.
> ㉡ JIT가 공급체인상의 파트너의 연결과 그 프로세스를 변화시키는 시스템이라면, JITⅡ는 개별적인 생산현장을 연결한 것이다.
> ㉢ JIT는 자사 공장 내의 무가치한 활동을 감소·제거하는 데 주력하고, JITⅡ는 기업 간의 중복업무와 무가치한 활동을 감소·제거하는 것이다.
> ㉣ JIT가 JIT와 MRP를 동시에 수용할 수 있는 기업 간의 운영체제를 의미한다면, JITⅡ는 푸시(push)형식인 MRP와 대비되는 풀(pull)형식의 생산방식을 말한다.

① ㉠, ㉡   ② ㉠, ㉢
③ ㉡, ㉣   ④ ㉡, ㉢
⑤ ㉠, ㉣

해설 ㉡ JIT는 개별적인 생산현장(plant floor)을 연결한 것이라면, JITⅡ는 공급체인(supply chain)상의 파트너의 연결과 그 프로세스를 변화시키는 시스템이다.
㉣ JIT는 푸시(push)형인 MRP와 대비되는 풀(pull)형의 생산방식인데 비해, JITⅡ는 JIT와 MRP를 동시에 수용할 수 있는 기업 간의 운영체제를 의미한다.

참고 JIT(Just In Time)시스템
1. JIT(just-in-time)는 생산부문의 각 공정별로 작업량을 조정함으로써 중간재고를 최소한으로 줄이려는 관리시스템으로 적시공급시스템이라고 한다. 물건이 팔리는 양에 따라 생산라인이 가동되는 체계이므로 재고를 최소한으로 줄인다는 장점을 지닌다.
2. JIT는 단위 시간당 필요한 자재를 소요량만큼 조달하여 재고를 최소화하고, 다양한 낭비의 최소화를 전개함으로써 비용절감, 품질개선, 작업능률 향상 등을 통해 생산성을 높이는 생산시스템이다.
3. JIT-Ⅱ에서는 공급업체의 전문요원이 발주회사의 본사나 공장에 상주해 발주회사의 구매부서요원으로 활동하게 된다.

정답 06 ③

07 기업이 자재나 부품, 서비스를 외부에서 구매하지 않고 자체 생산하는 이유로 가장 옳지 않은 것은?

① 자신들의 특허기술 보호
② 경쟁력 있는 외부 공급자의 부재
③ 적은 수량의 제품은 자체 생산을 통해 자본투자를 정당화할 수 있음
④ 자사의 기존 유휴 생산능력 활용
⑤ 리드타임, 수송 등에 대한 통제 가능성 확대

> **해설** ③ 자본투자를 정당화하기 위해서는 대량으로 생산하는 제품은 자체적으로 생산하고 적은 수량의 제품은 아웃소싱하여 생산하는 것이 바람직하다.

08 물류영역과 관련해 고려할 사항으로 가장 옳지 않은 것은?

① 조달물류 : JIT 납품
② 조달물류 : 수송루트 최적화
③ 판매물류 : 수배송시스템화를 위한 수배송센터의 설치
④ 판매물류 : 공정재고의 최소화
⑤ 반품물류 : 주문예측 정밀도 향상으로 반품을 감소시키는 노력

> **해설** ④ 공정재고를 최소화해야 하는 것은 사내물류(또는 생산물류)에서 고려해야 할 사항이다. 판매물류는 생산된 제품을 소비자에게 전달하는 일체의 수·배송 물류활동을 말한다.

09 기업의 사회적 책임의 중요성에 대한 내용으로 가장 옳지 않은 것은?

① 기업의 사회적 책임의 중요성은 자주성의 요구에 있다.
② 기업의 사회적 책임의 중요성은 자유주의 발전에 근거를 두고 있다.
③ 기업의 사회적 책임의 중요성은 기업 자체의 노력에 있다.
④ 사회적 책임의 중요성 내지 필요성은 권력 – 책임 – 균형의 법칙에 있다.
⑤ 기업의 사회적 책임은 기업이 당연히 지켜야 할 의무는 포함하지만 이익을 사회에 공유, 환원하는 것은 포함하지 않는다.

> 정답 07 ③ 08 ④ 09 ⑤

⑤ 기업의 사회적 책임(CSR)은 기업이 당연히 지켜야 할 의무를 포함하는 것은 물론 기업의 이익을 사회에 공유, 환원하는 것도 포함되고 있다.

기업의 사회적 책임은 크게 기업의 유지·발전에 대한 책임, 이해조정의 책임(주주·소비자·종업원·정부·거래처·금융기관 등에 대한), 사회발전에 대한 책임으로 구분할 수 있다.

참고 UNGC(UN Global Compact)의 CSR 4개 분야

1. UNGC는 기업의 사회적 책임에 대한 지지와 이행을 촉구하기 위해 만든 자발적 국제협약이자 유엔 산하 전문기구로 4개 분야의 10대 원칙을 핵심으로 하고 있다.
2. 4개 분야는 친인권(Human Rights), 친환경(Environment), 노동차별에 반대하는 노동규칙(Labour Standards), 반부패(Anti-Corruption) 등이다.

10 마이클 포터(Michael E. Porter)가 제시한 5가지 세력(force)모형을 이용하여 기업을 분석할 때, 이 5가지 세력에 해당되지 않는 것은?

① 신규 진입자의 위협　　　　　② 공급자의 교섭력
③ 구매자의 교섭력　　　　　　④ 대체재의 위협
⑤ 보완재의 위협

해설 마이클 포터(Michael E. Porter)는 산업과 경쟁을 결정짓는 5요인 모델(five-force model)을 제시하였다. 포터의 5요인 모델의 목적은 궁극적으로 산업의 수익 잠재력에 영향을 주는 주요 경제·기술적 세력을 분석하는 것이다.

산업의 수익 잠재력을 파악하는 행위를 통해서 기업의 외부환경과 기업이 보유하고 있는 자원 간에 존재하는 전략적 갭을 연결할 수 있는 토대가 마련된다.

5가지 요인(5가지 세력)은 신규진입자(잠재적 경쟁자)의 위협, 공급자의 교섭력, 구매자의 교섭력, 대체품의 위협 및 기존 기업들 간의 경쟁이다.

11 유통산업발전법(시행 2021.1.1., 법률 제17761호, 2020.12.29., 타법개정)에서 규정하고 있는 체인사업 중 아래 글상자에서 설명하고 있는 형태로 가장 옳은 것은?

체인본부가 주로 소매점포를 직영하되, 가맹계약을 체결한 일부 소매점포에 대하여 상품의 공급 및 경영지도를 계속하는 형태의 체인사업

① 프랜차이즈형 체인사업　　　② 중소기업형 체인사업
③ 임의가맹점형 체인사업　　　④ 직영점형 체인사업
⑤ 조합형 체인사업

정답 10 ⑤　11 ④

제시된 내용은 「유통산업발전법」 제2조에서 제시하고 있는 체인사업 중 직영점형 체인사업의 정의이다. 「유통산업발전법」에서는 체인사업을 직영점형·프랜차이즈형·임의가맹점형·조합형 등으로 구분하고 있다.

참고 체인사업의 유형

"체인사업"이란 같은 업종의 여러 소매점포를 직영(자기가 소유하거나 임차한 매장에서 자기의 책임과 계산하에 직접 매장을 운영하는 것을 말한다)하거나 같은 업종의 여러 소매점포에 대하여 계속적으로 경영을 지도하고 상품·원재료 또는 용역을 공급하는 사업을 말한다.

유형	정의
직영점형	체인본부가 주로 소매점포를 직영하되, 가맹계약을 체결한 일부 소매점포에 대하여 상품의 공급 및 경영지도를 계속하는 형태의 체인사업
프랜차이즈형	독자적인 상품 또는 판매·경영기법을 개발한 체인본부가 상호·판매방법·매장운영 및 광고방법 등을 결정하고, 가맹점으로 하여금 그 결정과 지도에 따라 운영하도록 하는 형태의 체인사업
임의가맹점형	체인본부의 계속적인 경영지도 및 체인본부와 가맹점 간의 협업에 의하여 가맹점의 취급품목·영업방식 등의 표준화사업과 공동구매·공동판매·공동시설활용 등 공동사업을 수행하는 형태의 체인사업
조합형	같은 업종의 소매점들이 중소기업협동조합, 협동조합, 협동조합연합회, 사회적협동조합 또는 사회적협동조합연합회를 설립하여 공동구매·공동판매·공동시설활용 등 사업을 수행하는 형태의 체인사업

12 유통기업의 경로구조에 대한 설명으로 옳지 않은 것은?

① 도매상이 제조업체를 통합하는 것은 후방통합이다.

② 유통경로의 수직적 통합을 이루는 방법에는 합작투자, 컨소시엄, M&A 등이 있다.

③ 기업형 수직적 경로구조를 통해 유통경로상 통제가 가능하고 제품 생산, 유통에 있어 규모의 경제를 실현할 수 있다.

④ 기업형 수직적 경로구조는 소유의 규모가 커질수록 환경변화에 신속하고 유연하게 대응할 수 있다.

⑤ 관리형 수직적 경로구조는 독립적인 경로구성원 간의 상호 이해와 협력에 의존하고 있지만 협력을 해야만 하는 분명한 계약상의 의무는 없다.

 ④ 기업형 수직적 경로구조의 단점은 소유의 규모가 커질수록 환경변화에 신속하고 유연하게 대응할 수 없다는 것이다.

정답 12 ④

13 기업이 오프라인, 온라인, 모바일 등의 모든 채널을 연결해 고객이 마치 하나의 매장을 이용하는 것처럼 느끼도록 하는 쇼핑 시스템을 지칭하는 것으로 옳은 것은?

① Cross border trade　　　　② Omni channel
③ Multi channel　　　　　　④ Mass customization
⑤ IoT

 ② 제시된 내용은 옴니채널(Omni channel)에 대한 설명이다. 옴니채널은 소비자가 온라인, 오프라인, 모바일 등 다양한 채널을 넘나들며 상품을 검색하고 구매할 수 있도록 하는 O2O서비스를 말한다. 즉, 각 유통채널의 특성을 경합해 어떤 채널에서든 같은 매장을 이용하는 것처럼 느낄 수 있도록 한 쇼핑환경을 말한다.

참고 유통채널의 변천
1. 유통경로는 최초 싱글채널에서 시작하여 듀얼채널, 멀티채널을 거쳐 크로스채널로 옮겨왔고 현재는 옴니채널(omni channel)까지 등장하였다.
2. 최근 주요 소매업태들은 듀얼채널(dual channel) 전략보다 멀티채널(multi channel)이나 옴니채널(omni channel) 전략으로 방향을 전환하고 있다.
3. 옴니채널은 소비자가 온라인, 오프라인, 모바일 등 다양한 채널을 넘나들며 상품을 검색하고 구매할 수 있도록 하는 O2O서비스를 말한다. 즉, 각 유통채널의 특성을 경합해 어떤 채널에서든 같은 매장을 이용하는 것처럼 느낄 수 있도록 한 쇼핑환경을 말한다.(이수동・여동기, 『소매경영』, 제3판, 학현사, 2015, p. 13, 168)

14 임금을 산정하는 방법에 대한 설명으로 가장 옳은 것은?
① 근로자의 성과와 무관하게 근로시간을 기준으로 보상을 지급하는 형태는 성과급제이다.
② 근로자의 성과에 따라 보상을 지급하는 형태는 시간급제이다.
③ 근로자의 입장에서는 시간당 보상액이 일정하고, 사용자측에서는 임금산정방식이 쉬운 것은 시간급제이다.
④ 작업능률을 자극할 수 있고 근로자에게 소득증대 효과가 있는 것은 시간급제이다.
⑤ 근로자의 노력과 생산량과의 관계가 없을 때 효과적인 것은 성과급제이다.

해설 임금의 계산 및 지급방법을 말하는 임금체계 중 ① 시간급제, ② 성과급제에 대한 설명이다. ④ 성과급제, ⑤ 시간급제에 대한 설명이다.

정답 13 ② 14 ③

15 유통환경분석시 고려하는 거시환경, 미시환경과 관련된 내용으로 옳지 않은 것은?

① 자본주의, 사회주의 같은 경제체제는 거시환경에 포함된다.

② 어떤 사회가 가지고 있는 문화, 가치관, 전통 등은 사회적 환경으로서 거시환경에 포함된다.

③ 기업과 거래하는 협력업자는 미시환경에 포함된다.

④ 기업이 따라야 할 규범, 규제, 법 등은 미시환경에 포함된다.

⑤ 기업과 비슷한 제품을 제조하는 경쟁회사는 미시환경에 포함된다.

> **해설** ④ 기업이 따라야 할 규범, 규제, 법 등은 거시환경 중 정치·법률적 환경에 포함된다.
> 유통환경 중 거시환경(macro environment)은 기업의 경쟁 및 시장환경을 둘러싼 환경을 말한다. 거시환경은 모든 기업에 공통적으로 영향을 미치는 것으로 사회·문화적 환경, 정치·법률적 환경, 경제적 환경이나 기술적 환경 등이 포함된다.

16 기업이 사용하는 재무제표 중 손익계산서의 계정만으로 옳게 나열된 것은?

① 자산 – 부채 – 소유주 지분　　② 자산 – 매출원가 – 소유주 지분
③ 수익 – 매출원가 – 비용　　④ 수익 – 부채 – 비용
⑤ 자산 – 부채 – 비용

> **해설** ③ 손익계산서(income statement)는 일정 기간동안 발생할 수익과 비용을 기록하여 당해 기간동안 이익 또는 손실과 같은 경영성과를 보여 주는 보고서이다. 즉, 일정 기간동안 기업이 생산한 제품이나 매입한 상품을 얼마나 판매하였으며, 그와 관련된 원가는 얼마이고, 판매활동이나 관리활동을 위해 지출한 비용은 얼마인가를 보여주는 것이다.

17 구매관리를 위해 기능의 집중화와 분권화를 비교할 때, 집중화의 장점으로 가장 옳지 않은 것은?

① 구매절차가 간단하고 신속하다.　　② 주문 비용을 절감할 수 있다.
③ 자금의 흐름을 통제하기 쉽다.　　④ 품목의 표준화가 용이하다.
⑤ 구매의 전문화가 용이하다.

> **해설** ① 구매관리에서 구매절차가 간단하고 신속한 것은 분권화의 장점이다. 분권화는 각 부서나 사업장에서 필요한 상품을 필요할 때마다 자체적으로 구매하는 것이다.
> 구매관리에서 집중화는 본부의 구매부서가 여러 사업장과 부서의 필요량을 파악하여 대량으로 구매하는 것을 말한다. 따라서 구매의 전문화가 용이하고, 대량으로 구매하여 구매비용을 절감할 수 있다는 장점이 있다.

정답 15 ④　16 ③　17 ①

18 유통의 경제적 의미에 대한 설명으로 가장 옳지 않은 것은?

① 유통을 통해 생산자는 부가가치를 더 높일 수 있고, 소비자에게는 폭넓은 선택의 기회가 주어질 수 있다.

② 유통을 통해 생산과 소비 사이에서 발생할 수 있는 괴리를 줄여서 생산과 소비를 원활하게 연결할 수 있다.

③ 후기산업사회 이후 소비자들의 욕구가 다양해지면서 유통의 경제적 역할이 축소되고 있다.

④ 유통산업은 신업태의 등장, 유통단계의 축소 등과 같은 유통구조 개선을 통해 국가경제에 이바지하고 있다.

⑤ 유통은 일자리 창출에 기여하는 동시에 서비스산업 발전에 중요한 역할을 한다.

 ③ 후기산업사회 이후 소득이 증가함에 따라 상품의 거래규모가 크게 증가하고, 소비자들의 욕구가 다양해지면서 유통의 경제적 역할이 이전에 비해 중요시되고 있다.

19 균형성과표(BSC)에 대한 설명으로 가장 옳지 않은 것은?

① 고객 관점은 고객유지율, 반복구매율 등의 지표를 활용한다.

② 각 지표들은 전략과 긴밀하게 연계되어 상호작용을 한다.

③ 조직의 지속적 생존을 위해 핵심 성공요인이 중요하다.

④ 학습과 성장의 경우 미래지향적인 관점을 가진다.

⑤ 비용이 저렴하지만 재무적 지표만을 성과관리에 적용한다는 한계를 가진다.

 ⑤ 균형성과표(BSC : balanced score card)는 재무, 고객, 내부 프로세스, 학습·성장 등 4분야에 대해 측정지표를 선정해 평가한 뒤 각 지표별로 가중치를 적용해 산출한다. BSC는 비재무적 성과까지 고려하고 성과를 만들어낸 동인을 찾아내 관리하는 것이 특징이다.
균형성과표(BSC : balanced score card)는 조직의 비전과 경영목표를 각 사업 부문과 개인의 성과 측정지표로 전환해 전략적 실행을 최적화하는 경영관리기법이다. 하버드 비즈니스 스쿨의 로버트 카플란 교수와 경영 컨설턴트인 데이비드 노턴이 공동으로 개발하여 1992년에 최초로 제시했다.

정답 18 ③ 19 ⑤

20 종업원들이 자신과 비슷한 위치에 있는 타인과 비교하여 자기가 투입한 노력과 결과물 간의 균형을 유지하려고 하는 이론으로 가장 옳은 것은?

① 강화이론   ② 공정성이론
③ 기대이론   ④ 목표관리론
⑤ 목표설정이론

 ② 종업원은 다른 사람(비교 인물)과 보상을 비교하여 노력과 보상 간에 공정성을 유지하려 한다는 이론은 아담스(J. S. Adams)의 공정성 이론이다.

21 연간 재고유지비용과 주문비용의 합을 최소화하는 로트크기인 경제적 주문량을 계산하는 과정에서 사용하는 가정으로 가장 옳지 않은 것은?

① 수량할인은 없다.
② 각 로트의 크기에 제약조건은 없다.
③ 해당 품목의 수요가 일정하고 정확히 알려져 있다.
④ 입고량은 주문량에 안전재고를 포함한 양이며 시기별로 분할입고된다.
⑤ 리드타임과 공급에 불확실성이 없다.

 ④ 경제적 주문량(EOQ) 모형에서 입고량은 주문량과 동일하고 일시에 입고된다고 가정한다.
경제적 주문량(EOQ) 모형은 주문기간 중의 수요량과 주문비용·유지비용·조달기간(lead time) 등이 확실하게 알려져 있고, 재고단위당 구입비용은 1회당 주문량에 영향을 받지 않으며, 재고준비비용과 재고부족비용은 없다는 가정하에 재고주문비용과 재고유지비용을 더한 총재고비용을 최소화하는 주문량을 구하는 모형이다.

참고 **경제적 주문량 모형의 가정**
㉠ 계획기간 중 해당품목의 수요량은 항상 일정하며, 알려져 있다.
㉡ 단위구입비용이 주문수량에 관계없이 일정하다.
㉢ 연간 단위재고 유지비용은 수량에 관계없이 일정하다.
㉣ 1회 주문비용이 수량에 관계없이 일정하다.
㉤ 주문량이 일시에 입고된다.
㉥ 조달기간(lead time)이 없거나 일정하다.
㉦ 재고부족이 허용되지 않는다.

정답 20 ②   21 ④

22 유통기업의 윤리경영에 대한 설명으로 가장 옳지 않은 것은?

① 건전하고 투명한 경영을 위해 노력한다.

② 협력사와 합리적인 상호발전을 추구한다.

③ 유연하고 수직적인 임원우선의 기업문화를 조성한다.

④ 고객의 만족을 위해 노력한다.

⑤ 사회적 책임을 완수하기 위해 노력한다.

 ③ 유통기업의 윤리경영이 이루어지려면 유연하고 수평적인 종업원 우선의 기업문화를 조성해야 한다.

23 소비자기본법(시행 2021.12.30., 법률 제17799호, 2020. 12. 29., 타법개정)상 제8조에서 사업자가 소비자에게 제공하는 물품등으로 인한 소비자의 생명·신체 또는 재산에 대한 위해를 방지하기 위해 지켜야 할 기준을 정해야 할 주체로 옳은 것은?

① 지방자치단체　　　　　② 사업자

③ 공정거래위원회　　　　④ 대통령

⑤ 국가

 「소비자기본법」 제8조에서의 주체는 국가이다.

국가는 사업자가 소비자에게 제공하는 물품 등으로 인한 소비자의 생명·신체 또는 재산에 대한 위해를 방지하기 위하여 물품 등의 성분·함량·구조 등 안전에 관한 중요한 사항, 물품 등을 사용할 때의 지시사항이나 경고 등 표시할 내용과 방법, 그 밖에 위해방지를 위하여 필요하다고 인정되는 사항에 관하여 사업자가 지켜야 할 기준을 정하여야 한다.

24 아래 글상자에서 설명하는 유통이 창출하는 소비자 효용으로 가장 옳은 것은?

> 탄산음료의 제조사들이 탄산음료의 원액을 제조하여 중간상인 보틀러(bottler)에게 제공하면, 보틀러(bottler)는 탄산음료 원액에 설탕과 감미료를 첨가하여 탄산과 혼합해 병이나 캔에 넣어 소매상에게 판매하고 소비자는 탄산음료를 마시는 혜택을 누릴 수 있다.

① 시간효용　　　　　　　② 장소효용

③ 소유효용　　　　　　　④ 형태효용

⑤ 거래효용

정답 22 ③　23 ⑤　24 ④

④ 제시된 내용은 유통경로가 창출하는 효용 중 형태효용(form utility)에 대한 설명이다. 형태효용은 이 외에도 대량으로 생산되는 상품의 수량을 소비지에서 요구되는 적절한 수량으로 분할·분배함으로 써 창출되는 효용이다.

25 유통경로의 설계전략에 영향을 주는 시장의 특성과 관련된 설명으로 가장 옳지 않은 것은?

① 시장밀도는 지리적 영역단위 당 구매자의 수를 말한다.

② 시장지리는 생산자와 소비자 사이의 물리적인 거리 차이를 말한다.

③ 제조업체가 직접 채널에 의해 커버할 시장의 크기가 큰 경우에는 많은 소비자와 직접 접촉을 해야 하기 때문에 비용이 증가한다.

④ 시장밀도가 낮으면 한정된 유통시설을 이용해 많은 고객을 상대할 수 있다.

⑤ 시장크기는 시장을 구성하는 소비자의 수에 의해 결정된다.

 ④ 한정된 유통시설을 이용해 많은 고객을 상대할 수 있는 것은 시장밀도가 높은 경우이다.

제2과목 상권분석(26~45)

26 분석대상이 되는 점포와의 거리를 기준으로 상권유형을 구분할 때 상대적으로 소비수요 흡인비율이 가장 낮은 지역을 한계상권(fringe trading area)이라고 한다. 일반적으로 한계상권은 다음 중 어느 것에 해당하는가?

① 최소수요충족거리　　　　② 분기점상권

③ 1차 상권　　　　　　　④ 2차 상권

⑤ 3차 상권

③ 한계상권은 3차 상권(fringe trading area)이라고도 하며, 2차 상권 외곽을 둘러싼 지역범위로 2차 상권에 포함되지 않은 나머지 고객들을 흡인한다.
3차 상권의 점포이용고객은 점포로부터 상당히 먼 거리에 위치하며, 고객들이 광범위하게 분산되어 있어 경쟁점포들과 상권중복 또는 상권잠식의 가능성은 매우 낮다.

정답 25 ④　26 ⑤

27 소비자들이 점포를 선택할 때 가장 가까운 점포를 선택한다는 가정을 하며, 상권경계를 결정할 때 티센다각형(thiessen polygon)을 활용하는 방법으로 가장 옳은 것은?

① 입지할당모델법　　　　　　　　② Huff모델법
③ 근접구역법　　　　　　　　　　④ 유사점포법
⑤ 점포공간매출액비율법

해설 ③ 티센 다각형(Thiessen polygon) 모형은 근접구역법에서 활용하는 모형이다. 상권구획(상권분할) 기법으로서 근접구역법은 소비자들이 유사점포 중에서 선택을 할 때 자신들에게 가장 가까운 점포를 선택한다는 가정을 토대로 소매점포의 매출액을 추정하는 기법이다.

　① 입지할당모델법 : 여러 개의 점포를 체인화하여 운영하는 경우 각 점포간의 거리를 고려한 점포망 구성이 중요한 과제가 되는데 이를 설명하는 기법의 하나가 헤스 등(Hess et al)의 입지–할당 (location–allocation) 모델이다. 입지–할당 모델은 수요균형 제약조건하에서 각 구역의 수만큼 점포를 선정하고 점포마다 할당된 기본 공간 단위와 점포 사이의 거리의 합이 최소가 되도록 구역을 설정하는 모형이다.

　⑤ 점포공간매출액비율법 : 어떤 지역에 입지한 한 소매점의 매출액 점유율은 그 지역의 전체 소매매장 면적에 대한 해당 점포의 매장면적의 비율에 비례할 것이라는 가정하에서 예측한다.

참고 티센 다각형(Thiessen polygon) 모형
1. 상권구획(상권분할) 기법으로서 근접구역법은 소비자들이 유사점포 중에서 선택을 할 때 자신들에게 가장 가까운 점포를 선택한다는 가정을 토대로 소매점포의 매출액을 추정하는 기법이다.
2. 여기서 근접구역이란 당해점포가 다른 경쟁점포보다 공간적인 이점을 가진 구역을 의미한다. 이러한 근접구역의 경계를 설정하는 모형이 티센 다각형이다.
3. 티센 다각형(Thiessen polygon) 모형은 하나의 상권을 하나의 매장에만 독점적으로 할당하는 공간 독점 접근법에 기반한 상권 구획모형의 일종으로 신규점포의 입지가능성을 판단하기 위한 상권범위 예측에 사용될 수 있다.
4. 티센 다각형은 상권에 대한 기술적이고 예측적인 도구로 사용될 수 있다.
5. 소비자들이 유사한 점포들 중에서 점포를 선택할 때는 가장 가까운 점포를 선택한다고 가정한다(최근접상가 선택가설). 소매점포들이 규모나 매력도에 있어서 유사하다고 가정한다.
6. 티센의 다각형으로 경쟁수준을 알 수 있는데 경쟁수준이 높으면 다각형이 작아진다.
7. 티센 다각형은 점으로부터 연산에 의해 생성되는 다각형으로, 이 다각형은 다각형 내의 어떠한 위치에서도 다각형 내부에 위치한 한 점까지의 거리가 다른 다각형 내에 위치한 거리보다 가깝도록 다각형의 경계가 설정된다. 따라서 상권분할 등에 많이 사용된다.

28 소비자의 점포방문동기를 개인적동기, 사회적동기, 제품구매동기로 분류할 수 있다. 이때 다른 항목들과 다른 유형의 동기로서 가장 옳은 것은?

① 사교적 경험　　　　　　　　　　② 기분 전환
③ 자기만족　　　　　　　　　　　④ 역할 수행
⑤ 새로운 추세 학습

정답 27 ③　28 ①

① 사교적 경험은 사회적 동기이다. 나머지 기분전환, 자기만족, 역할 수행 및 새로운 추세 학습 등은 개인적 동기에 해당한다.

29 점포를 이용하는 고객 인터뷰를 통해 소비자의 지리적 분포를 확인할 수 있는 방법은?

① 컨버스(Converse)의 소매인력이론
② 아날로그(analog) 방법
③ 허프(Huff)의 소매인력법
④ 고객점표법(customer spotting technique)
⑤ 라일리(Reilly)의 소매인력모형법

 ④ 점포를 이용하는 고객 인터뷰를 통해 소비자의 지리적 분포를 확인할 수 있는 방법은 고객점표법 (customer spotting technique, CST)이다.
고객점표법은 애플바움(W. Applebaum)이 개발한 유추법(analog method)에서 상권규모를 측정할 때 사용하는 기법이다. CST map 기법은 상권의 규모 측정은 물론 고객특성 조사, 광고 및 판촉전략 수립, 경쟁정도의 측정, 점포의 확장계획 등 소매정책의 수립에 유용하게 이용할 수 있다.

30 입지분석에 사용되는 각종 기준에 대한 내용으로 가장 옳지 않은 것은?

① 호환성 : 해당점포를 다른 업종으로 쉽게 전환할 수 있는가?
② 접근성 : 고객이 쉽게 점포에 접근할 수 있는가?
③ 인지성 : 점포의 위치를 쉽게 설명할 수 있는가?
④ 확신성 : 입지분석의 결과를 확실하게 믿을 수 있는가?
⑤ 가시성 : 점포를 쉽게 발견할 수 있는가?

 점포의 매력도를 평가하는 입지조건의 특성으로는 접근성, 인지성, 가시성, 호환성 및 홍보성 등이 제시 되고 있다.
④ 확신성이나 신뢰성은 입지조건의 기준에 해당하지 않는다.

정답 29 ④ 30 ④

31 아래 글상자의 내용은 Huff모델을 적용하여 신규점포 입지를 분석하는 단계들이다. 일반적인 분석과정을 순서대로 나열할 때 가장 옳은 것은?

> ㉠ 점포크기 및 거리에 대한 민감도계수를 추정한다.
> ㉡ 소규모 고객집단 지역(zone)으로 나눈다.
> ㉢ 신규점포의 각 지역(zone)별 예상매출액을 추정한다.
> ㉣ 전체시장 즉, 조사할 잠재상권의 범위를 결정한다.
> ㉤ 각 지역(zone)에서 점포까지의 거리를 측정한다.

① ㉡, ㉤, ㉣, ㉠, ㉢ 　　　　② ㉣, ㉢, ㉤, ㉠, ㉡
③ ㉠, ㉣, ㉡, ㉤, ㉢ 　　　　④ ㉣, ㉡, ㉤, ㉠, ㉢
⑤ ㉠, ㉤, ㉡, ㉢, ㉣

해설 Huff모델을 적용하여 신규점포 입지를 분석하기 위해 예상매출액을 추정하는 과정은 다음과 같다. 먼저 전체시장, 즉 조사할 잠재상권의 범위를 결정하고, 전체시장을 소규모 고객집단 지역(zone)으로 나눈다. 그리고 각 지역에서 점포까지의 거리를 측정하고, 점포크기 및 거리에 대한 민감도계수를 추정한다. 마지막으로 신규점포의 각 지역(zone)별 예상매출액을 추정한다.

참고 허프(D. Huff)의 확률모형
허프의 확률모형은 신규점포의 예상매출액 추정에 널리 활용되는 기법이다. 예상매출액을 추정하는 절차는 아래와 같다.
• 신규점포를 포함하여 분석대상지역 내의 점포 수와 규모를 파악하고, 분석대상 지역을 몇 개의 구역으로 나눈 다음 각 구역의 중심지에서 개별점포까지의 거리를 구한다.
• 각 구역별로 허프 모형의 공식을 활용하여 점포별 이용확률을 계산하고, 각 구역별 소매 지출액에 신규점포의 이용 확률을 곱하여 구역별로 신규점의 예상매출액을 구하고 이를 합산한다.
• 이 모형에서 신규점포의 <u>예상매출액 = 특정지역의 잠재수요의 총합 × 특정지역으로부터 계획지로의 흡인율</u>이다. 또한 허프의 모형에서 지역별 또는 상품의 잠재수요 = 지역별 인구 또는 세대수 × 업종별 또는 점포별 지출액으로 구할 수 있다.

32 점포를 개점할 경우 전략적으로 고려해야 할 사항들에 대한 설명으로 가장 옳지 않은 것은?

① 경쟁관계에 있는 다른 점포의 규모나 위치도 충분히 검토한다.
② 상품의 종류에 따라 소비자의 이동거리에 대한 저항감이 다르기 때문에 상권의 범위도 달라진다.
③ 개점으로 인해 인접 주민의 민원제기나 저항이 일어날 부분이 있는지 검토한다.
④ 점포의 규모를 키울수록 규모의 경제효과는 커지기에 최대규모를 지향한다.
⑤ 점포는 단순히 하나의 물리적 시설이 아니고 소비자들의 생활과 직결되며, 라이프스타일에도 영향을 미친다.

정답 31 ④　32 ④

④ 점포의 규모가 커지면 상권의 범위는 넓어지므로 규모의 경제효과를 얻을 수 있다. 그러나 상권의 범위가 넓어지면 경쟁점포가 진입할 수 있으므로 점포가 크다고 해서 반드시 유리한 것은 아니다. 점포의 규모는 상권전략에 맞추어 최적규모를 전제로 하여 설정되어야 한다.

33 A시의 인구는 20만명이고 B시의 인구는 5만명이다. 두 도시 사이의 거리는 15km이다. Converse의 상권분기점 분석법을 이용할 경우 두 도시 간의 상권경계는 A시로부터 얼마나 떨어진 곳에 형성되겠는가?

① 3km ② 5km
③ 9km ④ 10km
⑤ 12km

 컨버스(Converse)의 제1법칙에 의하면 규모가 큰 A도시의 상권의 한계점 $D(A) = \dfrac{d}{1+\sqrt{\dfrac{P(B)}{P(A)}}}$ 이다.

여기서 d는 두 도시 간의 거리, P(A)와 P(B)는 각 도시의 인구이다. 주어진 자료를 대입하면 인구가 많은 A도시로부터 분기점까지의 거리 $D(A) = \dfrac{15km}{1+\sqrt{\dfrac{50,000}{200,000}}} = 10km$이다.

34 상가임대차 관계에서 권리금을 산정할 때 근거가 되는 유무형의 재산적 가치로 가장 옳지 않은 것은?

① 거래처 ② 상가건물의 위치
③ 영업상의 노하우 ④ 영업시설·비품
⑤ 임대료 지불수단

 권리금(premium)은 기존 점포의 영업시설·비품 등 유형물이나 거래처, 신용, 영업상의 노하우 또는 점포 위치에 따른 영업상의 이점 등 무형의 재산적 가치에 대한 대가이다.
⑤ 임대료 지불수단은 권리금 산정의 기초가 되는 재산적 가치와는 아무 관련이 없다.

정답 33 ④ 34 ⑤

1. 법에서는 "권리금이란 임대차 목적물인 상가건물에서 영업을 하는 자 또는 영업을 하려는 자가 <u>영업시설·비품, 거래처, 신용, 영업상의 노하우, 상가건물의 위치에 따른 영업상의 이점 등 유형·무형의 재산적 가치의 양도 또는 이용대가로서 임대인, 임차인에게 보증금과 차임 이외에 지급하는 금전등의 대가를 말한다"</u>고 정의하고 있다(법 제10조의3 제1항).
2. 권리금(premium)은 기존 점포의 영업시설·비품 등 유형물이나 거래처, 신용, 영업상의 노하우 또는 점포 위치에 따른 영업상의 이점 등 무형의 재산적 가치에 대한 대가이다.
3. 권리금은 <u>바닥권리금, 영업권리금, 시설권리금으로 나뉜다.</u> 바닥권리금은 말 그대로 상권과 입지를 말하며, 역세권이나 유동인구가 많은 곳일수록 바닥권리금이 높다. 영업권리금은 사업자가 얼마나 많은 단골을 확보했는지의 여부에 따라 결정된다. 시설권리금은 감가상각 후 남은 시설의 가치를 말한다.
4. 권리금은 그동안 관행적으로만 인정되어 왔으나 2015년 「상가건물 임대차보호법」이 개정되면서 법률 규정으로 포함되었다.

35 소매점 입지유형 가운데 아파트 단지내 상가의 일반적 특성으로 가장 옳지 않은 것은?

① 공급면적 변화가 어려워 일정한 고정고객의 확보를 통한 꾸준한 매출이 가능하다.
② 수요 공급 측면에서 아파트 단지 가구수와 가구당 상가면적을 고려해야 한다.
③ 주변지역 거주자의 상가 이용과 같은 활발한 외부 고객유입이 장점이다.
④ 편의품 소매점의 경우 대형평형보다는 중형평형의 단지가 일반적으로 더 유리하다.
⑤ 관련법규에서는 단지내 상가를 근린생활시설로 분류하여 관련내용을 규정하고 있다.

해설 ③ 아파트상권은 고정고객의 비중이 높아 안정적인 수요 확보가 가능하지만 외부고객을 유치하기는 어렵다. 아파트상권은 대부분 해당 단지를 넘어서지 못하는 한계가 있으며, 대형이나 중형 등 평형이 큰 가구일수록 단지내 상가 이용률은 낮아지는 특징이 있다.

36 면적 $300m^2$인 대지에 지하 2층 지상 5층으로 소매점포 건물을 신축하려 한다. 층별 바닥면적은 각각 $250m^2$로 동일하며 주차장은 지하 1,2층에 각각 $200m^2$와 지상 1층 부속용도에 한하는 주차장 면적 $50m^2$로 구성되어 있다. 이 건물의 용적률을 계산하면 얼마인가?

① 300%
② 333%
③ 400%
④ 416%
⑤ 533%

해설 용적률(floor area ratio)은 부지 대비 건물 전체이 층별 바닥면적합의 비율이다. 용적률을 계산할 때 지하층의 바닥면적은 포함시키지 않으며, 또 지상층의 면적 중에서 주차용으로 쓰는 것은 포함시키지 않는다.
용적률 = {[($250m^2$ × 5) − $50m^2$] / $300m^2$} × 100 = 400%이다.

정답 35 ③ 36 ③

37 **지리정보시스템(GIS)과 관련한 내용으로 가장 옳지 않은 것은?**

① 주제도작성, 공간조회, 버퍼링(buffering)을 통해 효과적인 상권분석이 가능하다.

② 점포의 고객을 대상으로 gCRM을 실현하기 위한 기본적 틀을 제공할 수 있다.

③ 지도레이어는 점, 선, 면을 포함하는 개별 지도형상으로 구성되며, 여러 겹의 지도레이어를 활용하여 상권의 중첩(overlay)을 표현할 수 있다.

④ 지도상에서 데이터를 표현하고 특정 공간기준을 만족시키는 지도를 얻는 데이터 및 공간조회 기능이 있다.

⑤ 위상은 어떤 지도형상, 즉 점이나 선 혹은 면으로부터 특정한 거리 이내에 포함되는 영역을 의미하며 면의 형태로 나타나 상권 혹은 영향권을 표현하는 데 사용될 수 있다.

해설 ⑤ 어떤 지도형상, 즉 점이나 선 혹은 면으로부터 특정한 거리 이내에 포함 되는 영역을 의미하며, 선의 형태로 표현되는 것은 지도레이어(map layer)이다.
위상(topology)은 지리적인 형상을 표현한 지도상에 데이터의 값과 범위를 할당하여 지도를 확대·축소하는 등의 기능이다. 위상은 지도지능(map intelligence)의 일종이며, 이는 개별 지도형상에 대해 경도와 위도 좌표체계를 기반으로 다른 지도형상과 비교하여 상대적인 위치를 알 수 있는 기능을 부여하는 역할을 한다.

38 **동선과 관련한 소비자의 심리를 나타내는 대표적 원리로 가장 옳지 않은 것은?**

① 최단거리실현의 법칙 : 최단거리로 목적지에 가려는 심리

② 보증실현의 법칙 : 먼저 득을 얻는 쪽을 선택하려는 심리

③ 고차선호의 법칙 : 넓고 깨끗한 곳으로 가려는 심리

④ 집합의 법칙 : 군중심리에 의해 사람이 모여 있는 곳에 가려는 심리

⑤ 안전중시의 법칙 : 위험하거나 모르는 길은 가려고 하지 않는 심리

해설 인간심리와 동선과의 관계를 나타내는 법칙으로 ㉠ 최단거리 실현의 법칙, ㉡ 보증실현의 법칙, ㉢ 안전중시의 법칙, ㉣ 집합의 법칙 등 네 가지가 제시되고 있다.

참고 인간심리와 동선과의 관계를 나타내는 법칙
1. 최단거리 실현의 법칙 : 사람들은 최단거리로 목적지에 가려고 한다. 멀리 돌아가는 쓸데 없는 일이나 손해는 보지 않으려고 한다. 그래서 부동선(후면동선)이 생긴다.
2. 보증실현의 법칙 : 인간은 득실을 따져 득이 되는 쪽을 선택한다. 목적지를 향하여 최초의 횡단보도를 건너 진행한다. 예컨대, 역전 로터리 바로 정면에 점포가 있어도 자신이 지금부터 진행하는 방향에 있지 않은 점포로는 가려 하지 않는다.

정답 37 ⑤ 38 ③

3. 안전중시의 법칙 : 인간은 기본적으로 신체의 안전을 지키기 위해, 알지 못하는 길은 지나가려고 하지 않는다.

3. 안전중시의 법칙 : 인간은 기본적으로 신체의 안전을 지키기 위해, 알지 못하는 길은 지나가려고 하지 않는다.
4. 집합의 법칙 : 인간은 자연적으로 사람들이 모여 있는 곳에 모인다.(한종길, 『소매유통경영론』, 청록출판사, 2008, pp. 138~139)

39 대표적인 입지조건의 하나인 고객유도시설(customer generator)은 도시형 점포, 교외형 점포, 인스토어형 점포 등 점포 유형별로 구분해서 평가한다. 일반적인 인스토어형 점포의 고객유도시설로서 가장 옳지 않은 것은?

① 주차장 출입구
② 푸드코트
③ 주 출입구
④ 에스컬레이터
⑤ 간선도로

 ⑤ 인스토어형 고객 유도시설은 주 출입구, 주차장 출입구, 계산대, 에스컬레이터 주 통로 등이다. 간선도로는 교외형 고객 유도시설이다. 교외형 고객유도시설의 대표적인 것은 대형 레저시설이나 대형 소매점, 간선도로, 인터체인지 등이다.

참고
고객 유도시설은 고객을 모으는 자석과 같은 역할을 한다고 하여 소매자석(customer generator : CG)이라고도 한다.
도시형 고객 유도시설로는 지하철역(개찰구)이나 대형 소매점 등을 들 수 있다. 인스토어형 고객 유도시설은 주 출입구, 주차장 출입구, 계산대, 에스컬레이터 주 통로 등이다. 교외형 고객 유도시설의 대표적인 것은 대형 레저시설이나 대형 소매점, 간선도로, 인터체인지 등이다.(한종길, 소매유통경영론, 청목출판사, 2008, pp. 120~121)

40 입지적 특성에 따라 소매점포 유형을 집심성, 집재성, 산재성, 국부적집중성 점포로 구분하기도 한다. 업태와 이들 입지유형의 연결로서 가장 옳지 않은 것은?

① 백화점-집심성점포
② 화훼점-집심성점포
③ 편의점-산재성점포
④ 가구점-집재성점포
⑤ 공구도매점-국부적집중성점포

 ② 화훼점은 농촌지역에서 생산되어 도시지역에서 판매되는 경우이므로, 같은 업종끼리 어떤 특정지역의 국부적 중심지에 입지해야 유리한 상점이다. 즉, 국부적집중성점포에 해당한다.

정답 39 ⑤ 40 ②

41 신규점포의 예상매출액을 추정할 때 활용하는 애플바움(W. Applebaum)의 유추법 (analog method)에 대한 설명으로 옳지 않은 것은?

① 일관성 있는 예측이 중요하므로 소비자 특성의 지역별 차이를 고려하기보다는 동일한 방법을 적용해야 한다.

② 현재 운영 중인 상업시설 중에서 유사점포(analog store)를 선택한다.

③ 과거의 경험을 계량화한 자료를 이용해 미래를 예측하지만 시장요인과 점포특성들이 끊임없이 변화하기 때문에 주관적 판단이 요구된다.

④ 비교대상 점포들의 특성이 정확히 일치하는 경우를 찾기 어려울 뿐만 아니라 특정 환경변수의 영향이 동일하게 작용하지도 않기 때문에 주관적 판단이 요구된다.

⑤ 점포의 물리적 특성, 소비자의 쇼핑패턴, 소비자의 인구통계적 특성, 경쟁상황이 분석대상과 비슷한 점포를 유사점포(analog store)로 선택하는 것이 바람직하다.

해설 ① 유추법에서는 주관적 판단을 통한 유사점포의 매출액을 통해 새로운 점포의 매출액을 추정해야 하므로 소비자 특성의 지역별 차이를 고려하는 것이 중요하다.

참고 애플바움(W. Applebaum)의 유추법(analog method)

1. 유추법은 상권분석 기법으로 새로운 점포가 위치할 지역에 대한 판매예측에 많이 활용되는 방법이다. 유추법은 자사의 새로운 점포와 특성이 비슷한 유사점포를 선정하여, 그 점포의 상권범위를 추정한 결과를 자사의 새로운 점포에 적용하여 신규입지에서의 매출액(상권규모)을 측정하는 방법이다.
2. 상권규모를 측정할 때 사용하는 기법은 고객 스포팅(CST) 맵 기법이다.

42 「국토의 계획 및 이용에 관한 법률」(법률 제17893호, 2021.1.12., 타법개정)에서 규정하고 있는 용도지역 중 상업지역을 구분하는 유형으로 볼 수 없는 것은?

① 중심상업지역　　　　　　② 일반상업지역
③ 근린상업지역　　　　　　④ 전용상업지역
⑤ 유통상업지역

해설 「국토의 계획 및 이용에 관한 법률」 시행령에서 상업지역은 중심상업지역, 일반상업지역, 근린상업지역, 유통상업지역으로 세분하고 있다(시행령 제30조).

정답 41 ① 42 ④

43 중심지체계에 의한 상권유형 구분에서 전통적인 도심(CBD) 상권의 일반적 특징으로 가장 옳지 않은 것은?

① 고객흡인력이 강해 상권범위가 상대적으로 넓다.
② 교통의 결절점으로 대중교통이 편리하다.
③ 전통적 도시의 경우에는 주차문제가 심각하다.
④ 상대적으로 거주인구는 적고 유동인구는 많다.
⑤ 소비자들의 평균 체류시간이 상대적으로 짧다.

해설 ⑤ CBD에서는 다양한 유형의 점포들이 입지하므로 소비자들의 평균 체류시간이 다른 지역에 비해 상대적으로 긴 것이 일반적이다.

44 아래 글상자의 현상과 이들을 설명하는 넬슨(R. N. Nelson)의 입지원칙의 연결로서 옳은 것은?

> ㉠ 식당이 많이 몰려있는 곳에 술집이나 커피숍들이 있다 든지, 극장가 주위에 식당들이 많이 밀집하는 현상
> ㉡ 귀금속 상점들이나 떡볶이 가게들이 한 곳에 몰려서 입지 함으로써 더 큰 집객력을 갖는 현상

① ㉠ 동반유인 원칙   ㉡ 보충가능성 원칙
② ㉠ 고객차단 원칙   ㉡ 보충가능성 원칙
③ ㉠ 보충가능성 원칙   ㉡ 점포밀집 원칙
④ ㉠ 보충가능성 원칙   ㉡ 동반유인 원칙
⑤ ㉠ 점포밀집 원칙   ㉡ 보충가능성 원칙

해설 넬슨(R. N. Nelson)의 소매입지원칙 중 ㉠은 보충가능성 원칙, ㉡은 동반유인 원칙에 해당한다. 넬슨(R. E. Nelson)은 점포의 경영주체가 최대의 이익을 얻을 수 있는 매출액을 확보하기 위하여 어떤 점을 고려할 것인가에 대해 8가지 원칙을 제시하였다. 8가지는 상권의 잠재력, 접근 가능성, 성장 가능성, 중간 저지성, 누적적 흡인력, 양립성, 경쟁 회피성, 용지 경제성 등이다.

정답 43 ⑤ 44 ④

45 제4차 산업혁명의 핵심기술 중의 하나인 빅데이터 기술이 소매 경영과 소매상권분석에 미치는 영향에 관한 설명으로서 가장 옳지 않은 것은?

① 개별적으로 상권분석 능력이 부족한 소규모 소매점포, 창업자들에게 정부 또는 각종 단체에서 빅데이터 기술에 기반한 상권분석 및 입지분석 정보를 제공함으로써 소매경영 개선을 돕는다.

② 신상품 개발이나 고객만족도 향상을 위한 소매믹스 개선에 기여할 수 있다.

③ 소매상권 내에서 표적시장을 구체적으로 파악하는 데 도움을 줄 수 있다.

④ 하나의 상권을 지향하는 개별점포 소유자들의 상권분석에 필수 도구이지만 복수의 상권에 접근하는 체인사업에게는 효과적이지 않다.

⑤ 히트상품 및 데드셀러(dead seller)분석을 통해 재고관리의 효율성을 높일 수 있게 한다.

> **해설** ④ 빅데이터 기술은 하나의 상권을 지향하는 개별점포 소유자들의 상권분석에도 활용하지만 복수의 상권에 접근하는 체인사업에게 더 필수적인 도구이다.

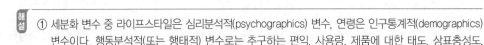

제3과목 유통마케팅(46~70)

---

46 시장세분화 유형과 사용하는 변수들의 연결로서 가장 옳지 않은 것은?

① 행동분석적 세분화 : 라이프스타일, 연령

② 지리적 세분화 : 인구밀도, 기후

③ 인구통계적 세분화 : 성별, 가족규모

④ 심리적 세분화 : 개성, 성격

⑤ 인구통계적 세분화 : 소득, 직업

> **해설** ① 세분화 변수 중 라이프스타일은 심리분석적(psychographics) 변수, 연령은 인구통계적(demographics) 변수이다. 행동분석적(또는 행태적) 변수로는 추구하는 편익, 사용량, 제품에 대한 태도, 상표충성도, 상품구매단계, 가격에 대한 민감도 등이 있다.
>
> **참고** 세분화 변수
> 1. 시장세분화의 기준이 되는 세분화 변수(segmentation variable)는 지리적 변수, 인구통계적 변수, 심리분석적 변수, 행태적 변수 등으로 구분할 수 있다.

> 정답 45 ④ 46 ①

2. ⊙ 지리적 변수로는 지역, 인구밀도, 도시의 크기, 기후 등이 있고, ⓒ 인구통계적 변수로는 연령, 성별, 가족규모, 가족수명주기, 소득, 직업교육 수준, 종교 등이, ⓒ 심리분석적 변수로는 사회계층, 생활양식, 개성 등, ⓔ 행태적 변수로는 추구하는 편익, 사용량, 제품에 대한 태도, 상표충성도, 상품 구매단계, 가격에 대한 민감도 등이 있다.

47 소매점포의 공간 분류와 그 용도에 대한 연결이 가장 옳지 않은 것은?

항목	용도
⊙ 고객존	고객용 출입구, 통로 계단
ⓒ 상품존	상품매입, 보관 장소
ⓒ 직원존	사무실, 종업원을 위한 식당과 휴게실
ⓔ 매장존	매장, 고객 휴게실과 화장실, 비상구
ⓜ 후방존	물류 공간, 작업 공간

① ⊙
② ⓒ
③ ⓒ
④ ⓔ
⑤ ⓜ

해설 ④ 매장존은 고객과 종업원이 실제로 접하는 구역을 말하는 것으로, 매장과 계산대, 포장대 및 접객 카운터 등이 포함된다. 고객 휴게실과 화장실 등은 고객존에 포함된다.

48 지속성 상품의 경우 다음 주문이 도착하기 전에 판매가능한 수량이 없거나 재고가 바닥이 나게 되는 최저재고물량을 기준으로 주문점을 결정한다. 일일 예상판매량이 5개이고, 리드타임이 7일이며, 예비재고 20개를 유지하고자 할 때 주문점은 얼마인가?

① 15개
② 35개
③ 55개
④ 75개
⑤ 145개

해설 ③ 주문점 = 일일 예상판매량 × 리드타임 + 안전재고 = 5개 × 7일 + 20개 = 55개이다.

정답 47 ④ 48 ③

49 아래 글상자에서 설명하는 용어로 옳은 것은?

> 주어진 상황에서 특정 대상에 대한 개인의 중요성 및 관련성 지각정도를 의미하는 것으로
> 고객이 제품 구매결정에 투입하는 시간 및 정보수집 노력과 관련이 높다.

① 판매정보   ② 구매동기
③ 구매특성   ④ 지각도
⑤ 관여도

 ⑤ 주어진 상황에서 특정 대상에 대한 개인의 중요성 및 관련성 지각정도를 의미하는 것은 관여도
(involvement)이다.
소비자 구매행동의 유형을 구매자의 관여도와 브랜드 차이 정도에 근거하여 복잡한 구매행동, 부조화
감소 구매행동, 습관적 구매행동, 다양성 추구 구매행동으로 구분할 수 있다.(P. Kotler et al, 『Kotler의
마케팅원리』, 제12판, 시그마프레스, p.187 참조)

50 매장에서 비주얼 머천다이징(VMD)을 구성할 때 다양한 방법을 사용할 수 있다. 아래 글상
자에서 설명하는 내용의 기법으로 가장 옳은 것은?

> • 고객에게 상품의 특성과 장점에 대한 정보를 제공하고 인기상품이나 계절상품 등을 제
> 안하는 역할을 한다.
> • 고객의 시선이 닿기 쉬운 곳에 구성하여 고객의 무의식적인 구매충동을 자극하도록 구
> 성한다.
> • 고객에게 상품의 콘셉트나 가치를 시각적으로 호소한다.

① 쇼윈도 프레젠테이션   ② 파사드 프레젠테이션
③ 비주얼 프레젠테이션   ④ 포인트 프레젠테이션
⑤ 아이템 프레젠테이션

 ③ VMD의 구성요소 중 고객에게 상품의 특성과 장점에 대한 정보를 제공하고 인기상품이나 계절상품
등을 제안하는 역할을 하여, 고객에게 상품의 콘셉트나 가치를 시각적으로 호소하는 것은 비주얼 프레
젠테이션(VP ; visual presentation)이다.

참고 VMD

1. VMD(visual merchandising)는 시각적으로 소비자의 구매를 유도해 판매에 이르게 하는 전략을 의미
한다. 즉, VMD는 상품의 진열이나 장식을 연구하여 매장을 연출하고, 소비자에게 시각적으로 어필하
는 것이다.

정답 49 ⑤ 50 ③

2. VMD는 상품표현과 관련하여 VP, IP, PP로 나누어 볼 수 있다. ㉠ VP의 역할은 타 매장과의 차별성으로 고객의 시선을 유도하는 것이며 시즌테마에 의한 매장의 메시지를 시각적으로 소구하는 MD 전개의 장소이다. ㉡ PP는 분류된 상품에 판매포인트를 주어 구매를 유도하는 것이다. ㉢ IP의 역할은 상품을 정리하여 보기 편하고 쉽게 선택하도록 하는 것이다.

51 촉진예산을 결정하는 방법에 대한 설명으로 가장 옳지 않은 것은?

① 가용예산법 : 기업의 여유 자금에 따라 예산을 결정하는 방법
② 매출액 비율법 : 과거의 매출액이나 예측된 미래의 매출액을 근거로 예산을 결정하는 방법
③ 단위당 고정비용법 : 고가격 제품의 촉진에 특정 비용이 수반될 때 이를 고려하여 예산을 결정하는 방법
④ 경쟁 대항법 : 경쟁사의 촉진예산 규모를 기반으로 결정하는 방법
⑤ 목표 과업법 : 촉진목표를 설정하고 이를 달성하기 위한 과업을 분석하여 예산을 결정하는 방법

> **해설** 촉진예산을 결정하는 방법은 일반적으로 4가지, 즉 가용예산 할당법, 매출액 비율법, 경쟁사 대비 할당법 및 목표대비 할당법 등이 제시되고 있다.(Philip Kotler et al, 안광호 외 역, 『Kotler의 마케팅 원리』, 15e, 시그마프레스, pp. 437~438)

52 아래 글상자에 설명하는 마케팅조사 기법으로 가장 옳은 것은?

> 다수의 대상(소비자, 제품 등)들을 그들이 소유하는 특성을 토대로 유사한 대상들끼리 집단으로 분류하는 통계 기법

① 분산분석   ② 회귀분석
③ 군집분석   ④ t-검증
⑤ 컨조인트분석

> **해설** ③ 제시된 내용은 군집분석에 대한 설명이다. 군집분석(cluster analysis)은 조사대상들을 서로의 상호연관성에 근거하여 동질적인 집단(군집)으로 묶어주는 방법이다. 즉, 소비자나 상표들을 서로 유사한 것끼리 묶어서 군집화하려는 경우에 사용된다.

정답 51 ③ 52 ③

53 세분화된 시장들 중에서 매력적인 표적시장을 선정하기 위한 고려사항으로 가장 옳지 않은 것은?

① 경쟁의 측면에서 개별 세분시장 내의 경쟁강도를 살펴보아야 한다.

② 해당 세분시장이 자사의 역량과 자원에 적합한지를 살펴보아야 한다.

③ 선택할 시장들의 절대적 규모를 고려하여 살펴보아야 한다.

④ 자사가 기존에 가지고 있는 마케팅 믹스체계와 일치하는지를 살펴보아야 한다.

⑤ 선택할 시장이 자사가 가지고 있는 목표 및 이미지와 일치하는지 살펴보아야 한다.

> **해설** ③ 시장을 세분화한 후 표적시장을 선정할 때 선택대상이 되는 시장들의 상대적 규모를 고려하여 자사의 마케팅 역량과 자원에 적합한지를 살펴보아야 한다.

54 셀프서비스를 활용한 상품판매의 특징으로 가장 옳지 않은 것은?

① 영업시간의 유연성 증가

② 소매점의 판매비용 절감

③ 고객에게 전달되는 상품정보의 정확성 향상

④ 구매과정에 대한 고객의 자기통제력 향상

⑤ 직원의 숙련도와 상관없는 비교적 균일한 서비스제공

> **해설** ③ 최근 편의점으로까지 확대되고 있는 셀프서비스를 활용한 판매는 영업시간의 확대, 비용 절감 등의 장점이 있다. 그러나 셀프서비스를 도입하면 고객에게 전달되는 상품정보의 정확성은 낮아질 수 있다.

55 고객생애가치(CLV : customer lifetime value)에 대한 설명으로 가장 옳지 않은 것은?

① CLV는 어떤 고객으로부터 얻게 되는 전체 이익흐름의 현재가치를 의미한다.

② 충성도가 높은 고객은 반드시 CLV가 높다.

③ CLV를 증대시키려면 고객에게 경쟁자보다 더 큰 가치를 제공해야 한다.

④ CLV 관리는 단속적 거래보다는 장기적 거래관계를 통한 이익에 집중한다.

⑤ 올바른 CLV를 정확하게 산출하려면 수입흐름뿐만 아니라 고객획득비용이나 고객유지 비용 같은 비용흐름도 고려해야 한다.

정답 53 ③ 54 ③ 55 ②

② 고객충성도를 높이고 유지하는 것은 고객생애가치(CLV)를 극대화하기 위한 한 단계에 해당하지만
충성도가 높은 고객이라고 해서 반드시 CLV가 높게 되는 것은 아니다. 충성도가 높아도 구매력이
낮다면 CLV는 높지 않다.
고객관계관리(CRM)의 목표는 고객생애가치를 극대화하는 것이다. 고객생애가치(CLV)는 한 고객이
고객으로 존재할 것으로 예상되는 전체 기간동안 기업에 줄 것으로 예상되는 이익의 합을 의미한다.

56 판매촉진 방법 가운데 프리미엄(premium)의 장점으로 가장 옳지 않은 것은?

① 지속적으로 사용해도 제품 자체 이미지에 손상을 가져오지 않는다.

② 많은 비용을 투입하지 않으면서 신규고객을 확보하는 효과적인 방법이다.

③ 제품에 별도의 매력을 부가함으로써 부족할 수 있는 상품력을 보완할 수 있다.

④ 제품수준이 평준화되어 차별화가 어려운 상황에서 특히 효과적이다.

⑤ 치열한 경쟁상황에서 제품에 대한 주목률을 높여주고 특히 구매시점에 경쟁제품보다
돋보이게 한다.

 ② 프리미엄(premiums)은 제품의 구매를 유도하기 위한 인센티브로, 무료 또는 낮은 비용으로 제공되는
상품을 말하는 것으로 소비자 대상의 비가격 판촉도구이다. 많은 비용이 투입된다. 예를 들면, 맥도
널드(McDonald)가 해피밀 구매자에게 영화에 등장하는 캐릭터 장난감 같은 다양한 상품을 제공하는
것이다.

57 소매점에서 제공하는 상품 관련 핵심서비스의 내용으로서 가장 옳은 것은?

① 정확한 대금 청구   ② 편리한 환불 방식

③ 친절한 고객 응대   ④ 다양한 상품 구색

⑤ 신속한 상품 배달

 ④ 소매점에서 제공하는 서비스 중 상품 관련 서비스는 다양한 상품 구색을 갖춰 필요한 상품을 한 번에
구매할 수 있게 하는 것이다.
소매점이 고객에게 제공해야 할 서비스는 크게 입지의 편의성, 최소구매단위(lot), 주문 후 대기시간
및 제품의 다양성으로 구분한다.

정답 56 ②   57 ④

58 생산업체가 경로구성원들의 성과를 평가하는 기준으로서 가장 옳지 않은 것은?

① 경로구성원에 대한 투자수익률

② 유통업체의 영업에서 차지하는 자사제품 판매 비중의 변화

③ 유통업체의 영업에 대한 자사 통제의 허용 정도

④ 환경 변화에 대한 경로구성원의 적응력

⑤ 경로구성원의 재고투자이익률

 ⑤ 재고투자이익률은 경로구성원인 소매상이 목표로 하는 성과지표이지만 생산업체가 관심을 두는 성과평가 기준은 아니다.

경로구성원의 재고투자이익률(GMROI ; gross margin return on investment)은 이익과 재고회전을 모두 고려한 것으로 총이익을 평균재고로 나누어 구한다. 상품관리와 관련하여 소매상은 투자에 대한 회수목표를 달성하기 위해 GMROI를 높이는 것을 목표로 한다.

59 단수가격설정정책(odd pricing)에 대한 설명으로 옳은 것은?

① 최대한 인하된 상품 가격이라는 인상을 주어 판매량을 증가시키기 위해 가격을 990원, 1,990원처럼 설정하는 것을 말한다.

② 가격이 높을수록 우수한 품질이나 높은 지위를 상징하는 경우에 주로 사용된다.

③ 캔음료나 껌처럼 오랫동안 같은 가격을 지속적으로 유지함으로써 소비자가 그 가격을 당연하게 받아들이는 것을 말한다.

④ 같은 계열에 속하는 몇 개의 제품 가격을 품질에 따라 1만원, 3만원, 5만원 등으로 설정하는 것을 말한다.

⑤ 고객을 모으기 위해서 특정 제품을 아주 저렴한 가격으로 판매하는 방법이다.

 ① 단수가격정책(odd pricing)은 1,000, 10,000원 등 화폐단위에 맞게 결정하는 것이 아니라 조금 낮은 990원, 9,900원 등으로 가격을 책정하는 방법을 말한다. 상당히 낮은 것으로 느낄 수 있고, 정확한 계산에 의해 가격이 책정되었다는 느낌을 줄 수 있다.

②는 명성가격정책(prestige pricing), ③은 관습가격정책(custom pricing), ④는 가격계열화정책(price line pricing), ⑤는 손실유도 가격정책(loss leader pricing)이다.

정답 58 ⑤ 59 ①

60 고객 서비스는 사전적 고객 서비스, 현장에서의 고객 서비스, 사후적 고객 서비스로 구분해볼 수 있다. 다음 중 사전적 고객 서비스 요소로 가장 옳은 것은?

① 자사의 경영철학에 따라 서비스에 관한 표준을 정하고 조직을 편성하여 교육 및 훈련한다.

② 구매계획이나 공급 여력 등에 따라 발생할지 모르는 재고품절을 방지하기 위해 적정 재고수준을 유지한다.

③ 고객의 주문 상황이나 기호에 맞는 상품의 주문을 위한 정보시스템을 효율적으로 관리·운영한다.

④ 고객의 상품 주문에서부터 상품 인도에 이르기까지 적절한 물류서비스를 공급한다.

⑤ 폭넓은 소비자 선택을 보장하기 위해 가능한 범위 내에서 다양한 상품을 진열하고 판매한다.

해설 ① 자사의 경영철학에 따라 서비스에 관한 표준을 정하고 조직을 편성하여 교육 및 훈련하는 것은 사전적 고객 서비스(거래 전 요소)이다.

고객서비스는 거래를 중심으로 거래 전 요소(사전적 서비스, pre-transaction), 거래 중 요소(현장 서비스, transaction), 거래 후 요소(사후적 서비스, post-transaction)로 구분해서 파악할 수 있다.

거래 전 요소	거래 중 요소	거래 후 요소
• 서면화된 정책 • 정책(문서)에 대한 고객의 수취, 이해 • 조직구조 • 시스템 유연성 • 관리자 서비스	• 결품률 • 주문정보 • 주문주기의 요인들 • 선적지연 • 교환선적 • 시스템의 정확성 • 주문의 편의성 • 물품대체	• 설치, 보증, 수리, 변경, 부품 공급 • 물품추적 • 클레임 및 고충처리, 반품 • 물품의 일시대체

61 아래 글상자의 사례들에 해당하는 유통경쟁전략으로 가장 옳은 것은?

• A사는 30대 전후의 여성들에게 스포츠웨어를 주로 판매한다.
• B사는 대형 사이즈의 의류를 주력상품으로 판매한다.
• C사는 20대 여성을 대상으로 대중적인 가격대의 상품을 판매한다.
• D사는 가격대와 스타일이 서로 다른 7개의 전문의류점 사업부를 가지고 있다.

① 편의성 증대
② 정보기술의 도입 및 확대
③ 점포 포지셔닝 강화
④ 유통업체 브랜드의 확대
⑤ e-커머스 확대

정답 60 ① 61 ③

③ 제시된 사례들에 해당하는 유통경영전략은 점포 포지셔닝 강화전략이다. 포지셔닝(positioning)은 표적 시장 고객들의 인식 속에서 차별적인 위치를 차지하기 위해 자사제품이나 기업의 이미지를 설계하는 행위를 말한다. 기업은 다양한 방법으로 상품을 포지셔닝 할 수 있는데 상품의 속성, 상품이 주는 편익, 사용 상황 및 사용자 집단을 위한 상품으로 포지셔닝하는 방법이 있다.

62 과자나 라면 같은 상품들을 정돈하지 않고 뒤죽박죽으로 진열하여 소비자들에게 저렴한 특가품이라는 인상을 주려는 진열방식의 명칭으로 가장 옳은 것은?

① 돌출진열(extended display)
② 섬진열(island display)
③ 점블진열(jumble display)
④ 후크진열(hook display)
⑤ 골든라인진열(golden line display)

 ③ 점블진열(jumble display)은 광고상품을 뒤섞어 진열하는 것으로 투입진열이라고도 한다. 일반적으로 는 판매촉진 대상 상품을 아무렇게나 바구니에 여러 개 넣어 놓는 형식이 이용된다.

63 다음의 여러 가격결정 방법 중에서 원가중심 가격결정(cost-oriented pricing) 방법에 해당하지 않는 것은?

① 원가가산법(cost plus pricing)
② 손익분기점 가격결정법(breakeven pricing)
③ 목표이익 가격결정법(target-profit pricing)
④ 지각가치 중심 가격결정법(perceived value pricing)
⑤ 이폭가산법(markup pricing)

 ④ 가격결정의 방법으로는 크게 원가중심 가격결정, 소비자중심 가격결정, 경쟁자중심 가격결정 등의 방법이 있다. 지각가치 중심 가격결정법(perceived value pricing)은 소비자가 지각한 가치를 기준으로 가격을 결정하는 소비자중심 가격결정 방식의 하나이다. 원가중심 가격결정 방법은 제품의 원가에 일정 마진(margin)을 더하거나, 목표판매량과 목표이익을 정해 놓고 가격을 결정하는 방법이다. 원가중심 가격결정 방법으로는 원가가산 가격결정(cost-plus pricing) 방법, 가산이익률에 따른 가격결정(mark up pricing) 방법, 목표이익률에 따른 가격결정(target return pricing) 방법, 손익분기점 분석과 목표이익에 의한 가격결정(breakeven analysis and target profit pricing) 방법 등이 있다.

정답 62 ③ 63 ④

64 고객관계관리(CRM)에 대한 접근방법으로 가장 옳지 않은 것은?

① 마케팅부서만이 아닌 전사적 관점에서 고객지향적인 전략적 마케팅활동을 수행한다.

② 전사적 자원관리(ERP) 시스템을 통해 고객정보를 파악하고 분석한다.

③ 데이터마이닝 기법을 활용해 고객행동에 내재돼 있는 욕구(needs)를 파악한다.

④ 고객과의 관계 강화를 지속적으로 모색하는 고객중심 비즈니스모델을 수립한다.

⑤ 표적고객에 대한 고객관계 강화에 집중하며 고객점유율 향상에 중점을 둔다.

> **해설** ② ERP시스템은 기업 내의 제조·물류·회계·인사·재무·판매 등 모든 업무 프로세스를 실시간 정보공유를 바탕으로 통합적으로 지원하여, 모든 경영자원 활용의 효율화와 의사결정의 신속화를 도모하려는 것이다. ERP시스템과 고객정보를 파악하고 분석하는 활동은 관련이 없다.

65 마케팅 전략수립을 위한 다양한 조사활동 중 1차 자료를 수집하기 위한 조사방식으로 옳지 않은 것은?

① 현장조사　　　　　　　　② 관찰조사

③ 설문조사　　　　　　　　④ 문헌조사

⑤ 실험조사

> **해설** ④ 문헌조사는 2차 자료의 수집방법 중 하나이다.
> 마케팅 조사에서 수집되는 자료에는 1차 자료와 2차 자료가 있다. 1차 자료는 현재 직면한 문제를 해결하기 위하여 새로이 수집되는 자료를 말하며, 2차 자료는 정부에서 발표하는 각종 통계자료, 이미 발표된 논문, 신문기사, 각종 기관이나 조사회사에서 발표되는 결과 등 이미 공개되어 있는 기존의 모든 자료를 말한다.

66 점포의 구성 및 설계에 대한 설명으로 옳지 않은 것은?

① 포스 죠닝(POS zoning)은 판매가 이루어지는 마지막 접점이므로 최대한 고객의 체류시간을 늘려야 한다.

② 매장의 주통로는 고객의 편안한 이동을 제공하는 동시에 보조통로들과 잘 연계되게 구성해야 한다.

③ 공간면적당 판매생산성 향상을 고려하여 매장 내의 유휴 공간이 없도록 레이아웃을 구성해야 한다.

④ 동선 폭은 고객의 편의를 고려해 유동성과 체류시간 등의 동선 혼잡도를 예상하여 결정해야 한다.

⑤ 표적고객을 최대한 명확하게 설정하고 상품 관련성을 고려하여 상품을 군집화한다.

정답 64 ② 65 ④ 66 ①

① 포스 죠닝(POS zoning)은 계산대에서 판매가 이루어지는 마지막 접점이므로 고객의 체류시간을 최소한으로 줄여야 한다. 소매점의 핵심서비스 중 하나는 고객의 대기시간을 줄이는 것이다.

67 마케팅변수를 흔히 제품변수, 가격변수, 유통변수, 촉진변수로 나누어 4P라고 한다. 다음 중 나머지와는 다른 P에 속하는 변수로서 가장 옳은 것은?

① 시장 커버리지　　　　　　　　　② 재고와 보관
③ 점포 위치　　　　　　　　　　　④ 1차 포장과 2차 포장
⑤ 수송

시장 커버리지, 재고와 보관, 점포 위치 및 수송은 유통(Place)변수에 해당하지만, 1차 포장과 2차 포장은 제품(Product)변수에 해당한다.

68 기업의 성장전략 대안들 가운데 기존시장에서 기존제품으로 점유율을 높여서 성장하려는 전략의 명칭으로 가장 옳은 것은?

① 제품개발전략　　　　　　　　　　② 시장개척전략
③ 시장침투전략　　　　　　　　　　④ 전방통합전략
⑤ 다각화전략

앤소프(H. I. Ansoff)의 제품-시장 확장그리드에서 기존시장에서 기존제품으로 점유율을 높여서 성장하려는 전략은 시장침투(market penetration)전략이다. 앤소프의 제품-시장 확장그리드는 다음과 같다.

	기존제품	신제품
기존시장	시장침투전략	제품개발전략
신시장	시장개발전략	다각화전략

정답 67 ④　68 ③

69 아래 글상자의 괄호 안에 들어갈 용어를 순서대로 나열한 것으로 가장 옳은 것은?

> 상품의 다양성(variety)은 (㉠)의 수가 어느 정도 되는지를 의미하며, 상품의 구색
> (assortment)은 (㉡)의 수를 말한다.

① ㉠ 상품계열, ㉡ 상품품목   ② ㉠ 상품형태, ㉡ 상품지원

③ ㉠ 상품품목, ㉡ 상품계열   ④ ㉠ 상품지원, ㉡ 상품형태

⑤ ㉠ 상품형태, ㉡ 상품계열

해설 상품믹스에서 상품의 다양성(variety)은 상품구색의 넓이를 의미하는 것으로 취급하는 상품계열(상품 카테고리)의 수가 많을수록 커진다. 상품의 구색(assortment)은 상품계열 내의 상품품목의 수를 말한다.

70 고객관계 강화 및 유지를 위한 CRM활동으로 가장 옳지 않은 것은?

① 교차판매(cross-selling)

② 상향판매(up-selling)

③ 고객참여(customer involvement)

④ 2차구매 유도(inducing repurchase)

⑤ 영업자원 최적화(sales resource optimization)

해설 ⑤ 영업자원 최적화(sales resource optimization)는 고객관계 강화 및 유지를 위한 CRM 활동과는 관련이 없다.

참고 고객관계관리(CRM ; Customer Relationship Management)
고객에 대한 정보를 활용하여 고객생애가치(customer lifetime value)를 극대화하기 위해 교차판매, 상향판매, 2차구매 유도 등의 방법을 활용한다.

정답 69 ①   70 ⑤

제4과목 유통정보(71~90)

71 RFID의 특징에 대한 설명으로 가장 옳지 않은 것은?

① 태그는 데이터를 저장하거나 읽어 낼 수 있어야 한다.

② 태그는 인식 방향에 관계없이 ID 및 정보 인식이 가능해야 한다.

③ 태그는 직접 접촉을 하지 않아도 자료를 인식할 수 있어야 한다.

④ 태그는 많은 양의 데이터를 보내고, 받을 수 있어야 한다.

⑤ 수동형 태그는 능동형 태그에 비해 일반적으로 데이터를 보다 멀리까지 전송할 수 있다.

 ⑤ 능동형 태그는 자체 배터리에 의해 동력을 전달받으므로 수동형 태그에 비해 일반적으로 데이터를 보다 멀리까지 전송할 수 있다.

72 의사결정시스템에 대한 설명으로 가장 옳지 않은 것은?

① 최고경영층은 주로 비구조적 의사결정에 대한 문제에 직면해 있고, 운영층은 주로 구조적 의사결정에 대한 문제에 직면해 있다.

② 의사결정지원시스템을 이용해 의사결정의 품질을 높이기 위해서는 의사결정지원시스템에서 활용하는 데이터의 품질을 개선해야 한다.

③ 의사결정지원시스템은 수요 예측 문제, 민감도 분석 등에 활용된다.

④ 운영층은 주로 의사결정지원시스템을 이용해 마케팅 계획 설계, 예산 수립 계획 등과 같은 업무를 수행한다.

⑤ 의사결정지원시스템의 의사결정 품질 개선을 위해 딥러닝(deep learning)과 같은 고차원적 알고리즘(algorithm)이 활용된다.

 ④ 의사결정지원시스템을 이용해 마케팅 계획 설계, 예산 수립 계획 등과 같은 업무를 수행하는 것은 최고경영층이다.

정답 71 ⑤ 72 ④

73 소스마킹과 인스토어마킹에 관련된 설명으로 가장 옳지 않은 것은?

① 인스토어마킹은 소분포장, 진열 단계에서 마킹이 이루어진다.
② 소스마킹은 생산 및 제품 포장 단계에서 마킹이 이루어진다.
③ 소스마킹은 전 세계적으로 공통 사용이 가능하다.
④ 소스마킹은 과일이나 농산물에 주로 사용된다.
⑤ 인스토어마킹은 원칙적으로 소매업체가 자유롭게 표시한다.

> **해설** ④ 대형마트나 슈퍼마켓에서 과일이나 농산물에 주로 사용되는 것은 인스토어마킹이다.
>
>  **소스마킹과 인스토어마킹**
> 1. 인스토어마킹(instore marking)은 소매업체에서 상품 하나하나에 자체적으로 설정한 바코드 마킹을 의미한다. 이는 소스마킹을 실시할 수 없는 생선·정육·채소나 과일 등 청과물에 제한적으로 사용한다.
> 2. 소스마킹된 상품은 상품마다 고유식별번호를 가지고 있어 같은 품목에 대하여 전세계 어디서나 동일번호로 식별되지만, 인스토어마킹의 경우에는 각각의 소매업체에서 나름의 기준으로 자유롭게 설정된 표준코드체계에 의해 표시되므로 같은 품목이라도 소매업체마다 번호가 달라질 수 있다.
> 3. POS 시스템에서 바코드 심벌을 포장이나 용기의 인쇄와 동시에 인쇄하는 것을 소스마킹(source marking)이라고 한다. 소스마킹은 제조업체가 제품을 생산·출하시에 이루어진다.

74 바코드에 대한 설명으로 가장 옳지 않은 것은?

① 유통업체의 재고관리와 판매관리에 도움을 제공한다.
② 국가표준기관에 의해 관리되고 있다.
③ 컬러 색상은 인식하지 못하고, 흑백 색상만 인식한다.
④ 스캐너 또는 리더기를 이용하여 상품 관련 정보를 간편하게 읽어들일 수 있다.
⑤ 바코드에는 국가코드, 제조업체코드, 상품품목코드 등에 대한 정보가 저장되어 있다.

> **해설** ③ 바코드를 인쇄할 때 흑백 색상뿐만 아니라 컬러 색상도 할 수 있다. 바코드 스캐너는 어두운 바와 밝은 바(공간)의 색상을 대조하여 바코드를 판독하므로 검은색, 군청색, 진한 녹색, 진한 갈색의 바에 백색, 군청색, 녹색, 적색 바탕이 가능하다.
> 다만, 바코드 스캐너는 적색계통의 색상을 모두 백색으로 감지하여 백색바탕에 적색 바코드인 경우 판독이 불가능하다.

정답 73 ④ 74 ③

75 아래 글상자의 내용을 지칭하는 용어로 가장 옳은 것은?

> • 기업이 필요에 따라 단기 계약직이나 임시직으로 인력을 충원하고 그 대가를 지불하는 형태의 경제를 의미
> • 멕킨지는 '디지털 장터에서 거래되는 기간제 근로자'라고 정의

① 오프쇼어링(off-shoring)
② 커스터마이징(customizing)
③ 매스커스터마이제이션(masscustomization)
④ 긱 이코노미(gig economy)
⑤ 리쇼어링(reshoring)

---

 ④ 기업이 필요에 따라 단기 계약직이나 임시직으로 인력을 충원하고 그 대가를 지불하는 형태의 경제를 긱 이코노미(gig economy)라고 한다.

참고 긱 이코노미(gig economy)

1. 산업 현장에서 디지털 플랫폼을 통해 수요자가 필요할 때마다 임시로 계약을 맺고 일을 맡기는 경제 형태
2. 임시 계약 경제(gig economy)는 1920년대 미국에서 재즈의 인기가 높아지자 공연에 필요한 연주자를 공연장 주변에서 임시로 섭외해 단기계약을 한 데서 유래한다. 긱(gig)은 주로 소규모 공연장에서 이루어지는 뮤지션들의 라이브 연주 형태를 말한다.
3. 임시 계약 경제는 일을 원하는 노동자와 이들을 필요로 하는 이용자가 플랫폼으로 연결되어 서로 대가를 주고받는 방식으로, 플랫폼이 하나의 시장처럼 서비스의 수요와 공급을 중개한다. 대표적인 예가 자신의 차를 가진 일반 차량 운전자와 승객을 연결해 주는 우버(Uber)의 승차 공유 서비스다.
4. 이동을 해야 하는 승객이 스마트폰 애플리케이션(application)으로 차량을 요청하면 우버는 우버의 플랫폼에 가입한 차량 운전자와 빠르게 연결해 주고 수수료를 챙긴다. 노동자는 조직에 고용되지 않고 필요할 때만 임시적 또는 일시적 파트너로 계약하는 독립 노동자(independent worker) 또는 독립 계약자(independent contractor)의 신분을 가진다.
5. 배달 대행, 대리운전, 가사 도우미 등의 단순 서비스부터 법률이나 의료 컨설팅 등 전문성이 요구되는 업무까지 다양한 범위의 서비스가 대상이 될 수 있다.

정답 75 ④

76 아래 글상자에서 설명하는 내용을 지칭하는 용어로 가장 옳은 것은?

> • 기존 데이터베이스 관리도구의 능력을 넘어서 데이터에서 가치있는 정보를 추출하는 기술로, 디지털 환경에서 다양한 형식으로 빠르게 발생하는 대량의 데이터를 다루는 기술임.
>
> • 유통업체에서 보다 탁월한 의사결정을 위해 활용하는 비즈니스 애널리틱스(Business Analytics : BA) 중 하나로 고차원적 의사결정을 지원하는 기술임.

① 리포팅   ② 쿼리
③ 스코어카드   ④ 대시보드
⑤ 빅데이터

 ⑤ 제시된 내용은 빅데이터(big data)에 대한 설명이다. 빅데이터는 디지털 환경에서 생성되는 데이터로 그 규모가 방대하고, 생성 주기도 짧으며, 형태도 수치 데이터뿐 아니라 문자와 영상 데이터를 포함하는 대규모 데이터를 말한다.

가트너(Gartner)에서 제시하는 빅데이터의 특징은 3V로 요약하는 것이 일반적이다. 즉, 데이터의 양(Volume), 데이터 생성 속도(Velocity), 형태의 다양성(Variety)을 의미한다.

참고 지식경영 분석기술의 출현 및 발전단계
지식경영 분석기술은 초기 리포트에서 스코어카드와 대시보드를 거쳐, 데이터를 분석하여 가치있는 정보를 찾아내는 데이터 마이닝(data minning) 단계를 거쳐 2010년대 이후에는 테라바이트 이상의 크기를 가진 빅데이터를 분석하는 수준에 이르고 있다.
스코어카드(scorecards)는 성과표이다. **예** 카플란과 노튼의 균형성과표(BSC)

참고 BA
1. 최근 비즈니스 인텔리전스를 넘어 비즈니스 애널리틱스(BA : Business Analytics)가 회자되고 있다.
2. 비즈니스 인텔리전스가 과거 데이터 및 정형 데이터를 기반으로 무엇이 발생했는지를 분석하여 비즈니스 의사결정을 돕는 도구라면, 비즈니스 애널리틱스는 과거뿐만 아니라 현재 실시간으로 발생하는 데이터에 대하여 연속적이고 반복적인 분석을 통해 미래를 예측하는 통찰력을 제공하는 데 활용된다. [네이버 지식백과] 비즈니스 애널리틱스와 빅데이터 분석 (빅데이터 플랫폼 전략, 2013. 2. 11., 황승구, 최완, 허성진, 장명길, 이미영, 박종열, 원희선, 김달)
3. BI가 기업 내 부서별로 소유하고 있는 데이터를 분석대상으로 삼았다면, 비즈니스 애널리틱스는 실시간으로 미래 예측적인 분석을 하기 위해 기업 전체 데이터를 통합 분석하는 형태로 발전하고 있다고 볼 수도 있다. 이런 점에서 비즈니스 애널리틱스 분야는 데이터의 양이 엄청나게 늘어나게 되고 여기에 덧붙여 기사, 블로그, 이메일, 소셜 데이터 등을 통해 트렌드나 감성을 분석하여 기업 비즈니스 계획에 반영하기 위해 비정형 데이터 분석 역시 큰 폭으로 확장되고 있다.

정답 76 ⑤

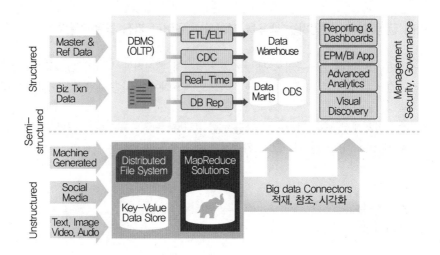

77 유통정보시스템 이용에 있어서 정보보안의 주요 목표에 대한 내용으로 가장 옳은 것은?

① 허락받지 않은 사용자가 정보를 변경해서는 안 되는 것은 기밀성이다.

② 정보의 소유자가 원치 않으면 정보를 공개할 수 없는 것은 무결성이다.

③ 보낸 이메일을 상대가 읽었는지 알 수 있는 수신 확인 기능은 부인방지 원칙을 잘 반영한 것이다.

④ 웹사이트에 접속하려고 할 때 에러 등 서비스 장애가 일어나는 것은 무결성이 떨어진다고 볼 수 있다.

⑤ 인터넷 거래에 필요한 공인인증서에 기록된 내용은 타인이 조작할 수 없도록 만들어 가용성을 유지해야 한다.

해설 ③ 보낸 이메일을 상대가 읽었는지 알 수 있는 수신 확인 기능은 부인방지 원칙을 잘 반영한 것이다. 부인방지(non-repudiation)는 송수신 당사자가 각각 전송된 송수신 사실을 추후 부인하는 것을 방지하는 서비스다.

① 기밀성(confidentiality)은 비인가자가 부당한 방법으로 정보를 입수한 경우에도 정보의 내용을 알 수 없도록 하는 서비스다. ② 무결성(integrity)은 데이터가 전송 도중 또는 데이터 베이스에 저장되어 있는 동안 악의의 목적으로 위·변조되지 않았음을 보장하는 것이다. ⑤는 무결성에 해당하는 내용이다.

참고 전자상거래 보안요건

전자결제시스템이 전자상거래에 이용되기 위해서는 상호인증(authentication), 기밀성(confidentiality), 무결성(integrity) 및 부인방지(non-repudiation) 등의 조건이 갖추어져야 한다.

인증은 사용자 혹은 프로세스에 대한 확인을 의미한다. 통신시스템에서 서명이나 편지의 내용이 실제로 정확한 곳에서 전송되어 오는지 확인하는 것이다.

정답 **77** ③

78 유통업체에서 새로운 비즈니스 모델을 개발하고자 할 때 사용하는 비즈니스 모델 캔버스를 구성하는 요인에 대한 설명으로 가장 옳지 않은 것은?

① 유통채널이란 기업이 고객에게 가치를 전달하는 경로이다.

② 고객 세분화란 고객이 무언가를 수행하는 것을 도움으로써 가치를 창출할 수 있다는 것이다.

③ 핵심자원은 기업이 비즈니스를 수행하는데 핵심이 되는 중요한 자산이다.

④ 고객관계 구축이란 우량 고객과 비우량 고객을 구분하고, 차별화된 관리방안을 마련하는 것을 의미한다.

⑤ 핵심 파트너십은 비즈니스 생태계에서 원만한 기업관계를 구축하기 위한 핵심역량을 말한다.

해설 ② 고객 세분화(Customer Segments)란 핵심타깃인 고객을 정의하는 것이다. 누구를 위해 가치를 창조하는가, 즉 누가 가장 중요한 고객인가를 정의하는 것이다.

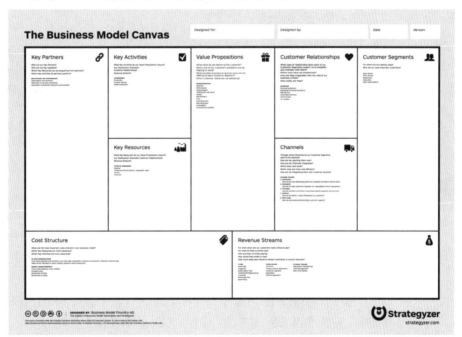

비즈니스 모델 캔버스(Business Model Canvas)는 새로운 사업 모형을 개발하고 기존의 모형을 문서화하기 위해 사용하는 경영전략 템플릿이다. 기업이나 제품의 밸류 프로포지션, 인프라스트럭처, 고객, 재정의 시각적 차트를 제공하며 잠재적인 트레이드오프를 묘사함으로써 사업체들이 자신들의 활동을 조정할 수 있도록 돕는다. 캔버스는 4개 영역(고객, 가치제안, 인프라, 자금)을 커버하는 9개 블록으로 구성되이 있다.

정답 78 ②

79 스마트폰과 같은 모바일 기기를 이용하는 모바일 쇼핑의 특성으로 가장 옳지 않은 것은?

① 소비자가 직접 능동적으로 필요한 제품을 검색하여 보다 상세하게 정보를 얻을 수 있다는 장점이 있다.

② 모바일 쇼핑은 소비자가 인지 – 정보탐색 – 대안평가 – 구매 등의 구매의사결정을 하나의 매체에서 통합적으로 수행할 수 있는 쇼핑형태이다.

③ 기업은 구매과정을 단순하고 편리하게 구성함으로써 구매단계에 대한 통합적 관리가 가능해진다.

④ 쿠폰, 티켓, 상품권 등을 중심으로 형성되었던 모바일 쇼핑은 의류, 패션잡화, 가전제품, 화장품, 식품, 가구 등 거의 전 부문으로 확산되고 있다.

⑤ 모바일 쇼핑의 활성화에 따라 백화점, 대형마트, 인터넷 쇼핑 등과의 채널별 시장 경계가 명확해지면서 기존에 비해 가격경쟁은 약화되고 있다.

해설 ⑤ 모바일 쇼핑의 활성화에 따라 백화점, 대형마트, 인터넷 쇼핑 등과의 채널별 시장 경계가 약화되면서 기존에 비해 가격경쟁은 강화되고 있다.

> **참고**
> 옴니채널(Omni Channel)에서 온라인(online) 상거래의 범위를 오프라인(offline)으로 확장한 서비스를 제공하는 방식은 O2O(Online to Offline)이다. 옴니채널은 O2O(Online to Offline) 커머스의 대표적인 사례이다. 이는 소비자가 온라인과 오프라인, 모바일 등 다양한 채널을 넘나들며 상품을 검색하고 구매할 수 있도록 하는 것을 말한다. 즉, 각 유통채널의 특성을 결합해 어떤 채널에서든 같은 매장을 이용하는 것처럼 느낄 수 있도록 한 쇼핑환경을 말한다.(이수동·여동기, 『소매경영』, 제3판, 학현사, 2015, p. 13, 168)

80 EDI 시스템의 사용 이점에 대한 설명으로 가장 옳지 않은 것은?

① 데이터의 입력에 소요되는 시간과 오류를 줄일 수 있다.

② 주문기입 오류로 인해 발생되는 문제점 및 지연을 없앰으로써 데이터 품질을 향상시킨다.

③ 문서 관련 업무를 자동화처리함으로써 직원들은 부가가치업무에 집중할 수 있고 중요한 비즈니스 데이터를 실시간으로 추적할 수 있다.

④ EDI는 세계 도처에 있는 거래 당사자와 연계를 촉진시키는 공통의 비즈니스 언어를 제공하기 때문에 새로운 영역 및 시장에 진입을 원활하게 한다.

⑤ EDI는 전자기반 프로세스를 문서기반 프로세스로 대체함으로써 많은 비용을 절약하고 이산화탄소 배출량을 감소시켜 궁극적으로 기업의 사회적 책임을 이행하게 한다.

해설 ⑤ EDI는 종이문서 기반의 업무처리 프로세스를 전자문서 기반의 프로세스로 대체함으로써 많은 비용을 절약하고 이산화탄소 배출량을 감소시켜 궁극적으로 기업의 사회적 책임을 이행하게 한다.

정답 79 ⑤ 80 ⑤

81 고객관리를 최적화하기 위해 활용되는 비즈니스 인텔리전스(Business Intelligence : BI)에 대한 설명으로 가장 옳지 않은 것은?

① BI는 의사결정자에게 적절한 시간, 적절한 장소, 적절한 형식의 실행가능한 방식으로 정보를 제공한다.
② BI는 사물인터넷 기술을 이용해서 새로운 데이터를 수집하는 기능을 제공한다.
③ BI는 데이터 마이닝이나 OLAP 등의 다양한 분석도구를 사용하여 의사결정에 필요한 정보를 제공한다.
④ BI는 발생된 사건의 내부 데이터, 구조화된 데이터, 히스토리컬 데이터(historical data) 등에 대한 분석기능을 제공한다.
⑤ BI는 분석적 도구를 활용해 경영 의사결정에 필요한 경쟁력 있는 정보와 지식을 제공한다.

해설 ② 비즈니스 인텔리전스(BI)는 새로운 데이터를 수집하는 것이 아니라 주로 기업 내 부서별로 소유하고 있는 데이터를 분석하는 데 중점을 둔다. 즉, 기업 내부의 데이터를 통합·분석·접근할 수 있는 도구를 통칭한다. BI에는 DB 쿼리 및 리포팅을 위한 소프트웨어, 제품군별 판매예측과 같은 요약, 다차원분석, 패턴 등을 파악하는 데이터 마이닝(Data Mining) 등이 있다.

참고 비즈니스 애널리틱스(BA)
1. BI가 기업 내 부서별로 소유하고 있는 데이터를 분석대상으로 삼았다면, 비즈니스 애널리틱스는 실시간으로 미래 예측적인 분석을 하기 위해 기업 전체 데이터를 통합 분석하는 형태로 발전하고 있다고 볼 수도 있다.
2. 이런 점에서 비즈니스 애널리틱스 분야는 데이터의 양이 엄청나게 늘어나게 되고 여기에 덧붙여 기사, 블로그, 이메일, 소셜 데이터 등을 통해 트렌드나 감성을 분석하여 기업 비즈니스 계획에 반영하기 위해 비정형 데이터 분석 역시 큰 폭으로 확장되고 있다.
3. 비즈니스 애널리틱스(analytics)는 경영활동의 효율성을 높이기 위하여 지원하는 기업 솔루션으로, 과거 데이터 분석 위주의 비즈니스 인텔리전스(BI)에 통계 기반의 예측 기능을 부가한 솔루션으로 비즈니스 문제를 더욱 빠르고 정확하게 해결하도록 한다.

82 일반 상거래와 비교할 때, 전자상거래의 차별화된 특성을 설명한 것으로 가장 옳지 않은 것은?

① 고객과 대화형 비즈니스 모델로의 변이가 가능하다.
② 인터넷 비즈니스는 시간적, 공간적 제약 없이 실시간으로 운영 가능하다.
③ 재고부담을 최소화하면서 기술개발과 마케팅에 더 많은 투자를 한다.
④ 변화에 대한 융통성은 프로세스에 의존하기보다는 유형자산에 의존한다.
⑤ 동시다발적 비즈니스 요소가 싱립하며 포괄적 비스니스모델에 의한 운영이 가능하다.

정답 81 ② 82 ④

④ 전통적인 상거래에서는 점포, 설비 등 유형자산이 중요한 역할을 했지만, 전자상거래는 무점포 거래 이므로 변화에 대한 융통성은 주로 프로세스에 의존하고 있다.

83 아래 글상자의 괄호 안에 들어갈 용어를 순서대로 나열한 것으로 가장 옳은 것은?

- 디지털 뉴딜의 일환으로 (㉠)을 이용한 '유통/물류 이력관리시스템'은 위변조가 불가 하고 정보 공유가 용이하여 입고부터 가공, 포장, 판매에 이르는 과정을 소비자와 공유 하는 것이 가능해짐.
- (㉡)는 개인이 자신의 정보에 대한 완전한 통제권을 가지는 비대면 시대에 가장 적합 한 기술로 분산원장의 암호학적 특성을 기반으로 한 신뢰된 ID 저장소를 이용하여 제3 기관의 통제 없이 분산원장에 참여한 누구나 신원정보의 위조 및 변조 여부를 검증할 수 있도록 지원함.

① ㉠ 블록체인   ㉡ DID(Decentralized Identity)
② ㉠ 금융권 공동인증   ㉡ OID(Open Identity)
③ ㉠ 블록체인   ㉡ PID(Personality Identity)
④ ㉠ 블록체인   ㉡ OID(Open Identity)
⑤ ㉠ 공인인증   ㉡ DID(Decentralized Identity)

 ㉠ **블록체인** : 블록체인(blockchain)은 분산원장 또는 공공거래장부라고 불리며, 암호화폐로 거래할 때 발생할 수 있는 해킹을 막는 기술에서 출발했다. 다수의 상대방과 거래를 할 때 데이터를 개인 사용 자들의 디지털 장비에 저장하여 공동으로 관리하는 분산형 정보기술이다.
㉡ DID(Decentralized Identity), **분산 식별자** : DID는 블록체인 기술 기반으로 구축한 전자신분증 시스 템을 말한다. 분산 식별자(DID)는 개인정보를 제3기관 중앙 서버가 아니라 개인 스마트폰, 태블릿 등 개인 기기에 분산시켜서 관리한다. 위・변조가 불가능한 블록체인상에는 해당 정보의 진위 여부 만 기록한다. 정보를 매개하는 중개자 없이 본인 스스로 신분을 증명할 수 있다. [네이버 지식백과] 분산 식별자 [Decentralized Identifiers] (ICT 시사상식 2021)
블록체인은 비트코인의 기반 기술로, 원장을 금융기관 등 특정 기관의 중앙 서버가 아닌 P2P(Peer to Peer・개인간) 네트워크에 분산해 참가자가 공동으로 기록하고 관리하는 기술이다.

정답 83 ①

84 QR(Quick Response)에 대한 설명으로 가장 옳지 않은 것은?

① QR은 1980년대 중반 미국의 의류업계와 유통업체가 상호 협력하면서 시작되었다.

② QR의 도입으로 기업은 리드타임의 증가, 재고비용의 감소, 판매의 증진 등의 획기적인 성과를 거둘 수 있다.

③ QR이 업계 전반에 걸쳐 확산되기 위해서는 유통업체마다 각각 다르게 운영되고 있는 의류상품에 대한 상품분류체계를 표준화하여야 한다.

④ 미국의 식품업계는 QR에 대한 벤치마킹을 통해 식품업계에 적용할 수 있는 SCM 시스템인 ECR을 개발하였다.

⑤ QR의 핵심은 유통업체가 제조업체에게 판매된 의류에 대한 정보를 매일 정기적으로 제공함으로써 제조업체로 하여금 판매가 부진한 상품에 대해서는 생산을 감축하고 잘 팔리는 상품의 생산에 주력할 수 있도록 하는 데 있다.

> 해설
> ② QR의 도입으로 기업은 소비자 욕구 변화에 빠르게 대응함으로써 <u>리드타임의 감소</u>, 재고비용의 감소, 판매의 증진 등의 획기적인 성과를 거둘 수 있다.
> QR(Quick Response)은 1980년대 중반 미국의 패션 어패럴 산업에서 공급망에서의 상품 흐름을 개선하기 위하여 판매업체와 제조업체 사이에서 제품에 대한 정보를 공유함으로써, 제조업체는 보다 효과적으로 원재료를 충원하여 제조하고, 유통함으로써 효율적인 생산과 공급체인 재고량을 최소화시키려는 시스템이다. <u>SCM의 최초형태이다.</u>

85 빅데이터는 다양한 유형으로 존재하는 모든 데이터가 대상이 된다. 데이터 유형과 데이터 종류, 그에 따른 수집기술의 연결이 가장 옳지 않은 것은?

① 정형데이터 – RDB – ETL

② 정형데이터 – RDB – Open API

③ 반정형데이터 – JSON – Open API

④ 반정형데이터 – 이미지 – Crawling

⑤ 비정형데이터 – 소셜데이터 – Crawling

> 해설
> ④ 반정형데이터의 종류에는 HTML, XML, JSON 및 IoT에서 제공하는 센서데이터 등이 있다. 수집기술로는 Open API, Apache Flum, Chukaw 등이 있다.
> ① 정형데이터에는 관계형데이터베이스(RDB), 스프레드 시트, CSV 데이터 등이 있다. 수집기술로는 ETL, FTP(file transfer protocol), API 등이 있다.
> ⑤ 비정형데이터는 이미지, 동영상, 사운드, 텍스트 무서 등 데이터의 형태가 정해져 있지 않은 데이터이다. 수집기술은 Crawling, RSS, Open API 등이 있다.

정답 84 ② 85 ④

1. 수집된 자료를 표준화시키거나 변환하여 목표 저장소에 저장할 수 있도록 도와주는 기술은 ETL(Extract, Transform, Load)이다. ETL은 자료의 추출, 변환, 적재의 약자이다. 각각의 운영 DB로부터 발생하는 대량의 데이터를 ETL 도구를 활용하여 통합관리할 수 있도록 데이터웨어하우스를 구축한다.
2. Open API(Open Application Programmer Interface)는 인터넷 이용자가 일방적으로 웹 검색 결과 및 사용자인터페이스(UI) 등을 제공받는 데 그치지 않고 직접 응용 프로그램과 서비스를 개발할 수 있도록 공개된 API를 말한다.

86 노나카 이쿠지로 교수가 제시한 지식변환 프로세스에서 암묵적 형태로 존재하는 지식을 형식화하여 수집 가능한 데이터로 생성시켜 공유가 가능하도록 만드는 과정을 일컫는 용어로 옳은 것은?

① 공동화(socialization)
② 지식화(intellectualization)
③ 외부화(externalization)
④ 내면화(internalization)
⑤ 연결화(combination)

해설 ③ 노나카 이쿠지로의 지식변환 프로세스(SECI 모델)에서 암묵적 형태로 존재하는 지식을 형식화하는 것은 외부화(externalization)이다. 숙련된 기능공의 노하우를 문서화하는 것, 이전에 기록된 적이 없는 구체적 프로세스에 대한 매뉴얼을 작성하는 것 등이 외부화의 사례이다.

87 고객발굴을 위해 CRM시스템의 고객정보를 활용하여 분석을 수행하고자 한다. 고객으로부터 전화문의, 인터넷 조회, 영업소 방문 등의 내용을 바탕으로 하는 분석을 지칭하는 용어로 가장 옳은 것은?

① 외부 데이터 분석
② 고객 프로필 분석
③ 현재 고객 구성원 분석
④ 하우스-홀딩 분석
⑤ 인바운드 고객 분석

해설 ⑤ 고객으로부터의 전화 문의, 인터넷 조회, 영업소 방문 등의 내용을 바탕으로 하는 분석은 인바운드 고객 분석이다. 또한 인바운드 분석은 기존고객의 피드백이나 불만제기 내용 등을 분석하는 것을 포함한다.

정답 86 ③ 87 ⑤

88 공급업체와 구매업체의 재고관리 영역에서 구매업체가 가진 재고 보충에 대한 책임을 공급업체에게 이전하는 전략을 일컫는 용어로 가장 옳은 것은?

① CPP(cost per rating point)
② ASP(application service provider)
③ CMI(co-managed inventory)
④ ABC(activity based costing)
⑤ VMI(vender managed inventory)

 ⑤ 재고관리 영역에서 구매업체가 가진 재고 보충에 대한 책임을 공급업체에게 이전하는 전략은 공급자 주도 재고관리 전략, 즉 VMI(vender managed inventory) 전략이다. 이는 협력적 재고관리(CMI)와 함께 지속적 재고보충(CR, CRP) 전략에 해당한다.

89 CRM시스템을 구축하는 이유에 대한 설명으로 가장 옳지 않은 것은?

① 고객과의 장기적인 관계 형성
② 거래 업무 효율화와 수익 증대
③ 의사결정 향상을 위한 고객에 대한 이해 활성화
④ 우수한 고객서비스 제공 및 확고한 경쟁우위 점유
⑤ 기존 고객유지보다 신규 고객유치 활성화를 통한 비용절감

 ⑤ CRM은 신규고객의 창출보다 기존고객의 유지에 더 중점을 둔다. 또한 CRM은 제품판매보다는 고객관계관리에 중점을 두고, 시장점유율보다는 고객점유율에 좀 더 비중을 둔다. CRM은 신규고객의 확보보다 기존고객의 유지관리가 비용면에서 효율적이라는 것을 알게 되면서 등장하였다. CRM은 다양해지는 고객의 욕구에 유연하게 대처함으로써 수익의 극대화를 추구하려는 것이다. CRM은 개별고객에 대한 상세한 정보를 토대로 그들과의 장기적인 관계를 구축하고 충성도를 높여 고객 생애가치(customer LTV)를 극대화하려는 것이다. 이는 장기적인 고객관계 형성을 위해 도입하고 있다.

정답 88 ⑤ 89 ⑤

90 아래 글상자의 내용과 관련있는 용어로 가장 옳은 것은?

> • 금융소비자 개인의 금융정보(신용정보)를 통합 및 관리하여 주는 서비스
> • 개인데이터를 생산하는 정보주체인 개인이 본인 데이터에 대한 권리를 가지고, 본인이 원하는 방식으로 관리하고 처리하는 패러다임
> • 개인데이터의 관리 및 활용 체계를 기관 중심에서 사람 중심으로 전환한 개념

① 마이데이터
② BYOD(Bring Your Own Device)
③ 개인 핀테크
④ 디지털 전환
⑤ 빅테크

 제시된 내용은 <u>마이데이터(mydata)</u>에 대한 설명이다. 개인이 자신의 정보를 적극적으로 관리·통제하는 것은 물론 이러한 정보를 신용이나 자산관리 등에 능동적으로 활용하는 일련의 과정을 말한다. 이 데이터를 이용하면 각종 기관과 기업 등에 분산되어 있는 자신의 정보를 한꺼번에 확인할 수 있으며, 업체에 자신의 정보를 제공해 맞춤 상품이나 서비스를 추천받을 수 있다. 국내에서는 시범 서비스를 거쳐 2022년 1월 5일부터 전면 시행되었다.

정답 90 ①

유통관리사 2급 기출문제

제1과목 유통 · 물류일반관리(01~25)

01 국제물류주선업에 관련된 설명으로 가장 옳지 않은 것은?

① 화주에게 운송에 관련된 최적의 정보를 제공하고 물류비, 인력 등을 절감하는 데 도움을 줄 수 있다.

② 일반적으로 선사는 소량화물을 직접 취급하지 않기 때문에 소량화물의 화주들에게는 무역화물운송업무의 간소화와 운송비용 절감의 혜택을 제공할 수 있다.

③ 국제물류주선인은 다수의 화주로부터 위탁받은 화물로 선사에 보다 효과적인 교섭권을 행사하여 유리한 운임률 유도를 통해 규모의 경제 효과를 창출할 수 있다.

④ 안정적 물량 확보를 위해 선사는 국제물류주선인과 계약하는 것보다 일반화주와 직접 계약하는 것이 유리하다.

⑤ NVOCC(Non-Vessel Operating Common Carrier)는 실제운송인형 복합운송인에 속하지 않는다.

해설 ④ 선사가 안정적으로 운송물량을 확보하기 위해서는 소량화물의 화주와 직접 계약하는 것보다 국제물류주선인과 계약하는 것이 유리하다.

국제물류주선인은 타인의 수요에 따라 자기의 명의와 계산으로 타인의 물류시설 · 장비 등을 이용하여 수출입화물의 물류를 주선하는 사업자를 말한다(물류정책기본법 제2조).

정답 01 ④

02 소비자기본법(법률 제17799호, 2020.12.29., 타법개정)에 의한 소비자의 기본적 권리로만 바르게 짝지어진 것은?

> ㉠ 물품 또는 용역을 선택함에 있어서 필요한 지식 및 정보를 제공받을 권리
> ㉡ 합리적인 소비생활을 위하여 필요한 교육을 받을 권리
> ㉢ 사업자 등과 더불어 자유시장경제를 구성하는 주체일 권리
> ㉣ 안전하고 쾌적한 소비생활 환경에서 소비할 권리
> ㉤ 환경친화적인 자원재활용에 대해 지원받을 권리

① ㉠, ㉡, ㉢, ㉣, ㉤　　　　② ㉠, ㉡, ㉢
③ ㉠, ㉡, ㉣　　　　　　　　④ ㉡, ㉢, ㉤
⑤ ㉡, ㉣, ㉤

해설 ㉢과 ㉤은 「소비자기본법」에 규정된 소비자의 기본적 권리와는 관계가 없다.

참고 소비자의 기본적 권리(소비자기본법 제4조)
1. 물품 또는 용역(이하 '물품등')으로 인한 생명·신체 또는 재산에 대한 위해로부터 보호받을 권리
2. 물품등을 선택함에 있어서 필요한 지식 및 정보를 제공받을 권리
3. 물품등을 사용함에 있어서 거래상대방·구입장소·가격 및 거래조건 등을 자유로이 선택할 권리
4. 소비생활에 영향을 주는 국가 및 지방자치단체의 정책과 사업자의 사업활동 등에 대하여 의견을 반영시킬 권리
5. 물품등의 사용으로 인하여 입은 피해에 대하여 신속·공정한 절차에 따라 적절한 보상을 받을 권리
6. 합리적인 소비생활을 위하여 필요한 교육을 받을 권리
7. 소비자 스스로의 권익을 증진하기 위하여 단체를 조직하고 이를 통하여 활동할 수 있는 권리
8. 안전하고 쾌적한 소비생활 환경에서 소비할 권리

03 재고관리에 대한 설명으로 가장 옳지 않은 것은?

① 소비자가 원하는 상품을 적시에 제공하기 위하여 소매점은 항상 적절한 양의 재고를 보유해야 할 필요가 있다.
② 재고가 지나치게 많을 경우, 적절한 시기에 처분하기 위해 상품가격을 인하하여 판매하기 때문에 투매손실이 발생할 수 있다.
③ 재고가 너무 적은 경우 소비자의 수요에 대응할 수 없는 기회손실이 발생할 수 있다.
④ 투매손실이나 기회손실이 발생하지 않도록 하기 위해 유지해야 하는 적정 재고량은 표준재고이다.
⑤ 재고가 적정 수준 이하가 되면 미리 결정해둔 일정 주문량을 발주하는 방법은 상황 발주법이다.

정답 02 ③　03 ⑤

⑤ 재고가 적정 수준(재주문점) 이하가 되면 미리 결정해 둔 일정 주문량(경제적 주문량, EOQ)을 발주하는 방법은 정량 발주법이다.

04 경로 지배를 위한 힘의 원천으로 가장 옳지 않은 것은?

① 보상적 힘
② 협력적 힘
③ 합법적 힘
④ 준거적 힘
⑤ 전문적 힘

 프렌치와 레이븐(J. French and B. Raven)은 경로 지배를 위한 파워의 원천(power source)을 보상적 파워, 강압적 파워, 합법적 파워, 전문적 파워 그리고 준거적 파워로 구분하였다.

참고 유통경로상의 파워의 원천 사례

보상적 파워 (reward power)	판매지원, 영업활동지원, 관리기법, 시장정보, 금융지원, 신용조건, 마진폭의 증대, 특별할인, 리베이트, 광고지원, 판촉물 지원, 신속한 배달, 빈번한 배달, 감사패 제공, 지역 독점권 제공
강압적 파워 (coercive power)	상품공급의 지연, 대리점 보증금의 인상, 마진폭의 인하, 대금결제일의 단축, 전속적 지역권의 철회, 인접 지역에 새로운 점포의 개설, 끼워 팔기, 밀어내기, 기타 보상적 파워의 철회
합법적 파워 (legitimate power)	오랜 관습이나 상식에 따라 당연하게 인정되는 권리, 계약, 상표등록, 특허권, 프랜차이즈 협약, 기타 법률적 권리
준거적 파워 (referent power)	유명상표를 취급한다는 긍지와 보람, 유명업체 또는 관련 산업의 선도자와 거래한다는 긍지, 상호 간 목표의 공유, 상대방과의 관계지속 욕구, 상대방의 신뢰 및 결속
전문적 파워 (expert power)	경영관리에 관한 상담과 조언, 영업사원의 전문지식, 종업원의 교육과 훈련, 상품의 진열 및 전시조언, 경영정보, 시장정보, 우수한 제품, 다양한 제품, 신제품 개발 능력

05 산업재와 유통경로에 대한 설명으로 가장 옳지 않은 것은?

① 산업재는 원자재의 저가격협상과 수급 연속성, 안정적인 공급경로의 구축이 중요하다.
② 설비품(고정장비)은 구매결정자의 지위가 낮으며 단위당 가격이 낮고 단기적 거래가 많다.
③ 윤활유, 잉크 등과 같은 운영 소모품의 거래는 구매 노력이 적게 들기에 구매결정자의 지위나 가격이 낮다.
④ 산업재는 제조업자와 소비자 간의 직접판매가 많고 소비재보다는 경로가 짧고 단순하다.
⑤ 산업재 중 못, 청소 용구, 페인트 같은 수선 소모품은 소비새 중 편의품과 같은 성격을 갖고 있다.

정답 04 ② 05 ②

해설 ② 설비품(고정장비)은 대표적인 산업재로 구매결정자의 지위가 높고(최고경영자), 구매결정자의 협상
력이 크며, 단기적 거래보다는 장기적 거래가 대부분이다.

06 JIT(Just-in-time)와 JIT(Just-in-time) Ⅱ와의 차이점에 대한 설명으로 가장 옳지 않은
것은?

① JIT는 부품과 원자재를 원활히 공급받는 데 초점을 두고, JITⅡ는 부품, 원부자재, 설
비공구, 일반자재 등 모든 분야를 공급받는 데 초점을 둔다.

② JIT가 개별적인 생산현장(plant floor)을 연결한 것이라면, JITⅡ는 공급체인상의 파
트너의 연결과 그 프로세스를 변화시키는 시스템이다.

③ JIT는 자사 공장 내의 무가치한 활동을 감소·제거하는 데 주력하고, JITⅡ는 기업 간
의 중복업무와 무가치한 활동을 감소·제거하는 데 주력한다.

④ JIT가 풀(pull)형인 MRP와 대비되는 푸시(push)형의 생산방식인 데 비해, JITⅡ는
JIT와 MRP를 동시에 수용할 수 있는 기업 간의 운영체제를 의미한다.

⑤ JIT가 물동량의 흐름을 주된 개선대상으로 삼는 데 비해, JITⅡ는 기술, 영업, 개발을
동시화(synchronization)하여 물동량의 흐름을 강력히 통제한다.

해설 ④ JIT가 푸시(push)형인 MRP와 대비되는 풀(pull)형의 생산방식인 데 비해, JITⅡ는 JIT와 MRP를 동시
에 수용할 수 있는 기업 간의 운영체제를 의미한다. 또한 JIT는 자사 공장 내의 가치 없는 활동을
감소·제거하는 데 주력하는 반면 JITⅡ는 기업 간의 중복업무와 가치 없는 활동을 감소·제거하는
데 주력한다.

07 공급사슬관리(SCM)를 위해 활용할 수 있는 지연전략(postponement strategy)에 대한
설명으로 가장 옳은 것은?

① 지연전략은 고객의 수요를 제품설계에 반영하기 위해 완제품의 재고보유 시간을 최대
한 연장시키는 전략이다.

② 주문 이전에는 모든 스웨터를 하얀색으로 생산한 후 주문이 들어오면 염색을 통해 수
요에 맞춰 공급하는 것은 지리적 지연전략이다.

③ 가장 중요한 창고에 재고를 유지하며, 지역 유통업자들에게 고객의 주문을 넘겨주거나
고객에게 직접 배송하는 것은 제조 지연전략이다.

④ 컴퓨터의 경우, 유통센터에서 프린터, 웹캠 등의 장치를 조립하거나 포장하는 것은 지
리적 지연전략이다.

⑤ 자동차를 판매할 때 사운드 시스템, 선루프 등을 설치 옵션으로 두는 것은 결합 지연전
략이다.

정답 06 ④ 07 ⑤

해설 ⑤ 자동차를 판매할 때 사운드 시스템, 선루프 등을 설치 옵션으로 두는 것은 결합 지연전략 또는 조립 (assembly) 지연전략이다.
① 지연(postponement)전략은 고객의 정확한 욕구가 파악되는 시점까지 제품의 완성을 연기하고 이를 통해 고객들의 다양한 수요에 유연하게 대응하려는 전략이다. ②는 조립 및 제조 지연전략, ③은 물류 지연전략, ④는 조립 및 제조 지연전략이다.
지연전략은 라벨링(labeling) 지연, 포장(packaging) 지연, 조립(assembly) 지연, 제조(manufacturing) 지연, 그리고 시간(time) 지연으로 구분한다. 또한 형태 지연, 시간 지연 및 장소 지연으로 구분하기도 한다.(권오경, 공급사슬관리, 박영사, pp.99~101)

08 경영성과 분석을 위해 글상자 안의 활동성 비율들을 계산할 때 공통적으로 사용되는 요소로 가장 옳은 것은?

> 재고자산회전율, 고정자산회전율, 총자산회전율, 매출채권회전율

① 재고자산   ② 자기자본
③ 영업이익   ④ 매출액
⑤ 고정자산

해설 ④ 활동성 비율(activity ratio)은 기업의 자산이 얼마나 효율적으로 활용되고 있는가를 나타내는 비율이다. 매출채권회전율, 재고자산회전율, 유형고정자산회전율, 총자산회전율 등이 있다. 활동성 비율의 분자에는 공통적으로 매출액이 들어간다.

$$\bigcirc\bigcirc 자산회전율 = \frac{매출액}{\bigcirc\bigcirc 평균자산}, \quad 매출채권회전율 = \frac{매출액}{평균매출채권액}$$

09 각 점포가 독립된 회사라는 점에서 프랜차이즈 체인방식과 같지만, 조직의 주체는 가맹점이며 전 가맹점이 경영의 의사결정에 참여한다는 차이점이 있는 연쇄점(chain)의 형태로 가장 옳은 것은?

① 정규연쇄점(regular chain)   ② 직영점형 연쇄점(corporate chain)
③ 조합형 연쇄점(cooperative chain)   ④ 마스터 프랜차이즈(master franchise)
⑤ 임의형 연쇄점(voluntary chain)

정답 08 ④   09 ⑤

⑤ 유통산업발전법에서는 체인사업을 직영점형, 프랜차이즈형, 임의가맹점형 및 조합형 4가지로 구분하고 있다(법 제2조 6호). 문제에 제시된 내용은 임의가맹점형 체인사업에 가까운 것으로 임의형 연쇄점(voluntary chain) 또는 자발적 연쇄점이라고도 한다.

참고 체인사업의 유형(유통산업발전법 제2조 제6호)

"체인사업"이란 같은 업종의 여러 소매점포를 직영(자기가 소유하거나 임차한 매장에서 자기의 책임과 계산하에 직접 매장을 운영하는 것을 말한다)하거나 같은 업종의 여러 소매점포에 대하여 계속적으로 경영을 지도하고 상품·원재료 또는 용역을 공급하는 사업을 말한다.

유형	정의
직영점형	체인본부가 주로 소매점포를 직영하되, 가맹계약을 체결한 일부 소매점포에 대하여 상품의 공급 및 경영지도를 계속하는 형태의 체인사업
프랜차이즈형	독자적인 상품 또는 판매·경영기법을 개발한 체인본부가 상호·판매방법·매장운영 및 광고방법 등을 결정하고, 가맹점으로 하여금 그 결정과 지도에 따라 운영하도록 하는 형태의 체인사업
임의가맹점형	체인본부의 계속적인 경영지도 및 체인본부와 가맹점 간의 협업에 의하여 가맹점의 취급품목·영업방식 등의 표준화사업과 공동구매·공동판매·공동시설활용 등 공동사업을 수행하는 형태의 체인사업
조합형	같은 업종의 소매점들이 중소기업협동조합, 협동조합, 협동조합연합회, 사회적협동조합 또는 사회적협동조합연합회를 설립하여 공동구매·공동판매·공동시설활용 등 사업을 수행하는 형태의 체인사업

10 아래 글상자의 내용을 6시그마 도입절차대로 나열한 것으로 가장 옳은 것은?

㉠ 필요성(needs)의 구체화	㉡ 비전의 명확화
㉢ 계획수립	㉣ 계획실행
㉤ 이익평가	㉥ 이익유지

① ㉤ - ㉥ - ㉠ - ㉡ - ㉢ - ㉣
② ㉡ - ㉢ - ㉣ - ㉤ - ㉥ - ㉠
③ ㉢ - ㉣ - ㉤ - ㉥ - ㉠ - ㉡
④ ㉣ - ㉤ - ㉥ - ㉠ - ㉡ - ㉢
⑤ ㉠ - ㉡ - ㉢ - ㉣ - ㉤ - ㉥

 6시그마를 도입하기 위해서는 ㉠ 필요성(needs)의 구체화 → ㉡ 비전의 명확화 → ㉢ 계획수립 → ㉣ 계획실행 → ㉤ 이익평가 → ㉥ 이익유지의 절차에 따라야 한다.

참고 6시그마

제품이나 업무의 불량수준을 측정하고 이를 무결점 수준으로 줄이자는 전사적 품질혁신 추진방법이 식스시그마(6 Sigma)이다. 6시그마 운동은 제품의 설계, 제조, 그리고 서비스의 품질편차를 최소화해 그 상한과 하한이 품질 중심으로부터 6시그마 이내에 있도록 한다는 것이다. 이 경우 품질규격을 벗어날 확률은 1백만 개 중 3.4개(3.4PPM) 수준이 된다.

정답 10 ⑤

11 정량주문법과 정기주문법을 적용하기 유리한 경우에 대한 상대적인 비교로 가장 옳은 것은?

구분	항목	정량주문법	정기주문법
㉠	표준화	전용부품	표준부품
㉡	품목수	적음	많음
㉢	주문량	변경가능	고정
㉣	주문시기	짧다	길다
㉤	구매금액	일정	일정하지 않음

① ㉠
② ㉡
③ ㉢
④ ㉣
⑤ ㉤

 정량주문법은 현재의 재고상태를 파악하여 재고량이 재주문점(ROP)에 도달하면 미리 설정된 일정량(EOQ)을 주문하는 시스템이므로 상대적으로 가격이 낮은 물품이거나 구매금액이 적은 경우 바람직하다. 반면 정기주문법은 재고량이 특정수준을 유지하도록 적정량을 일정기간마다 재주문하는 방법이므로 상대적으로 고가이면서 구매금액은 큰 물품에 적용하는 것이 바람직하다. ㉣을 제외한 나머지 내용이 서로 바뀌었다.

12 제품/시장 확장그리드(product/market expansion grid)에서 기존제품을 가지고 새로운 세분시장을 파악해서 진출하는 방식의 기업성장전략으로 가장 옳은 것은?

① 시장침투전략(market penetration strategy)
② 시장개발전략(market development strategy)
③ 제품개발전략(product development strategy)
④ 다각화전략(diversification strategy)
⑤ 수평적 다각화전략(horizontal diversification strategy)

② 앤소프(Ansoff, H. I.)의 성장전략 중 기존제품을 전제로 새로운 시장을 개척함으로써 성장을 도모하려는 전략은 시장개발(market development)전략이다.

참고 제품 – 시장 확장 그리드(product / market expansion grid)

	현존제품	신제품
현재시장	시장침투전략	제품개발전략
새로운 시장	시장개발전략	다각화전략

정답 11 ④ 12 ②

13 공급사슬을 효율적 공급사슬과 반응적 공급사슬로 구분하여 설계할 때 반응적 공급사슬에 대한 특징으로 가장 옳지 않은 것은?

① 리드타임을 적극적으로 단축하려 노력한다.

② 여유생산능력이 높다.

③ 저가격, 일관된 품질이 납품업체 선정기준이다.

④ 제품 혹은 서비스의 다양성을 강조하는 생산전략이다.

⑤ 신속한 납기가 가능할 정도의 재고 투자를 한다.

> **해설** ③ 저가격, 일관된 품질이 납품업체 선정기준인 것은 효율적 공급사슬에 해당한다.
> 혁신적(innovative) 제품은 높은 이익을 가져오지만 수요예측이 어렵고 제품수명주기가 짧은 특징을 가진 제품이다. 수요예측이 어렵기 때문에 적게 생산하면 판매기회를 상실하는 기회비용이 많이 생기고, 많이 생산하면 과잉재고에 따른 비용이 발생하게 된다. 이러한 경우 수요의 정확한 예측과 함께 시장수요의 변화에 신속하고 유연하게 대응할 수 있는 반응적(responsive) 공급사슬을 구축하는 전략이 적합하다. 반면 기능적(functional) 제품은 안정적이고 예측가능한 수요 패턴을 가지고 있으므로 효율적(efficient) 공급사슬을 구축하는 전략이 중요하다.

14 아래 글상자의 물류채산분석 회계 내용에 대한 설명으로 가장 옳지 않은 것은?

구분	회계 내용	물류채산분석
㉠	계산목적	물류에 관한 의사결정
㉡	계산대상	특정의 개선안, 대체안
㉢	계산기간	개선안의 전체나 특정 기간
㉣	계산방식	상황에 따라 상이
㉤	계산의 계속성	반복적으로 계산

① ㉠　　　　　　　　　　　　　② ㉡

③ ㉢　　　　　　　　　　　　　④ ㉣

⑤ ㉤

> **해설** ⑤ 물류채산분석 회계에서 물류채산분석은 특정의 개선안이나 대체안에 대해 의사결정을 하는 경우 필요한 절차이다. 따라서 반복적으로 계산해야 하는 것이 아니고 상황에 따라 임의적으로 행해진다.

정답 13 ③　14 ⑤

15 프로젝트 조직에 대한 내용으로 가장 옳지 않은 것은?

① 과제 진행에 따라 인력 구성의 탄력성이 존재한다.

② 목적달성을 지향하는 조직이므로 구성원들의 과제해결을 위한 사기를 높일 수 있다.

③ 기업 전체의 목적보다는 사업부만의 목적달성에 더 관심을 기울이게 된다.

④ 해당 조직에 파견된 사람은 선택된 사람이라는 우월감이 조직 단결을 저해하기도 한다.

⑤ 전문가로 구성된 일시적인 조직이므로 그 조직 관리자의 지휘능력이 중요하다.

 프로젝트 조직은 특정 과업수행을 위해 여러 부서에서 파견된 사람들로 구성되어 과업을 해결할 때까지
만 존재하는 임시적·탄력적 조직이다. 기동성과 환경적응성이 높은 조직형태에 해당하며, 수직적인 리
더 위주의 상·하관계가 아닌 전문가들 간의 수평적 의사소통을 통해 집단적으로 문제를 해결하는 방식
을 취한다. ③은 사업부제 조직의 단점에 해당한다.

16 소비재의 유형별로 일반적인 경로목표를 설정할 경우에 대한 설명으로 가장 옳지 않은 것은?

① 편의품의 경우 최대의 노출을 필요로 하기에 개방적 유통을 사용한다.

② 일부 의약품은 고객 편의를 위해 편의점을 통한 개방적 유통을 사용하기도 한다.

③ 이질적 선매품의 경우 품질비교가 가능하도록 유통시킨다.

④ 동질적 선매품의 경우 가격비교가 용이하도록 유통시킨다.

⑤ 전문품은 구매횟수가 정기적인 것이 특징이기에 개방적 유통을 사용한다.

 ⑤ 구매횟수가 정기적인 것이 특징이기에 개방적 유통을 사용하는 것은 소비재 중에서 편의품
(convenience goods)에 해당한다.

17 A사의 제품은 연간 19,200개 정도가 판매될 것으로 예상되고 있다. 제품의 1회 주문비용은
150원, 제품당 연간 재고유지비가 9원이라고 할 때 경제적주문량(EOQ)으로 가장 옳은 것은?

① 600개   ② 650개

③ 700개   ④ 750개

⑤ 800개

 경제적주문량(EOQ)

$$= \sqrt{\frac{2 \times 연간수요량 \times 1회\,주문비용}{단위당\,연간\,재고유지비}} = \sqrt{\frac{2 \times 19,200 \times 150}{9}} = 800개이다.$$

정답 15 ③   16 ⑤   17 ⑤

18 아래 글상자의 괄호 안에 들어갈 용어를 순서대로 바르게 나열한 것으로 가장 옳은 것은?

> • (㉠)은/는 이질적인 생산물을 동질적인 단위로 나누는 과정을 말한다.
> • (㉡)은/는 이질적인 것을 모으는 과정을 말한다.
> • (㉢)은/는 동질적으로 모아진 것을 나누는 과정을 말한다.

① ㉠ 배분, ㉡ 집적, ㉢ 구색　　　　② ㉠ 구색, ㉡ 집적, ㉢ 분류

③ ㉠ 분류, ㉡ 구색, ㉢ 배분　　　　④ ㉠ 배분, ㉡ 집적, ㉢ 분류

⑤ ㉠ 집적, ㉡ 구색, ㉢ 분류

해설 분류(등급분류, sorting out)는 여러 생산자들에 의해 공급된 이질적인 제품들을 크기, 품질, 색상 등을 기준으로 동질적인 그룹으로 나누는 과정이다. 구색(assortment)은 판매를 위해 배분된 상품들을 카테고리별로 묶어 매장에 진열하는 것을 의미한다. 동질적으로 모아진 것을 나누는 과정은 배분(allocation)이다.

참고 올더슨(W. Alderson)의 구색형성과정

	산개(나눔)	집중(모음)
이질적 생산물	1. 등급분류(sorting out) : 이질적인 것을 동질적 단위로 나누는 과정, 생산자의 표준화 기능	4. 구색(assortment) : 이질적인 것을 모두 다시 모으는 단계
동질적 생산물	3. 배분(allocation) 또는 분할 : 동질적으로 쌓여진 것을 다시 나누는 과정	2. 집적(accumulation) 또는 수합 : 동질적인 것끼리 다시 모으는 수집기능

---

19 인플레이션 상황에서 급격한 가격인상 없이 매출과 수익의 손실을 막기 위해 유통기업들이 채택할 수 있는 방법으로 가장 옳지 않은 것은?

① 취급하는 상품의 종류를 재정비하여 재고비용이나 수송비용을 줄인다.

② 생산성이 낮은 인력이나 시설을 정리하고 정보화를 통해 이를 대체한다.

③ 무료설치, 운반, 장기보증 같은 부가적 상품서비스를 줄이거나 없앤다.

④ 포장비를 낮추기 위해 더 저렴한 포장재를 이용한다.

⑤ 절약형 상표, 보급형 상표의 비중을 줄인다.

해설 ⑤ 인플레이션 상황에서는 물가가 가파르게 상승하므로 매출액 증가를 위해서는 소비자들의 구매를 유도하기 위해 비용절감이 중요하며 절약형 상표, 보급형 상표 등의 비중을 증가시키는 전략이 중요하다.

정답 18 ③　19 ⑤

20 서비스 유통의 형태인 플랫폼 비즈니스(platform business)에 대한 설명으로 가장 옳지 않은 것은?

① 플랫폼을 통해 사람과 사람, 사람과 사물을 연결함으로써 새로운 유형의 서비스가 창출된다.

② 정보통신기술의 발달은 사람 간의 교류를 더 빠르고 효율적으로 실현시키면서 플랫폼 비즈니스 성장에 긍정적인 영향을 미치고 있다.

③ 플랫폼 비즈니스의 구성원은 플랫폼 구축자와 플랫폼 사용자로 크게 나뉜다.

④ 플랫폼은 소식, 물건, 서비스 등 다양한 유형의 콘텐츠 교류가 가능하게 해주는 일종의 장터이다.

⑤ 플랫폼 비즈니스 사업자는 플랫폼을 제공해주는 대가를 직접적으로 취할 수 없으므로, 광고 등을 통해 간접적으로 수익을 올리는 비즈니스 모델이다.

> **해설** ⑤ 플랫폼 비즈니스 모델은 플랫폼 서비스의 모델을 통해 수익을 내는 모델을 의미한다. 따라서 플랫폼 비즈니스 사업자는 플랫폼을 제공해주는 대가를 직접적으로 취할 수 있는 비즈니스 모델이다.

21 수직적 통합이 일어나는 경우 합병하는 회사측은 현실적으로 여러 문제점에 직면할 수 있는데 이에 대한 설명으로 가장 옳지 않은 것은?

① 분업에 따른 전문화의 이점을 누리기 힘들어진다.

② 유통경로 구성원 간의 관계를 경쟁관계로 바뀌게 한다.

③ 조직의 슬림화로 인해 구성원의 업무량이 증가한다.

④ 통합하려는 기업은 많은 자금을 합병에 투입하게 된다.

⑤ 조직관리에 많은 비용을 소모하게 되어 경기가 좋지 않을 때에는 자금부담이 생길 수 있다.

> **해설** ③ 수직적 통합으로 기업은 전후방 기업들을 모두 흡수하게 되어 규모의 경제를 실현할 수 있게 되는 것이지 조직이 슬림화되는 것은 아니다.

> **정답** 20 ⑤ 21 ③

22 아래 글상자에서 설명하는 개념으로 옳은 것은?

> 제품에 대한 최종소비자의 수요 변동 폭은 크지 않지만, 소매상, 도매상, 제조업자, 원재료 공급업자 등 공급사슬을 거슬러 올라갈수록 변동 폭이 크게 확대되어 수요예측치와 실제 판매량 사이의 차이가 커지게 된다.

① 블랙 스완 효과(black swan effect)
② 밴드 왜건 효과(band wagon effect)
③ 채찍 효과(bullwhip effect)
④ 베블렌 효과(Veblen effect)
⑤ 디드로 효과(Diderot effect)

 ③ 공급사슬의 상류로 갈수록 변동 폭이 크게 확대되어 수요예측치와 실제 판매량 사이의 차이가 커지게 되는 현상은 채찍효과(bullwhip effect)이다.

참고 **채찍효과의 원인과 대책**
1. 채찍효과(Bull Whip effect)의 원인으로는 ㉠ 여러 부문에서의 중복적인 수요예측, ㉡ 일괄주문에 의한 주문량의 변동폭 증가, ㉢ 결품에 대한 우려로 경쟁적인 주문증대에 의한 가수요, ㉣ 고가 또는 저가정책에 의한 선행 구입, ㉤ 긴 리드타임 등을 들 수 있다.
2. 채찍효과를 줄이는 방법으로는 ㉠ 공급사슬상의 수요 및 재고정보의 실시간 공유, ㉡ 실시간(real time) 주문처리, ㉢ 불확실성의 제거, ㉣ 주문량의 변동폭 감소, ㉤ 리드타임의 단축 등을 들 수 있다.

23 파욜(Fayol)의 조직원리에 대한 설명으로 가장 옳지 않은 것은?

① 각각의 종업원들은 오직 한명의 관리자에게 보고한다.
② 최고관리자에게 부여된 의사결정력의 크기는 상황에 따라 변화한다.
③ 마케팅, 재무, 생산 등의 전문적인 분야의 기능들은 통합된다.
④ 조직의 목표는 개인 각각의 목표보다 우선시 된다.
⑤ 종업원들은 누구에게 보고해야 하는지 알아야 한다.

 ③ 앙리 파욜(H. Fayol)은 14가지 관리원칙에서 분업의 원칙을 주장하였다. 마케팅, 재무, 생산 등의 전문적인 분야의 기능들은 분화되어야 한다는 주장이다.
14가지 관리원칙은 권한과 책임의 원칙, 규율의 원칙, 분업의 원칙, 명령통일의 원칙, 명령일원화의 원칙, 공익우선의 원칙, 집권화의 원칙, 보상의 원칙 계층화의 원칙, 질서의 원칙, 공정성의 원칙, 고용안정의 원칙, 주도권의 원칙, 단합의 원칙 등이다.

정답 22 ③ 23 ③

24 기업윤리의 중요성을 강조하기 위해 취할 수 있는 방법으로 가장 옳지 않은 것은?

① 기업윤리와 관련된 헌장이나 강령을 만들어 발표한다.

② 기업의 모든 의사결정 프로세스에서 반영될 수 있게 모니터링한다.

③ 윤리경영의 지표로서 정성적인 지표는 적용하기 힘드므로 계량적인 윤리경영지표만을 활용한다.

④ 조직 내의 문제점을 제기할 수 있는 제도를 활성화한다.

⑤ 윤리기준을 적용한 감사 결과를 조직원과 공유한다.

해설 ③ 윤리경영의 지표로 최근에는 정량적인 지표뿐만 아니라 질적인 지표인 정성적 윤리경영지표들을 함께 활용한다.

25 아래 글상자의 내용을 이용하여 작업량 접근방식(workload approach)을 통해 확보해야 할 영업조직 규모(영업사원수)를 계산한 것으로 옳은 것은?

> • 거래처 : 100개
> • 거래처별 연간 방문횟수 : 1년에 12회 방문필수
> • 영업사원 1명이 한 해 평균 방문가능 횟수 : 100번

① 10명 ② 12명

③ 14명 ④ 18명

⑤ 20명

해설 작업량 접근방식(workload approach)을 통해 확보해야 할 영업사원수를 계산하면 다음과 같다.

$$영업사원수 = \frac{100개\ 거래처 \times (12번/1년)}{100번} = 12이다.$$

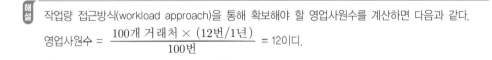
정답 24 ③ 25 ②

제2과목 상권분석(26~45)

26 두 도시 A, B의 거리는 12km, A시의 인구는 20만명, B시의 인구는 5만명이다. Converse의 상권분기점 분석법에 따른 도시 간의 상권경계는 B시로부터 얼마나 떨어진 곳에 형성되겠는가?

① 3km
② 4km
③ 6km
④ 8km
⑤ 9km

 컨버스(Converse)의 제1법칙에 의하면 A시 상권의 한계점 D(A) = $\dfrac{d}{1+\sqrt{\dfrac{P(B)}{P(A)}}}$ 이다. 여기서 d는

두 도시 간의 거리, P(A)와 P(B)는 각 도시의 인구이다.

주어진 자료를 대입하면 A시로부터 분기점까지의 거리 D(A) = $\dfrac{12km}{1+\sqrt{\dfrac{50,000}{200,000}}}$ = 8km이다.

따라서 B시로부터 분기점까지의 거리는 12km − 8km = 4km이다.

27 국토의 계획 및 이용에 관한 법률(법률 제18310호, 2021.7.20., 타법개정)에 의거한 주거 및 교육 환경 보호나 청소년 보호 등의 목적으로 오염물질 배출시설, 청소년 유해시설 등 특정시설의 입지를 제한할 필요가 있는 용도지구에 해당하는 것으로 가장 옳은 것은?

① 청소년보호지구
② 보호지구
③ 복합용도지구
④ 특정용도제한지구
⑤ 개발제한지구

 ④ 주거 및 교육 환경 보호나 청소년 보호 등의 목적으로 오염물질 배출시설, 청소년 유해시설 등 특정 시설의 입지를 제한할 필요가 있는 용도지구는 특정용도제한지구이다.

참고 용도지구의 지정(법 제37조) (2023. 5. 16. 개정)
국토교통부장관, 시·도지사 또는 대도시 시장은 다음 각 호의 어느 하나에 해당하는 용도지구의 지정 또는 변경을 도시·군관리계획으로 결정한다.
1. 경관지구 : 경관의 보전·관리 및 형성을 위하여 필요한 지구
2. 고도지구 : 쾌적한 환경 조성 및 토지의 효율적 이용을 위하여 건축물 높이의 최고한도를 규제할 필요가 있는 지구

정답 26 ② 27 ④

3. 방화지구 : 화재의 위험을 예방하기 위하여 필요한 지구

4. 방재지구 : 풍수해, 산사태, 지반의 붕괴, 그 밖의 재해를 예방하기 위하여 필요한 지구

5. 보호지구 : 「국가유산기본법」에 따른 국가유산, 중요 시설물(항만, 공항 등 대통령령으로 정하는 시설물을 말한다) 및 문화적·생태적으로 보존가치가 큰 지역의 보호와 보존을 위하여 필요한 지구

6. 취락지구 : 녹지지역·관리지역·농림지역·자연환경보전지역·개발제한구역 또는 도시자연공원구역의 취락을 정비하기 위한 지구

7. 개발진흥지구 : 주거기능·상업기능·공업기능·유통물류기능·관광기능·휴양기능 등을 집중적으로 개발·정비할 필요가 있는 지구

8. 특정용도제한지구 : 주거 및 교육 환경 보호나 청소년 보호 등의 목적으로 오염물질 배출시설, 청소년유해시설 등 특정시설의 입지를 제한할 필요가 있는 지구

9. 복합용도지구 : 지역의 토지이용 상황, 개발 수요 및 주변 여건 등을 고려하여 효율적이고 복합적인 토지이용을 도모하기 위하여 특정시설의 입지를 완화할 필요가 있는 지구

28 입지의사결정 과정에서 점포의 매력도에 영향을 미치는 입지조건 평가에 대한 설명으로 가장 옳지 않은 것은?

① 상권단절요인에는 하천, 학교, 종합병원, 공원, 주차장, 주유소 등이 있다.

② 주변을 지나는 유동인구의 수보다는 인구특성과 이동방향 및 목적 등이 더 중요하다.

③ 점포가 보조동선보다는 주동선상에 위치하거나 가까울수록 소비자 유입에 유리하다.

④ 점포나 부지형태는 정방형이 장방형보다 가시성이나 접근성 측면에서 유리하다.

⑤ 층고가 높으면 외부가시성이 좋고 내부에 쾌적한 환경을 조성하기 유리하다.

해설 ④ 건물너비와 깊이에서 점포의 정면너비가 깊이보다 넓은 형태(장방형)가 가시성 확보 등에 유리하다.

29 소비자 K가 거주하는 어느 지역에 아래 조건과 같이 3개의 슈퍼가 있는 경우, Huff모델을 사용하여 K의 이용확률이 가장 높은 점포와 해당 점포에 대한 이용확률을 추정한 것으로 가장 옳은 것은? (단, 거리와 점포면적에 대한 민감도계수가 -2와 3이라고 가정함)

	A 슈퍼	B 슈퍼	C 슈퍼
거리	10	2	3
점포면적	5	4	6

① C 슈퍼, 57%   ② A 슈퍼, 50%

③ B 슈퍼, 50%   ④ A 슈퍼, 44%

⑤ B 슈퍼, 33%

정답 28 ④ 29 모두 정답

수정 허프(D. Huff)모형은 '소비자가 어느 상업지에서 구매하는 확률은 그 상업 집적의 매장면적에 비례하고 그곳에 도달하는 거리에 반비례한다'는 것이다. 주어진 민감도계수 -2와 3을 기초로 각 점포의 효용을 구하면 다음과 같다.

	A 슈퍼	B 슈퍼	C 슈퍼
거리	10	2	3
점포면적	5	4	6
각 점포의 효용	$\frac{5^3}{10^2} = 1.25$	$\frac{4^3}{2^2} = 16$	$\frac{6^3}{3^2} = 24$

A점포의 이용확률 = 1.25 / 41.25(= 1.25+16+24) = 3%, B점포의 이용확률 = 16 / 41.25 = 39%, C점포의 이용확률 = 24 / 41.25 = 58%이다. 이용확률이 가장 높은 점포는 C점포 58%이다.
답이 없어 모두 맞는 것으로 처리되었다.

30 소매입지를 선정하기 위해 활용되는 각종 지수(index)에 대한 설명으로 가장 옳지 않은 것은?

① 시장포화지수(IRS)는 특정 시장 내에서 주어진 제품계열에 대한 점포면적당 잠재매출액의 크기이다.
② 구매력지수(BPI)는 주로 통계자료의 수집단위가 되는 행정구역별로 계산할 수 있다.
③ 시장확장잠재력지수(MEP)는 지역 내 소비자들이 타 지역에서 쇼핑하는 비율을 고려하여 계산한다.
④ 판매활동지수(SAI)는 특정지역의 총면적당 점포면적총량의 비율을 말한다.
⑤ 구매력지수(BPI)는 주로 인구, 소매 매출액, 유효소득 등의 요인을 이용하여 측정한다.

 ④ SAI(sales activity index)는 다른 지역과 비교한 특정지역의 1인당 소매매출액을 측정하는 방법으로 인구를 기준으로 소매매출액의 비율을 계산하게 된다.

31 유추법(analog method)을 통해 신규점포에 대한 수요를 추정하는 과정에 대한 설명으로 가장 옳지 않은 것은?

① 비교점포는 통계분석 대신 주관적 판단을 주로 사용해서 선정한다.
② 신규점포의 수요는 비교점포의 상권정보를 활용해서 산정한다.
③ 비교점포의 상권을 단위거리에 따라 구역(zone)으로 나눈다.
④ 비교점포의 구역별 고객 1인당 매출액을 추정한다.
⑤ 수요예측을 위해 반드시 2개 이상의 비교점포를 선정해야 한다.

정답 30 ④ 31 ⑤

해설 ⑤ 애플바움(W. Applebaum)의 유추법(analog method)에서는 하나의 유사점포(비교점포)를 선정하여 이를 통해 신규점포에 대한 수요를 추정한다. 유추법에 의한 상권분석 절차는 자사(신규)점포의 입지 조건 파악 → 유사점포 선정 → 출점예상 상권을 소규모지역(zone)으로 구분 → 신규점포의 각 지역(zone)별 예상매출액 분석 → 신규점포의 예상총매출액 추정이다.

참고 애플바움(W. Applebaum)의 유추법(analog method)
유추법은 상권분석 기법으로 새로운 점포가 위치할 지역에 대한 판매예측에 많이 활용되는 방법이다. 유추법은 자사의 새로운 점포와 특성이 비슷한 유사점포를 선정하여, 그 점포의 상권범위를 추정한 결과를 자사의 새로운 점포에 적용하여 신규입지에서의 매출액(상권규모)을 측정하는 방법이다.

32 주변에 인접한 점포가 없이 큰길가에 위치한 자유입지인 고립된 점포입지에 관한 설명 중 가장 옳지 않은 것은?

① 대형점포를 개설할 경우 관련상품의 일괄구매(one-stop shopping)를 가능하게 한다.
② 토지 및 건물의 가격이 상대적으로 싸다.
③ 개점 초기에 소비자를 점포 내로 유인하기가 쉽다.
④ 고정자산에 투입된 비용이 적어서 상대적으로 상품가격의 할인에 융통성이 있다.
⑤ 비교구매를 원하는 소비자에게는 매력적이지 않다.

해설 ③ 고립된 점포입지는 자유입지 또는 독립입지(isolated sites, freestanding sites)를 의미한다. 독립입지의 경우 개점초기에는 소비자들이 그 존재사실을 잘 모르므로 소비자를 점포 내로 유인하기가 어렵다. 소비자들을 점포 내로 유인하기 위해서는 적극적인 광고활동을 해야 한다.

33 상가건물 임대차보호법(법률 제18675호, 2022.1.4., 일부개정)에서 규정하는 환산보증금의 계산식으로 가장 옳은 것은?

① 보증금 + (월임차료 × 24)
② 보증금 + (월임차료 × 36)
③ 보증금 + (월임차료 × 60)
④ 보증금 + (월임차료 × 100)
⑤ 보증금 + (월임차료 × 120)

해설 ④ 환산보증금은 「상가건물 임대차보호법」에서 보증금과 월세 환산액을 합한 금액을 말한다.
보증금액을 정할 때에는 해당 지역의 경제 여건 및 임대차 목적물의 규모 등을 고려하여 지역별로 구분하여 규정하되, 보증금 외에 차임이 있는 경우에는 그 차임액에 은행법에 따른 은행의 대출금리 등을 고려하여 대통령령으로 정하는 비율(1분의 100)을 곱하여 환산한 금액을 포함하여야 한다(법 제2조 제2항, 시행령 제2조 제3항).

정답 32 ③ 33 ④

34 상권과 관련된 가맹본부와 가맹점 사이의 관계에 대한 설명으로 가장 옳지 않은 것은?

① 가맹계약 체결시 가맹본부는 가맹점사업자의 영업지역을 설정하여 가맹계약서에 이를 기재하여야 한다.

② 정보공개서는 가맹본부의 재정상태, 임원 프로필, 직영점 및 가맹점 수 등과 같은 정보를 포함한다.

③ 상권의 급격한 변화가 발생하는 경우에는 가맹본부의 경영전략상의 의사결정과정을 통해 기존 영업지역을 합리적으로 변경할 수 있다.

④ 지역 환경에 따라 수익이 다를 수 있으므로 가맹희망자는 개점하려는 지역의 환경과 가맹본부에서 제시한 창업환경의 유사성을 면밀히 검토해야 한다.

⑤ 가맹본부는 가맹계약을 위반하여 가맹계약 기간 중 가맹사업자의 영업지역 안에서 가맹사업자와 같은 업종의 자기 또는 계열회사의 직영점이나 가맹점을 설치하면 안 된다.

> **해설** ③ 상권의 급격한 변화가 발생하는 경우에는 가맹점과 합의하여 가맹계약서를 다시 작성하여야 한다. 가맹본부의 경영전략상의 의사결정과정을 통해 기존 영업지역을 마음대로 변경할 수 있는 것은 아니다.

35 상권 규정 요인에 대한 설명으로 가장 옳지 않은 것은?

① 상권을 규정하는 요인에는 시간요인과 비용요인이 있다.

② 공급측면에서 비용요인이 상대적으로 저렴할수록 상권은 축소된다.

③ 재화의 이동에서 사람을 매개로 하는 소매상권은 재화의 종류에 따라 비용 지출이나 시간 사용이 달라지므로 상권의 크기도 달라진다.

④ 수요측면에서 고가품, 고급품일수록 상권범위가 확대된다.

⑤ 시간요인은 상품가치를 좌우하는 보존성이 강한 재화일수록 상권이 확대된다.

> **해설** ② 상권을 규정하는 비용요인에는 운송비와 판매비용 등이 포함된다. 이러한 비용이 상대적으로 작을수록 상권의 범위는 확대된다.

정답 34 ③ 35 ②

36 상권의 유형에 대한 설명으로 가장 옳지 않은 것은?

① 도심상권은 중심업무지구(CBD)를 포함하며 상권의 범위가 넓고 소비자들의 평균 체류시간이 길다.

② 근린상권은 점포인근 거주자들이 주요 소비자로 생활밀착형 업종의 점포들이 입지하는 경향이 있다.

③ 부도심상권은 간선도로의 결절점이나 역세권을 중심으로 형성되는 경우가 많으며 도시 전체의 소비자를 유인한다.

④ 역세권상권은 지하철이나 철도역을 중심으로 형성되며 지상과 지하의 입체적 상권으로 고밀도 개발이 이루어지는 경우가 많다.

⑤ 아파트상권은 고정고객의 비중이 높아 안정적인 수요확보가 가능하지만 외부와 단절되는 경우가 많아 외부고객을 유치하는 상권확대가능성이 낮은 편이다.

해설 ③ 부도심상권은 간선도로의 결절점이나 역세권을 중심으로 형성되므로 해당 지구의 소비자를 유인하지만 도시 전체의 소비자를 유인할 수는 없다.

37 상권분석에서 활용하는 소비자 대상 조사기법 중 조사대상의 선정이 내점객조사법과 가장 유사한 것은?

① 고객점표법
② 점두조사법
③ 가정방문조사법
④ 지역할당조사법
⑤ 편의추출조사법

해설 ② 점두조사법(instore survey)은 점포를 방문한 고객의 주소와 방문횟수 등을 직접 질문을 통해 조사하는 방법으로, 내점객조사와 가장 유사한 방법이다.

정답 36 ③ 37 ②

38 소매점포의 상권범위나 상권형태는 소매점포를 이용하는 소비자의 공간적 분포를 나타 낸다. 이에 대한 설명으로 가장 옳지 않은 것은?

① 소매점포의 면적이 비슷하더라도 업종이나 업태에 따라 개별점포의 상권범위는 차이 가 날 수 있다.

② 동일 점포라도 소매전략에 따른 판촉활동 등의 차이에 따라 시기별로 점포의 상권범위 는 변화한다.

③ 상권의 형태는 점포를 중심으로 일정한 거리 간격의 동심원 형태로 나타난다.

④ 동일한 지역에 인접하여 입지한 경우에도 점포 규모에 따라 개별 점포의 상권범위는 차이가 날 수 있다.

⑤ 동일한 위치에서 입지조건의 변화가 없고 점포의 전략적 변화가 없어도 상권의 범위는 유동적으로 변화하기 마련이다.

> **해설** ③ 현실에서 상권의 형태는 하천이나 산과 같은 자연조건, 도로나 대중교통 수단과 같은 교통체계, 점포 규모와 유통업의 형태(업태) 등이 영향을 미치기 때문에 어떤 특정한 형태를 갖는 것은 아니다. 상권의 형태는 다양하므로 흔히 아메바형이라고 불리고 있다.

39 소매점의 상권을 공간적으로 구획하는 과정에서 상권의 지리적 경계를 분석할 때 활용할 수 있는 기법이나 도구에 해당하지 않는 것은?

① 내점객 및 거주자 대상 서베이법(survey technique)

② 티센다각형(thiessen polygon)

③ 소매매트릭스분석(retail matrix analysis)

④ 고객점표법(CST : customer spotting technique)

⑤ 컨버스의 분기점분석(Converse's breaking-point analysis)

> **해설** 상권의 획정을 위하여 상권의 지리적 경계를 분석하는 기법으로는 컨버스(P. Converse)의 분기점분석(수정 소매인력법칙), 애플바움(W. Applebaum)의 고객점표법, 서베이법, 티센다각형(Thiessen polygon) 모형 등이 있다.

정답 38 ③ 39 ③

40 다양한 소매점포 유형들 중에서 광범위한 상권범위를 갖는 대형상업시설인 쇼핑센터의 전략적 특성은 테넌트믹스(tenant mix)를 통해 결정된다고 한다. 상업시설의 주요 임차인으로서 시설 전체의 성격을 결정하는 앵커점포(anchor store)에 해당하는 것으로 가장 옳은 것은?

① 마그넷 스토어   ② 특수테넌트
③ 핵점포   ④ 일반테넌트
⑤ 보조핵점포

> **해설** ③ 앵커스토어(anchor store)는 쇼핑센터 가운데서도 매장면적을 최대로 점유하여 간판역할을 하는 핵점포(예를 들면 백화점과 같은 점포)를 말한다.

41 넬슨(R.L. Nelson)의 소매입지 선정원리 중에서 아래 글상자의 괄호 안에 들어갈 내용을 순서대로 나열한 것으로 가장 옳은 것은?

> • (㉠)은 동일한 점포 또는 유사업종의 점포가 집중적으로 몰려 있어 집객효과를 높일 수 있는 가능성을 말하며 집재성 점포의 경우에 유리하다.
> • (㉡)은 상이한 업종의 점포들이 인접해 있으면서 보완관계를 통해 상호 매출을 상승시키는 효과를 발휘하는 것을 의미한다.

① ㉠ 양립성   ㉡ 누적적 흡인력
② ㉠ 양립성   ㉡ 경합의 최소성
③ ㉠ 누적적 흡인력   ㉡ 양립성
④ ㉠ 상권의 잠재력   ㉡ 경합의 최소성
⑤ ㉠ 누적적 흡인력   ㉡ 경합의 최소성

> **해설** ㉠ 동일하거나 유사한 업종은 서로 멀리 떨어져 있는 것보다 가까이 모여 있는 것이 고객을 유인할 수 있다는 것은 동반유인의 원칙 또는 누적적 흡인력(cumulative attraction)이라고 한다.
> ㉡ 두 개 이상의 사업이 고객을 서로 교환할 수 있는 정도를 의미하는 것으로, 이 원칙에 의하면 인접한 지역에 위치한 사업들 간에 보충가능성이 높을수록 점포의 매출액이 높아진다는 것은 보충가능성의 원칙(principle of compatibility) 또는 양립성이라고 한다.

정답 40 ③ 41 ③

42 상권분석 기법과 관련한 특성을 설명하는 내용으로 그 연결이 가장 옳지 않은 것은?

① 회귀모형은 원인과 결과변수 사이의 관계를 분석하여 원인변수의 영향력을 파악한다.
② 다항로짓(MNL)모형은 점포이미지와 입지특성을 반영하여 상권을 분석할 수 있다.
③ Christaller의 중심지이론은 중심지와 배후지의 관계를 규명하고 중심지체계 및 중심지 공간배열의 원리를 설명한다.
④ 체크리스트법은 소비자의 점포선택 행동을 결정론적이 아닌 확률론적으로 인식한다.
⑤ 유사점포법에서는 상권의 범위와 특성을 파악하기 위하여 CST map을 활용한다.

> **해설** ④ 체크리스트법은 서술적 방법으로 소비자의 점포선택 행동을 결정론적으로 인식한다.
> 상권분석방법 중 ㉠ 서술적 방법은 체크리스트법, 유추법, 현지조사법, 비율법 등이 있고, ㉡ 규범적 모형은 중심지 이론, 소매중력법칙 등이 있다. ㉢ 확률적 모형은 허프 모형, 루스 모형, MNL 모형, MCI 모형 등이 있다.

43 소매점의 상품구색과 상권 및 입지 특성에 대한 설명 중에서 가장 옳지 않은 것은?

① 편의품 소매점의 상권은 도보로 이동이 가능한 범위 이내로 제한되는 경우가 많다.
② 편의품은 일반적으로 소비자가 점포선택에 구매노력을 상대적으로 덜 기울이기 때문에 주택이나 사무실 등에 가까운 입지가 유리하다.
③ 선매품 소매점은 편의품보다 상권의 위계에서 높은 단계의 소매 중심지나 상점가에 입지하여 넓은 범위의 상권을 가져야 한다.
④ 전문품 소매점의 경우 고객이 지역적으로 밀집되어 있어서 상권의 밀도는 높고 범위는 좁은 것이 특징이다.
⑤ 동일 업종이라 하더라도 점포의 규모나 품목구성에 따라 상권의 범위가 달라진다.

> **해설** ④ 고객이 지역적으로 밀집되어 있어서 상권의 밀도는 높고 범위는 좁은 것이 특징인 것은 편의품 소매점이다. 전문품 소매점의 경우는 고객이 넓은 지역에 분포되어 있어 상권의 밀도는 낮고 범위는 넓은 것이 특징이다.

정답 42 ④ 43 ④

44 **입지조건에 대한 일반적인 평가 중에서 가장 옳은 것은?**

① 방사(放射)형 도로구조에서 분기점에 위치하는 것은 불리하다.

② 일방통행로에 위치한 점포는 시계성(가시성)과 교통 접근성에 있어서 유리하다.

③ 곡선형 도로의 안쪽 입지는 바깥쪽 입지보다 시계성(가시성) 확보 측면에서 불리하다.

④ 주도로와 연결된 내리막이나 오르막 보조도로에 위치한 점포는 양호한 입지이다.

⑤ 차량 출입구는 교차로 교통정체에 의한 방해를 피하기 위해 모퉁이에 근접할수록 좋다.

> 해설 ③ 곡선형 커브(curve)가 있는 도로에서는 안쪽보다 바깥쪽 입지가 유리한 입지이다. 즉, 'C'자와 같이 굽은 곡선형 도로의 안쪽에 입지해 있는 점포는 시계성에 있어서 불리하다.
> ① 방사형 도로는 도심에 위치한 시장이나 기념비적 건물 등을 중심으로 별 모양처럼, 사방에 연결되도록 계획된 도로이다. 방사형 도로는 교통의 흐름에 있어서는 도심집중성이 강하기 때문에 교차점에 가까운 입지가 유리한 입지이다.
> ② 일방통행로에 위치한 점포는 시계성(가시성)과 교통 접근성에 있어서 불리하다.
> ④ 주도로와 연결된 내리막이나 오르막 보조도로에 위치한 점포는 불리한 입지이다.
> ⑤ 차량 출입구는 모퉁이에서 먼 곳일수록 좋다.

45 **상권 범위내 소비자들이 특정점포를 선택할 확률을 근거로 예상매출액을 추정할 수 있는 상권분석 기법들로 가장 옳은 것은?**

① 유사점포법, Huff모델

② 체크리스트법, 유사점포법

③ 회귀분석법, 체크리스트법

④ Huff모델, MNL모델

⑤ MNL모델, 회귀분석법

> 해설 ④ 상권 범위내 소비자들이 특정점포를 선택할 확률을 근거로 예상매출액을 추정할 수 있는 상권분석 기법으로는 Huff모델, MNL모델 등이 있다.
> 유사점포법(유추법), 체크리스트법 등은 서술적 모형이다.

제**3**과목 유통마케팅(46~70)

46 유통업 고객관계관리 활동의 성과 평가기준으로서 가장 옳은 것은?

① 시장점유율의 크기

② 판매량의 안정성

③ 고객자산(customer equity)의 크기

④ 고객정보의 신뢰성

⑤ 시장의 다변화 정도

 고객자산은 현재의 고객과 잠재적인 고객의 고객생애가치를 현재가치로 할인하여 모두 합한 것으로, 고객관계관리(CRM)의 활동성과 평가기준으로 가장 중요하다고 할 수 있다.

47 아래 글상자의 설명을 모두 만족하는 유통마케팅조사의 표본추출방법으로 가장 옳은 것은?

• 모집단을 적절한 기준 변수에 따라 서로 상이한 소집단으로 나누고, 각 소집단별로 할당된 숫자의 표본을 단순 무작위로 추출한다.
• 기준 변수를 잘 선택할 경우 모집단을 대표하는 표본을 얻을 수 있는 장점이 있다.

① 할당표본추출　　　　　　　　② 군집표본추출

③ 판단표본추출　　　　　　　　④ 층화표본추출

⑤ 편의표본추출

 층화표본추출은 확률적 표본추출법 중 하나로 모집단을 통제변수에 의해 배타적이고 포괄적인 소그룹으로 구분한 다음 각 소그룹별로 단순 무작위로(random) 추출하는 방식이라 할 수 있다.

정답 46 ③ 47 ④

48 아래 글상자에서 설명하는 경로구성원의 공헌도 평가 기법이 평가하는 요소로 가장 옳은 것은?

> 구매자 입장에서 특정 공급자의 개별품목 혹은 재고관리단위(SKU : stock keeping unit) 각각에 대해 평가하는 기법

① 평당 총이익
② 직접제품이익
③ 경로구성원 종합성과
④ 경로구성원 총자산수익률
⑤ 상시종업원당 총이익

> **해설** 유통업의 성과평가 도구는 크게 유통비용분석, 전략적 수익모형, DPP(직접제품이익) 등을 사용하고 있다. 이 중에서 직접제품이익(DPP : Direct Product Profit)은 경로구성원이 취급하는 제품별 이익성(profitability)을 평가하는 유통경로시스템에 대한 평가방법으로, 손익계산서상의 매출총이익(총마진)에서 다양한 할인부분을 고려한 직접기타수익을 더하여 조정된 매출총이익을 산정하는 방법이다.

49 유통업체가 활용하는 자체 브랜드(PB : private brand)의 유형으로 가장 옳지 않은 것은?

① 제조업체 브랜드의 외형이나 명칭을 모방한 저가 브랜드사용료를 지불한 제조업체 브랜드의 라이센스 브랜드
② 가격에 민감한 세분시장을 표적으로 하는 저가 브랜드
③ 제조업체 브랜드와 품질과 가격에서 경쟁하는 프리미엄 브랜드
④ 사용료를 지불한 제조업체 브랜드의 라이센스 브랜드
⑤ 제조업체 브랜드를 모방한 대체품이지만 유통업체 브랜드임을 밝힌 유사 브랜드

> **해설** PB(유통입제싱표)의 정의인 '도·소매 유통업체가 자신의 제품임을 나타낼 수 있는 브랜드명이나 기호'에 부합하지 않는다고 보아 '모두 정답' 처리되었다.

> **정답 48 ② 49 모두 정답**

50 **가격결정방식에 대한 설명으로 가장 옳지 않은 것은?**

① 가격탄력성이 1보다 클 경우 그 상품에 대한 수요는 가격비탄력적이라고 한다.

② 가격을 결정할 때 기업의 마케팅목표, 원가, 시장의 경쟁구조 등을 고려해야 한다.

③ 제품의 생산과 판매를 위해 소요되는 모든 비용을 충당하고 기업이 목표로 한 이익을 낼 수 있는 수준에서 가격을 결정하는 방식을 원가중심 가격결정이라고 한다.

④ 소비자가 제품에 대해 지각하는 가치에 따라 가격을 결정하는 것을 수요중심 가격결정이라고 한다.

⑤ 자사제품의 원가나 수요보다도 경쟁제품의 가격을 토대로 가격을 결정하는 방식을 경쟁중심 가격결정이라고 한다.

> **해설** 가격탄력성이 1보다 클 경우 그 상품에 대한 수요는 가격탄력적이라고 하며, 이는 가격변화에 대하여 수요가 민감하게 반응함을 나타낸다.

51 **프랜차이즈 본부가 직영점을 설치하는 이유로 가장 옳지 않은 것은?**

① 본부 직영점들은 프랜차이즈 시스템 내의 다른 점포들에 대한 모델점포로서의 기능을 할 수 있다.

② 직영점들은 프랜차이즈 시스템의 초기에 프랜차이즈 유통망의 성장을 촉진할 수 있다.

③ 본부 직영점을 통해 점포운영상의 문제점들을 직접 피부로 파악할 수 있다.

④ 본부가 전체 프랜차이즈 시스템의 운영에 대해 강력한 통제를 유지할 수 있는 가능성을 높일 수 있다.

⑤ 본부는 가맹점 증가보다 직영점을 통해 가입비, 교육비 등의 수입을 보다 적극적으로 확보할 수 있다.

> **해설** 가입비, 교육비 등의 수입을 보다 적극적으로 확보할 수 있는 것은 가맹점을 증가시켰을 때의 장점이라 할 수 있다.

정답 50 ① 51 ⑤

52 고객충성도와 관련된 설명으로 가장 옳지 않은 것은?

① 충성도는 상호성과 다중성이라는 두 가지 속성을 가지고 있다.
② 충성도는 기업이 고객에게 물질적, 정신적 혜택을 제공하고, 고객이 긍정적인 반응을 해야 발생한다.
③ 고객 만족도가 높아지면 재구매 비율이 높아지고, 이에 따라 충성도도 높아진다.
④ 타성적 충성도(inertial loyalty)는 특정 상품에 대해 습관에 따라 반복적으로 나타나는 충성도이다.
⑤ 잠재적 충성도(latent loyalty)는 호감도는 낮지만 반복구매가 높은 경우에 발생하는 충성도이다.

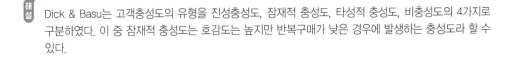

Dick & Basu는 고객충성도의 유형을 진성충성도, 잠재적 충성도, 타성적 충성도, 비충성도의 4가지로 구분하였다. 이 중 잠재적 충성도는 호감도는 높지만 반복구매가 낮은 경우에 발생하는 충성도라 할 수 있다.

53 효과적인 진열을 위해 활용하는 IP(item presentation), PP(point of presentation), VP(visual presentation)에 대한 설명으로 가장 옳지 않은 것은?

① IP의 목적은 판매포인트 전달과 판매유도이다.
② IP는 고객이 하나의 상품에 대한 구입의사를 결정할 수 있도록 돕기 위한 진열이다.
③ VP의 목적은 중점상품과 테마에 따른 매장 전체 이미지 표현이다.
④ VP는 점포나 매장 입구에서 유행, 인기, 계절상품 등을 제안하기 위한 진열이다.
⑤ PP는 어디에 어떤 상품이 있는가를 알려주는 진열이다.

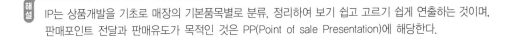

IP는 상품개발을 기초로 매장의 기본품목별로 분류, 정리하여 보기 쉽고 고르기 쉽게 연출하는 것이며, 판매포인트 전달과 판매유도가 목적인 것은 PP(Point of sale Presentation)에 해당한다.

정답 52 ⑤ 53 ①

54 매장 배치에 관한 아래의 내용 중에서 옳게 설명된 것은?

① 백화점 등 고급점포는 매장의 효율을 높이기 위해 그리드(grid) 방식의 고객동선 설계가 바람직하다.

② 복합점포매장의 경우, 고가의 전문매장, 가구매장 등은 고층이나 층 모서리에 배치하는 것이 바람직하다.

③ 충동구매를 일으키는 상품은 점포 후면에 진열, 배치하는 것이 바람직하다.

④ 층수가 높은 점포는 층수가 높을수록 그 공간가치가 높아진다.

⑤ 넓은 바닥면적이 필요한 상품은 통행량이 많은 곳에 배치하여야 한다.

> **해설** ① 백화점 등 고급점포는 자유형(free form) 레이아웃이 적합하며, ③ 충동구매를 일으키는 상품은 점포 전면에 배치해야 한다. ④ 층수가 높은 점포라도 층수가 높을수록 공간가치가 높아지는 것은 아니며, ⑤ 넓은 바닥면적이 필요한 상품은 통행량이 적은 곳에 배치해야 한다.

55 산업재에 적합한 촉진수단으로 가장 옳은 것은?

① 광고   ② 홍보
③ 인적판매   ④ PR
⑤ 콘테스트

> **해설** 광고, PR, 인적판매, 판매촉진 중에서 산업재(B2B)에 가장 적합한 촉진수단은 전문적인 구매를 지원할 수 있는 인적판매가 가장 적합하다.

56 유통마케팅 조사 절차의 첫 번째 단계로서 가장 옳은 것은?

① 조사 설계   ② 자료 수집
③ 모집단 설정   ④ 조사문제 정의
⑤ 조사 타당성 평가

> **해설** 마케팅 조사 절차
> 조사문제 정의 및 조사목적 설정 ➡ 마케팅조사계획 설계 ➡ 자료의 수집 ➡ 자료수집분석 ➡ 보고서작성

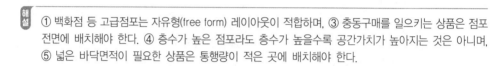

정답 54 ② 55 ③ 56 ④

57 브랜드 관리와 관련된 설명으로 가장 옳지 않은 것은?

① 브랜드 자산(brand equity)이란 해당 브랜드를 가졌기 때문에 발생하는 차별적 브랜드 가치를 말한다.

② 브랜드 재인(brand recognition)은 브랜드가 과거에 본인에게 노출된 적이 있음을 알아차리는 것이다.

③ 브랜드 인지도(brand awareness)가 높을수록 브랜드 자산(brand equity)이 증가한다고 볼 수 있다.

④ 브랜드 인지도(brand awareness)는 브랜드 이미지의 풍부함을 의미한다.

⑤ 브랜드 회상(brand recall)이란 브랜드 정보를 기억으로부터 인출하는 것을 말한다.

> **해설** 브랜드 인지도(Brand awareness)는 소비자가 한 제품범주에 속한 특정 브랜드를 재인(recognition)하거나 회상할 수 있는 능력을 의미한다.

58 핵심고객관리(key account management)의 대상이 되는 핵심고객의 특징에 대한 설명으로 가장 옳지 않은 것은?

① 대량 구매를 하거나 구매점유율이 높다.

② 구매과정에서 기능적으로 상이한 여러 분야(생산, 배송, 재고 등)의 사람이 관여한다.

③ 지리적으로 분산된 조직단위(상점, 지점, 제조공장 등)를 위해 구매한다.

④ 전문화된 지원과 특화된 서비스(로지스틱스, 재고관리 등)가 필요하다.

⑤ 효과적이고 수익성 높은 거래의 수단으로 구매자와 판매자 간의 일회성 협력관계를 요구한다.

> **해설** 고객관리(key account management)의 핵심이 되는 핵심고객과는 단기적인 1회성 협력관계가 아니라 장기적인 관계를 구축하여야 한다.

정답 57 ④ 58 ⑤

59 소매업체 대상 판촉프로그램에 대한 설명으로 옳지 않은 것은?

① 가격할인이란 일정 기간의 구매량에 대해 가격을 할인해 주는 방법을 말한다.

② 리베이트란 진열위치, 판촉행사, 매출실적 등 소매상의 협력 정도에 따라 판매금액의 일정률에 해당하는 금액을 반환해 주는 것을 말한다.

③ 인적지원이란 월 매출이 일정수준 이상인 점포에는 판촉사원을 고정적으로 배치하고 그 외 관리대상이 될 만한 점포에는 판촉사원을 순회시키는 것을 말한다.

④ 소매점 경영지도란 소매상에게 매장연출방법, 상권분석 등의 경영지도를 통해 매출증대를 돕는 것을 말한다.

⑤ 할증판촉이란 소매점이 진행하고 있는 특정 제품 및 세일 관련 광고비용 일부를 부담하는 것을 말한다.

> **해설** 소매점이 진행하고 있는 특정 제품 및 세일 관련 광고비용 일부를 부담하는 것은 광고공제 또는 협력광고에 해당한다.

60 아래 글상자에서 설명하는 경우에 적용할 수 있는 유통마케팅전략으로 가장 옳은 것은?

> • 자사 제품을 효과적이고 효율적으로 전달할 수 있는 하나의 구매자 세분시장을 찾아낸 경우
> • 하나의 세분시장만으로도 기업의 이익목표를 충족시키기에 충분한 경우
> • 특정 시장, 특정 소비자 집단, 일부 제품종류, 특정 지역 등의 시장에 초점을 맞춰 공략하고자 하는 경우

① 시장확대전략　　　　　　② 비차별화전략
③ 집중화전략　　　　　　　④ 차별화전략
⑤ 원가우위전략

> **해설** 특정 세분시장에 대한 집중화 마케팅(single market concentrated)은 중소기업과 같이 기업의 자원과 역량이 한정되어 있는 경우에, 하나 또는 소수의 작은 시장에서 높은 시장점유율을 늘리기 위해 핵심역량을 하나의 카테고리에 집중하는 전략이다.

61 점포의 매장면적에 관한 설명으로 가장 옳지 않은 것은?

① 점포면적은 매장면적과 비매장면적으로 구분한다.

② 각 상품부문의 면적당 생산성을 고려하여 매장면적을 배분한다.

③ 일반적으로 전체 면적에서 차지하는 매장면적의 비율은 점포의 규모가 클수록 높아진다.

④ 매장면적을 배분할 때는 소비자의 편의성에 대한 요구, 효과적인 진열과 배치 등도 고려해야 한다.

⑤ 전체 면적 중 매장면적의 비율은 고급점포일수록 낮아진다.

> **해설** 일반적으로 전체 면적에서 차지하는 매장면적의 비율은 점포의 규모가 클수록 매장면적 이외의 편의시설 및 부대시설 면적, 안전을 위한 피난시설 등의 면적이 늘어나기 때문에 낮아지는 경향이 많다.

62 제조업자가 중간상들과의 거래에서 사용하는 가격할인 유형 중 판매촉진지원금에 대한 설명으로 옳은 것은?

① 중간상이 제품을 현금으로 구매할 경우 제조업자가 판매대금의 일부를 할인해 주는 것이다.

② 중간상이 제조업자가 일반적으로 수행해야 할 업무의 일부를 수행할 경우 경비의 일부를 제조업자가 부담하는 것이다.

③ 중간상이 제조업자를 대신하여 지역광고를 하거나 판촉을 실시할 경우 지급하는 보조금이다.

④ 중간상이 대량구매를 하는 경우 해주는 현금할인이다.

⑤ 중간상이 하자있는 제품, 질이 떨어지는 제품 등을 구매할 때 지급하는 지원금이다.

> **해설** 판매촉진지원금은 중간상이 제조업자를 위해 지역광고를 하거나 판촉을 실시할 경우 제조업체가 지원하는 보조금을 말하며, ①은 현금할인, ②는 광고공제, ④는 수량할인, ⑤는 구매공제에 대한 설명에 해당한다.

정답 61 ③ 62 ③

63 고객생애가치(CLV : customer lifetime value)에 대한 설명으로 가장 옳은 것은?

① 업태에 따라 고객생애가치는 다르게 추정될 수 있다.

② 고객생애가치는 고객과 기업 간의 정성적 관계 가치이므로 수치화하여 측정하기 어렵다.

③ 고객생애가치는 고객이 일생동안 구매를 통해 기업에게 기여하는 수익을 미래가치로 환산한 금액이다.

④ 고객생애가치는 고객점유율(customer share)에 기반하여 추정할 수 있다.

⑤ 고객의 생애가치는 고객의 이용실적, 고객당 비용, 고객 이탈가능성 및 거래기간 등을 통해 추정할 수 있다.

해설 고객 한 사람이 평생 자사의 상품을 구매한다고 가정했을 때의 매출액 혹은 이익을 고객생애가치라고 하며, 고객이 한 기업의 고객으로 존재하는 전체 기간 동안 기업에게 제공할 것으로 추정되는 재무적인 공헌도의 총합계를 말한다. 이는 고객의 이용실적, 고객당 비용, 고객 이탈가능성 및 거래기간 등을 통해 추정할 수 있다.

64 아래 글상자에서 설명하는 가격전략으로 가장 옳은 것은?

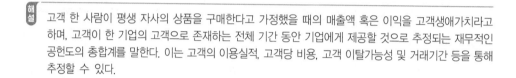

- 동일 상품군에 속하는 상품들에 다양한 가격대를 설정하는 가격전략
- 소비자가 디자인, 색상, 사이즈 등을 다양하게 비교하는 선매품, 특히 의류품의 경우 자주 활용
- 몇 개의 구체적인 가격만이 제시되므로 복잡한 가격 비교를 하지 않아도 되어 소비자의 상품선택과정이 단순화된다는 장점을 가짐

① 가격계열화전략(price lining strategy)

② 가격품목화전략(price itemizing strategy)

③ 가격단위화전략(price unitizing strategy)

④ 가격구색화전략(price assortment strategy)

⑤ 가격믹스전략(price mix strategy)

해설 가격계열화전략은 가격라인결정이라고도 하며, 특정 상품계열 내에서는 사전에 결정된 극소수의 가격대에 해당하는 품목들만을 취급하는 소매전략을 뜻한다.

정답 63 ⑤ 64 ①

65 마이클 포터(Michael Porter)의 5요인모델(5-Forces Model)에 근거한 설명으로 가장 옳지 않은 것은?

① 기존 기업들은 높은 진입장벽의 구축을 통해 시장매력도를 높일 수 있다.
② 구매자의 교섭력이 높아질수록 시장 매력도는 낮아진다.
③ 시장매력도는 산업 전체의 평균 수익성을 의미한다.
④ 경쟁자, 공급자, 구매자가 분명하게 구분되는 것을 가정한다.
⑤ 대체재가 많을수록 시장의 매력도는 높아진다.

해설 마이클 포터(Michael Porter)의 5요인모델(5-Forces Model)에 따르면 대체재가 많을수록 시장의 매력도와 산업수익률은 낮아진다.

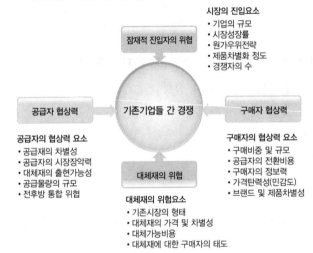

66 상품구색의 다양성(variety)에 대한 설명으로 가장 옳지 않은 것은?

① 취급하는 상품계열의 수가 어느 정도 되는가를 의미한다.
② 취급하는 상품품목의 수가 얼마나 되느냐와 관련된다.
③ 동일한 성능이나 용도를 가진 상품들을 하나의 상품군으로 취급하기도 한다.
④ 동일한 고객층 또는 동일한 가격대 등을 하나의 상품군으로 취급하기도 한다.
⑤ 전문점은 백화점이나 양판점에 비해 상품구색의 다양성이 한정되어 있다.

해설 ② 기업 전체가 취급하는 상품품목의 수가 얼마나 되느냐는 제품계열의 길이를 말하며, 특정 제품 카테고리 내에서의 품목 수는 제품믹스의 깊이(전문성)를 의미한다.
상품구색의 다양성(넓이)은 한 점포 내 또는 부문 내에서 취급하는 상품 카테고리 종류의 수를 말하며, 이는 점포가 몇 종류의 상품계열을 취급하는지를 의미한다.

정답 65 ⑤ 66 ②

67 **업체별 머천다이징의 특징으로 가장 옳지 않은 것은?**

① 전문점의 머천다이징은 전문성의 표현과 개성전개, 표적의 명확화를 바탕으로 구성한다.

② 할인점은 저비용, 저마진, 대량판매의 효율성을 바탕으로 구성한다.

③ 선매품점은 계절욕구, 패션지향에 대한 특성과 개성표현이 잘 되도록 구성한다.

④ 백화점은 계절성, 편리성, 친절성을 바탕으로 효율적 판매가 가능하도록 구성한다.

⑤ 슈퍼마켓은 합리적 상품회전율과 상품품목별 효율 중심을 바탕으로 구성한다.

> **해설** 백화점은 고마진, 저회전율 풀서비스를 제공하는 업태로 친절성과 전문성이 강조되지만 편리성과는 거리가 좀 멀다. 편리성은 편의품을 위주로 하는 대형마트에 해당하는 특성이라 할 수 있다.

68 **고객관계를 강화하기 위한 고객관리전략으로 가장 옳지 않은 것은?**

① 잠재가능고객 파악 및 차별적 프로모션 실행

② 구매 후 고객관리를 통한 관계 심화

③ 고객충성도의 주기적 측정 및 관리

④ 적극적이고 체계적인 불평관리

⑤ 고객이탈을 방지하는 인센티브 제공

> **해설** 고객관계관리는 잠재고객보다도 기존 고객의 이탈을 방지하고 장기적인 관계를 구축하려는 노력에 해당한다고 할 수 있다.

69 **판매원의 판매활동에 대한 설명으로 가장 옳지 않은 것은?**

① 상품과 대금의 교환을 실현시키는 활동이다.

② 상품의 효용과 가치에 대한 정보를 제공하는 활동이다.

③ 제한된 공간에서 소매점의 이익을 극대화하기 위한 활동이다.

④ 고객이 상품과 서비스를 구매하도록 설득하는 활동이다.

⑤ 대화를 통해 고객의 욕구를 파악하고 그에 부합되는 제품을 추천하는 활동이다.

> **해설** 판매활동은 제한된 공간인 매장뿐만 아니라 외부에서도 이루어질 수 있는 소매점의 이익극대화를 위한 활동이라 할 수 있다.

정답 67 ④ 68 ① 69 ③

70 판매 결정을 촉구하는 판매원의 행동기법으로 가장 옳지 않은 것은?

① 두 가지 대안 중 어느 한쪽을 선택하도록 유도한다.

② 제품을 구매함으로써 얻게 되는 여러 이점을 설명한다.

③ 고객이 어느 정도 사고 싶은 마음이 있는지 파악할 수 있는 질문을 한다.

④ 고객에게 어필할 수 있는 주요 이익을 요약 설명한다.

⑤ 구매하지 않아도 된다는 태도를 취하여야 소비자를 유혹하는게 아니라는 신뢰감을 갖게 한다.

> **해설** 구매하지 않아도 된다는 태도를 취하여야 소비자를 유혹하는게 아니라는 신뢰감을 갖게 한다는 내용은 판매 결정 촉구를 통해 구매를 클로징하려는 단계에서 바람직하지 않은 행동에 해당한다.

제4과목 유통정보(71~90)

71 인터넷 상거래의 비즈니스 모델 유형별로 세부 비즈니스 모델을 짝지어 놓은 것으로 가장 옳지 않은 것은?

① 소매 모델 – 소비자에게 제품이나 서비스 판매 –온·오프 병행소매

② 중개 모델 – 판매자와 구매자 연결 – 이마켓플레이스

③ 콘텐츠서비스 모델 – 이용자에게 콘텐츠 제공 – 포털

④ 광고 모델 – 인터넷을 매체로 광고 – 배너광고

⑤ 커뮤니티 모델 – 공통관심의 이용자들에게 만남의 장 제공 – 검색 에이전트

> **해설** ⑤ e-Marketplace 모델 중 제품 표준화 정도가 낮은 업종의 제조업체가 사업수행을 위하여 여러 협력업체들과 긴밀한 관계를 유지해야 하며, 가격보다는 서비스 품질을 강조해야 하는 경우에 가장 효과적인 것은 커뮤니티형이다.
> e-마케팅에서 커뮤니티(community)는 방문자들이 다양한 관심사를 토론할 수 있는 가상공동체를 의미하는 것으로 검색 에이전트와는 관계가 없다.
> (K. C. Laudon et al, 김범수외 역, 『전자상거래』, 시그마프레스, 2015, pp.45~49)

정답 70 ⑤ 71 ⑤

72 아래 글상자에서 암묵지에 해당하는 내용만을 모두 나열한 것으로 가장 옳은 것은?

> ㉠ 매뉴얼　　　　　　　　　　㉡ 숙련된 기술
> ㉢ 조직 문화　　　　　　　　　㉣ 조직의 경험
> ㉤ 데이터베이스　　　　　　　　㉥ 컴퓨터 프로그램

① ㉠, ㉢, ㉣　　　　　　　　　　② ㉠, ㉢, ㉤

③ ㉡, ㉢, ㉣　　　　　　　　　　④ ㉡, ㉢, ㉣, ㉥

⑤ ㉢, ㉣, ㉤, ㉥

> **해설** ③ 암묵지(tacit knowledge)는 전수하기 어려운 지식, 경험을 통해 체화된 지식, 숙련된 기능 또는 노하우 (know-how), 말 또는 언어로 표현할 수 없는 주관적인 지식 등의 특성을 지니는 것으로 숙련된 기술, 조직 문화, 조직의 경험 등이 이에 해당한다.
> 폴라니(Michael Polanyi)는 지식을 형식적 지식(explicit knowledge)과 암묵적 지식(tacit knowledge) 으로 구분하였다. 형식적 지식(형식지)이란 말, 즉 언어로 표현할 수 있는 명시적・객관적・논리적인 지식을 의미한다. 반면 암묵적 지식(암묵지)은 개인적인 경험에 의해 얻어지는, 말로 표현하기 어려운 직감적인 지식을 말하는 것으로 노하우 등을 의미한다.

73 베스트 오브 브리드(best of breed)전략을 통해 ERP 시스템을 구축할 경우에 대한 설명 으로 가장 옳지 않은 것은?

① 상대적으로 낮은 비용으로 시스템을 구축할 수 있다.

② 특정 기능 구현에 있어서 고도의 탁월한 기능성을 발휘함으로써 보다 많은 경쟁우위를 창출하도록 해준다.

③ 별도의 미들웨어 개발없이 모듈간 통합을 할 수 있다.

④ 소프트웨어 선택, 프로젝트 관리 및 업그레이드에 더 많은 시간과 자원이 소요된다.

⑤ 고도의 전문성을 지닌 IT자원이 요구된다.

> **해설** 베스트 오브 브리드(best of breed)전략은 동급에서 최고의 전략을 선택하는 것이다. ① 별도의 미들웨 어를 개발해야 하므로 시스템 구축에는 높은 비용이 소요된다. ③ 이 전략을 통해 ERP 시스템을 구축하 기 위해서는 별도의 미들웨어를 개발해야 모듈간 통합이 가능하다.
> 미들웨어(middleware)는 여러 운영체제(유닉스, 윈도, z/OS 등)에서 응용 프로그램들 사이에 위치한 소 프트웨어를 말한다. 미들웨어는 양쪽을 연결하여 데이터를 주고 받을 수 있도록 중간에서 매개 역할을 한다.

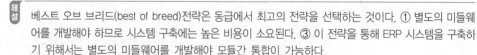

정답 72 ③　73 ①, ③

74 데이터의 깊이와 분석차원을 마음대로 조정해가며 분석하는 OLAP(online analytical processing)의 기능으로 가장 옳은 것은?

① 분해(slice & dice)
② 리포팅(reporting)
③ 드릴링(drilling)
④ 피보팅(pivoting)
⑤ 필터링(filtering)

> **해설** ① 분해(slicing & dicing)는 다차원 모델에서 한 차원을 잘라 보고 동시에 다른 차원을 자르면서 데이터 범위를 좁혀가는 작업 기능이다.
> ② 리포팅(reporting)은 현재 보고서의 정보를 간단한 대화식 조작을 통해 원하는 형태의 보고서로 나타낼 수 있다.
> ③ 데이터의 깊이와 분석차원을 마음대로 조정해가며 분석하는 OLAP(online analytical processing)의 기능은 드릴링(drilling)이다.
> ④ 피보팅(pivoting)은 데이터를 분석하는 차원(dimension)을 사용자의 니즈에 따라 다양한 기준으로 전환시켜 볼 수 있는 기능이다. 사용자가 원하면 최종적으로 보여지는 보고서의 축을 자유자재로 바꿀 수 있다.
> ⑤ 필터링(filtering)은 전체 데이터에서 원하는 기준만을 선정하여 그 기준에 해당되는 정보만을 보여주는 기능이다.

75 절차별 모바일 결제 서비스에 대한 내용 중 괄호 안에 들어갈 용어를 순서대로 나열한 것으로 가장 옳은 것은?

절차	From	To
구매요청 / 지불 정보 전송	고객	쇼핑몰
지불 정보 전송	쇼핑몰	(㉠)
고객 확인 요청 / 거래 암호 생성, 전송	(㉠)	(㉡)
고객 확인 후 거래 암호 전송	(㉡)	고객
거래 암호 전송	고객	쇼핑몰
대금 정보 전송	쇼핑몰	모바일PG
상품 배송	쇼핑몰	고객
대금 정보 전송	모바일PG	이동통신사
대금 청구	이동통신사	고객
대금 수납	고객	(㉢)
수납 정보 / 수납 금액 인도	(㉢)	(㉣)
상점 정산	(㉣)	쇼핑몰

정답 74 ③   75 ③

	㉠	㉡	㉢	㉣
①	이동통신사	모바일PG	이동통신사	모바일PG
②	이동통신사	모바일PG	모바일PG	이동통신사
③	모바일PG	이동통신사	이동통신사	모바일PG
④	모바일PG	이동통신사	모바일PG	이동통신사
⑤	이동통신사	모바일PG	신용카드사	모바일PG

> **해설**
> ③ 쇼핑몰이 모바일PG에 지불 정보를 전송하면 모바일PG는 이동통신사에 고객 확인을 요청하고, 이동통신사는 고객 확인 후 고객에게 거래 암호를 전송한다.
> 고객에게 대금을 청구하면 고객은 이동통신사에 대금을 납부하고, 이동통신사는 모바일PG에 수납 정보 및 수납 금액을 인도한다. 그 후 모바일PG는 쇼핑몰과 정산을 한다.

76 4차 산업혁명에 따라 파괴적인 혁신을 이루는 기하급수 기술(exponential technology)로 가장 옳지 않은 것은?

① 3D 프린팅(3D printing) ② 인공지능(artificial intelligence)
③ 로봇공학(robotics) ④ 사물인터넷(internet of things)
⑤ 레거시 시스템(legacy system)

> **해설**
> ⑤ 레거시(legacy) 시스템은 기존에 사용되고 있는 모든 시스템을 뜻한다. Legacy의 원 뜻은 유산으로 물려받은 것을 의미하는데 기존의 모든 시스템을 레거시라고 한다. 기업이 새로운 전략 시스템을 도입하면 기존의 것은 모두 레거시 시스템이 되는 것이다.

77 NoSQL에 관련된 내용으로 가장 옳지 않은 것은?

① 화면과 개발로직을 고려한 데이터 셋을 구성하여 일반적인 데이터 모델링이라기 보다는 파일구조 설계에 가깝다고 볼 수 있다.
② 데이터 항목을 클러스터 환경에 자동적으로 분할하여 적재한다.
③ 스키마 없이 데이터를 상대적으로 자유롭게 저장한다.
④ 대규모의 데이터를 유연하게 처리할 수 있는 전통적인 관계형 데이터베이스 시스템이다.
⑤ 간단한 API Call 또는 HTTP를 통한 단순한 접근 인터페이스를 제공한다.

정답 76 ⑤ 77 ④

해설 ④ 노에스큐엘(NoSQL)은 테이블-컬럼과 같은 스키마 없이 분산 환경에서 단순 검색 및 추가 작업을 위한 키 값을 최적화한다. 빅 데이터 처리를 위한 비관계형 데이터베이스 관리 시스템(DBMS)이다. NoSQL은 Not Only SQL의 약자이며, 비관계형 데이터 저장소로 기존의 전통적인 방식의 관계형 데이터베이스와는 다르게 설계된 데이터베이스이다. NoSQL은 테이블간 조인(Join)연산을 지원하지 않는다. Key-value, Document Key-value, column 기반의 NoSQL이 주로 활용되고 있다.

사용자와 관계형 데이터베이스를 연결시켜 주는 표준검색언어를 SQL이라고 하는데, SQL 문장은 관계형 데이터베이스에 있는 데이터를 직접 조회하거나 또는 보고서를 추출하는 데 사용된다.

78 유통업체에서 활용하는 비즈니스 애널리틱스(analytics)의 유형에 대한 설명으로 가장 옳지 않은 것은?

① 대시보드(dashboards)는 데이터 분석결과에 대한 이용자 이해도를 높이기 위한 데이터 시각화 기술이다.

② 스코어카드(scorecards)는 데이터베이스로부터 정보를 추출하는 주요 매커니즘이다.

③ 데이터 마이닝(data mining)은 대규모 데이터를 분석하여 숨겨진 상관관계 및 트렌드를 발견하는 기법이다.

④ 리포트(reports)는 비즈니스에서 요구하는 정보를 포맷화하고 조직화하기 위해 변환시켜 표현하는 것이다.

⑤ 알림(alert)은 특정 사건이 발생했을 때 이를 관리자에게 인지시켜주는 자동화된 기능이다.

해설 ② 데이터베이스로부터 정보를 추출하는 주요 매커니즘은 쿼리(queries)이다. 스코어카드(scorecards)는 단순한 성과표를 말한다.

79 아래 글상자의 괄호 안에 들어갈 내용을 순서대로 나열한 것으로 가장 옳은 것은?

	자료	정보	지식
구조화	(㉠)	단위 필요	(㉡)
부가가치	(㉢)	중간	(㉣)
객관성	(㉤)	가공 필요	(㉥)

정답 78 ② 79 ④

	㉠	㉡	㉢	㉣	㉤	㉥
①	어려움	쉬움	적음	많음	객관적	주관적
②	쉬움	어려움	많음	적음	주관적	객관적
③	어려움	쉬움	많음	적음	주관적	객관적
④	쉬움	어려움	적음	많음	객관적	주관적
⑤	어려움	쉬움	적음	많음	주관적	객관적

 ④ 일반적으로, 수집한 자료(data)를 의사결정에 유용한 형태로 처리한 것을 정보(information)라고 하고, 이러한 정보가 체계화되어 축적되면 지식(knowledge)이 된다. 자료(data)는 사실(facts) 그 자체이므로 구조화가 쉽고, 부가가치는 적으며, 객관적이다.
지식(knowledge)은 구조화가 어렵고, 부가가치는 많으며, 주관적이다.

80 고객이 기존에 구매한 상품보다 가치가 높고, 성능이 우수한 상품을 추천하는 시스템을 활용하는 것을 지칭하는 용어로 가장 옳은 것은?

① 클릭 앤드 모타르(click and mortar)

② 옴니 채널(omni channel)

③ 서비스 시점(point of service)

④ 크로스 셀링(cross selling)

⑤ 업 셀링(up selling)

 ⑤ 업셀링(up-selling)은 상향판매 또는 추가판매라고도 하며 특정한 상품 범주 내에서 상품구매액을 늘리기 위해 업그레이드된 단가가 높은 상품의 구매를 유도하는 판매활동의 하나이다.
① 클릭 앤드 모타르(click and mortar) 조직은 전자상거래 활동을 수행하면서 현실세계에서는 기본적으로 오프라인 활동을 수행하는 조직이다. 즉, 오프라인 활동과 온라인 활동을 병행한다.
② 옴니 채널은 O2O(Online to Offline) 커머스의 대표적인 사례이다. 이는 소비자가 온라인과 오프라인, 모바일 등 다양한 채널을 넘나들며 상품을 검색하고 구매할 수 있도록 하는 것을 말한다.(이수동・여동기, 『소매경영』, 제3판, 학현사, 2015, p.13, 168)
④ 크로스 셀링, 즉 교차판매 전략(cross selling strategy)은 한 기업이 여러 제품을 생산하는 경우, 고객의 데이터베이스를 이용하여 기업이 제공하는 다른 제품의 구매를 유도하는 전략이다.

정답 80 ⑤

81 아래 글상자가 설명하는 용어로 가장 옳은 것은?

- Ian Foster, Carl Kesselman, Steve Tuecke에 의해 제안된 개념으로 분산 병렬 컴퓨팅의 한 분야로 원거리 통신망(WAN ; wide area network)으로 연결된 서로 다른 기종의(heterogeneous) 컴퓨터들을 하나로 묶어 가상의 대용량 고성능 컴퓨터를 구성하는 기술을 지칭한다.
- 거대 데이터 집합 분석과 날씨 모델링 같은 대규모 작업을 수행하는 네트워크로 연결된 컴퓨터 그룹이다.

① 클라우드 컴퓨팅   ② 그리드 컴퓨팅
③ 그린 컴퓨팅   ④ 클러스터 컴퓨팅
⑤ 가상 컴퓨팅

> **해설** 문제의 내용은 그리드 컴퓨팅(grid computing)에 대한 설명이다. 그리드 컴퓨팅은 모든 컴퓨팅 기기를 하나의 초고속 네트워크로 연결하여, 컴퓨터의 계산능력을 극대화한 차세대 디지털 신경망 서비스를 말한다. 일반적으로 그리드 컴퓨팅은 PC나 서버, PDA 등 모든 컴퓨팅 기기를 하나의 네트워크로 연결해, 정보처리 능력을 슈퍼컴퓨터 혹은 이상 수준으로 극대화시키는 것이다. 즉, 분산된 컴퓨팅 자원을 초고속네트워크로 모아 활용하는 개념이다.
> ① 클라우드 컴퓨팅(Cloud Computing)은 이용자의 모든 정보를 인터넷상의 서버에 저장하고, 이 정보를 각종 IT 기기를 통하여 언제 어디서든 이용할 수 있다는 개념이다. 클라우드 컴퓨팅을 도입하면 기업 또는 개인은 컴퓨터 시스템을 유지·보수·관리하기 위하여 들어가는 비용과 서버의 구매 및 설치 비용, 업데이트 비용, 소프트웨어 구매 비용 등 엄청난 비용과 시간·인력을 줄일 수 있고, 에너지 절감에도 기여할 수 있다.

82 유통업체의 지식관리 시스템 구축 및 활용과 관련된 설명으로 가장 옳은 것은?

① 기업은 지식에 대한 유지관리를 위해 불필요한 지식도 철저하게 잘 보존해야 한다.
② 지식관리 시스템을 도입하면 조직 내부의 지식관리에 대한 모든 문제를 해결할 수 있다.
③ 지식관리 시스템 활용에 있어, 직원이 보유한 업무처리 지식에 대한 공유 방지를 위해 철저하게 통제한다.
④ 지식관리 시스템 구축은 단기적 관점에서 경쟁력을 강화하기 위한 프로젝트로 단기 매출 증대에 기여하도록 시스템을 구축해야 한다.
⑤ 성공적인 도입을 위해서 초기에는 소규모로 시스템을 도입하고, 성과가 나타나기 시작하면 전사적으로 지식관리 시스템을 확장하는 것이 유용하다.

> **정답** 81 ②   82 ⑤

해설 ⑤ 지식관리 시스템(KMS)의 성공적인 도입을 위해서 초기에는 소규모로 시스템을 도입하고, 성과가 나타나기 시작하면 전사적으로 지식관리 시스템을 확장하는 것이 유용하다.
지식관리 시스템(KMS : knowledge management system)은 조직 내의 인적자원들이 축적하고 있는 개별적인 지식을 체계화하여 공유함으로써 기업 경쟁력을 향상시키기 위한 기업정보 시스템을 말한다. 지식관리 시스템이 구축되면 기업과 기업간 협업이 가속화되어 경쟁우위를 구축할 수 있다.

83 빅데이터 분석과 관련된 설명으로 가장 옳지 않은 것은?

① 텍스트 마이닝(text mining)은 자연어를 분석하고, 자연어 속에 숨겨진 정보를 파악하는 데이터 분석 기법이다.

② 오피니언 마이닝(opinion mining)은 특정한 상품 및 서비스에 대한 시장 규모 예측, 고객 구전효과 분석에 활용되는 데이터 분석 기법이다.

③ 소셜 네트워크분석(social network analysis)은 그래프 이론을 활용해서 소셜 네트워크의 연구구조 및 강도를 분석하는 데이터 분석 기법이다.

④ 군집 분석(cluster analysis)은 비슷한 특성을 가지고 있는 데이터를 통합해서 유사한 특성으로 군집화하는 데이터 분석 기법이다.

⑤ 회귀 분석(regression analysis)은 종속변수와 독립변수의 상관관계를 분석하는 데이터 분석 기법이다.

해설 ⑤ 회귀 분석(regression analysis)은 종속변수와 독립변수의 상관관계를 분석하는 데이터 분석 기법이지만 빅데이터 분석기법과는 관계가 없다.

84 아래 글상자의 내용을 의사결정에 활용되는 시뮬레이션 절차대로 바르게 나열한 것으로 가장 옳은 것은?

> ㉠ 모델 설정　　　　　　　　㉡ 문제 규정
> ㉢ 모형의 타당성 검토　　　　㉣ 시뮬레이션 시행
> ㉤ 결과 분석 및 추론

① ㉠ - ㉡ - ㉢ - ㉣ - ㉤　　　　② ㉠ - ㉡ - ㉣ - ㉢ - ㉤
③ ㉠ - ㉢ - ㉡ - ㉣ - ㉤　　　　④ ㉡ - ㉠ - ㉢ - ㉣ - ㉤
⑤ ㉡ - ㉠ - ㉣ - ㉢ - ㉤

해설 ④ 의사결정에 활용되는 시뮬레이션 절차에서 제일 먼저 할 일은 문제를 규정하는 것이다. 그 다음으로 문제를 해결할 수 있는 대안으로서 모델을 설정하고, 모델의 타당성을 검토한 후, 시뮬레이션을 시행한다. 마지막으로 결과를 분석하고 이를 기초로 추론한다.

정답 83 ⑤　84 ④

85 아래 글상자에서 설명하는 내용에 부합하는 용어로 가장 옳은 것은?

> 모든 디바이스가 정보의 뜻을 이해하고 논리적인 추론까지 할 수 있는 지능형 기술로 사람의 머릿속에 있는 언어에 대한 이해를 컴퓨터 언어로 표현하고 이것을 컴퓨터가 사용할 수 있게 만드는 것이다.

① 고퍼(gopher)
② 냅스터(napster)
③ 시맨틱웹(semantic-Web)
④ 오페라(opera)
⑤ 웹클리퍼(Web-clipper)

> **해설** ③ 문제의 내용은 시맨틱웹(semantic-Web)에 대한 설명이다. 시맨틱웹은 인터넷비즈니스와 관련된 네트워크기술의 하나로, 현재의 웹이 의미의 웹으로 진화한 개념으로 컴퓨터가 스스로 문장이나 문맥 속의 단어의 미묘한 의미를 구분하여 사용자가 원하는 정보를 제공할 수 있는 웹이다. 즉, 시맨틱웹은 사람이 읽고 해석하기에 편리하게 설계되어 있는 현재의 웹 대신에 컴퓨터가 이해할 수 있는 형태의 새로운 언어로 표현해 기계들끼리 서로 의사소통을 할 수 있는 지능형 웹이다. 1998년 월드와이드웹(www)의 창시자인 팀 버너스 리(Tim Berners Lee)에 의해 개발되었다.

86 식별코드와 바코드에 대한 설명으로 가장 옳지 않은 것은?

① GS1 표준 상품 식별코드는 전세계적으로 널리 사용되는 '사실상의(de facto)' 국제 표준이다.
② 상품 식별코드 자체에는 상품명, 가격, 내용물 등에 대한 정보가 포함되어 있다.
③ 바코드는 식별코드를 기계가 읽을 수 있도록 막대 모양으로 표현한 것이다.
④ GTIN은 기업에서 자사의 거래단품을 고유하게 식별하는 데 사용하는 국제표준상품코드이다.
⑤ ITF-14는 GTIN-14 코드체계(물류단위 박스)를 표시하는 데 사용되는 바코드 심벌이다.

> **해설** ② 상품 식별코드 자체에는 제품에 대한 어떠한 정보도 포함하고 있지 않다. 식별코드는 사물의 식별을 위한 정보체계이다.

정답 85 ③ 86 ②

87 QR 코드에 대한 설명으로 가장 옳지 않은 것은?

① 1994년 일본의 덴소 웨이브(DENSO WAVE)에서 데이터를 빠르게 읽는 데 중점을 두고 개발 보급한 기술이다.

② 360° 어느 방향에서나 빠르게 데이터를 읽을 수 있다.

③ 기존 바코드 기술과 비교할 때, 대용량 데이터의 저장이 가능하고, 고밀도 정보표현이 가능하다.

④ 일부 찢어지거나 젖었을 때 오류를 복원하는 기능이 포함되어 있다.

⑤ 바이너리(binary), 제어 코드를 제외한 모든 숫자와 문자를 처리할 수 있다.

해설 ⑤ QR 코드는 바이너리(binary), 제어 코드를 포함한 모든 숫자와 문자를 처리할 수 있다.

88 아래 글상자에서 설명하고 있는 용어로 가장 옳은 것은?

> • Robert Kaplan과 David Norton이 재무적 성과, 고객 성과, 프로세스 혁신 성과, 학습 및 성장 성과 등을 기업의 핵심 성공요소로 파악하고 이들 요소를 종합적으로 평가할 것을 제안하였다.
> • 기업의 지적재산에 대한 체계적인 관리와 전략적 활용에 중점을 두고 있다.

① IC Index   ② 스칸디아네비게이터

③ 균형성과표   ④ 기술요소평가법

⑤ 무형자산모니터

해설 ④ 카플란과 노튼(Robert Kaplan, David Norton)이 재무적 성과, 고객 성과, 프로세스 혁신 성과, 학습 및 성장 성과 등을 기업의 핵심 성공요소로 파악하고 이들 요소를 종합적으로 평가할 것을 제안한 것은 균형성과표(BSC : Balanced Score Card)이다.

BSC는 재무, 고객, 내부 프로세스, 학습·성장 등 4분야에 대해 측정지표를 선정해 평가한 뒤 각 지표별로 가중치를 적용해 산출하는 것이다. 조직의 장기적인 성장과 발전을 도모하고 지속적인 개선을 이루어내기 위해 내부프로세스 관점을 제시한다.

참고 균형성과표

균형성과표(BSC : balanced score card)는 조직의 비전과 경영목표를 각 사업 부문과 개인의 성과측정지표로 전환해 전략적 실행을 최적화하는 경영관리기법이다. 하버드 비즈니스 스쿨의 로버트 카플란 교수와 경영 컨설턴트인 데이비드 노턴이 공동으로 개발하여 1992년에 최초로 제시했다.

정답 87 ⑤   88 ③

89 드론의 구성요인에 대한 설명으로 가장 옳지 않은 것은?

① 드론의 항법센서는 전자광학센서, 초분광센서, 적외선 센서 등이 있다.

② 탑재 컴퓨터는 드론을 운영하는 브레인 역할을 하는 컴퓨터로 드론의 위치, 모터, 배터리 상태 등을 확인할 수 있다.

③ 드론 모터는 드론의 움직임이 가능하도록 지원하고, 배터리는 모터에 에너지를 제공한다.

④ 드론 임무장비는 드론 비행을 하면서 특정한 임무를 하도록 관련 장비를 장착한다.

⑤ 드론 프로펠러 및 프레임은 드론이 비행하도록 프레임워크를 제공한다.

해설 드론의 관성측정장치(IMU)는 비행체의 관성(움직임)을 여러 가지 물리적 데이터(속도, 방향, 중력, 가속도)로 계측하는 장치다. 이 장치는 가속도 센서, 지자기 센서, GPS 센서 등으로 구성된 하나의 통합 유닛이다.

가속도 센서(accelerometer)로 3차원 공간에서 전후·좌우·상하의 움직임을 감지하고, 자이로스코프(gyroscope)로 회전력을 측정해 롤(roll)·피치(pitch)·요(yaw) 등 비행체의 3축 회전운동을 검출한다. 지자기 센서(geomagnetic sensor)로는 지구의 자기장을 측정해 드론의 진행 방향을 인식한다. 기압계(barometer)나 고도계(altimeter)는 압력 변화를 이용해 비행체의 고도를 측정한다.

위성항법장치(GPS) 센서는 위성에서 보내는 신호를 받아 비행체의 현재 위치를 비행 제어부에 알려 주는 장치다.

90 POS시스템의 특징에 대한 설명으로 가장 옳지 않은 것은?

① SKU별로 상품 정보를 파악할 수 있는 관리시스템으로 상품 판매동향을 파악할 수 있다.

② 모든 거래정보 및 영업정보를 즉시 파악할 수 있으므로 정보의 변화에 즉각 대응할 수 있는 배치(batch) 시스템이다.

③ 현장에서 발생하는 각종 거래 관련 데이터를 실시간으로 직접 컴퓨터에 전달하는 수작업이 필요 없는 온라인시스템이다.

④ 고객과의 거래와 관련된 정보를 POS시스템을 통해 수집할 수 있다.

⑤ POS를 통해 수집된 정보는 고객판촉 활동의 기초자료로 사용할 수 있다.

해설 POS(Point Of Sales) 시스템은 소비자에게 판매될 시점의 데이터를 실시간으로 수집할 수 있도록 기능을 지원하는 정보기술이므로 배치(batch) 시스템과는 관계가 없다.

정답 89 ① 90 ②